Deep South

美国深南之旅

〔美〕保罗·索鲁 著　郑扬眉 译

人民文学出版社
PEOPLE'S LITERATURE PUBLISHING HOUSE

著作权合同登记号　图字 01-2017-6861

图书在版编目(CIP)数据

美国深南之旅 /(美)保罗·索鲁著；郑扬眉译.
—北京：人民文学出版社，2018(2020.1 重印)
（远行译丛）
ISBN 978-7-02-013608-7

Ⅰ.①美…　Ⅱ.①保…　②郑…　Ⅲ.①游记-作品集-
美国-现代　Ⅳ.①I712.65

中国版本图书馆 CIP 数据核字(2017)第 322747 号

出 品 人　**黄育海**
责任编辑　**甘　慧　潘丽萍**
封面设计　**汪佳诗**

出版发行　**人民文学出版社**
社　　址　**北京市朝内大街 166 号**
邮政编码　**100705**
网　　址　**http://www.rw-cn.com**
印　　刷　**山东临沂新华印刷物流集团有限责任公司**
经　　销　**全国新华书店等**
字　　数　**404 千字**
开　　本　**890 毫米×1240 毫米　1/32**
印　　张　**19.75**
插　　页　**5**
版　　次　**2018 年 5 月北京第 1 版**
印　　次　**2020 年 1 月第 2 次印刷**
书　　号　**978-7-02-013608-7**
定　　价　**79.00 元**

如有印装质量问题，请与本社图书销售中心调换。电话：010－65233595

在南部腹地

在非洲荒原的红黏土路上，身处贫穷卑微的人们当中，时常让我想起美国的穷苦人。他们也是这样生活着，朝不保夕，在南部腹地的乡野僻道、低洼农场、穷困小村、羊圈和磨坊中随处可见——这些人我以前只在书上读到过，如同起初我对非洲人的了解。那当下，我觉得有个声音在唤我回家。

——《去往佛得角的末班车：我的非洲纵深之旅》

在我这本荒诞的类别不清的游记里，我的记叙和观察杂然而陈。我很清楚，对待这样的叙事方式，读者需要极大的耐心才能在一团乱麻中将故事捋清。

——阿尔梅达·加勒特 ①《故土之旅》

---

① 阿尔梅达·加勒特（1799—1854），葡萄牙剧作家、小说家、诗人和政治家，为浪漫主义运动和现代戏剧在本国的发展做出了卓越的贡献。

目 录

第一部　秋天——不去都不知道有这些地方

满眼都是陌生人。

　　　　——理查德·伯顿 ① 在《东非第一批足迹》

　　　　　　　中引述阿拉伯谚语

---

① 理查德·F.伯顿爵士（1821—1890），英国军官、探险家、语言学家、
人类学家，通晓 25 种语言和 15 种方言，著有《中非湖区探险记》。

祝福你:"来了就不是陌生人了。"

十月初一个炎热的星期天早上,我的车停在亚拉巴马州塔斯卡卢萨一家汽车旅馆的停车场上。我坐在车里研读地图,努力寻找着一座教堂。我并非想要更多的宗教生活,也不是希望旅行能带给我一些莫名的刺激,我只是盼着能听听音乐,凑凑热闹,见识一下黑人的福音音乐和庆祝活动,也许顺便交交朋友。

我用手背拍打着地图,看上去一定是一副茫然的样子。

"迷路了吗,宝贝儿?"

我从新英格兰的家中出发,开车行进了三天,来到另一个世界,来到我一直渴望探访的温暖绿色的深南州 ①;就像那位作家的名言 ②,这是"过往永不消逝"之处,"过往永存当下"。当月的晚些时候,格林斯伯勒 ③ 的一个黑人理发师一边帮我剪着头发,一边谈起现在的种族骚乱。像是在重新表述这位他从未

---

① 深南州(Deep South),指美国东南部,墨西哥沿岸的南部各州,包括路易斯安那、密西西比、亚拉巴马、佛罗里达等。这一带传统上属于美国最保守的地域。因为其地理环境比较偏僻闭塞,民风保守排外,所以在某种程度上使得外界对其认识较少,充满了各种负面印象。

② 引自威廉·福克纳所著《修女安魂曲》。

③ 格林斯伯勒,美国北卡罗来纳州中北部城市。

听说、也从未拜读过的作家的这句话，他笑着对我说："在这里，历史是鲜活的。"

在南部，一座教堂宛如当地社区跳动的心脏，是社交中心，是信念支柱，是灯塔，是乐台，是集会的场所。它赋予居民希望、引导、安康、温暖、情谊、旋律、和谐，还有零食点心。在某些教堂里，还可以看到售卖零食、沐足服务 ①，听到舌音祈祷——就是用舌头发出咿呀之声，像吐痰或是在莲蓬小水柱底下漱口的声音。

在教堂里，穷人都衣着光鲜，人人平易亲切。作为一种富于影响、予人启迪的文化活动，南方教堂的礼拜可以媲美大学橄榄球赛或是枪支展览，而且当地教堂甚多，人们总说："每个拐角都有一座教堂。"也正因为如此，每当发生教堂爆炸案，教友们的心都碎了，整个社区深陷痛苦之中。适逢位于伯明翰的第十六街浸信会教堂炸弹惨案 ② 发生五十周年，当年有四个小女孩在惨案中丧生——

"你迷路了吗？"

她的嗓音非常轻柔，我之前完全没有意识到她是在跟我说话。声音来自我旁边车子里的一位女士。那是一辆被太阳晒得褪了色的三厢车，后保险杠已经变形开裂。女士啜吸着一个外卖纸杯里的咖啡，车门开着透风。她约莫四十几岁，有一双蓝

---

① 来自耶稣为门徒洗脚的故事。

② 发生于 1963 年 9 月 15 日，这座黑人教堂在举行礼拜时被种族主义分子炸毁，炸弹被放在教堂地下室里。这里曾经举行过反对种族隔离的集会。四个黑人女学生被炸死。

灰色的眼睛。跟寒酸的车子形成鲜明对比的是，她衣着漂亮，一身丝绸衣裳，蕾丝袖子，一边肩上还别着一朵硕大的花朵，白色的帽子带着面纱。她用手背掀开面纱，将咖啡杯举到漂亮的唇边，在杯沿上留下带褶的紫色唇印。

我说我是个陌生人。

"来了就不是陌生人了，亲爱的。"她说着，冲我欢快一笑。我发现这世界上我去过的地方之中，南部是为数不多可以让我不带讽刺地用"欢快"来描述的地方之一。"我叫露希尔。"

我把我的名字告诉了她，还说了我想去的地方——布鲁克斯戴尔大道上的基石全福音浸信会教堂。

她立刻说那不是她所属的教堂，不过她知道这座教堂，还说出了牧师的名字，恩内斯特·帕尔默主事。她开始帮我指路，接着又说："不如这样吧。"

她一只手轻拍面纱，注视着杯沿，顿了一下，将杯中的咖啡饮尽，我则等着她的下一句话。

"哎，我带你去还更容易些。"她说着，用舌尖将上唇的泡沫舔干净。"我见女儿的时间是一小时后。跟我走吧，保罗先生。"

我跟在她那辆后保险杠变了形的小车后面，走了大约三英里，经过好几个急转弯，穿过好几片平房区。经历了去年一场破坏性的飓风，这些平房现在都空荡荡的，用破落歪斜来形容一点也不为过。在这片饱受侵蚀的区域中央，在郊外的一条街上，我看到了那座教堂的尖塔。露希尔缓了下来，指着教堂，挥手示意我继续行进。

我开到她的前头，进入停车场，对她表示了谢意。她对我粲然一笑，启程之前对我说了一句："祝福你。"

这似乎就是南部腹地的基调了：善意、慷慨，还有欢迎。在更广阔的世界中旅行时，我经常发现这种基调，不过在这里，随着旅行的深入，我发现得更多，因为我一直被这些善意簇拥着。是的，南方人的生活中有一种挥之不去的黑暗基质，虽然它在许多的交流中都会闪现，但要很长一段时间你才能觉察到，而且需要甚至更长的时间才能真正明白。

有时候，我的日子漫长而疲惫，但与像露希尔这样的人邂逅，总能让我振作精神，使我走向南部更深的腹地，去探访如同基石全福音浸信会教堂这样偏远的教堂，还有那些偏僻的地方，它们在地图上都只是小黑点，用城里的话来说，"不去都不知道有这么些地方"。

在南部腹地转了一段时间，我开始喜欢那里的问候方式了，步道上的行人所打的招呼，还有轻松随性的熟络称呼，人们会管我叫"宝贝儿""蜜糖""亲""兄弟""亲爱的""老板"，还有常见的"先生"。我喜欢他们说"你好吗，老弟？""近来可好？"，还有邮局或商店里开心的吆喝和问候。在我报上自己的全名之后，有些黑人习惯性地称呼我为"保罗先生"（对此有一种解释是："奴隶时期遗留下来的习惯"）。这与北方是截然不同的，其实也和我其他的所到之处不同。这种极度客气有时被称作"极端礼貌"，不过就算真的如此，也好过我在新英格兰已经习以为常的漠视、睥睨或故意的轻慢。

亨利·詹姆斯①谈起游历美国时曾说道："一个人最终的关系，就是他与其祖国的关系。"因为一直铭记着这句话，在见识过世界的其他地方之后，我一直打算着要在秋天，在2012年的总统选举之前，来一场穿越南部的漫长旅行，再将其记录下来。但旅行结束之后，我却想重回故地，悠游于冬天，再次认识那片土地。我也确实这么做了，可那依旧不够。我在春天里重游了一趟，然后是夏天。在四次游历之后，我明白了，南方已经深深地攫住了我的心，有时是让人欣慰的拥抱，有时则是狂乱无情的钳握。

温德尔·特里

在我邂逅露希尔的一周多以前，在一个黑漆漆的夜晚，十点过后，我身处亚拉巴马州东北嘉德逊镇附近。我将车子停在了一家迷你超市和加油站的外头。

"要帮忙吗?"一辆皮卡里有个男人探出车窗问道。他一副南方的质询语气，带着酒气，声音沉闷又颤抖，我差点以为他问完问题之后会醉得扑通一声往前跌呢。不过他倒还是挺客气的。走出那辆图案古怪的深色皮卡，站稳之后，他咽了一小口酒，下唇耷拉着，湿哒哒的，接着他把话说完："尽管说。"

我说我想找个过夜的地方。

---

① 亨利·詹姆斯（1843—1916），美国小说家，文学批评家，剧作家和散文家，心理分析小说的开创者之一。

这人手里拿着一罐啤酒，不过还没有打开。他长着一双牡蛎般浑浊的眼睛和一个双下巴，虽然神志清醒，但脚步不稳。他对我的诉求毫不理睬。我心想管辖旅行的诸神似乎时不时就会把我扔到一个明显头脑过于简单的人面前。这就意味着你得仔细观察，确定这次会不会又是同样的情形——像漫画里那些慢吞吞的南方人，只爱天南地北地瞎聊。

"我要跟你好好聊聊。"他说。

"什么？"

"我要跟你好好聊聊南方。"

在我的旅行生涯中，这是头一遭。泛泛而谈的时候，人们有时会说"非洲的情形就是这样的"，或是"中国正在发展"，还有类似的笼统评价，但往细了说也从来没人敢说这样的大话，"我要跟你好好说说这整个地区"，一副要娓娓道来的样子。

"不过我只是路过。以前从未来过这里。我是个北方佬，呵呵。"

"听你说话的方式就知道啦，"他说，"还有你的车牌。"

我报上了姓名，他向我伸出那只空着的手。

"我叫温德尔·特里。我在嘉德逊开了家店。这辆车是我的助猎伙计。整辆车都是我自己整出来的。"

他指的是他那辆橄榄色旧皮卡的车身，整个印满了棕色和绿色的枫叶。

"真的，"他说，"我开着它猎鹿呢。"

"这附近有很多鹿吗？"

"很多。"

这时我注意到他的衬衣口袋上绣着"Roll Tide Roll①"，这是亚拉巴马大学橄榄球队的口号。这支球队受到亚拉巴马人的狂热拥戴，我也见过有些人为表敬意，脖子上文了个 A 字②。这似乎正彰显了"粉丝"（fan）一词的真谛，这个词本来就是"狂热"（fanatic）的缩略形式。

"你打算跟我聊聊南方的什么呢，温德尔？"

"我会告诉你的。"

对一位旅人、一个踏足这片土地的陌生人，尤其是一个希望能写下此行游记的人而言，遇到一个像温德尔这样的人，真是一件幸事。他耐心友好，豪爽热情，还挺幽默，简直是天赐良人，更何况其时适逢深夜，我又身处偏僻小径。

"到底怎么……"

他的话还没说完，一辆生锈的低底盘雪佛兰停在我们身边，敞开的车窗里飘出刺耳的音乐：

看见一个黑鬼

你的婊子的双唇一定吻过一个黑鬼

我们在街上寻找毒品

这些黑鬼只是等着占别人便宜

---

① 亚拉巴马大学橄榄球队 Crimson Tide（红潮）是美国最负盛名的大学橄榄球队之一。"Roll Tide，Roll！"是该大学体育队伍（特别是橄榄球队）的加油口号，意为"翻滚吧，浪潮"。
② 亚拉巴马（Alabama）的首字母。

一个戴着油乎乎的帽子、帽舌歪在一边的男人伸出腿站了出来。车子没有熄火，车门也没有关，所以音乐从敞开的车门飘出来，声响更大。司机座椅的衬里开裂，里头粗糙的填充物都露了出来。

　　温德尔瞪大了浑浊的双眼，像是安抚我似地轻声说："我认识那个家伙。"

　　那人红着眼睛，胡子拉碴，一脸凶相，不过他一看到温德尔就笨手笨脚地敬了个礼，咧嘴笑得露出牙缝。

　　"你好吗？"这人边说边走。

　　"你近来如何呀？"温德尔问了一句就不作声了。

　　"挺好啊，兄弟。"

　　"知道了。"

　　我们一直等着，车里的噪音冲击着我们，震耳欲聋，在停车场四周黑漆漆的树梢间回荡。我们一直等到那个歪戴帽子的人拿着六罐装的啤酒从迷你超市里走出来，伴着节奏上了车，倒车驶入夜色之中，将那鬼哭狼号的音乐也带走了。

　　"你刚刚说什么来着，温德尔？"

　　"我会告诉你，"他说，"有关南方的情况。"他凑到我跟前，看着我的脸慢慢说："我们是好人。我们不像你们北方人那样受过很多教育。但我们是好人。我们是敬畏上帝之人。"他半眯了一下眼，似乎想从记忆里翻出一个事例来。接着他说："要受过些教育才会问出像'上帝是否存在'这样的问题。"

　　"应该是吧。"我说，心想他这句话倒是不带口音了。

"别介意！在南方我们不会问那样的问题。不过我们就是好人。"接着他挺起身子，站直了一点，又缓缓道出了一个观点。"在南方，无论是黑人还是白人，都不会不给你弄点东西吃就允许你走出他们家门——请你吃餐饭，或是一个三明治、一把花生，或者随便什么都行，"他语速虽慢，语气却很有把握，"他们会请你吃饭的，先生。"

　　"我明白了。"

　　"知道为什么吗？"

　　"说来听听。"

　　"因为这是唯一合适的事。"

　　"那是热情好客。"我说。

　　"当然是热情好客！等你重回嘉德逊时，一定要过来看看我和桑迪，我们再一起吃点东西。"他将空手搭在我肩上。"我虽然刚刚认识你，不过我看得出你是个有教养的人。你们是好人。我现在就回家，告诉桑迪去。"

　　接着他警告我不要在嘉德逊过夜，也不要开到科林斯维尔去，而是要再开二十英里，一直开到佩恩堡。到那里我可以找到一家条件更好的汽车旅馆，不过等我回来，他和桑迪会很乐意招待我的。

　　"佩恩堡在哪个方向？"

　　温德尔仰起头，对着黑夜和昏暗不清的入口匝道努了努嘴。

　　"说说南方，说说那里的情形，说说那里人们的生活，还有他们为什么住在那里。还有，他们活着是为了什么。"

　　温德尔刚刚所说的话，还有他把手搭在我肩上的样子，都给我留下了深刻印象，让我想起福克纳的《押沙龙，押沙龙！》[①]里那段常常被引述的话（说话者是加拿大人施里夫）。福克纳大量的作品都以语言晦涩著称，对于上面那个问题，他也尝试过不同的回答。不过我觉得温德尔是有答案的，于是便怀着更愉快的心情驶入夜色。

这个小插曲发生在我刚刚开始这段旅行的时候。一路上类似的偶遇还有很多，这些偶遇让我明白了一个旅人如何到达并融入当地生活的韵律，受到南方淡淡的欢迎，感受它近乎魔咒的无穷魅力。

旅途糖果：美国之旅

大多数的游记，也许所有的游记，即使是那些最经典的，描述的都是从一处偏僻遥远的地方去往另一处偏僻遥远的地方所经历的艰辛和不凡。途中历险、去往目的地的过程和一路的坎坷便是故事本身。重要的是旅途，而目的地反倒无足轻重。更多的时候，成为整本书主体的，是旅行者，特别是旅行者的情绪。一直以来，我也经常旅行与自我刻画。其他许多作家的游记也常常运用这种晦涩的以自我为中心的手法，正如 V.S. 奈保尔[②]在《南方的转折》一书中深具洞察力的阐述，旅行者是"一个借助异乡背景来定义自己的人"。

---

① 威廉·福克纳（1897—1962）的第九部长篇小说，讲述美国一个南方家庭 1860 年到 1910 年间发生的故事。
② V. S. 奈保尔（1932—　　），英国印度裔作家，2001 年获诺贝尔文学奖。

但在美国的国土上旅行，却与在地球上的任何其他地方大相径庭。在南部腹地之旅刚开始时，我曾经在亚拉巴马一座小镇的一家便利店逗留，想买一罐软饮料。不过其实我的驻足是因为那家商店本身。它坐落在路边一块小小的水泥地上，搭建店面的木板饱受风雨侵蚀，早已破败不堪，商店的墙上钉着一块锈迹斑斑的可口可乐标志牌。店门口遮篷的门廊上摆着一张长凳，我可以坐在上面喝饮料，做笔记。一家外形如此简陋又破旧的商店，店主想必会是一个爱侃大山的人。

我进去的时候，柜台后面一个六十岁上下、戴棒球帽的男人跟我打了声招呼。我从冷柜里拿了瓶汽水，付了钱，突然发现柜台上摆着许多玻璃碗——像金鱼缸那样的玻璃碗，碗里装满了裹着糖纸的散装小糖果。这一瞥让我觑见了自己的童年：梅德福[①]韦伯斯特喷泉街拐角处山姆家开的店（大约是在1949年），还有柜台上的坛坛罐罐，里面装满了一便士的糖果。

"我小的时候……"我说。那个人很有礼貌地倾听着我的回忆，我又说："我们都管这叫一便士糖果。"

"旅途糖果，"他说，"开车时吃的。"

对我来说，"旅途糖果"听起来倒是完美概括了开车穿越南部腹地的乐趣——我的所见所闻、旅途的自由自在、我所邂逅的人，还有我了解到的一切——我的日子满满都是旅途糖果。

在路况良好的道路上驱车从一地前往另一地，感觉既好又

[①]　波士顿西北八公里处的小城。

简单。不过这样的旅行是充满欺骗性的。特别具有欺骗性的一点是，这些平坦大道是繁荣的证明，美国因它们而轻易闻名。但与此相矛盾的则是美国的许多公路走着走着就是死胡同。在一个有着随性传统、崇尚无视规矩的国度，抵达目的地才是目标和挑战，而且常常是以出乎意料的方式。我发现美国是平易近人的，但美国人，就总体而言，却并非如此——他们比我到过的任何地方的人都要更加难以了解。

在美国旅行如此方便轻松，使得常规的游记无法再描述旅途本身，不能再谈交通或是旅程的艰辛，虽然这些都是一般游记的核心内容。美国的公路建设完善，没有障碍，于是它们也从旅行者的故事里消失了，只有在谈及对旅途便利的感恩时除外。这种感恩就像哈桑王子对他的魔毯的感激——"看起来很寒酸，但它却具有这样的特性：任何人只要坐在上面，心里默想着要去的国家或城市，魔毯立刻就能将他轻松又安全地带到那里去。"①

险峻难行的道路可以成为旅途的主题，但魔毯不行。经典的旅行故事应该是一个冒险故事，通常是一次探险，复述旅行者的探险过程，关注的应该是探险所经历的艰难险阻，以及最后的安然返乡。这样一本书犹如许多传奇故事，但特别相似的一点是旅行者被重重障碍所包围——魔鬼、巫婆、强盗、漩涡、妖女的魅惑，以及许许多多的延误。一路的艰辛就是故事本身，去往目的地的过程便是很多游记书籍的主题，从十七世纪

① 引自《一千零一夜·补充卷——第149夜》，理查德·F.伯顿爵士著。

松尾芭蕉的《奥之细道》①与帕克曼②的《俄勒冈小道》到我们当今优秀的游记书籍，塞西格③的《阿拉伯沙地》中呕吐的骆驼，雷蒙德·奥汉隆的《毫不怜悯：深入刚果腹地之旅》④中泥泞的刚果小道，布鲁斯·查特文⑤在巴塔哥尼亚高原上深深浅浅的跋涉。另外我必须补充的一点是，我写过的游记作品多多少少也是这样的。游记书籍普遍的内容都是朝目的地挣扎前行的过程。

　　但在美国，这种旅程就像野餐。随处旅行实在是太方便了，特别是在这样的公路王国里，结果反倒没什么可写了。一个引人深思的事实是，因为我们与这个国家关系密切，我们无法以描写其他国家的方式来描述美国。假装说旅途艰难简直是一种欺诈。

　　"这片土地广袤多变，有些地方原始荒凉。但对旅行者而言，它的几乎每一处地方都是风格统一而且易于行走的。"V. S.奈保尔在他的南部游记里写道。"其结果之一就是任何游记

---

　① 日本俳谐师松尾芭蕉（1644—1694）所著纪行书，在日本古典文学中的地位可与《源氏物语》相媲美。

　② 弗朗西斯·帕克曼（1823—1893），美国历史学家、文学家，致力于描绘漫长的西进历程，代表作有《俄勒冈小道》《庞蒂亚克阴谋史》《大西部的发现》等。

　③ 威尔弗雷德·塞西格（1910—2003），英国沙漠探险家，两度深入阿拉伯半岛南部沙漠空白之地。

　④ 原书名 Congo Journey（《刚果之旅》），《毫不怜悯》是其美国版书名。雷蒙德·奥汉隆（1947—　），英国作家。

　⑤ 布鲁斯·查特文（1940—1989），英国作家，主要作品有《巴塔哥尼亚高原上》《乌兹》《歌之版图》等，曾获英国豪森登奖和美国佛斯特奖。

（除非作者写的是其自身）都无法只写道路和旅馆。"他又接着说美国的差异度不足，这一点倒是值得商榷的。因为在他穿越南部的旅行中，奈保尔关注的是更大的城市，而且他所阐述的主题是奴隶制残存的影响（《奴隶诸州》曾是他那本书 [①] 的暂定书名）。他还富于洞察地补充道："（美国）过于声名远扬，而且被过度拍摄、过度写作。又因为过于严谨，不够随意，要随便地观察它并非易事。"

也就是说，除非你故意制造障碍或沉溺于惺惺作态的豪言壮语，叙述时采用游记作家应有的维多利亚时期的叙事风格——痛苦，恐惧，克服艰险，忍受困苦和怪异仪式，找到黑暗之心 [②]，遇见那伙顽童 [③]，与狂热的传教士和泥人族们 [④] 交谈，观察食人族和肩下生头的化外异民 [⑤]，做一个百劫余生的英雄，将故事讲述。许多作家都是这么做的，即使是在这片欢乐的土地上。我觉得那些书讲的都是虚假磨难。

虚假磨难

有些美国游记获得小成功，是因为它们着重描述危险、吓

[①] 指奈保尔的《南方的转折》。

[②] 指非洲大陆腹地，出自约瑟夫·康拉德（1857—1924）1902 年创作的同名小说。

[③] 出自英国风景画家和幽默作家爱德华·利尔（1812—1888）的《荒诞书》。

[④] 指巴布亚新几内亚的阿萨罗泥人族。

[⑤] 出自《奥赛罗》。

人、生死攸关的冒险——那是国外游记里常见的努力克服艰险的本土版。这种白日梦想家①式的套路也许是自亨利·戴维·梭罗②开始的。梭罗是个文学天才，但他自哈佛毕业之后就一直跟父母挤居在一起，就像今天很多所谓的地窖居住者一样，几乎不曾远离家庭去冒险。在短暂的一生中（享年四十四岁），他经常生病。在1843年的游记中，他曾写道："我这病躯伫立于时间与永恒之间，凋零如一片枯叶。"此言并不夸张。

当时他二十六岁，饱受慢性支气管炎、情绪波动及反复发作的嗜睡症的折磨。他参与户外活动，喜欢远足，但依旧总是病怏怏。二十八岁那年，他在瓦尔登湖畔建造了一座小木屋。在这场广为人知的实验中，他常自述为一个孤独的目击者，隐居于偏僻野外。但事实上，他的住处离他的母亲家只有一点五英里。他母亲经常为他烘焙馅饼、洗涤衣服。瓦尔登湖畔的夏日里，不读书写作的时候，他经常举行哈克贝利③式的派对。

梭罗在瓦尔登湖畔读过的一本书是梅尔维尔④当时刚出版

---

① 原文为 Walter Mitty（瓦尔特·米提），瓦尔特是美国作家詹姆斯·瑟伯（1884—1961）在短篇小说《瓦尔特·米提的私密生活》中的人物，可以随时随地脱离现实、沉浸于英雄式的幻想中。

② 亨利·戴维·梭罗（1817—1862），美国作家、哲学家，超验主义代表人物，长篇散文《瓦尔登湖》是其最负盛名的作品。

③ 美国作家马克·吐温（1835—1910）的《哈克贝利·费恩历险记》的主人公，喜欢自由随性的生活。

④ 赫尔曼·梅尔维尔（1819—1891），美国小说家、散文家和诗人，代表作为《白鲸》。

的《泰皮：波利尼西亚生活一瞥》。这本书对于夏威夷和一次太平洋捕鲸之旅进行了浓墨重彩的描述，书中写到梅尔维尔和另一位船员在遥远的马克萨斯群岛私自跳船，以及他和岛上一位窈窕女子菲尔维田园牧歌般的罗曼史——"我和菲尔维斜倚在独木舟的船尾，亲密无间；这位温柔美丽的少女不时将烟斗举至唇边，吐出柔和的烟雾，她宛如玫瑰的气息里又增添了一缕新鲜的香气……"

比梅尔维尔年长两岁的梭罗应该并不知道梅尔维尔美化了他的海岛经历，还夸大了他在马尔克萨斯群岛上度过的时光。其实他只待了一个月，但他宣称是四个月。这本书使他声名远播，而书的虚名和书中那些在偏远天然、不为人知的世界一隅所进行的华而不实的冒险（食人族、水中美少女、裸露的胴体），都给瓦尔登湖畔这位禁欲的气管炎患者（此前几年他唯一爱过的女人拒绝了他）留下了深刻的印象。其时，在独隐一年之后，他的幽闭烦躁症都快发作了。

既是作为对《泰皮》的回应，也出于对亲自进行荒野探险并获得写作与演讲原始素材的渴望，梭罗动身开启了缅因州的穿梭之旅。他先是乘火车到波士顿，接着乘火车前往波特兰，再坐蒸汽船沿佩诺布斯科特河①北上至班戈，并在那儿与他的表哥和两个木材商会合。这四个人乘坐四轮马车晃晃悠悠地到了内陆的马特沃姆凯格河②，然后从那里划独木舟溯河

---

① 佩诺布斯科特河，缅因州最长河流。
② 马特沃姆凯格河，佩诺布斯科特河支流。

二十五英里，到达北双子湖。彼处的森林让梭罗激动不已，他觉得那些森林"肆意生长，无法穿越"，这是它们给"初次历险者们"留下的印象。这片地区有"一种我从未领略过的荒野意趣"。

真实的荒野让他激动不已，他终于发现了一处偏远、原始且危险的地方，足以媲美梅尔维尔的马尔克萨斯群岛。这伙人徒步穿过树林去到卡塔丁山 ① 的低坡。梭罗独自登山，自称感觉像普罗米修斯。此次攀登卡塔丁山激发梭罗写下了生动的文字："这里的自然环境虽说很美丽，但也是原始恶劣的。我满怀敬畏地看着脚下这片土地，看到诸神们的作品，以及这些作品的形态、风格和材质。这就是我们听说过的地球，诞生于混沌与动荡之中。这不是任何人的花园，而是未知的地球。这不是草坪、草原、牧场、林地、草地、耕地或荒地。这是行星地球清新自然的地表，永恒的地表……"

这是一次快乐的两周远足，四个人只是走过了一片树林。梭罗把它描绘成一次史诗般的远行，一次发现之旅。后来他宣称他在缅因州发现的荒野，比梅尔维尔在遥远的马尔克萨斯群岛上所经历的任何景物更加原始，更难以到达。他还自欺欺人地继续相信那是一次艰辛的旅程。

这种虚假的所谓磨难成了美国旅行游记的一种特色，延续至今。值得称道的是，亨利·詹姆斯在描写他从波士顿到圣地

---

① 卡塔丁山，位于巴克士特州立公园，缅因州最高峰，海拔 1,500 米。

亚哥漫长的火车旅行的时候，就没有抱怨过旅途的艰难，而只嘲笑过纽约的样子"像一块针垫"，以及有些城市"视觉上的丑陋"，还有普尔曼车厢①的"局促幽闭"。回到伦敦让他十分高兴。

"我觉得英国人不可能，绝对不可能，住在那里还能感到快乐。"查尔斯·狄更斯在《美国纪行》里回忆他的旅程时写道。这里列举四位乘坐巴士游历美国的英国旅行者的叙述，以证明狄更斯的结论。

"纽约市的纽约港务局巴士总站是一个很可怕的地方，在那里你会突然发现自己陷入无助的境地。"这位平素很沉着的多产作家埃塞尔·曼宁②在《美国之旅》中说起她的巴士旅行之始时哀叹道。她接着又说："重要的是忍住不让自己坐下来哭泣一通。"

玛丽·黛·温③在《碎石路旅程：巴士万里行》中描述过她在亚利桑那州的历险遭遇。当时一个持枪男子拦住了她乘坐的豪华大巴。"坐在司机背后的那个浓妆艳抹的姑娘一看到他拔出手枪，便惊恐地尖叫起来"。但枪手并没有抢劫他们，而是将这次拦截变成了一出闹剧。他坚持要亲吻车上的六个女人，在撒下二十七个焦灼的旅客之前，他还说："再不吻漂亮姑娘，我一天都活不下去了。"

---

① 普尔曼公司生产的豪华卧铺车厢。
② 埃塞尔·曼宁（1900—1984），英国女作家。
③ 玛丽·黛·温（1888—1965），英国女作家。

对于英国作家厄内斯特·扬 [①] 而言，在德克萨斯州圣安东尼奥的困难之一，就是不得不早起赶巴士。他在《游览北美》一书中写道："我首日的旅程是四百三十英里，相当于从贝里克郡 [②] 到兰兹角 [③]，结果又得早起，而我对此向来都是很不情愿的。在路边棚屋里匆匆用着早餐，棚外雨雾蒙蒙，这绝非长途巴士旅行的良好开端。"

　　"抱着致富的希望来到美国的不同种族的人……继续留下来，活得像缺乏照料的牲畜。"詹姆斯·莫里斯 [④] 在《从东海岸到西海岸》中写道，"在这样的生存状态下，种族偏见便兴盛起来。你会经常在公车或街角听到一阵嘟哝谩骂——那是一个黑人醉汉瘫在座位上咒骂一群白人，或是一个白人旁若无人地从黑人妇女中推搡而过。"

　　虽然莫里斯的作品从另一个角度看是宽宏大度的，但也记录了他有些怯懦的反思。"暴力是美国人生活中一种经常存在的元素。"他写道。后来，在叙述风暴、洪水、格兰德河 [⑤] 的泛滥，还有密西西比州维克斯堡的强风（他称之为"台风"）时他又写道："野蛮行径总在你身边。"

　　"你可以感受到隐隐的残暴，当然是受克制的，但依旧存

[①] 厄内斯特·扬（1869—1952），英国作家。

[②] 贝里克郡，苏格兰郡名。

[③] 兰兹角，英格兰西南端康沃尔半岛的顶端，三面环海，是英格兰的"天涯海角"。

[④] 现名简·莫里斯（1926—　），英国小说家、旅行文学作家。早年受性别认同障碍困扰，于1972年接受变性手术，成为一名女性。

[⑤] 格兰德河，也称布拉沃河，源于科罗拉多西南部，全长约3,033公里，沿美国及墨西哥边境注入墨西哥湾。

在，在许多受人尊敬的商人们的聚会上，（甚至）是那些角鹿社员或基瓦尼俱乐部①成员之中。"不过话虽如此，莫里斯的旅行本身是很美好的，当然没有遇到过残暴行为。"在其他时候，男士们会问我些无知的问题，让我无法脱身。"十几年后一次变性手术将詹姆斯变成了简，其后她在纽约这座渐渐为她所称道的城市买了一套公寓。

应该说上述的这些旅行者都没有登山、穿行森林或是徒步横越沙漠。他们都是乘坐舒适的巴士或汽车在路况良好的公路上晃悠。但他们并非唯一对旅途进行戏剧化夸张描写的人。许多美国作家屈从于这种虚假的磨难，杜撰了于美国公路上旅行的艰难。"浩瀚的莫哈维沙漠②让人心生恐惧。"约翰·斯坦贝克③在《横越美国》中写道。以下是他所说的危险一例："大约五十码开外，两只郊狼站在那儿看着我……'杀了它们！'我受过的训练告诉我。"调查记者比尔·施泰格瓦尔德沿着斯坦贝克的旅行路线进行了一番游历，并在《沿着斯坦贝克的足迹》④一书中证实了，书中所写的一半地方，那位游记

---

① 角鹿社为市民团体，基瓦尼俱乐部则是美国工商业人士的一个俱乐部。
② 莫哈维沙漠，美国最大沙漠，位于加利福尼亚东南部，地跨内华达州、亚利桑那州、犹他州三州，面积 65,000 平方公里。
③ 约翰·斯坦贝克（1902—1968），美国作家，1962 年诺贝尔文学奖获得者，代表作有《人鼠之间》《愤怒的葡萄》等。
④ 来自 2012 年《横越美国》50 周年纪念版出版时，比尔·施泰格瓦尔德为《匹兹堡新闻邮报》撰写的书评专栏。

成书后不久便获得诺贝尔文学奖①的作家其实都没有去过，当时的大多数时间，他跟他太太都在豪华酒店里招摇，游记中许多情节都是语焉不详的瞎扯和虚构。也许，当年根本就没有郊狼。

在《空调噩梦》中，亨利·米勒②描述了他从纽约到洛杉矶的公路之旅（时间是1940年底到1941年）。"我觉得有必要与故土来一场和解。"他在书的开头写道，不过后来又把它称作"穿越美国的忧伤之旅"。他的书中满是抱怨，开车的单调乏味、糟糕的食物（光是愤愤然地抱怨美国面包的低劣质量就费了整整一章），还有丑陋的城市。

对米勒而言，圣路易斯尤其恐怖——"房子似乎都是铁锈、血渍、泪水、汗水、胆汁、鼻涕和大象粪便涂抹而成的。光是想想在这么个地方度过余生，就已经把我吓得不轻了。"加州也好不到哪里去——"开始感受真正的加利福尼亚，我真想吐，但未经许可是不得在公共场所呕吐的。"在这次历险一年后，米勒定居在加州，先是住在大索尔海岸③，最后住在洛杉矶，而且很快乐，正如他自己说的，"一直都开心欢畅"。

---

① 斯坦贝克的游记成书于1962年，同年12月他凭借《人鼠之间》获得了诺贝尔文学奖。
② 亨利·米勒（1892—1980），美国作家，主要作品有《北回归线》等。
③ 大索尔海岸，加州中部著名海岸风景区，被美国《国家地理》选为"旅人一生要去的50个地方"之一。

"艰苦的美国"是爱德华·艾比 ① 的《沙漠独居者：荒野一季》的主题——独自面对荒凉的自然环境。"比起开车行驶一百英里的游客，步行、骑马或骑车一英里的人看到的更多，感受更丰富，乐趣也更多。"这是他的原话，但他却没有说明自己是开车的。"荒野。这个词本身就富有乐感。"他写道。他描述了自己在犹他州南部的独居生活，还有他与大自然的孤独神交，但他却没有提到有五个月时间，他跟他的第三任太太和年幼的儿子住在一辆房车里，离一个有酒吧的镇子和他的酒友们都不远。

　　在《旧日荣耀：美国之旅》一书中，我的好朋友乔纳森·拉班 ② 描写了他乘坐一艘小汽艇沿密西西比河而下的旅程。他是非常优秀的游记作家之一，很敏锐的风俗分析家。在这本书里，他妙语连珠且富有洞察力。旁观者清，他看到了这个国家身上常被许多美国人忽视的特点。不过，他那本精彩的书里也有少数的虚假磨难。有一次他被一群鸟吓到了——"在伊利诺伊州那一侧河岸上，有一棵枯树，看样子已经成了一伙游手好闲的鸟儿的破旅店。"他很害怕这群鸟。"我摘下墨镜，忍不住想，它们第一个想啄的应该是我的双眼。"

　　这些鸟虽然看起来很凶狠，但并没有将这位英国旅行者的双眼啄出来。他经历了恶劣的天气、一次失败的恋爱，还有

---

① 爱德华·艾比（1927—1989），美国小说家和散文家，对环境运动影响极大又极具争议的生态文学作家。
② 乔纳森·拉班（1942—　　），英国作家，曾获海涅曼文学奖、汤姆斯·库克旅行文学奖、华盛顿州政府文艺奖等。

一次几乎溺水而亡的意外，但还是毫发无伤地到达了新奥尔良。另一位更为当代的，但也更懒惰、更缺少抱负的旅行者玛丽·莫里斯[1]在记叙沿密西西比河顺流而下的《大河女王》一书中，便大肆渲染了其旅程的不易。她不喜欢这艘船，还有像汤姆和杰瑞[2]一样相爱相杀的两位船长也让她大为光火。船上的食物让她恶心。她所经历的磨难可以用她没完没了的抱怨一言蔽之："我讨厌比萨，我讨厌那样的面食。我想要好好吃一餐，洗个淋浴，还有便利的设施。"

远足在阿巴拉契亚[3]山径上，对一个健康的远足者来说，本会是让人心旷神怡、心满意足的体验。很多人也完成过。为了写《林中远足》，比尔·布莱森曾携友一起在这条山径上漫步。他的书里也有一处经典的虚假磨难——在弗吉尼亚州一处泉水附近露营的一个晚上，他遇到了一头熊。一头熊——也许是两头，他只看到了它们的眼睛，在附近闲逛着找水喝。"我猛然坐起身，脑子里的每个神经细胞立刻都醒了过来，疯狂跃动，就像巢穴受到惊扰的蚂蚁。我本能地抓起了我的刀。"他其实没有刀，有的只是指甲钳，这一插曲的讽刺意味削弱了其动人之处。"黑熊极少发起攻击，"他继续写道，"但问题是，有时还是会的……如果它们想杀了你并吃掉你，它们随时都可以做到。"

---

① 玛丽·莫里斯（1947— ），美国女作家。

② 动画片《猫和老鼠》的两位主角。

③ 阿巴拉契亚，北美洲东部山脉，长 2,600 千米。海拔一般 300 至 600 米，最高峰密契尔峰海拔 2,037 米。自然风光优美。

"最后，这里是美国，"他在另一个时间说过，"始终会有被谋杀的可能。"

但熊没有招惹他，他也没被杀死，除了双脚酸痛，在这样一本受人喜爱的书里，所谓的"磨难"几乎都没有带给他任何困扰。

"就当我疯了吧。"埃利加·沃尔德① 在《搭陌生人便车》一书的开头写道。"我站在波士顿城外一处高速公路服务区，在雨中试着拦车，启动另一次横穿国土的艰苦旅程。"但不管是自嘲还是嬉闹，这本搭便车旅行记都不如约翰·沃特斯② 的《晕车症》。约翰一时兴起，一路悠游，从巴尔的摩到旧金山，并写下了这本书。书中充斥着矫情的磨难，大多数（他自己也爽快承认）是一个阔绰的同性恋电影导演乱七八糟的凭空臆想，为的是给他冗长的旅程涂脂抹粉。他本来完全买得起头等舱的机票，却一直渴望进行一场历险。

还有许许多多类似的书籍，数以百计，也许数以千计，但每一本都以怪异的揭秘笔调，描述着仿若在远方旅行的经历，将美国重新想象为环境恶劣的异国他乡，把旅行写成一场精疲力竭的冒险、一项步步惊心的野外活动，或是一次哗众取宠的危险旅程。

撇开其中的言过其实，有些书还是值得一读的，但它们

---

① 埃利加·沃尔德（1959— ），美国蓝调吉他演奏家、音乐历史学家，曾获 2002 年格莱美奖。著有《基因神话揭谜》等。

② 约翰·沃特斯（1946— ），美国电影制片人、导演、演员、脱口秀表演者、作家。

都避而不谈一个明摆着的事实，那就是旅行者游历美国的旅途是一路通畅的。这些游记作者把步行、乘船、搭便车和露营都描写得尤为艰难，并以此哗众取宠，但其实没有什么比开车穿越这个国家更便捷的了。拉里·麦克穆特瑞①的《公路：行驶在美国极好的高速路上》对驾车旅行进行了思考，对这种汽车之旅赞美颇多。"我想做的是将这些大道当作一条河流，或顺流而下，或溯流而上。"这篇有关驱车穿越国土的文章读来让人心生愉快，它描述了开车时自言自语的傻乐，路上的思绪飞扬，回顾读过的书、看过的电影，还有往昔的追忆——"纯粹的驾车旅行，最低限度的动脑筋思考"。

"我的老朋友90号州际公路"，这是麦克穆特瑞谈起一条公路时的措辞。在另一次公路旅行中，"然后我就在亚拉巴马州待了一小时。"听起来他简直是神出鬼没。他谈到驾车七百七十英里，从德卢斯②到威奇托③，说起"下了公路不用走一百码就能吃饭、加油或上厕所"，他也许还应该加上"住汽车旅馆"。他的书准确地反映了我游历美国的感受——孤独的公路之旅，其间零星点缀着旅途糖果，在很多方面就像一次禅修。这是地球上任何其他国家的汽车司机们都无法体验到的。

---

① 拉里·麦克穆特瑞（1936— ），美国作家、编剧。他的小说《寂寞之鸽》获1986年普利策文学奖，电影《断背山》为他赢得2006年奥斯卡最佳改编剧本奖。
② 德卢斯，港口城市，位于美国明尼苏达州东北部。
③ 威奇托，美国堪萨斯州南部城市。

但在美国旅行也会遇到一些阻碍，至少在深入腹地时。我们生性好客，但如果陌生人的反应太紧张，那我们的热情也会消减、退缩、冷淡，乃至消失，继而化为小心翼翼、不情不愿。我们有一肚子的想法，但对于异议或刨根问底，我们出于本能地不喜欢——而最好的旅者向来只刨根问底。美国人说起话来可以谈上一天，但他们不善倾听，也讨厌陌生人追根究底、穷追猛打问个不停。

美国人和世界上其他地方满脸沟壑的朴实农民一样，对私人问题总是满心狐疑。我们可以容忍异议，但如果是强烈的反对意见，那就会惹人讨厌，甚至为你树敌。意见相左往往会被定义为对抗。从我们的过分自得与鼓吹自由中，你看不到这一点。新美国人很多都是难民，是为了自由逃离祖国的恐怖和暴政来到美国的人，他们通常是最为狭隘苛刻的一些人。只有在面对、倾听差异，差异不会影响我们生活的时候，我们才会容忍它。

作为一个国家，它的广袤和相对而言的空旷是天赋的礼物，这给了我们足够的活动空间。这种空间容许了差异的存在，而且经常被误认为宽容。那些胆敢侵犯这种空间的人，才是真正的旅行者。

再度成为旅行者

一路向南，我以某些我已经淡忘的方式，再次成为一名旅行者。轻轻松松地离家上路，一路的颠簸，让我重新发现了往昔的旅行之乐。那是还没有逗留机场、被检查和被粗暴盘问的日子——隐私备受侵犯，让每个搭机旅行的人都深感不悦。现今的旅行体验总是笼罩着一层沮丧和受辱的感觉，在尚未上路的时候就已如此。现在搭乘飞机旅行总要受到盘问，而且讯问你的，经常是一个身着制服、远不如你的人。

以前你可以偷偷溜走，出示机票后登机，没人翻看你的行李，打搅你内心的平静。你可以泰然自若地启程。在我以前的旅行生涯中，这就是我的快乐所在。

现在的旅行有这么多让人难以忍受的烦扰，以致在你还没有出发之前，旅行就已经开始了。如今，机场不仅意味着旅程中各种被冒犯的不快体验将接踵而至，还以一种让人讨厌的方式提醒即将启程的旅行者，他是自己国土上的异己——不只是一个陌生人，还有可能是一个让人心生恐惧的人、一个潜在的危险，就算不是恐怖分子，也会是个捣乱分子——你被吆五喝六着，被要求脱鞋解带，宽衣裸身，扫描安检，而你则跺着脚，一心想离开。人还没有启程，根本还没能思考前面的旅行，就已经要经历这种种的审查和安检。

机场关卡重重，正因如此，它有可能扭曲你对旅行的认知。这些年来，机场的经历已经渐渐成为一个极权主义政府施政的极端范例。这种经历贬低你，使你显得不诚实、不可靠，让你抓狂。自己的用心受到拙劣的质疑，一个人通常的反应就是憋着一肚子气，那是以前在东欧旅行的人面对颐指气使的警察时才有的感受。旅行曾经是一种解放，而现在恰好相反——我指的是乘坐飞机旅行。年轻些的旅行者根本不知道自己失去了什么。

同意被侵犯、同意合作（"这些都是为我好"）的感觉比受辱本身更糟，这其中夹杂了曾经催生暴政和独裁的所有借口和遁词。在机场剥夺旅行者尊严、迫使旅行者屈从的种种做法，完全违背了一个人出门旅行的初衷。是的，我们现在是身处危险的时代，但如果这意味着要我们放弃隐私权，那辛苦的离家旅行则是完全不值得的。

补救的办法还是有的，但也只是少数幸运者才能做到——那些像我们一样住在一个幅员辽阔的国家、可以选择畅通无阻的公路而避开所有机场的人。即使是最破旧的汽车，也比飞机上的头等舱强，因为要坐上头等舱，你就必须被迫忍受审查和搜身带来的侮辱。但如果你溜进一辆汽车，疾驰而去，则是谁也无权盘问。你根本不用经历这些序曲，有的只是一场说走就走的旅行带给你的幸福感。

现在的旅行能给你的，就是为了去遥远的地方体验片刻的异国情调，而不得不在一个又一个机场忍受没完没了的麻烦，然后保持一种错觉，假装自己在旅行。这就像是一颗炮弹经过检测之后从炮筒里被发射出去。那是我们大多数人在这种状态下会有的感受，觉得自己就像一颗迷茫恍惚的人肉炮弹，置身于其他炮弹之中。

旅行还有一种更好、更恰当的老式方法，那就是给予你自尊的、绵延不尽的公路。

一路向南

　　一个潮湿的秋日清晨，我离开位于科德角①的家，驱车南行，开始漫无目的的旅行，沿路经过纽约市和华盛顿特区的外围，一直走过黄昏时分，在天黑时到达弗吉尼亚州的弗朗特罗约尔②。当时是十月份。我要去的是南部腹地，所以还有很长的路要走。但我早知道在这个怡人的梦幻舞曲般的州会有长途行驶，在漫长空旷的公路上，会开始出现"公路催眠"③和《白线狂热》④，开阔公路上的顿悟，普通的驾驶，体验更高层次的精神之旅。

　　通常情况下，在动身开始长途旅行之前，我都会感到一阵焦虑。这次我却只感到欣喜，迫不及待地想要出发，无需护照，没有安检，不用赶飞机，不会有拥挤的人潮，我很有一种要把折叠刀扔进背包的冲动。我在包里装上了书，带上了一顶帐篷和一个睡袋，以备不时之需。我清空了冰箱里的东西，带上了一袋食物——果汁和全熟的水煮蛋，一罐自制的辣椒，还有奶酪、水果和几瓶红酒。

　　我去南部腹地，是因为我对它几乎不了解，为的是自驾的

_____

① 科德角，又称鳕鱼角，是美国马萨诸塞州南部巴恩斯特布尔县的钩状半岛。
② 弗朗特罗约尔，弗吉尼亚州山区的一个小镇，位于谢南多厄的北部。
③ 驾驶员在长途跋涉、紧张地驾车过程中，注意力高度集中且长时间目不转睛地注视前方，会产生视觉疲劳。
④ 又名《硬小子》，一部关于卡车司机反击腐败的美国电影。

纯粹乐趣和不用提前计划的自由。只有在美国，你才有信心来一场漫无目的的旅行。再粗陋的镇子也有可以住宿的地方，也许就在镇外，也许是一间破旧的汽车旅馆；还有可以用餐的地方，最好是卖灵魂料理①的餐车饭馆，但也许是"哈迪斯""阿比斯"或是"丛林蜥蜴"②，或是一家油烟弥漫但气氛友好的无证炸鸡店。最典型的应该是一家小食店，柜台上摆放着各式油炸食品——炸鱼、炸鸡、汉堡、薯条，甚至是油炸馅饼——都是些大众化食品。我远离大都市和沿海地区，一直走低地③、黑人地带④、密西西比河三角洲、边远的森林地带和一些丁点大的镇子。

在 2012 年的总统大选辩论中，几个候选人不停地提到美国的中产阶级，说他们压力巨大、赋税过多、债务繁重、生活多舛。每一位候选人都谈到打算如何拯救中产人群，希望他们为自己投上一票。南下的路上，在新泽西州，我从广播里听到有五千万的美国人生活在贫困之中。在我的家乡，这样的人并不多，但在我前往的地方就很多了。百分之十六的美国人被界定为贫困，在南方这个比例是百分之二十，而且贫富差距正日益扩大，比历史上任何时候都要大。总统候选人并没有提到要拯救穷人。

"他们避开'贫穷'一词，"我早前在亚拉巴马州旅行时，

---

① 非洲裔居民的传统菜式，与美国南方料理有着极大的联系。
② 以上均为美国快餐品牌。
③ 原文为 Low Country，南卡罗来纳州的沿海地带。
④ 原文为 Black Belt，原指亚拉巴马州适合种植棉花的黑土带，如今多指黑人地带——黑人人口比例较高的地区。

一个社工对我解释道，"'贫穷'是黑人的代名词。"

我对南方的穷人充满好奇。在南方的乡村公路上驾车，我总会时不时地遇到来自底层的美国人。我当时旅行的原因跟往常一样，无非是坐不住，还好奇，想去看看不熟悉的地方。我们旅行是为了愉悦身心，为了那种"我到这里来啦"的激动感，是为了换个环境，获得启迪，或是为了可能发生的改变，为了以后能就自己曾身处远方好好吹上一通牛皮，为了可以目睹异国情调一探究竟。

"你走南闯北，哪里都去过啊。"人们对我说，但那都是说笑罢了。我的旅行目的地清单不但很长，而且在很多情况下是显而易见的。是的，我是去过巴塔哥尼亚，还有刚果和锡金。但我作为一个美国人，竟然没去过美国风景最优美的那些州，我没去过阿拉斯加、蒙大拿、爱达荷或是达科他，就连堪萨斯和爱荷华州也只是走马观花。我从未游历南部腹地。我想看看这些州，不是飞过去，而是在地面上缓缓前行，只走乡村道路，挑战"千万别在叫'妈妈手艺'的餐馆用餐"或是"千万别跟医生玩牌"①之类的普遍规则。

一大早在自家房子里醒来，驱车离开，来一场穿越北美的漫游，没有什么能比这更让我激动的了。没有什么比得上自由的旅行——不用被搜身，不用带护照，没有机场那些乱哄哄的场面，只需发动引擎，绝尘而去。这种漫长的即兴公路旅行是

---

① 出自美国作家纳尔逊·艾格林（1909—1981），其作品《金臂人》获第一届美国国家图书奖。

典型的美式作风，随二十世纪早期可靠的汽车的出现而兴起。

第一条穿越国土的公路——林肯公路[①]，建成于 1913 年。这条异想天开的大道将一段段东西走向的公路连接起来，贯通纽约到旧金山。它起先其实不是一个政府项目，而是一些民营商人的主意，而且全程由他们负责完成。这些人均与汽车业有关，领头的是卡尔·G. 费舍尔，他是印第安纳波利斯一位汽车车灯生产商（他还建造了印第安纳波利斯高速公路）。一条使用普遍的南北走向的公路几乎在同时建成了。斯科特·菲茨杰拉德[②]和泽尔达·菲茨杰拉德[③]夫妇结婚三个月后，开着一辆1918 年产的马蒙[④]汽车，从康涅狄格到亚拉巴马，走过了一段著名的旅程。斯科特把这场旅行写进了笔调轻松的《老爷车历险记》，那是美国最早的汽车游记之一。

后来还有许多描写公路旅行的游记，如亨利·米勒、凯鲁亚克[⑤]、斯坦贝克和《忧郁公路》的作者威廉·李斯特·海特穆恩等所写的那些。纳博科夫[⑥]和他的太太在美国各地驾车寻找蝴蝶的旅行，最后成就了《洛丽塔》，这本书也算得上是一本公

---

① 东西穿越美国 12 个州，连接旧金山和纽约，是第一条真正意义上的横贯美国东西部的公路。
② 斯科特·菲茨杰拉德（1896—1940），美国作家、编剧，代表作为《了不起的盖茨比》。
③ 泽尔达·菲茨杰拉德（1900—1948），本名泽尔达·塞尔，美国小说家、诗人和舞蹈家。
④ 创办于 1902 年的汽车公司。
⑤ 杰克·凯鲁亚克（1922—1969），美国"垮掉的一代"的代表人物。代表作为自传体小说《在路上》。
⑥ 弗拉基米尔·纳博科夫（1899—1977），俄裔美籍作家，代表作为《洛丽塔》。

路游记①。查尔斯·波蒂斯②的《南方之犬》就是出色的公路旅行小说之一，始于阿肯色州，止于洪都拉斯，行驶于荒野，文字幽默睿智。"汽车运作良好，独自逃离带给我的愉悦让我心潮澎湃。这简直就是一种幸福的状态。"

自从汽车出现以后，人们将公路旅行写入游记，在美洲和欧洲均是如此。拉迪亚德·吉卜林③是一位早期的乘车者，他在1910年买了一辆劳斯莱斯，他的司机驾驶这辆车带他走遍英格兰，而他则沿途做着记录。伊迪丝·华顿④是一位狂热的汽车车主——她的首乘发生于1902年，在1904年买了一辆本哈特·拉瓦索尔⑤，后来是一辆黑色的波普–哈特福德。华顿的《穿越法国》中开篇第一句就是："汽车带回了旅行的浪漫。"与吉卜林一样，她也有一个司机，她的单身朋友亨利·詹姆斯是她车上的常客。詹姆斯非常喜爱她的车，还称这新车为"激情汽车"。

"詹姆斯开始羡慕她，对她旺盛的精力十分惊奇。"科尔姆·托宾⑥在《大师》中写道："詹姆斯多次入住过位于马

---

① 指书中亨伯特和洛丽塔穿越美国的汽车之旅。
② 查尔斯·波蒂斯（1933—　），美国小说家，代表作为《大地惊雷》《诺伍德》，都被改编成电影。
③ 拉迪亚德·吉卜林（1865—1936），英国小说家、诗人，出生于印度孟买，代表作为《丛林故事》。1907年获诺贝尔文学奖。
④ 原名伊迪丝·纽伯·琼斯（1862—1937），美国女作家。代表作为《纯真年代》，1921年获普利策小说奖。
⑤ 法国汽车品牌，最先采用发动机前置后驱动方式。
⑥ 科尔姆·托宾（1955—　），爱尔兰作家、文学评论家，2006年获IMPAC都柏林国际文学奖。

萨诸塞州的伊迪丝的山峰庄园，其中一次适逢酷暑，当时他唯一的宽慰来自'不断驱车旅行'。他们开着车，正如华顿所写的那样，'每天连续不断地开着，一程又一程，驶过艳阳下闪亮而静默的风景。我们一路前行，他神清气爽，兴致勃勃'。"

虽然美国所有的公路大致相同，其通畅也是可以预见的，但美国各地和各地的人却是截然不同的，这也带来了其他问题。总体而言，即使是交通繁忙的时候，公路代表的也是不费力气、合乎标准的享受。当然，大家都不愿意听到"繁忙"这个字眼。这就使得突然现身或不期而遇都显得有些超现实了——某一天，我驱车离开科德角的家，离开我熟悉的住所，到了夜晚，就在同一条公路上，我发现自己置身一片完全不同的风景之中，周围是一些彬彬有礼却有所保留的人。

在非洲、中国、印度和巴塔哥尼亚，当地人对陌生人的到访总是深表欢迎。我们熟悉的游记书籍里总会有这样的故事、氛围和相逢。但在美国，探访另一个同胞是感受不到传统的好客的，也不适合说阿拉伯人程式化的"祝你平安，愿真主的仁慈降福于你!"或是印度人的"欢迎! 客人即上帝!"。

一个人会遇到的，更多是怀疑、敌意或冷漠。但这样一来，游历美国就具有了一样的挑战性，与他人更难熟络，更不坦诚，更多怀疑，而且在许多方面，美国比我曾经到过的任何地方都要显得更加格格不入。

困顿的百分之二十

我秉持着探寻的精神行走于南方，因为我几乎没去过那里，对它也知之甚少。每个人都知道在南方风光无限的一边是财富、时尚与安逸，还有怡人的城市——有庄园、马场、佳肴美馔、高级的郊区住宅区，还有一些美国最好的房产。

那是木兰花州①的南方，但在不远的另一边，却是饥饿、肮脏与贫穷。在这些阳光灿烂的州里，也有美国最贫困的地区。统计学家认为贫困线下的人口达到百分之二十。与此相矛盾的是，这些人就住在南方最美丽的区域，住在乡下，在南卡罗来纳的低地，在亚拉巴马的黑人地带，在密西西比三角洲，还有阿肯色州的欧扎克山区。相对于我在非洲和亚洲那些贫困地区见到的许多人来说，这些穷苦的老百姓更加贫困（具体的情形正是我当时想要了解的），更难以管理，也更绝望。他们住在这样的偏僻腹地，在四分五裂的社区，在逐渐没落的城镇，在边缘地带，几乎被人遗忘。

更贫困的所剩无几的美国人，依然拥有的就是隐私了——从很多角度来看，这就是他们仅存的财产，他们不愿意失去它。对一位好奇于"那些表面看来无所事事的人，到底是干什么的呢"的旅行者来说，那确实是一种挑战。

旅行者选择单一的路线，虚构出这个国家的面貌。但诚实的

---

① 密西西比州的别称。

旅行者不能杜撰经历，否则就成了小说。许多书曾对南方显而易见、让人激动的事物做过描述，但我的习惯是放弃轻浮的城市和纸醉金迷，驶入更小的镇子，去见见那困顿的百分之二十。

印了吉祥点的印度人

行进在弗朗特罗约尔镇外的公路上（只有一条），绕道（不容错过）沿着长空大道穿过阳光明媚的秋日里分外美丽的谢南多厄国家森林公园，满眼是赭色与黄色。山脊狭窄蜿蜒的公路边，蜷曲干脆的树叶像碎布片似的，在风中摇曳翻转，宛若要燃烧一般。从三千英尺高的山上俯瞰山谷，让我想起了东非大裂谷。

一个美国人周游世界，也免不了回到家来做比较。我在纽马克特、哈里斯堡和威斯维尔①转悠的时候，东非的景象整天在我脑海里一幕幕地掠过。我想起那些荆棘树、高地、村庄和商店，还有遍布东非各个角落的印度人，他们是小店主或商人，被称为"杜卡瓦拉"②。与这片宏伟壮观的景致相比，最近深受种族大屠杀困扰、到处是逃难乡民的东非大裂谷根本算不上什么。

我喜气洋洋地整日开车，穿过这些金灿灿的山丘，窗外是纷扬的落叶，层层落叶的味道飘进车窗。

日暮时分，在弗吉尼亚东南端、阿巴拉契亚山脉边上的布里斯托尔市，我踏入一家廉价汽车旅馆的大堂，立刻闻到一股

---

① 均为弗吉尼亚州地名。
② 肯尼亚和东非其他一些地方的零售商店店主。

浓烈的烧香气味，这阵香气多少掩盖了咖喱的气味。非洲的每一家印度商店里充斥的都是咖喱味。

"你好。"

一个皱着眉头的小个子男人掀开通向里间的门上挂着的珠帘。这珠帘是又一个带着印度风情的物件。他带进来更浓烈的气味，这种气味说明了一些情况。在帘子后面，有一炷炷香在神前燃烧，这种气味也掩盖了其他味道，掩盖了刺得你双眼发痒的香水味。

在黑人白人相杂而居的土地上，我看到的最惹眼的人就是这个男人。他是我在南部看到的第一位印度人，是一家汽车旅馆的主人兼经理，一个印了吉祥点的印度人，而不是一个戴羽饰的印第安人，这个点标志了他的阶级。汽车旅馆、加油站、便利店，这些行业多数是印度人经营，而这是我找到的第一位代表。在南方有一种传言，说白人把这些店铺卖给印度人，是出于蔑视。这里几乎所有的印度人都来自印度西部的古吉拉特邦，许多人是近年移民过来的。

他名叫哈迪普·帕特尔先生，来自古吉拉特邦的苏拉特。旁遮普邦人瞧不起的古吉拉特邦人朴实简单，他们在东非与中非经营商店，是英国市中心的商店店主和邮政所的办事员，是美国南部的汽车旅馆老板。帕特尔先生移民到了加拿大，待了几年之后，越过边境来到美国定居。你一开始会想：这个可怜的家伙独自经营自己的店面！但他们首先就弄清了自己与这个城镇或地区里其他的古吉拉特邦人的渊源，这些姓帕特尔、德赛和沙阿 ① 的人。

"我认识一些人，其他的印度人，也是开汽车旅馆的。他们帮了我。"

"在布里斯托尔还有其他印度人吗？"

"有十五户人家。"有意思，他说的是印度的社会单位"户"，而不是个人。

早上，这家经济型旅馆七八个房间的住客都走了以后，我看到哈迪普·帕特尔先生推着脏衣车挨着每个房间走了一遍，把床单和用过的毛巾堆进车里。过了将近四十年，他似乎还是自己清理房间，至少今天早晨没有仆人或管家来给他做帮手。这是不是说明生意清淡，帕特尔先生生活压力重重呢？不，这也许正好解释了门前停着的那辆崭新的雷克萨斯的来历吧。

在南方还有另外一类印度移民。好多年来，只要同意在美国更贫困的地区（即"缺乏医疗服务的区域"）行医，印度医生可以通过快速通道申请到美国签证。现在这个项目被称为"国家利益豁免类别"。

从二十世纪九十年代开始，成千上万份签证通过这个优先计划被签发出去。但这些成功的签证申请者随后的情况却从来没有人去核查过。许多签证是从金奈 ② 的美国领事馆签发给泰米尔纳德邦和临近的安得拉邦海德拉巴的医生们的。协议是拿

---

① 帕特尔、沙阿和梅塔是西印度三大姓氏。
② 金奈，旧称马德拉斯，泰米尔纳德邦首府，印度第四大城市。

到签证的人会在美国某些指定的贫困地区服务几年，尤其是阿巴拉契亚地区。

在这个项目实施后不久，就滋生了一种特有的签证欺诈形式：这些印度医生当中有很多通过当时的移民归化局 ① 申请作为"医生助理"前往美国工作，持的是 H-1B 签证（特殊工作人员 / 临时工作签证）。这些所谓的"助理"本身就是实打实的想成为美国公民的医生。在填报申请的过程中，发现了一些欺诈迹象，结果揭开了一个诈骗集团。

阿巴拉契亚地区的医生无论是工作量还是收入，都无法满足这些"助理"的需求。那显然是医生们进入美国的一种手段，他们到了那里再想办法调整自己的身份。许多印度医生（很大一部分来自海德拉巴，其中一些卷入了一起签证欺诈丑闻）最终确实来到了阿巴拉契亚，至少也待了几年。然后他们就搬进城里，进行收入更高的执业行医，要么是合法的，要么就是能逃过稽查的。

虽然帕特尔先生受过良好教育，开办汽车旅馆的他并非这些医生中的一员。他一直以来的心愿都是摆脱印度人的身份，定居美国。谈话的时候，我听到一个年纪大点的夫人在珠帘后对着电话哈哈大笑，也许是帕特尔太太。这个人和他的太太就住在这汽车旅馆里，就像东非的印度人家庭住在他们开办的商店后堂一样。帕特尔夫妇养育了三个女儿，全都结婚了。

"婚事都是你安排的吗？"

"是恋爱结婚啦，"他摇着头说，"美式婚恋。"

---

① INS，即现在的 USCIS（美国移民局）。

在家庭照片墙上没有他女儿们的照片，那多少是不太恰当的。孙辈们的照片倒是挂出来了，最大的一张是他十六岁儿子的照片。哈迪普·帕特尔先生以自豪的口吻用五个字描述了他的儿子：他打高尔夫。

巨石谷镇

我第一次听说巨石谷镇 ① 的名字，是四十几年前在弗吉尼亚州的夏洛茨维尔 ②。那是我第二次去南方。

第一次是我十一岁那年，我在叔叔家过暑假。我叔叔是弗吉尼亚州利堡的一名军医。利堡位于霍普维尔附近，在阿波马托克斯河畔。附近的彼得斯堡因火山口战役 ③ 而闻名，那一仗北方联邦军队吃了败仗。随后北军包围了这座城镇八个月，最终以城池失守告终。我还记得 1952 年的夏天去参观过战场，那里的餐馆门框上都有个小小的牌子，上面写着"白人" ④（我叔叔悄声向我解释了其含义）。还有红黏土路、我在乡村铁轨上的手推车之旅，以及一幅我永远也忘不了的景象：一辆马车上一架巨大的嘟嘟作响的汽笛风琴 ⑤，那是漆上了红色漩涡图案

① 巨石谷镇，位于弗吉尼亚州怀斯郡。
② 夏洛茨维尔，弗吉尼亚州中部城市，前美国总统托马斯·杰斐逊的出生地。
③ 火山口战役，发生于 1864 年，是彼得斯堡战役的一部分。在此次战役中，北方联邦军攻打彼得斯堡失利。
④ 种族隔离政策，只允许白人入内。
⑤ 汽笛风琴，又译蒸汽风琴，是一种用蒸汽驱动发音的气鸣乐器。声音可以传出好几公里，通常用于马戏团招揽顾客。

的镀金风琴，有一座高高的冒着烟的烟囱，管子随着风琴的旋转摇摇晃晃地喷着蒸汽。坐在汽笛风琴前弹奏的是一个动作浮夸的白人，戴着一顶大礼帽，穿着一件双排扣礼服。汽笛风琴七彩斑斓的正面转过去之后，就可以看到它的背后。有个黑人穿着褴褛的连体工装裤，站在舞台上，双腿分得很开，将煤炭铲进一个炙热的锅炉炉膛，脸上的汗珠闪着微光。那时我虽然还小，但已经将这架汽笛风琴看成一个震撼人心的社会隐喻了。

　　时隔二十年，我第二次来到南方，在夏洛茨维尔教了一学期的写作课。当时我是为去度假的特聘作家彼得·泰勒 ① 顶职。泰勒是一位有成就的短篇小说作家，一位友善和气、富有同情心的老师。他的祖籍在田纳西州，祖父曾先后担任田纳西的州长和参议员。彼得·泰勒深受爱戴，绝对（他自己也这么说）算得上是南方的名门望族。如此位高权重的祖辈自然带来了一种自鸣得意的偏狭地方主义，让我不禁莞尔。在交谈中，我发现这位本来客气敏锐的先生有着南方所有的保守观念，对南北战争的看法也有失偏颇，恶作剧似地嘲笑北方佬，却处处为南方落后的陈腐观点辩解。他深深怀疑民权运动带来的变革，不是无知就是轻信地认为（在南方非常普遍），南方白人比北方佬更细致深入地理解黑人。我无法解释他的这些观点，只能说他就是一个自以为是的南方人，对外来者充满着不信任。

---

　　① 彼得·泰勒（1917—1994），美国南方文学的著名作家，曾获欧·亨利短篇小说奖和普利策文学奖等。作品有《在田纳西乡间》《老林故事及其他》等。

我们之间年龄的差距也许是原因之一。我是一个叛逆的年轻人，著作还在销售中。他比我年长二十岁，学术圈内人士，撰写的书经常脱销，还领着一份教授的薪金。我似乎让他觉得有些可笑，他的态度是那时的一些南方人常有的，把我当成一个其他国家来的暴发户，那个国家就是寒冷的、铁一般黑暗的北方。

　　让我非常困惑的是，有些教员私底下嘲笑威廉·福克纳。他也是个外来者，之前十年一直是那里的特聘作家，他后期在弗吉尼亚的生活热情全在马术上（过了几年他就去世了）——骑马和猎狐。福克纳的肖像都是油画，看上去像一个优雅的英国人，身上穿着法明顿狩猎俱乐部的骑装。但那些嘲笑都是出于嫉妒，是学者相互轻视的言辞。我的一个同事约瑟夫·布劳特恩[1]也注意到了，他后来将此事写入了《福克纳传》。布劳特恩写道："在夏洛茨维尔的一些唯美主义者和知识分子嘲笑他的作风，他们觉得那些是矫揉造作，与伟大作家的身份很不相称。"（《福克纳传》第684页，布劳特恩著）

　　偶然有一回，在夏洛茨维尔一家医院的大厅里，我见到了一对闷闷不乐的贫苦夫妇，他们是去为饱受疾病折磨的孩子求医的。他们说自己就住在巨石谷镇。我忘了他们的名字，但他们镇子的名字我是记住了，还成了一个能唤起回忆的地名，一直藏在我心里。我发誓总有一天要找到那个地方，那是一个很有诱惑力的名字，就像桑给巴尔和巴塔哥尼亚，是那种能吸引

---

　　[1]　约瑟夫·布劳特恩（1923—2012），福克纳研究权威。

旅行者的地名。

巨石谷镇位于弗吉尼亚州的边界，坐落在肯塔基州和田纳西州交界的崇山之中，距北卡罗来纳州仅二十五英里之遥。我沿着一条环绕陡坡、穿越河谷的公路，从布里斯托开到了那里。那些树木葱茏的山坡很是漂亮，沿路的镇子却非常简陋，许多镇子成了活动房屋的落脚点，有一些脏兮兮的路边平房和商店也是最低档的，招牌都是"旧货店""折扣店""家多乐"①"减价商店""廉价石碑店"，等等。在活动房屋和散落的农家木屋之间，有几栋红色砂岩和花岗岩材质的孤零零的大楼，多数是煤老板们的豪宅。这里的主要工业就是煤矿业，电线杆上挂着的牌子上印刷着整齐的标语："支持煤矿业"。

巨石谷镇出现在平整公路的尽头，在一个陡然出现的河谷里，几条街道纵横交错，环绕镇子的是鲍尔河的两条岔流。镇上大多数的商店不是关门大吉，就是了无生机地伫立在正午的阳光底下。

有一家商店的店面广告称自己是一家手工艺品商店，出售陶器、手工珠宝和油画。我在里头逗留了一会儿，因为我没有看到其他开着门的商店。店主是摩尔太太，她是做珠宝的。我向她问起了那些煤矿。

摩尔太太在巨石谷镇住了二十四年。她对我说："我不知道煤矿在哪儿，它们都是私人的。"

---

① 家多乐（Family Dollar Store），走廉价路线的美国连锁百货折扣店。2014 年被全美连锁一元店（Dollar Tree）收购。

虽然摩尔太太说在这个周末帝国山社区学院会举行一场"工艺品日"活动，可在这个亮晃晃、空荡荡的镇子里，那些砖砌的店面都紧闭着。

"届时会有讲故事活动和蓝草音乐①。"

巨石谷镇的社交中心就是东林街的互济药店。这不仅是药店和便利店，还是咖啡馆，菜品都用粉笔写在一块板子上。特价午餐：鸡柳、土豆泥、四季豆、苹果派、奶油派。这也是一个聚会的地方，身着工作服的人们从卡座中匆匆进出。"你好吗？""我要是知道你会来，就让你请我吃午饭了。呵呵。"

尽管镇子看上去是空旷的，那里的氛围却是心满意足混杂着听天由命。人们的脚步坚定而缓慢，胖子走路时腆着大肚子、身体前倾，瘦子则懒洋洋地迈着腿。

我打听起了印度医生。

"这里是有两位印度医生。"

在巨石谷镇有两位，卡拉卡图医生（喀拉拉邦的姓氏）和古普塔医生；阿巴拉契亚山里有一位，塔兰迪普·柯尔医生。成千上万的医生通过"国家利益豁免类别"申请到签证，但对于其中大多数人来说，他们的利益则是削弱了。

我在巨石谷镇里没有看到一张黑人脸孔，在镇子里没有，在路上没有，在我所经过的田纳西州边界线上的韦伯市里也没有。那时我对后来了解到的情况还不清楚，不知道南方种族的

---

① 蓝草音乐，乡村音乐的一个分支，以比尔·门罗（1911—1996）的乐队"蓝草男孩"命名，风格是硬而快的节奏、高而密集的和声并且显著地强调乐器的作用。

地理分布，山里的镇子和村庄住的主要是白人，而在低地，在种植棉花和烟草的平原农业区住的则主要是黑人。这是历史的延续。

枪支商店

我进入临近的北卡罗来纳州时，顺路在一家枪支商店停留了一下。这家店和我看过的其他大多数枪支商店一样，还是一家典当行，因为在一个山村家庭中最值钱、最可以典当的物件就是枪支。典当行可以告诉你很多乡村经济下家庭财产的信息。人们典当或卖掉的东西主要是枪支，但也有电子产品——电视机、录像机、电脑、叫不上名字的汽车零件、腕表，珠宝则不多。在许多典当行里，总有一盘子的南北战争纪念品，或是本地出土的箭头或匕首。还有一大堆生了锈、满是油污的建筑设备、钻头、滑轮组、镰刀、扳手、锤子、压力计、管道安装装置、射钉枪、带锯。所有的东西都曾被妥善地使用，是干这一行的人常用的工具。

因为既是买家也是卖家，枪支商店兼典当行的店主通常很健谈，这对我是很有利的。每次在这样的地方驻足，我都打听购买枪支的事，解释说我是个北方佬，远离家乡，在本地没有住处。

店员一想到像我这么个家伙手无寸铁地穿越南方，难免都面露苦色。

"我不能卖手枪给你，"枪支店的那个人说，"不过我可以卖给你一把长筒枪，你看到的都可以买，子弹也行。要是我有AK-47，也可以卖给你。"

当时我觉得挺荒唐的，但几个月过后，在密西西比州，我在一个枪支展上亲眼看到两把罗马尼亚产的 AK-47 在出售。

我想让他多谈谈，就说："我是想买把手枪，一把格洛克手枪 ① 也行。"

"办不了啊。再说了，那枪只有黑鬼 ② 才有。"

我要跟他这种种族歧视的污言秽语较真吗？不，让他说好了。我说："说来也怪，我在这一带都没见过黑人呢。"

"是啊。妙极了，对吧？"

听到这话，另一个柜台边上一个胖乎乎的年轻女售货员和一个身材一样臃肿的警察嘻嘻哈哈了一下，然后掩着嘴，捂住了笑。

他们的反应鼓励了这个男人，他又说："我之前在俄亥俄州的哥伦布市。那地方到处都是黑鬼。但在俄亥俄，他们对我说：'你是个"山巴佬"。你爬山的时候，就是一腿长一腿短的。'"

他一边说着，一边演示起来，抬起一条腿，身体侧倾，单脚跳了一下，就像是在爬陡坡。

"我费了好长时间才忍了下来。"他说，指的是"山巴佬"这个词。这对于阿巴拉契亚的山区居民来说，不是电视幽默的传统玩笑话，而是蔑视和挖苦，暗示着他们的贫困与无知。"最

---

① 奥地利格洛克有限公司研制生产的一系列自动手枪的统称。
② 此处店员用的是 jigaboo，带有浓烈的种族歧视色彩。

后我终于忍不住了。我对那些俄亥俄小子说'你们才一腿长一腿短呢，都是从人行道走到排水沟折腾出来的'。"他又伸腿比画了一下。"为的是让道给那些黑鬼。"

禁忌词

这也许是美国英语中最能引发激烈争论的字眼。美国英语向来以其粗俗词汇的形象生动和独创性而著称，在贬损侮辱的力度和嫌恶的语气上，其他国家或民族的贬称词远远不及这个词。我年轻时那些冒犯别人的污言秽语都是禁忌，可在现在的电视节目里经常会讲到，连小孩子也可以听到。但这个种族歧视的字眼是自成一体的。像我这样一个整日思考英语词汇的含义、作用、发音和排列以描述一段经历的作家，难免会着迷于这个只有两个音节的单词，它有着激怒别人的巨大威力。

我在南方遇到的几个白人当着我的面说了这个词，但其中矛盾的一点是，他们说这词的语气是截然不同的，有的是很随意地一说，有的则是带着明显的蔑视。而且这个词黑人白人都在用，这又是一个矛盾之处。就我听到的情况，黑人使用得还更多，说起来还都是毫无芥蒂、充满热情，有时甚至悦耳客气。不露齿不可能说出这个词。

其他语言中也有这个词。在德语里，这个词是"Neger"。在纳粹的宣传中，这个词常被用来引发人们的恐惧或憎恶（爵士乐是"黑鬼音乐"）。纳粹宣传部长约瑟夫·戈培尔在他的演讲中提到了衰败的德国的景象，说它遭到了"醉醺醺的

'Neger'"的破坏。德国人将"Neger"看作一个贬义词（经常被"有色的"和"黑色的"这两个词所替代），所以深受德国儿童喜爱的"黑鬼之吻"牌裹巧克力果酱软糖出品不久之后就改名为"巧克力之吻"。法语词"nègre"没有那么侮辱人，但也有一些轻蔑的暗示——比如"nègre"也是一个俚语，指代笔枪手。1960年在利奥波德维尔①举行的刚果独立庆典上，新当选的刚果总理帕特里斯·卢蒙巴愤怒地使用了这个词，驳斥比利时国王博杜安一世和其他名人。他说："我们非常了解讽刺和侮辱，一天到晚忍受谩骂，就因为我们是'黑鬼'（nègre）。谁会忘记一个黑人只能用'你'来称呼，不是因为熟络，而是礼貌的'您'只能用来称呼白人……"

但这些例子没有一个比这个英语词更具侮辱性。在美国，这个词是奴隶制时代人尽皆知的咒骂词，有着很深的渊源——奴隶制是南方永恒的灾难，使用这个词，只要想起它、想起一个被虏获被厌恶的人，这种灾难似乎就被永远地保留了下来。马克·吐温在他的《自传》②里回忆起他早年（十九世纪四十年代）在密苏里州汉尼拔小镇的生活。他写道："'黑鬼商人'为每个人所厌恶。他被视为人形魔鬼，他购买贫苦无助的人，将他们送入地狱——因为南方的种植园就是地狱，对我们白人和

---

① 即今金沙萨，刚果民主共和国的首都和最大河港，也是中部非洲的最大城市。

② 1910年美国作家马克·吐温因心脏病猝发辞世，遗下5,000页的自传手稿，因其间有对政治的尖锐批评，因而留下"身后100年内不得出版"的遗言。美国加州大学出版社于2010年11月正式出版他的完整权威版自传。

黑人都一样。"

我在北方长大，在家里从来没有听到过这个词，虽然那时候（四十年代末和五十年代）在波士顿街上，"黑鬼天堂"是剧院或运动场顶层的名称。一支烟可能被"黑鬼吸"。"我讨厌看到一个男人先给一支烟来一口'黑鬼吸'，舔着嘴唇湿哒哒地深吸一口，然后再把它递给我。"黑人作家约翰·埃德加·怀德曼 [1] 在《纽约时报》一篇关于他在匹兹堡的成长经历的文章中说（《纽约时报》1985 年 1 月 13 日）。玩"黑白猜"，儿歌的最后一句竟是"抓住一个黑鬼的脚指头"。在售卖一便士糖果的小店里，放在大罐子里的甘草糖块正式的名称是"黑鬼宝贝"。（"麻烦给我五分钱的'黑鬼宝贝'。"）在一个自我标榜种族平等、黑人和白人一起上学的社会里，对这个词的错误使用竟然非常普遍。当着一个黑人的面使用这个词，会被当作无缘无故的侮辱。

我的父母痛恨这个词，哪怕在传统意义上。他们觉得这个词充满种族歧视，暴露了说话者的偏见和无知。我想不出英语中还有另一个词有这么奇怪的力量：说出它就等于表达一种暴怒。这个词本身，从历史上讲，是"奴隶"这个词可耻的同义词，暗示着对方的低劣，甚至是不把人当人看。在福克纳的《押沙龙! 押沙龙!》中，罗沙·科德菲尔德（大概在 1909 年前后对昆丁说的）大喊"自从 1861 年以来，在南方有什么生灵，男人、女人、黑鬼或骡子……"时，她说的似乎正是南方传统

---

[1] 约翰·埃德加·怀德曼（1941— ），美国非裔作家和评论家，被评论界誉为"最强有力、最有造诣的艺术家"，代表作为《私刑者》《黄热病》。

的分类。

在某些地区，说这个词就像是一种暴力行为，会引发骚乱、暴动、官司、名誉扫地或是被即刻开除。虽然这个词的词根源自拉丁文（来自"niger"，指黑色），而且似乎是"Negro"（黑人）一种粗鄙含糊的变形，甚至那些听起来一样的单词，比如"niggardly"，词源来自斯堪的纳维亚语，意思是"吝啬的"或"小气的"，还有"niggard"（吝啬鬼），还有动词"niggle"（闲混、虚度），甚至是"snigger"（窃笑），"snicker"的另一个词形，也因为发音相近而被人厌恶，会让使用者陷入麻烦。这些词没有一个是同源词，它们跟那个词也没有什么关系，但看来就是那个爆炸性单词的暗黑低语。人们避免使用这些词，就像避开"crapulous"，因为他们认为这个词暗示的是"排便"而不是"喝醉酒"。①

这些都说明了一种可以理解的偏执，然而它只是一个词，它是南方潜台词的一部分——南方小说中几乎没有一部小说（从《哈克贝利·费恩历险记》到现代的小说）没有使用过这个词。"当约翰·罗尔夫②1619年在他的日记里记录下第一批被船运到弗吉尼亚州的非洲人时，他将他们记为'negar'。"兰德尔·肯尼迪在他对这个词进行详尽审慎的调查后在《黑鬼：这个烦人词语奇异的发展进程》中写道。《牛津英语词典》首次记载这个词是在1786年，引用了罗伯特·彭斯的诗《神的命定》。这首诗有

---

① crapulous 中的 crap 有"排便"的意思，但整个词的含义是"喝醉酒"。
② 约翰·罗尔夫（1585—1622），早期北美的英国殖民者之一。首次培育成功在弗吉尼亚殖民地的出口作物烟草。

着彭斯诗歌的典型特点，其中有很多方言：

> 来吧，读一段经文吧
>
> 充满热情地描绘它
>
> 含粗俗地嘲笑了他的父亲
>
> 于是迦南成了一个黑鬼 ①

　　柯勒律治在推测莎士比亚笔下的奥赛罗的种族时也用过这个词，莱德·哈格德 ② 在描写亚伦·夸特曼 ③ 的太太的一段题外话里也用过。维多利亚时期的人们知道这个词具有侮辱性。作为一个"白鬼"，在非洲探险而闻名的探险家理查德·伯顿极少使用这个词。在巴西游记和喀麦隆游记中，他都用了一个变体词"niggerling"来指代一个黑人小孩。托马斯·卡莱尔 ④ 在 1849 年做了一次重要的改变，他给一篇关于西印度群岛种植园经济和黑人卑微地位的有失偏颇的论文起名为《黑鬼问题偶谈》，结果遭到约翰·斯图尔特·穆勒 ⑤ 撰文驳斥，后者的文章

---

① 出自《圣经·旧约·创世记》第 9 章。挪亚喝醉了酒在帐篷里赤着身子，他的儿子含看见了，叫来两个兄弟闪和雅弗，两人给挪亚披上了衣服。挪亚醒来后，诅咒含的儿子迦南会成为奴仆。

② 亨利·莱德·哈格德（1856—1925），英国作家，作品有《所罗门王的宝藏》《她》等。

③ 《所罗门的宝藏》中的人物。

④ 托马斯·卡莱尔（1795—1881），苏格兰哲学家、评论家、讽刺作家、历史学家。

⑤ 约翰·斯图尔特·穆勒（1806—1873），英国哲学家、心理学家、经济学家、古典自由主义思想家，支持边沁的功利主义。

更为睿智温和，题为《黑人问题》。

在英国，这个词在大约二十世纪六十年代之前，约定俗成指的是颜色。"他们开心地看了一眼这些白羊羔的浅奶油色鬈曲羊毛和黑羊羔的黑棕色（nigger-brown）羊毛。"丽贝卡·韦斯特在她的经典游记《黑羔羊与灰猎鹰》①中写道，这是对达尔马提亚②的一次旅行的随性观察。很多英国人给自己所养的黑色或棕色的猫猫狗狗起过这个名字，直到他们觉得这样用词不是很好。"Nigger"是斯科特船长③南极探险时遇到的一只黑猫。第二次世界大战时期皇家空军617中队（外号"毁坝者"）的吉祥物就是一条叫"Nigger"的黑狗，它深受喜爱，经常会出现在战斗照片中，不过在一部描述这支中队英勇事迹的纪录片中，这条狗被改名为"Digger"。

1950年伊夫林·沃在给笔友南希·米特福德的信中写道："那个聪明的小黑鬼奈保尔赢得了另一个文学奖，因为他长着一张黑人的脸。"奈保尔自己在1967年所写的小说《模仿者》中也用了这个词，叙事者拉尔夫说他的朋友劳恩，爱唱"啊，我是一个快乐的小黑鬼"。1939年乔治·奥威尔充满挑衅地给他的文章起名为《黑鬼不算数》，因为他的反殖民地的观点是，这个王国未独立的种族（印度人、非洲人、加勒比人）在英国战时的宣传中，根本就没有被提及。

---

① 这是一部研究巴尔干历史的作品，主线为一次在前南斯拉夫六周的旅行。
② 达尔马提亚，克罗地亚一地区。
③ 指罗伯特·斯科特（1868—1912），英国海军军官、极地探险家。

福克纳的作品中这个词随处可见。他的作品就是一部南方小说般的历史，从契卡索人①被驱逐的十九世纪早期一直写到二十世纪四十年代前后。在他最负盛名的作品里，我们可以看到诸如"野蛮的黑鬼""胡闹的黑鬼"或是（指家里的奴隶时）"一副猴子打扮的黑鬼"。

"所有的黑鬼都嘲笑我，就因为她对我的那种态度。"这是欧斯金·考德威尔的《烟草路》中"红脖子"②洛夫·本西说的话，他说的是拒绝跟他同床的十二岁妻子珍珠。这个词出现在很多文学作品中，有一段不道德的历史，却还是流传了下来。

有一个明摆着让人疑惑的矛盾之处：虽然这个词在某些情况下被视为仇视言论，作为带有种族歧视的贬称而会引来官司，白人若是使用它会名声扫地，但它不停地出现在流行音乐中，特别是饶舌歌和嘻哈音乐的歌词中。在许多歌曲里，它是被重复得最多的词语，通常以它更地道的形式"nigga"。一个黑人评论员会断言"nigger"和"nigga"是截然不同的词语，前者是一种羞辱，后者可以接受。但当然了，后者与前者只是同音异形罢了。

2013 年，在佛罗里达州，枪杀黑人少年特雷万·马丁的乔治·齐默曼被判无罪。这起著名的诉讼案之后，一个叫蕾切尔·甄特尔的控方证人在接受美国有线电视新闻网（CNN）采

---

① 契卡索人，美国马斯科吉印第安人的一个部落，过去住在密西西比州北部和田纳西州的部分地区，现住在俄克拉何马州。
② 指乡巴佬。

访时（2013年7月15日）解释过这个词。甄特尔女士说："人们说这是个带有种族歧视的字眼，那是他们的曲解。"为了强调，她还拼读了这个词。"'N-i-g-g-a'，这个词指一个男性，任何类型的男性，甚至是中国人。一个男人。但'nigger'，"她将第二个音节重读为"gerrh"，"那才是具有种族歧视意味的词。"

至于那些歌，它有时意味着黑人们钟爱的一个词，一种对朋友的称呼——或是称呼一个比朋友还亲密的人，一个密友。带有这个意思的歌有着相似的歌名：李尔·韦恩的《我的哥们》（*My Nigga*）、基拉·凯利恩的《我的哥们》（*My Nigga*）、特雷的《依旧是我的哥们》（*Still My Nigga*）（"虽然你离开了，你永远都会是我的老朋友……"），还有其他许多歌曲，包括蒂莫西·瑟德福德（艺名"电子杰伊"）一些歌的歌词，其中一首嘻哈部分的歌词是"杀一个黑鬼，抢一个黑鬼，带走一个黑鬼"。艺名为"杰伊Z"的肖恩·卡特，是现任总统（奥巴马）的竞选捐助人，白宫常客，两次总统就职仪式上的尊贵客人，他的财产估计达到五个亿，多数都来他的歌曲，诸如《黑鬼是什么，黑鬼是谁》（*Nigga What，Nigga Who*）、《拜托了，黑鬼》（*Nigga Pleas*）、《黑鬼在巴黎》（*Niggas in Paris*）、《不是黑鬼》（*Ain't No Nigga*）和《那个黑鬼吉格》[①]（*Jigga that Nigga*）。在《皮条公子》（*Big Pimpin*）中他唱道：

① 吉格是杰伊Z的外号。

黑鬼是南方说唱音乐的经理人

　　就来自黑人地区……

　　在 2011 年的一次电视访谈中，奥普拉·温弗莉 [1] 追问卡特 /
杰伊 Z 为何如此频繁地使用这个词。他说："通过频繁使用这个
词，我们从中获得了力量。"他不带愧意地解释说他是充满感情
地使用这个词的。

　　但在这个二十分钟的片段中，他和奥普拉都没有说出这
个词。奥普拉皱着眉头，脸色阴沉地说"那个 n 开头的词"。
卡特则说"这个词"。在访谈快结束的时候，奥普拉眨眨眼
说："我们但且求同存异吧。"卡特耸了耸肩，嘟哝着说："这
个词是上一辈的事啊。"奥普拉若是就这个话题采访一位同样
不肯妥协的白人，我怀疑她还会不会微笑，还会不会这么开心
随和。

　　这个词的历史和社会学意义在《黑鬼：一个烦人词语奇
怪的发展进程》中有过讨论。这本书的作者是哈佛法学院教授
兰德尔·肯尼迪，他是个黑人。早期他曾引述奥利弗·温德
尔·霍姆斯 [2] 所说的词汇微妙的差别，说"一个词并非水晶，
透明又一成不变"，相反地，它是"生动想法的体现，它的外表
和内容可能有很大不同，要随着其使用的环境和时间来确定"。

---

　[1]　奥普拉·温弗莉（1954—　　），美国演员、制片、主持人，著名的
　　　《奥普拉脱口秀》主持人。
　[2]　奥利弗·温德尔·霍姆斯（1841—1935），美国著名法学家，最高法
　　　院大法官。

肯尼迪说这个词在北卡罗来纳他的家里被使用过，还说他"在小小年纪就明白了这个词说起来有很多方式、很多用法、很多意思，可以指很多事情。妈妈的话因使用了'nigger'这个词而生动起来。她说的这个词指的是那些可耻的黑人，在她看来是在非裔美国人人口中占较大比例的人。如果妈妈看到黑人举止不端，她通常会翻个白眼，噘起嘴唇，然后难过地说：'黑鬼们哪！'在妈妈看来，'黑鬼无法相处，即使是在教堂里'，而且'他们总是迟到，就算参加自己的葬礼都会迟到'"。她发誓永远不会让一个"黑鬼医生"看护她，还不断警告说"如果你们看到一群黑鬼走过来，转身走另一条道哦"。

对这个词不偏不倚的全面审视之后，肯尼迪得出的结论是：妈妈和其他人对这个词的这种使用，是一个黑人内化偏见的例子。也许可以这么说，但也有明显的矛盾之处。黑人大肆使用这个词，情况怪异得让人困惑，三个学者所写的一篇文章对此有过总结。文章发表在一个专注于黑人问题的学术网站"非裔美国人档案"上。

"黑人使用时，"（这些作者认为）"除了别的意思以外，'nigger'指的是所有黑人（'黑鬼甚至连休息都不行。'）；还有某些黑人（'修女们希望黑鬼们整天工作。'）；还有举止符合别人的刻板印象，有时则是与传言相吻合的黑人（'他是个懒惰的、一无是处的黑鬼。'）；还可以指东西（'这辆破车简直就是个黑鬼。'）；敌人（'那些老是打扰我的黑鬼真是让我烦死了！'）；还有朋友（'我和我的黑鬼们铁得很。'）。最后这个将它作为一个善意词汇的习惯，是特别让人深思的。'Zup Niggah'

（你好啊，黑鬼）已经成为城市里年轻黑人一句通用的问候语。被询问时，那些使用'黑鬼'或其他变体词的黑人辩解说这个词得按语境来理解。黑人对这个词频繁使用的话，会使它听起来没那么充满恶意。其实这并非同一个词，因为白人说的是'nigger'（复数是niggers），但黑人说的是'niggah'（复数是niggaz）。还有，它只是一个词，黑人不应该成为过去的囚徒，或是源自过去的贬义词的囚徒。"

　　作者们对这一点进行了详细的阐述，又继续指出："现实就是，这些用法在今天的非裔美国人社区里还能听到……'nigger'这个词之所以流传下来，是因为它反反复复地被使用，甚至受到它羞辱的人也在用它。作家德沃拉·美嘉尔 [1] 说：'我很难说某个人可以说什么或不能说什么，因为我一直研究语言，我不希望受到限制。'诗人奥帕尔·帕尔默·埃迪萨 [2] 说使用'nigger'或'nigga'就跟'年轻人喜欢说粗话的情况是一样的。他们大量使用这样的语言是抑制对自己的否定'。" [3]

　　我有时觉得南方人，特别是乡村里的南方人，那些没怎么读过书的穷苦人，他们听到我的北方口音后故意说出这个词，

---

[1]　德沃拉·美嘉尔（？），美国作家、编辑，旧金山第三位桂冠诗人。

[2]　奥帕尔·帕尔默·埃迪萨（1954—　），牙买加诗人、作家和教育家。

[3]　源 自 http://www.aaregistry.org/historic_events/view/ni-gger-word-brief-history，菲尔·米德尔顿和戴维·皮尔格里姆，费瑞斯州立大学社会学系，2001 年。——原注

是在恶意嘲弄我，挑战我的感受，希望激怒我。但说出这个词的黑人饶舌歌手，根本不是"想从中获得力量"或是减少它的"攻击性"，而似乎是在拿这个词做试验，说出来挑衅一个白人去重复它，冒着说出它就会被谴责的危险。在我旅行期间，有个佐治亚来的名厨、电视名人和餐馆老板保拉·迪恩，她在一次不公开的法庭作证时承认了她过去有时会使用这个词（"但那是很久以前的事了"）。她的这些话被公开之后，她经历的是天崩地裂：电视节目被取消了，赞助商也都抛弃了她，虽然她在电视采访中流下了懊悔的泪水，但就算没有完全声名扫地，受到的打击也是很大的。

她是个白人，还很有钱。但对于很多黑人来说，特别是贫困的黑人——除了传统，各方面都贫乏的黑人，这个词就好像很有价值似的，因为它有着激怒别人的明显威力。某些词容易让人产生有关阶层的联想：可以说有些人拥有自己的语言。在英格兰有所谓的上层语言，在口音、某些特殊用词和措辞。"我们的假期简直开心极了，阳光多了去了，好玩得很，那些中国佬 ① 也真是没说的。"并非一个英格兰的工薪人士描述在香港的假期的用词。

在汤加，从一个人说话的方式你就可以知道他是出身皇家、贵族还是平民，平民是不可以使用更高阶层人士的词汇的。直到大概五十年前，日本天皇还在说着只有他能使用的皇室语言，其他人都不能这么说话。在全世界，社会底层都有自己的语言，

---

① 原文为 Chinky-Chonks，对中国人或亚洲人的贬称。

能够代表说话者的身份，是那个群体所独有的：伦敦腔、街头俚语和小偷的黑话，还有一些秘密团体才知道的江湖切口，为的是迷惑、激怒和排斥外人。在二十世纪二十年代的哈莱姆文艺复兴时期 ①，作家左拉·尼尔·赫斯顿 ②、华莱士·瑟曼 ③ 和兰斯顿·休斯 ④ 这些备受尊敬的黑人文学家，称自己为"黑鬼文人"。

休斯的《亚拉巴马的基督》充满争议但有种简洁的力量。这是他对九个黑人少年被错误指控强奸的事件的回应。这九个人后来被称为"斯科茨伯勒男孩" ⑤。这本书首次出版于1931年，休斯后来对它稍微做了改动，再次出版，他坚持使用这个词：

基督是个黑鬼
疲惫的黑鬼

① 哈莱姆文艺复兴时期，又称黑人文艺复兴，20世纪20年代到经济危机爆发这10年间美国纽约黑人聚居区哈莱姆的黑人作家所发动的一种文学运动。
② 左拉·尼尔·赫斯顿（1891—1960），20世纪美国文学的重要人物之一，作品有《他们眼望上苍》等。
③ 华莱士·瑟曼（1902—1934），活跃于哈莱姆文艺复兴时期的美国小说家。
④ 兰斯顿·休斯（1902—1967），美国文坛黑人文学举足轻重的作家，主要以诗歌著称，被誉为"黑人民族的桂冠诗人"。
⑤ 9人被控在火车上强奸两位白人姑娘。这是一个有关种族主义、成见和性禁忌的故事，是美国历史上最著名的民权案件之一，发生在当时种族隔离状况严重的美国南方的腹地。9名男孩中有8人被草率地定罪，判处死刑。当年只有13岁的罗伊·赖特幸免于最终的死刑判决。

露出你的背来！

玛丽是他的母亲

南方的母亲

闭上你的嘴

上帝是他的父亲

天上白色的神

奉上你的爱吧

滴血的嘴

最神圣的私生子

黑鬼基督

在南方的十字架上

    黑人们不理睬它是如何拼写的（因为发音相同），他们通过暗示，通过坚持在歌里和个人生活中使用这个词来显示主权。他们宣称这个词是一种文化的典型产物，只属于他们自己。利用这个词的黑人专属特性，饶舌歌手俨然赋予了这个词一种反叛而神圣的意味，同时又希望得到白人的认同，希望白人听众喜欢他们的音乐。但在美国，任何白人若是公开引述这些语言奇特的压抑歌曲中的歌词，则会冒上失去工作、名声扫地的风险，或是肯定会被指责为种族歧视。

那现在到底是一种什么情况呢？这不止是一个侮辱人的字眼，而是一个禁忌语的复杂范例。"禁忌"一词用来描述这个词的意味是非常合适的，因为波利尼西亚人 ① 设置禁忌语的确切动机是为了保持权威，就像夏威夷人早期那条禁止平民（"玛卡艾纳纳"）走进贵族（"阿利伊"）的影子中的禁令。有些影子是神圣的，必须得到尊重，其他则不然。

贾巴里·阿西姆 ② 的著作《那个 N 开头的单词》的副题是《谁可以说，谁说不得，以及为什么》，这本书对禁忌词极其矛盾的本质下了一个简洁的定义。在这本书里，身为作家、学者和编辑的阿西姆详尽地解释了这个词与美国的黑人经历有关的使用历史，从十七世纪早期到现在。阿西姆和兰德尔·肯尼迪一样，也是非裔美国人。虽然他的这个副题很有挑衅性，但他最后还是承认了这个词很恶毒、具有侮辱性、挑拨离间、坏不堪言；他也没有将其视为禁忌语。兰德尔·肯尼迪支持将这个词中性化，赋予它很多具体的含义。他反对那些愤怒的人消灭这个词，他称那些人是想重写《哈克贝利·费恩历险记》和其他许多书籍的"赶尽杀绝者"。

身为白人，我听到的这个词的意味是很不同的，觉得它是

---

① "禁忌"（Taboo）一词起源于波利尼西亚社会，库克船长 1777 年的航海日志中首次将这个词借用到英语中。

② 贾巴里·阿西姆（1962— ），美国作家、诗人及剧作家。伊利诺大学香槟分校的驻校学者，也是《危机》杂志（一本全国有色人种协进会出版的政治、思想、文化类期刊）的总编辑。

一个成为禁忌语的奇怪的被仪式化的文化产物。将这个词宣布为禁忌语是黑人控制白人的为数很少的方式之一，因为这个白人说了一个黑人在更为隐秘的语境下可以自由使用的词。在这样的语境中，这个词若是白人使用（就算不是侮辱）就会贬低黑人，他们这么做是触犯禁忌，激怒黑人，压迫他们。禁忌语不是所有人都不能用，而是只有一些人不能用，就像波利尼西亚社会的例子，禁忌语只是约束平民而不是贵族。禁忌语是想要权力的人创造出来的，而在这个情况下则是黑人，他们可以自由使用这个词，却要惩罚触犯禁忌的白人。如果这只是一个含有种族歧视意味的词语，它应该是任何人都不能说，可是在饶舌音乐里，它还经常被欢快地使用着。

因为这种社会复杂性，这个词现在的威力比以前更大。在历史上，从词源学上来说，这是一个白人的词汇，因此我们自然就要问问在遥远的过去，在奴隶制时代和民权时期，黑人日常对话中是否都会用到这个词。哈丽叶特·比切·斯托① 就是这么想的。《汤姆叔叔的小屋》中很多地方都出现了这个词，奴隶和奴隶主一样会用。下面是奴隶主的女儿伊娃和女奴托普西之间的对话：

> "可是，托普西，只要你想学好，你肯定会——"
> "什么都不想，什么都干不了，我就是个小黑鬼而已，

---

① 哈丽叶特·比切·斯托（1811—1896），美国作家，著有《汤姆叔叔的小屋》。

我学得再好也没有用。要是能把我的皮剥了换成白的，我倒愿意试试。"

"可是，是黑人又怎么样呢？大家也会爱你的。只要你表现得乖乖的，我相信奥菲利亚小姐就会爱你的。"

托普西短促而坦率地一笑，通常这表示她的怀疑。

"你不相信吗？"伊娃说。

"不相信，奥菲利亚小姐讨厌我这个黑丫头，她甚至都害怕我碰她一个指头。没人会喜欢黑鬼的，这可一点办法都没有。不过，我也不在乎。"说着，托普西就吹起口哨来。（第二十五章）

我们可以怀疑哈丽叶特·比切·斯托（一个北方人，在写小说之前对种植园的生活并没有亲身经历）是否准确地记录下黑人的话语。但马克·吐温笔下的黑人角色就经常使用这个词，玛格丽特·米切尔① 也是这样的。《飘》中这个词出现了几百次，没有一个在改编之后的电影中出现过，电影里说的都是"黑家伙"（darky）。

"我的祖母出生在十九世纪八十年代，她是个小农民。她一直用的都是'黑家伙'或'黑家伙们'。"在亚拉巴马州黑尔县的乡村，有个白人中年男人对我说。"我小时候，这里的其他白人都说'Nigra'，但言语中是不怀恶意的。"

这个词经常出现在黑人作家的作品中。特别是佐拉·尼

_____

① 玛格丽特·米切尔（1900—1949），美国女作家，《飘》的作者。

尔·赫斯顿，她的小说《骡与人》就是一个生动的例子。赫斯顿最著名的小说《约拿的葫芦藤》原名就是《大黑鬼》[1]。

"上层阶级的黑人对自己的小孩生气的时候，总是说他们说话就像'普通街巷里的黑鬼'。"这是《深南》[2]作者的观察。这部长篇著作是对于1940年纳齐兹（在书中名为"旧城"）的"社会地位和阶级的社会人类学研究"。进行这次实地调查的是哈佛大学的两个黑人和两个白人研究员，他们在这座城镇里住了两年，"其研究尽量客观，其视角……与他们的人类学家同行研究新几内亚、亚马逊流域的印第安人或是澳洲土著的视角是一样的"。

"我们应该发舞会请柬，把这些粗野的黑鬼拒之门外。"一个家境富裕的黑人少年这么说。另一个则说："那些黑鬼不知道在一个体面的舞会上应该有什么样的举止，应该如何说话。"

I. A. 纽比《新南方的普通人，1880—1915》中的口述历史就是一个黑人老农的回忆，他背诵了一些黑人小孩经常唱的一首歌谣：

---

[1] 赫斯顿的好友卡尔·范·韦克藤（1880—1964）的小说《黑鬼天堂》出版于1926年；康拉德的《水仙号上的黑鬼》1897年在美国首次出版时改名为《海的儿女们》，2009年出版的一个版本叫《水仙号上的"N词"》；罗纳德·弗班克（1886—1926）的《昂首阔步的黑鬼》的书名就是范·韦克藤建议的，他觉得弗班克的书名《阳光下的悲伤》不可能吸引读者的注意——弗班克中、短篇小说经常会被收录到其他作品中，以《瓦尔茅斯》或《小说五种》为题。1939年阿加莎·克里斯蒂的《十个小黑鬼》后来成了《无人生还》。喜剧演员和活动家迪克·格里高利1964年出版的自传就叫《黑鬼！》。——原注

[2] 与本书同名，作者为William H. Johnson，全名是《深南：社会地位和阶级的社会人类学研究》。

我有一只小狗

他名叫达什

我宁可当黑鬼

也不当白人穷鬼

我宁可当黑鬼

也不犁地

丹是个白人山巴佬

长着长长的红脖子

在充斥着这个词的现代饶舌音乐中，北方的饶舌歌手指责南方饶舌歌手模仿他们，盗用现在已经过时的北方歌曲中的意象和比喻。南方饶舌歌手珀西·罗伯特·米勒①，自称"P大师"（他的财产估计达到三亿五千万美元，大多数收入来自音乐），用一段饶舌回应了对他的批评："新的黑鬼穿着长裙……帮派黑鬼踩着滑板……真正的黑鬼站了起来……"还有："纽约黑鬼说南方饶舌歌手不行，又跟我们的俚语过不去。"

我遇到温德尔·特里的时候，在亚拉巴马州的嘉德逊镇一个加油站听过马尔库斯·德洛雷安·罗伯茨的音乐（他唱饶舌歌的艺名是德洛雷安）。他的歌曲《南方黑鬼》是黑人自豪的宣言，他说。德克萨斯人布拉德·特伦斯·乔丹②，自称"疤

---

① 珀西·罗伯特·米勒（1967—　），美国南派嘻哈音乐教父。
② 布拉德·特伦斯·乔丹（1970—　），美国南方嘻哈乐的老牌饶舌歌手，艺名为"疤面煞星"。

面煞星"。他说自己是"南方饶舌音乐最正宗的黑鬼……"。他获得巨大成功的歌曲包括《婊子黑鬼》《放克小黑鬼》和《鬼鬼祟祟的黑鬼》。另一位南方饶舌歌手 J. 尼克斯("北极熊马克")为了维护他的饶舌歌手同行,给自己的一个混音合集起名为"SNAS",就是"南方黑鬼并不笨"的缩写。(一个音乐博主说:"这个合集直接驳斥了一个观点:梅森–迪克逊线 ① 以南的饶舌歌手的歌词深度不如他们的北方同行。")

在利益丰厚的饶舌音乐商业中,这个词本身似乎就有着很高的商业价值。阿肯色州的一个黑人农民说起这个词在饶舌音乐和嘻哈音乐中的使用时,很反感地对我说:"说那个词全都是为了钱。"德瑞博士 ②2001 年的嘻哈音乐"匪帮饶舌"风格的CD《慢性》(有些像《婊子黑鬼们》和《洛杉矶黑鬼》的单曲就是这种风格)卖出了八百多万张。德瑞自己在四十九岁时成了饶舌界第一位亿万富翁。

财富提升了饶舌歌手的地位,不只是在他们自己的社区里,还在常春藤联盟学校中。我在南方旅行时,哈佛大学在它极负盛名的杜波依斯 ③ 学院为哈佛的"嘻哈档案"设立了"纳西尔·琼斯 ④ 嘻哈奖学金"(《波士顿环球报》2013 年 7 月 6 日)。

---

① 梅森–迪克逊线,美国北方和南方的分界线。
② 原名安德烈·罗梅勒·扬(1965—),美国说唱歌手、音乐制作人,在美国娱乐圈影响力巨大。
③ W. E. B. 杜波依斯(1868—1963),美国社会学家、历史学家、民权运动者、泛非运动创始人、作家和编辑。
④ 纳西尔·琼斯(1973—),美国东岸"匪帮饶舌"风格的说唱巨星,被誉为"街头诗人"。

哈佛的网站上解释道："'嘻哈档案'的职责是促进和鼓励人们通过嘻哈音乐追求知识、艺术、文化和负责任的领导力。"

纳西尔·琼斯的饶舌艺名是纳斯。下面是纳斯的一些歌词，在这些歌词里，一个哈佛的学生也许可以追求知识、艺术、文化和负责任的领导力。

> 看看我所经历的生活
> 我是依旧健在的最后一个真正的黑鬼，是官方承认的……

还有：

> 你的不幸，我喝醉了才知道
> 你这个惊慌的黑鬼吃喝又玩乐
> 妓女变成婊子，我真搞不懂
> 我明白了九十六种方式，蒙大拿的方式……
>
> （选自《消息》）

还有：

> 有田有地
> 于是我可以像杰克·尼克尔逊①那样逍遥而坐

---

① 杰克·尼克尔逊（1937—　），美国演员，先后获得三次奥斯卡奖。

在一个充满骗子的世界里

看着黑鬼们像湖人队一样打比赛

（选自《耐心》）

以及：

你们黑鬼处理感情问题就像娘儿们，让人难过的是我
爱你

因为你是我的兄弟，你为了富贵出卖了你的灵魂

（选自《苍天》）

　　现在饶舌歌手纳西尔·琼斯是哈佛大学圈子里的栋梁，他
自创的艺名和他粗俗的歌词成了深红文化 ① 的一部分，他与这
所大学的渊源也被自豪地加以宣传。但他很富有，可以说唱，
在哈佛还迅速出名，这对于一个八年级就辍学、在布鲁克林街
头瞎混的人来说确实不错。

　　当常春藤学校开始尊崇纳斯的时候，报纸和饶舌乐批评家
将此举视为一种不良的征兆。我则倾向于不同的观点。哈佛赋
予了嘻哈音乐一席之地，使饶舌和嘻哈成为学术科目，这在我
看来说明这种音乐就算不是终结了，也是在衰落。任何时候，
只要一种艺术形式——音乐、书籍、戏剧、歌曲——被拖进研

---

① 　指哈佛文化，深红（crimson）是哈佛的代名词，其建筑是深红色，运
　　动队和校报均叫"深红"。

讨会的会议室，它就再也不是一股力量了。没什么比学术分析更致命，因为对任何艺术的研究——甚至是色情艺术、那些半文盲式的喊叫和饶舌的嘟哝，都会耗干它的生命力。

然而，即使它正在衰败，这样的音乐、这样的情绪和语言，被哈佛学者解构、接受甚至推崇，都是今天美国黑人心声的重要体现，在南部腹地的黑人地区非常流行。但每次一听到这些音乐，听到那个单词，我就不由得退缩。

阿什维尔："我们管这儿叫布洛克街区。"

我离开巨石谷镇，经过枪支商店进入北卡罗来纳州，从一条公路驶上另一条公路，前往阿什维尔，我想在那里弄清一直困扰我的问题。美国著名的已故画家肯尼斯·诺兰德[①]是我的朋友，就出生在阿什维尔。他 1924 年到 1942 年之间一直住在那里，直到应征入伍。退伍以后，他回到了崇尚自由态度与实验精神的黑山学院[②]，从他家沿公路驱车北上十五英里就能到达那里。

不久，诺兰德就成为二十世纪六十年代色域运动的先锋。色域画派的画家崇尚使用单色，要么是随意的滴状斑点，要么是几何形状。诺兰德的许多画作，尺寸有车库门那么大，画的是箭靶或 V 形臂章，像是做给巨人的肩饰。这些色域画派的

---

① 肯尼斯·诺兰德（1924—2010），色域画派主要艺术家，抽象表现主义先驱。

② 黑山学院（1933—1957），以引领革新著称，造就了不少非凡的前卫派先锋艺术家。

画家认为象征派画家已经过时。"毕加索就是扯淡。"诺兰德以前总笑眯眯地对我嘀咕,他完全相信现代绘画的使命就是用鲜艳的颜色浸湿画布,将它们浸在无声不言的颜色中,不体现意义与情感。诺兰德的大多数画作用的都是长柄的一英尺宽滚漆筒。他将帆布平摊在地板上,在上面作画,就像给甲板上防水漆。我从来没见他拿过画笔。他告诉我,他画不了兔子。难怪诺兰德会成为室内装饰设计师的心头好,他们以他的画作为基调帮阔绰的客户装饰房间,以配合他们的印花棉布的配色方案。在他们华丽的笔触下,他那些简单又显眼的画"将房间融为了一体"。

诺兰德的许多画作和他大多数的理论在我看来就是胡说八道,但这个人本身是一个讨人喜欢的坏脾气小子。他住在迈阿密,我们经常在那里一起钓鱼。在平静的时候,他经常回忆起南方。有一天喝酒时,他跟我谈起他在阿什维尔的青年时代,他说:"你知道吗?我有固定的送报纸路线。我转遍了各个地方,甚至还去黑鬼镇送报纸呢。"

为了嘲弄他,我说:"谁住在那儿呢,肯?"

"你觉得会有谁住在那儿呢?当然是黑鬼啊。"

"那他们管那一带叫什么?"

他困惑地皱起眉头,开始喋喋不休。他不知道那一带叫什么,但很快就看到在阿什维尔一个黑人那样称呼那片区域的荒谬之处。他时不时会说到这个词,但他并不是种族歧视者。他在经历种族隔离的阿什维尔长大,自称"山巴佬"。但即便如此,他跟我说起阿什维尔的黑人被禁止坐在市中心影剧院的包厢里时，也是愤愤不平的。"在餐馆里你根本见不到一个黑人，在主街的人行道上也见不到一个黑人在行走。他们不敢。"

他说的是二十世纪的三四十年代。五十年代的时候（种族关系依旧糟糕，而且连种族隔离都有了法律依据），他已经永远地离开了阿什维尔，余生都在北方度过。但当他说起那个地方，说起他年轻的时候，他有时也会失口说起过去的用词。隔着那么远，他还是没有看到黑人，他看到的是"黑鬼"，住在"黑鬼镇"里。

阿什维尔是个繁荣的温泉区，笼罩在山间清新怡人的空气中。那里有十所大学，医院和寿司酒吧就更多了。对于方圆几百英里内的人而言，那是个文化中心。这镇子当然也是生于斯、葬于斯的托马斯·沃尔夫①痴迷的写作主题。在我的旅途中，它是（确切地说是看着像）我在南方所见到的最快乐、最宜居且最富有的城镇之一。

我是要前往南方腹地，但即便如此，我到阿什维尔的时候，心里还是有些事情想澄清。我在城里的博物馆跟一个男人交谈起来，我问他历史上黑人的聚居点在哪里，就是三十年代诺兰德送报纸的那个地方。

"右转，"他指着博物馆外头说，"再右转，一直走就到了。"

我顺着他的指引，穿过大广场往山下走，走了十分钟就到

---

① 托马斯·沃尔夫（1900—1938），美国作家，生于阿什维尔，代表作有长篇小说《天使，望故乡》。

了阿什维尔的黑人聚居点。"他慢慢地走过消防局和市政厅。拐过甘特家拐角，广场陡然就延伸到了山下的黑鬼镇，路就像突然被弯折似的。"沃尔夫在《天使望故乡》（第四十章）中写道。"黑鬼镇"是阿什维尔下层社会禁忌而色情的一面，那里的人经常出现在小说里。小说中有个情节写到了尤金·甘特在黑鬼镇的送报路线，跟托马斯·沃尔夫的送报路线是一样的。真是好巧啊！我想起诺兰德说曾在阿什维尔这一带送过报纸，习惯说大话的人总会借用其他作家的经历，诺兰德也许剽窃了一点沃尔夫的生活经历呢。

慢慢地往坡下走，我从阳光灿烂的广场上一个花岗岩建筑群走入树木茂盛的狭窄街道，走在树荫底下，走近很多简陋的木屋。看到我走近，一个人从正在绘制的画作前向后退，然后向我挥手致意。他正在一面公共墙体上画着一位篮球手的巨幅肖像，篮球手身上穿的是哈林花式篮球队 [①] 的星星和条纹队服。画画的人名叫厄尼·马普。

"这画真不错。"

"伯尼·莱克，"厄尼·马普说，又指着运动员的队服补充道，"他出生于阿什维尔，是哈林队的球员，是个好人。"

看到我们在交谈，一个人慢悠悠地走过来加入我们。来者叫提姆·博戴恩，个子矮壮，又有些笨拙，他穿着一件厚重的外套，戴着一顶羊绒帽子，一只胳膊吊着腕带。"摔断了。"他

---

① 哈林花式篮球队，成立于1926年，他们将出神入化的球技，幽默滑稽的表演融为一体。

解释说。提姆六十岁上下，厄尼则年轻得多。

"我是外乡来的，有点迷路了，"我们闲聊了一会儿之后我说，"你们管这一带叫什么来着？"

"我们管这儿叫布洛克街区。"提姆说。

"或者叫东区，"厄尼插话说，"苍鹰街以下到河谷街以上的区域都是。"

厄尼在市场街下方这面墙上所画的肖像，是市镇艺术项目"三角公园壁画项目"的一部分。这个项目纪念的都是当地人，主要是黑人，还有一些历史事件，画作都画在七英尺高的画板上。三角公园壁画项目的网站上将该项目描述为"社区合作壁画项目，以纪念阿什维尔历史上重要的黑人商业区布洛克街区的历史"。画家和组织者也都是当地人，有白人有黑人，他们都有着强烈的市民荣誉感。

"那一幅画的是妮娜·西蒙①。"提姆说，带着我走向那面墙的另一边。画上的歌手秀发向后挽着，是她那标志性的纳芙蒂蒂②半身像形象。她的身边围着一些音乐演奏者。

"那些演奏音乐的人来自'咬嚼吐'乐队，"提姆说，"你一定听说过这个乐队，是橙子皮俱乐部的驻场乐队。基特-卡特俱乐部③就在那上边的市场街上。"

---

① 妮娜·西蒙（1933—2003），美国歌手、作曲家与钢琴表演家，主要歌曲类型包括蓝调、节奏蓝调和灵魂乐。
② 纳芙蒂蒂（前1370—前1330），埃及法老阿肯纳顿的王后，其七彩半身像于1912年出土。
③ 基特-卡特俱乐部，亦称半身画像俱乐部，原为18世纪英国辉格党人俱乐部。

在这个寒风习习的傍晚，其他画家都聚精会神地画着各自的壁画。

"你知道那是谁吗？"提姆·博戴恩指着一幅画问我。画像有真人大小，画上是一个戴时髦墨镜和苏格兰圆帽、身材颀长、摆着架势的黑人男青年。提姆走过去，斜倚着画像喊道："是我！戴着大眼镜。我当年很瘦很酷！是个十八岁的高中生。"

一辆小汽车转过来，里头的音乐声很大。那是詹姆斯·布朗①的《从那玩意儿上起身下来》。车停了下来，一个大块头的女人下了车，音乐还一直放着。

"这位是巴布丝，"提姆说着，用没有受伤的手拥抱了她，"她也是一个音乐家。"

"我试试。"巴布丝说。她随着詹姆斯·布朗的歌声跳起了博普舞。"站起身来，尽情舞蹈，直到你感觉更好……"她年纪跟提姆差不多，一副慈爱母亲的样子，一个大块头的女人，身上厚厚的大衣紧绷绷的。他面带微笑，步行穿过三角公园，那样子就好像自己拥有这个公园似的。

"她是我们俱乐部的主席，对吧，姑娘？"提姆跟在她身后说。

"什么俱乐部？"

"我们给它起名叫'仅限乡亲俱乐部'。"

---

① 詹姆斯·布朗（1933—2006），美国灵魂乐教父，说唱、嘻哈和迪斯科等音乐类型的奠基人。

我们坐在一张野餐台边，提姆、巴布丝和我。厄尼回去继续用长柄画笔在壁画上涂画。其他人，莫莉·马斯特和她的学生们也专心画着自己的画。

"是的，嗯，我们以前一起在剧院的楼上看电影。"提姆回答我的一个问题。"持续了很长时间呢。种族隔离并没有随着民权运动的开展而在1964年终止，而是一直持续到二十世纪七十年代。"

"直到那以后呢。"巴布丝说。

"都结束了，"提姆说，"没有愤怒，没有恨意。每个人的关系都不错。"

"你几个月后再来。这个项目就要完工了，"提姆说，"我们准备举行庆典呢。欢迎你来。"

我是谁?

第二天我离开了阿什维尔。樟树蓊郁的乡村道路边有些屋子，前院里，一串串的斯卡珀农葡萄在藤蔓上摇曳。我穿过平岩镇（卡尔·桑德堡①一生最后的二十二年都在那里的山羊牧场康内马拉上度过），还有泽科尼亚村，之后越过州界进入南卡罗来纳州和格林维尔。一路上，我的收音机一直播着：

---

① 卡尔·桑德堡（1878—1967），美国诗人、传记作家，三获普利策奖，主要作品有《芝加哥诗集》《林肯传》等。

主啊，我生来就爱游历四方

为谋生计倾尽力量

当离别的时刻来临

希望你能明白

我生来就爱游历四方

　　我开始沉思在世界的其他地方你们是如何游历的，但总有困难险阻，有时是真正的历险，经常还会无路可走。在美国，你可以漫无目的地自由行走，就这么上路。这很适合我不甘寂寞的性格，也满足了我对公路旅行的热爱。对比我在其他地方旅行时（最近一次是在非洲）所遭遇的变故频发、阻碍不断，这种旅程轻松多了。就算是在美国最贫困的地区，在那些能看到简陋的小屋和生锈的活动房屋的地方，公路的状况依然非常良好。

　　我顺着公路南下，在南卡罗来纳的格林维尔过了夜。周六晚上的格林维尔活跃而富有朝气，它的主街上餐馆和酒吧林立。四十多年前，那里曾经都是警察，而且只对白人开放，黑人是不可以进入这些商业街的，也不可以使用公共图书馆，不可以在这些餐馆里用餐，不可以住城里的旅馆。我和许多格林维尔人这辈子，亲历了种族隔离限制的撤销和隔离法律被推翻。我的旅行适逢民权运动五十周年纪念。这次运动通常被认为是斗争，但在我和许多我曾交谈过的黑人看来，更像是一场战争，其间发生过许多战役、爆炸事件，有许多人丧生。但在今日格林维尔欢乐祥和的街道上，你看不到往昔的痕迹。

第二天早上，我驱车前往哥伦比亚市 ①。我开车在市里兜圈，寻找吃午饭的地方，最后选择了一家南方特色的餐馆"丛林蜥蜴"。它的广告词是"真正的乡村风味"，菜单上的菜品是鸡肉和水果布丁、烤鸡肝、鸡肝配洋葱、手撕烤猪肉、烘肉卷、小点心和肉汤。

我下车的时候，一个壮汉从餐馆走近我旁边那辆车。他醉醺醺的，半眯着眼睛，一脸满足，微微有些气喘。一看就知道，他刚刚吃了一顿大餐。

"嗨，你好吗？"

"很好，"我说，"不过就是饿了。"

"点鸡肝配洋葱吧，"他说，"很美味。今天还有特价。"

"谢谢你的建议。我路过这里，从马萨诸塞州来的。"

"你加入了哪家教会？"

我这辈子在美国从来没被一个陌生人问过这个问题。其实不管去哪里，这是一个我从来都不会被问及的问题。在南方我却经常被问到，弄得我对那里的人们神秘的信仰起了好奇心。这个问题通常的表述是："你是哪个教会的成员？"人们冷不丁地就会问到这个问题，因为我没法简单回答，他们一般会补充一句来打破沉默——"我是希望教会 ② 的"或"我们是 A.M.E. 教

---

① 哥伦比亚市，美国南卡罗来纳州州府。
② 希望教会，基督教的新兴教会教派组织。

会的"——那是非洲人卫理公会①主教派教会，两百多年前由宾夕法尼亚州自由的黑人创立的一个教会。要不就是"舒巴赫解放世界教会"。要不就是在自我介绍之前来一句："我们是'上帝天堂'教会的成员。"

这个问题使我仔细打量了一下这个人。他肤色苍白，肥胖气短，头发稀疏，还有淡淡的雀斑，穿着一件短袖衬衣，系着条纹领带。他刚吃完饭，满头是汗，在艳阳下半眯着眼睛看着我。他的脸色不太健康，看样子是个坐办公室的，胸前的口袋里插着三支钢笔，不过举止还挺客气的。我在回答关于自己的宗教信仰问题时这么犹疑，也应该让他感到惊讶。

"我是浸信会教徒，不过没有加入哪个教会。"他补充了一句，打破沉默，也像是要鼓励我开口。"你看样子像是位老师，写书或教书的。我叫艾尔·麦克康道斯。很高兴认识你。我以前是做保险的，现在还做一点，不过有意思的是，我以前还经常写诗呢。一有想法，我就把它写成一首诗。四十岁的时候，我发现自己原来是被领养的。我奶奶无意间说漏了嘴。有一天我们在聊天，说起我觉得行为不端的弟弟。老人对我说：'你知道你是领养的吧，跟你弟弟一样。'我知道弟弟是领养的，但我以为我是亲生的。我问了父母，但他们都说：'到底谁这么说的呀？'那不算是真正的回答，所以我又问了他们，他们就说：'你就是我们的，都是我们的，一直都会是我们的孩子。'但我

---

① 基督教新教卫斯理宗的美以美会、坚理会和美普会合并而成的基督教教会。

知道他们的意思。他们去世后，我找到了我的生母。她当时都八十岁了，住处离我长大的地方只隔了几英里。她只上到了小学二年级，还生了几个孩子。其实我有一个亲姐姐，还有两个同母异父的妹妹。我陪了她三年，她就去世了。但我也想到我的另一个母亲，还有我弟弟，那个被领养的，还有我生长的地方。我不知道该怎么办，所以我就此写了一首诗。"

他一边说话，一边喘着粗气，擦着大汗淋漓的脸，冲我眨着眼睛。他的双眼有些湿润，睫毛稀疏。他长着一张方形阔嘴，语速缓慢，但他痛苦的表情也许是因为被太阳暴晒的缘故，阳光很猛，气温很高。

"那首诗的题目就是《俺是谁？》。"

"这问题很深。"我说。

他张开方形的嘴又说了一遍：《俺是谁？》"然后他说："你会喜欢鸡肝配洋葱的。"

在"丛林蜥蜴"餐馆里，一个戴棒球帽的头发灰白的黑人正要离开。他说："俺就把钱放在这儿了。"接着他敲了敲帽子说："我就是来看看你们大伙儿，跟你们打声招呼，让自己心情更好些。"

"不，伙计，你在上我们在下。"

我逐渐发现，在南方我会与许多人不期而遇。最简单的一声招呼也会引起他人滔滔不绝的怀旧，就像艾尔·麦克康道斯的哀痛。但有些人很难遇到，也不乐意向别人说出自己的职业，特别是如果他们的工作只是勉强糊口，生活处于贫困线的阴影之下。

鼓舞我进行穿越南部腹地之旅的，是我的一个发现。这里的人们让我感觉越来越熟悉，他们与我作为一个旅行者在非洲、印度和其他地方所遇到的人们差不多。我不是说他们共同的人性，而是他们的处境：许多美国人和非洲人一样贫困，也跟许多印度人一样住在乡下，他们离关心他们的人也是那么遥远，没办法获得体面的住所或医疗保险。我发现美国有些地方，特别是南部的乡村，情况跟所谓的第三世界国家非常相似。

有人向我提到过伯尼·马基克，说他也许可以向我介绍一些情况。伯尼是南卡罗来纳社区开发机构协会的创始人和CEO。我对这家协会非常好奇，但让我尤为好奇的是他的名字。伯尼·马基克是我一个朋友的朋友。我开车到哥伦比亚市来，也是为了见他，请他帮忙。

南卡罗来纳社区发展机构协会自称是一家"业务遍布全州的、基于经济落后社区开发的机构组成的非营利商业协会"，"协会致力于提升被排除于主流经济之外的社区，尤其是少数族群社区的发展"。

协会的宗旨是"提升贫穷家庭的生活质量"，南卡罗来纳州有许多这样的家庭。在美国最为贫困的地区之一，官僚们永远不会使用"贫困"这个词，也许是因为这个词有些贬义，语带侮辱。但在我看来，它是一个很有力量的字眼，而他们故意避而不用。这个组织帮助"贫困家庭"的方式有贷款、提供建议和指导人们填写各类文书表格。它还鼓励消极的穷人自学成为领导者。在之前的一次采访中，伯尼·马基克说："对于南卡罗来纳来说，领导力经常被视为某一个精英人群才有的特质。"他希望改变这一点。在南部说起"精英人群"，其实指的就是白人。

伯尼身着正装，白衬衣，打着丝绸领带，正坐在一张二十英尺长的锃亮的会议桌另一头等着我。他从一摞文件中抬起头来，没有显露出对我一身街头装束的惊诧。我穿的是蓝色牛仔裤和长袖翻领T恤。他在这会议室里适得其所，而我看起来则像个看大门的。我觉得他应该有五十多岁，看样子热心、严肃、行事干练，应该是常常开完一个董事会又赶去参加另一个的那种人。他处理文件的动作干脆利落，有一种克制的办事员作风，像是经常不得不向人解释自己的工作。他后来告诉我说他在攻读神学硕士学位（重点关注城市发展），我一点也不意外。

"我们采取基于社区的方式来构建持久的经济发展，"他对我说，"在这种新型的开发模式中，有些资源需要被调整……"

他继续以这种抽象的风格描述着经济的提升，强调住房的重要性，说住房能让人们感觉自己有了资产，在社区里有了根。旧房子可以"修葺翻新"，还可以做成节能型房屋。他提到了"经济公平"，还有"合股"和"资源开发"。

这些跟我在非洲听到的关于政策与发展的官僚政治套话差不多。这些谈话大多发生在陈设考究的会议室长桌边上，在一个铺着漂亮地毯的房间里，在舒适的靠椅中。而在外面的某些地方，需要帮助的穷人们却居无其所、拾腐而食。

我佩服伯尼·马基克热忱严肃的作风，就连他描述机构宗旨时晦涩的语言都让我着迷，因为我只听懂了一点点。但我最感兴趣的是另一件事。我们交谈了一会儿之后，我对他说了。

"能说说你的名字吗？"我说。

他笑了，放松下来。他摘了眼镜，用一只手指的指背捋了捋胡子，把椅子往后挪了挪，让自己更舒适些。接下来的四十五分钟，他谈到了他的名字、他的家族史、亲戚、母亲，还有他的教会。

这是南方人自我介绍的风格，说起自己的根还有在当地的经历。虽然我们彼此陌生，但我们有着共同的朋友。谈起开发计划的时候，他一直是很有说服力的，他为人乐观，点子也多。但他在讲述自己的家庭和他在南卡罗来纳（他是查尔斯顿本地人）的生活以及他非同一般的名字时，才是富有生气而自信的。

他说，他的名字发音是"mah-zeek"，源自胡格诺教派①。查尔斯顿最早的定居者之一是艾萨克·马基克，十七世纪末他在这座港口城市创立了当地第一家胡格诺教会。我后来查阅了资料，发现马基克这个姓源于比利时的城镇马塞克（Maeseyck、Maaseyek 或 Maaseik）。这样的话，他的名字就是奴隶的名字，而且也许，虽然伯尼没这么说，这个名字是一个奴隶主的，因为奴隶通常使用主人的姓氏。

我们谈到了他的家族、他的根，还有他对于自己的非裔身份的感受、他对作为一个阿坎族②后裔的强烈感情。阿坎族所

---

① 胡格诺派，16 至 17 世纪法国新教徒形成的一个派别。
② 阿坎族，主要居住在加纳和科特迪瓦的民族群落，总人口约 4,000 万，使用的语言属于克瓦语支。

在地加纳，历史上曾是西非沿海一个伟大的帝国——阿桑蒂王国。伯尼发现其家庭关系、养大他的母系家庭方式以及在南方的基督教教会的某些宗教仪式中，都有着阿坎族的特点。他深情地说："你需要上帝的支持。教会就是我生活的中心。"

我开始稍微具体地理解，在南方，为什么过去依然有其重要性。一部分是因为它的过去留下的浓重阴影，但也有一部分是因为现在的状况令人沮丧。过去更容易理解，条理更为分明，而且对解释现状也有帮助。

比如嘎勒①。南卡罗来纳州许多人提到过这种海滨黑人文化，他们还保留着克里奥尔语②及其文化。伯尼能够引述这种语言。一首歌里唱的"Kumbayah"③就是嘎勒语，意思是"到这里来吧"。他告诉我他母亲教他很多嘎勒语的表达。嘎勒作为民间的语言和不朽的文化，已经渗入了各个地方。

"我母亲以前常说：'Nu man, yanna weep-dee we dan-ya！'"

意思是："不，伙计，你在上我在下。"这里强调的是阶级差别、高和低。

他母亲名叫塞庇阿，与她祖父的名字西庇阿谐音，这名字取自伟大的罗马将军，"非洲的征服者西庇阿"④，他在扎马战役

---

① 嘎勒，主要居住在美国东南沿海地区的非裔美国人。
② 克里奥尔语，起源于殖民化初期，词汇主要源自法语，用的却是非洲语言的句法。经过几个世纪的演变，克里奥尔语变成了一种完全独立的语言。
③ 指嘎勒人的一首传统圣歌，曾流传至安哥拉，之后再次流传到美国，并发展为夏令营孩子们的必唱曲目。
④ 罗马名门望族普布里乌斯·科涅利乌斯·西庇阿（前235—前183），史书上亦称"大西庇阿"。

中征服了汉尼拔（这是"非洲征服者"称号的由来）。

说到奴隶制和牺牲，伯尼开始解释对过去两种冲突的观点。他向我举例说起这儿附近的哥伦比亚市非裔美国人纪念碑，就在州政府大楼的场地上。他说这座纪念碑的建造历经了多年的规划，在初期的讨论中，这个州似乎任何人都不能同意将南卡罗来纳黑人的经历记载在那些青铜板上。一块记录三K党如何对黑人动用死刑的图板被搁在一旁。关于联盟军的旗帜形象也有激烈的争论，还有该拿推波助澜的丹马克·维希这个人怎么办等。丹马克是个奴隶，后来中了彩，为自己赎了身，又于1822年在本州引导了一次奴隶起义等。这是美国历史上最大、最复杂的奴隶起义，策划者多达数千人，比弗吉尼亚州的奈特·特纳起义[①]的规模大得多。但计划泄露，维希和查尔斯顿的许多其他人都被绞死。对南卡罗来纳的黑人和历史学家们而言，维希是一个很超前的人，他使用的是海地杜桑·卢维杜尔[②]（维希非常钦佩他）的革命模式：一个不朽的反叛形象，一个鼓舞人心的英雄。

"那是近二百年前了，"伯尼说，"但他们不肯答应在纪念碑上刻下他的脸。"他微笑着说："看到了吧？要走的路还很长。"

我们谈到了即将来临的总统选举，说起让人恼火、惹人讨

---

① 1831年8月在美国弗吉尼亚州爆发的反奴隶制起义，后起义失败，特纳被处以绞刑。

② 杜桑·卢维杜尔（1743—1803），拉丁美洲独立运动早期领袖，海地共和国缔造者之一。

厌的选民身份法①。这种限制性法律，给选民造成了严重障碍，却受到南卡罗来纳州长的支持。这个女州长叫妮基·哈蕾②，父母是移民过来的印度锡克教徒。他们移居到加拿大，又从温哥华入境，然后在班伯格（人口：3,604）的小村庄里当教师。班伯格的面积和旁遮普邦阿姆利则市郊的潘多利兰辛格村（人口：3,624）差不多，兰德哈瓦③一家就在那儿长大。他们在班伯格开办了一家很成功的服装公司——新奇国际公司，这家公司2008年停了业。一年多以后，尼基（现在嫁给了一个南方白人，转而加入了卫理公会）当选了州长，他们现在希尔顿黑德岛过着豪华的生活。

"怪事。第二代的印度移民当选了本州州长。"

"非常多的人不知道她是有色人种，"伯尼说，"在政治宣传海报上，她的样貌像是白人。她也没有使用印度姓氏。她还是个基督徒，是共和党的右翼茶党④分子。她讨厌工会，一直不让她的双亲抛头露面，不然的话，她爸爸的包头巾在这里的很多白人选民看来一定会很碍眼。"

"真有意思。"

"非常让人难过，"伯尼说，"我能帮什么忙？"

我说："我想看看你在致力开发的一些地方。"

---

① 选民被要求在投票之前，出示一份政府颁发的带照片的身份证件。
② 妮基·哈蕾（1972— ），原名纳瑞塔·兰德哈瓦，美国首位印度裔女州长，也是全美第二位印度裔州长。
③ 兰德哈瓦是印度贾特人的一个种姓。
④ 茶党不是一个政党而是草根运动，茶党运动是右翼民粹主义运动。

"有什么特别想看的吗？"

"最贫困的社区。"

他点点头，拨起了手机按键。

301 号国道："那儿都没人去的。"

伯尼曾经说过，去阿伦达要经过奥兰治堡。但我动身晚了，因为我想去看看伯尼之前提到过的位于州议会的非裔美国人纪念碑，还有地面上依然飘扬的联盟军旗帜（几十年来备受反对，他们将旗帜从议会大厦的穹顶上挪了下来）。我穿行在蜿蜒的公路上，经过枝蔓繁生、白花簇簇的田地。那些迸裂的棉桃照亮了细细的灌木植株。我来到沃尔特伯勒镇，看到了一个售货亭，上面挂着的牌子上写着"问讯处"。虽然我手里有一张去阿伦达的路线图，我还是过去问了路。这样我才可以跟看管售货亭的老妇人搭话，她还负责分发当地景点的小册子，维迪尔故居 ①博物馆、邦尼·杜恩种植园 ②，还有其他的博物馆和艺术馆、弗兰基游乐园。或者沃利拖车服务：

　　　　无论黑人白人

　　　　无论黑夜白天

---

① 维迪尔故居，联邦风格建筑，商人与种植园主约翰·马克·维迪尔（1759—1827）建于 1804 年前后，现为博物馆。

② 邦尼·杜恩种植园，位于沃尔特伯勒，始建于 1722 年，包括几座种植园和一些建筑物，规模最大时面积达到 15,000 英亩，现占地 131 英亩。

只要你一个电话

我们就到场拖车

"我在这儿工作了十二年，从来没人向我打听怎么去阿伦达。"老妇人说。

"真是太不寻常了。"

"不是啊，"她说，"没人会去那儿。"

等走上了正道，我发现她的话似乎没错。这简直是条幽灵公路，其冷清程度令人吃惊，看着怪异，想来惊心。

在这一生的旅行中，我基本上没见过像阿伦达这么古怪的地方，去阿伦达的旅途也是一样怪异。这条公路大部分是一条分叉的高速公路，相邻的两条宽阔公路并成一条老式的收费公路，中间的隔离带长满了草，隔离带极宽，我看着都有些不习惯了，比南北走向的95号州际公路的许多路段宽得多。95号州际公路双向车流滚滚，更像是一条隧道而不是公路。

但我身处的这条光荣的高速公路，是两车道公路，穿过空旷低矮的山丘，路上也几乎不见车影。一条优质公路，两边绿色的土地和农场却是那么破落荒凉，看起来倒像是一幅很久以前的风景素描。这条绵延起伏的公路看着不知所往。今天的路上也没有其他车，我看不到任何城镇、加油站、汽车旅馆或商店，这就像一条通往世界尽头的道路。

从二十世纪的三十年代到六十年代末期，这条高速公路是穿越南部的最重要的公路。301号国道曾经是连接特拉华州和佛罗里达州的干道，车流络绎不绝。最早北方人经常取道这里南下，去享受阳光和安逸，南方人则驱车北上，求职谋生。

在发展中的地区开车，经常遇到正在修建的公路——或宽或窄，有高速公路，也有收费公路，还有咔哒作响的机械、履带挖掘机和推土机在挖土刨地。在那些地方（我说的是非洲和印度），很难得会见到已经完工、路况良好的公路彻底疏于管理或完全不被使用。但在南部乡村，还真有这样的公路，闪闪发亮的高速公路似乎没有尽头，而位于南卡罗来纳中部贫困地区的这条 301 号国道正是其中之一，其怪异让人非常意外。

接近阿伦达郊区的时候，我看到了世界末日，那个景象让旅途的艰辛都变得值得，使我觉得我的南方之旅是一个充满灵感的决定。我之前不知道自己会看到那天所见的蓝天丽日和松林微风。

那是一片废墟的景象，衰败荒芜。眼前是一些非常容易识别的建筑——汽车旅馆、加油站、餐馆、商店，甚至还有一家电影院。所有的建筑都废弃破败，有些则是彻底损坏，只剩下地基的水泥板，板上布满油渍或颜料渍，蒙上了倒塌建筑的碎沙砾，一块生锈的招牌歪歪斜斜。有些建筑是砖面的，另一些则是渣煤砖，但所有的建筑质量都不好，给我的印象是极其破旧，就像刚刚发生过一场战争，整个地方备受蹂躏，建筑物损毁，像是所有人都丧生了一般。

我看到一家汽车旅馆的"尸体"，旅馆名字叫"艾利特"，招牌上的字依稀可以辨认。几栋残破的建筑伫立在一片荒草之中。路的远端是桑兹总统酒店，房子已经塌了，空荡荡的。那些餐馆也都空无一人，远处可以清楚地看到一家叫"霍华德·约翰逊"的餐馆弧形的屋顶和独特的圆顶篷，另一家餐馆简直是一堆废墟，不过有个巨大的招牌，上面的"龙虾"两个字已经斑驳不堪。还有一个残破的地方有开裂的游泳池和破碎的窗户，生了锈的招牌上写着"新月汽车旅馆"，更可悲的是，连单词都拼错了①。

多数的商店门户紧闭，为数不多仍在营业的店面都是印度人开的。一家装饰艺术风格②的单银幕电影院，曾经叫"卡罗来纳剧院"，被木板封住了。宽阔的主街满是垃圾。小街小巷的两边都是小棚屋和废弃房屋，一幅阴森森的景象。我从来没见过这样的地方，幽灵公路上的鬼城。我很高兴到这里来了。

那些印度店主、炎热的天气、布满尘灰的高大树木，还有犁耕过的田地、废墟似的旅馆、废弃的餐厅，整个镇子了无生气，仿佛得了瞌睡病，就连毒辣的阳光也像是这种病带来的恐怖凶兆。所有这一切使这座镇子看起来像津巴布韦的一个市镇，就像是殖民者来来去去，居民们四散逃亡，连多数的本地人也都逃之夭夭，这个地方从此不见天日。我在帕特尔先生店里逗留的时候，看到几个黑人顾客来买罐装啤酒，接着去外面的树下喝了起来。

所有这些都是我的第一印象，却是很强烈的印象。后来我在阿伦达县外看到南卡罗来纳大学的索克亥奇校区，那里有八百名学生，有古老的主街、漂亮的法院和一小片整洁干净的住宅区。

---

① 新月为 crescent，此处旅馆名字为 cresent。
② 装饰艺术风格起源于法国，名称来自 1925 年在巴黎举办的巴黎国际现代化工业装饰艺术展览会。它主张机械化的美，使用大量直线、对称和几何图形的构成。

但最主要也是最重要的，从 301 号国道来看阿伦达，它就是一个废墟，贫穷，被人忘却，衰败非常明显，景象让人绝望。

活力阿伦达

在阳光明媚却荒凉衰落的阿伦达一条乡间道路上，在设在一间活动房屋内的一间办公室里，我找到了威尔伯·凯福。这个活动房屋其实就像一辆固定的房车，布告牌上印着"活力阿伦达"[1]。威尔伯的名字是伯尼·马基克给我的，伯尼说他参与了县复兴运动，主要是做顾问，还有住房升级计划。

我们握过手之后，我跟他说了 301 号国道极其奇怪的地方。

"这曾经是一条著名的公路，是北方与佛罗里达的中间点，"威尔伯说，"大伙儿都会在这儿歇脚。这座镇子曾经是最繁忙的市镇之一。在我小时候，我们要过马路都很难。我记得没有大人陪同，我们是没法走到公路对面的。所有的汽车旅馆都挂着'今日客满'的牌子。当时商店很多，开车经过的人们需要购买食物或衣服。还有许多的修车厂和汽修店。这个镇子当年真是繁华啊！"

但今天却没有车，确切地说，只有几辆车。"到底是怎么回事呢？"

"95 号州际公路出现了呗。"

威尔伯解释说，在二十世纪六十年代后期，规划州际公路

---

[1] 原文为 Allendale County Alive，一个非营利性组织。

的时候，就将它定在阿伦达东面四十英里外。于是和301号国道沿途的其他许多市镇一样，阿伦达也衰落了。但正如在荒野中崛起的伟大的新兴城市是美国繁荣的象征一样，像阿伦达这样的鬼城也是这个国家的一种特色。也许大多数的美国城市转型也是这个样子，所有的鬼城曾经都是繁华城镇。

"现在可都是一片乡土气息了。"威尔伯说。

"乡土"是一种说法。另一种说法也许应该是："这就是世界末日的样子。"

贫困的阿伦达靠近那些富庶的城镇，这又是一个超现实的特点（但也是美国的特点之一）。这是南卡罗来纳最小的一个县，人口一万二千人，濒临萨凡纳河①，毗邻佐治亚州。从高楼林立、食肆众多的查尔斯顿驱车到这里不用两个小时，到佐治亚州宜人的奥古斯塔距离也差不多，去希尔顿黑德岛则仅需一个半小时。过去三十多年来，希尔顿黑德岛一直是学者、智者、富人和说教者参加一年一度的"文艺复兴周末"的地方。他们高谈阔论，陈述促进社会发展的设想，讨论世界的未来。所有的名人和智人其实只需在这个县里待上几天，也许就会明白，希尔顿黑德岛上的那些理论否认了这里的现实：过去五十年我环游世界所目睹的每一个发展中出现的问题都如挥之不去的痛苦，存在于阿伦达。

但是，就像问讯处的那位女士曾告诉我的那样，没人到阿伦达来。所以威尔伯·凯福看到自己的家乡衰落、所有基础化

---

① 萨凡纳河，美国东南部河流。

为尘灰时，便决心采取行动改善其面貌。威尔伯上高中时是一个经常打破纪录的跑手，从哥伦比亚市的南卡罗来纳大学毕业之后，他回到本地工作，接着竞选本地区的州议会议员。他当选之后履职了六年。后来他成了一名策略规划师，并因这种经历加入了非营利性组织"活力阿伦达"，为它重新注入了活力。这个组织致力于协助向当地人提供体面的住所。这个镇子现有人口四千五百人，四分之三是黑人，情况跟全县差不多。

"不只是这座镇子需要帮助，"威尔伯说，"整个县的情况都很糟。2010年人口普查时，我们是美国最贫困的十个县之一。而且你知道吧，其他的贫困县多数是印第安人保护地。"

拨款非常少，一开始的初步预算是一年二十五万美元，但这些年来逐步下降，原因是经济不景气、财政紧缩和缺乏捐助人等。与我在非洲或南美洲所看到的美国资助的住房计划相比，这简直是九牛一毛。不管用什么标准衡量，这都是一个小规模的行动，靠的更多是聪明才智、创新思维和良好意愿，而不是金钱。

"2003年的时候，我是镇里新任的治安官，"威尔伯说，"我原本以为会一直干到退休的。我真是错得离谱！"接着他笑了。"不过我们坚持下来了。"

威尔伯·凯福六十一岁，但看起来比实际年龄年轻十岁，结实壮硕，依然是跑卫①的身材。他充满活力，构想甚多，穿

---

① 橄榄球运动中持球跑动进攻的球员，凭力量、脚步和速度变化穿透对方防线推进。

着也挺随意，一件开领衬衣，一条蓝色牛仔裤。在被他作为总部的这个流动工作间的袖珍办公室墙上，挂着他家人的照片、积极向上的标语，还有一些图表，上面显示该县的住宅拥有量呈稳步上升趋势。

威尔伯一家好几代人都居住在这个区域。他母亲是阿伦达县培训学校的老师。"那是黑人的学校，"威尔伯解释道，"白人孩子上的学校叫'阿伦达小学'。"

阿伦达的学校最终在 1972 年完全取消了种族隔离。在南部，只要有人说起一个日期，我就会努力回忆那时我身在何处。而我总发现自己当时身处远方，流连惊叹于异国情调之中。1972 年，阿伦达还在奋力摆脱十九世纪遗留下来的种族隔离和分别开发的设想，而我那时人在英格兰，计划着我的《火车大巴扎》之旅，探索着更斑斓的文化差异。

我谈到南部最近的社会变化。

"你得知道我们这是什么地方，"威尔伯说，"如果不懂南方的历史，任何人都很难理解南方。我说的历史，是指奴隶制。历史对这里有着更大的影响。"

他微笑着，用圆珠笔敲着桌面上的记事簿，没有意识到自己的语气像极了福克纳书里的那些爱训诫人的睿智南方人，总在提醒北方人：南方有着复杂的过去。

"以我母亲的家族为例。他们祖祖辈辈都是棉农，就生活在阿伦达县。他们有大概一百英亩的土地。摘棉花是一项家庭活动，都是小孩子来做，孙辈们做。这是放学后的日常活动。我也做过，肯定要做的，每个人都要做。"

这些小小的棉花农场，就像威尔伯家的农场一样，最终卖给了引进机械收割的更大规模的种植者。这是导致失业和人口下降的另一个原因。但农业还是阿伦达县的支柱产业。这个县百分之四十的人口都生活在贫困线下。

"问题是什么？"他这样回答我的下一个问题。"毒品，主要是强力可卡因，还有健康、犯罪、枪支和接近百分之五十的辍学率。"

过去的这些年，这里几乎无工可做，也没有游客。阿伦达曾经有不少纺织厂，制作衣服和地毯。它们现在都倒闭了，制造业都外包给了中国，不过他说再过一年左右，将有家纺织厂开业。本地的工业主要是木材加工，但阿伦达两家生产木板和电线杆的木材厂雇用不了很多人。

在南方的乡村，我走到哪儿都会听到这样的情况。那些衰败的市镇曾经都是制造业中心，支撑的产业有家具制造、设备制造、屋面材料或塑料制品，维持市镇运转的都是这些劳动密集型工作。很多公司落户南方是因为这里有积极肯干的富余劳动力，工资水平低，土地便宜，工会也不存在。这种发展就保证了会有更好的局面，也许还能带来繁荣。美国其他地方的制造业成本都不可能比这里更低。直到有一天，制造商们发现在南方这些劳动权利能得到保障的州，生产成本再低也低不过中国。南方的这种萧条与贫困，很大程度上是与工作外包给中国和印度有关，甚至就连鲶鱼养殖这种南方乡村广泛存在的创收项目，都被越南的渔业出口抢走了生意。

最近州立法机关里争议极大的并非有关就业或业务外包，而是选举权。南卡罗来纳选民身份法的要求非常严格，依照该法，选民即使已经登记在册，也必须先出示带有照片的身份证件之后方可投票。如果没有驾照，则必须要拿出生证才能申请选民身份，而如果你出生于另一个州或另一个国家，要拿到出生证明并非易事。

"这让人感觉又回到了六十年代，"威尔伯说，"我是说，证明自己的身份成了一种障碍，一种阻止人们去投票的方法。这种做法的借口是维护制度的纯洁性，防止有人非法取得选举权。但我有个九十六岁的姑妈，她就没法找到自己的出生证明，可她恰恰就是阿伦达本地土生土长的。"

威尔伯接着说到了发展的要素之一（这一点我在伯尼·马基克那里也听到过），那就是住宅所有权。居者有其屋才能留住人，这是以积极的方式赋予人们一些义务，让他们承担起一些责任，帮助他们成长。这种举措带来了显著的改变，有时还能吸引外来的资金。

"公共教育投入远远不足，"他说，"但提升教育或医保水平并不能让你挣到钱，这些都不是盈利项目。来吧，咱们到处转转去。"

他开车带我穿过阿伦达的小街小巷，一边对我说："住房是非常重要的。"我们经过一些小道、小巷和土路，路边有一些两居室的房子，有些修葺完善，也油漆过了，其他就只是些木棚屋，跟你在第三世界国家看到的大致相同，还有一些小排屋，是南部穷人居住的典型建筑。

"那是我们做的项目之一。"威尔伯说的是拐角一间小小的白色木屋。"原先废弃了，是我们翻修的，现在是我们的出租屋之一。租金用来修缮其他房子。"

收入比中位数^①低百分之八十的人就可以申请房屋翻新。一口之家中位数收入低于两万七千美元的则被认定为贫困，三口之家贫困标准是收入低于三万四千美元，四口之家则是三万八千美元。靠这点钱生活无异于杯水车薪，而且有半数人口的收入比这还低得多。但住房条件改善之后，随之而来的，是更好的生活和更光明的前景。

"我们还有一个房屋拥有者的教育计划，"威尔伯说，"我们教会他们房屋买卖错综复杂的细节。之后我们也许在首期付款方面给他们提供一些帮助，房价也许会在两万五千到两万七千之间。"

为了招商引资，县镇的面貌都需要得到提升，这也是他们急于修缮那些小木屋的原因之一。

"我的感觉是，如果南卡罗来纳想有所改变，我们就该改变那些最落后的。"我们走过一间饱受风雨侵蚀的屋子时，威尔伯说。那是一间年久失修的老房子，木板被太阳晒得发黑，屋顶的木瓦也都翘了起来。但直到六个月前，还一直有个人住在里面，没电，没有供暖，也没有自来水。

我问他能否进入这间屋子看看，或者隔壁那间屋顶上破了个洞的木屋也行。那间屋子里住了一家四代八口人。

"需要得到他们的允许，"威尔伯说，"需要点时间。你得改天再来才行。"

---

① 统计学名词，指将数据按大小排列形成的数列中，居于中间位置的那个数据。

我说我想再来一趟。

"你饿了吗?"威尔伯问我。

我说饿了,他开车带我走了一小段路来到镇子的边界,巴恩维尔高速路边的一家叫"尝尝看"的当地餐馆,品尝它的灵魂料理:炸鸡和鲶鱼、小点心、肉酱米饭、水果馅饼,感受它的热情好客。腿上坐着个孩子的店主凯西·尼克松太太向我们解释说店名来自《圣经》。她引述道:"你们要尝尝主恩的滋味,便知道他美善,投靠他的人有福了!"① 在这贫困小镇里有这么美味的食物,似乎有点奇怪,不过我发现这是南部的一种特点,即使最破落的城镇也有一家灵魂料理的餐馆,一间家庭餐厅,多数是乡村小道上的一间小房间,烹饪简单,热情待客。尼克松太太七十三岁了,有七个重孙。

威尔伯做完谢恩祷告之后对我说:"你是个旅行者。"谢恩祷告是另一项惯例,在灵魂料理的餐厅里是必需的仪式。

"是的。"

他从没看过我写的文章。我在南部旅行时,几乎没有遇到过一个读者,不管是看我的作品还是他人的作品。如果有人觉得我的名字耳熟,那他就是把我当成了亨利·戴维·梭罗。他也是北方佬,不是吗? 我遇到的大多数南方人与书基本上都是点头之交。这让他们对于作家不是过分尊敬就是完全冷漠。当然也有例外的时候。在最出乎意料的地方,我就遇到过几个读者。他们对我都很热情,家里是一屋子的书,就像契诃夫笔下

① 出自《圣经·旧约·诗篇》第 34 章第 8 节。

一个不问世事的书呆子。

没人了解我的作家身份，对我而言倒是特殊的优势。我则更容易被人家定义为一个北方来的老家伙，也许已经退休了，带着一堆问题自驾到这里来。在他们看来，我没有过往，没有名气，没有光环，没有身份，身上没有被贴任何标签。我喜欢这种外来者的身份，姓氏很难拼读的保罗先生，一位陌生人，因为我也是以外来的陌生眼光看待旅行时遇到的这些人，在这个非同寻常的地方，南部有些地区与我以前旅行时见到过的地方一样偏僻，一样奇特。

威尔伯问起我的旅行时，我抓住机会提到我不久之前到过非洲。我说起在纳米比亚发现美国政府拨出三亿六千万美元改善那里的教育、能源和旅游。六千七百万是定向拨给旅游业的，虽然去纳米比亚的游客主要是欧洲人而不是美国人。我提到这一点是因为阿伦达县有些乡村落后地区与非洲的乡村落后地区非常相似。而且阿伦达本身（了无生气、破败衰落、失业严重，旅馆和印度人的商店也都倒闭了）让我想起了肯尼亚内陆一个每况愈下的农业城镇。而肯尼亚也得到了美国提供的数亿发展援助资金。

"钱并非一切，不过确实是一个很重要的因素。"威尔伯说。"我不想要数亿资金。给我一千分之一，我就可以让阿伦达县的公立教育发生显著改变。"

他的运作预算是十万美元，他的组织是自负盈亏的，资金来源是他们翻新过的房屋的租金。

威尔伯说，他并不嫉妒政府给予非洲的经济援助，不过他补充说:"如果我的组织可以得到那么多的资金,我们绝对可以大有作为。"

"你打算怎么做?"

"我们可以专心做事,不用操心筹募资金的事,我们就可以更有创造性,更能干成事,"他笑着说,"连电费都不用担心了。"

奥兰治堡与大屠杀

在阳光灿烂又荒凉的阿伦达找不到过夜的地方,所有的汽车旅馆都倒闭或损毁了,于是我开车沿301号国道北上。开上这条曾经辉煌的空荡荡的大道,驱车四十五英里来到了奥兰治堡。这是个小城,主街两旁是几家可怜巴巴的店面,或是用木板封住的商店、阴郁的教堂,但奥兰治堡的郊区离州际公路(通往查尔斯顿的高速路)很近,有旅店和餐馆。更差的汽车旅馆和破旧的饭店都在城里。这里是一个残破的地方,不过还是有点生机。

这座城镇的活力都来自学校和大学,均为著名学府,其中有克拉夫林大学(1869年创办)和南卡罗来纳州立大学,两所大学历史上都是黑人大学(现在就读的学生也主要是黑人)。还有几所其他院校,如一所卫理公会学院①、一所技术学院、几所私立学院和公立学校。

到达奥兰治堡的第二天,沿着主街散步的时候,我遇到了

---

① 指南方卫理公会学院。

一个人。我向他问好，受到他南方式的热情欢迎。这个人穿着一身黑西装，提着一个公文包，自称是一位律师，还把他的名片给了我。小威尔金·约翰逊律师。我向他打听镇子的情况，一个很笼统的问题，却收获了出人意料的回答。

他说："嗯，曾经有过屠杀事件。"

"屠杀"这么一个词自然引起了我的关注。我从未听说过这起血腥事件，所以就向他询问细节。他说虽然到1968年的时候，《民权法案》已经实施了四年，但当时的奥兰治堡还在推行种族隔离。在主干道上的一家保龄球馆（"全明星保龄球馆"）禁止黑人学生入内，而这家球馆是奥兰治堡唯一的保龄球馆。

1968年2月的一天，几百名学生在镇子另一头的南卡罗来纳州立大学校园里举行了示威活动，抗议在这家保龄球馆和其他地方受到的歧视。此次抗议活动动静比较大，但学生们都是手无寸铁的。他们面对的是一帮南卡罗来纳高速公路巡警。警察都持有手枪、卡宾枪或霰弹枪。因遭到学生们的推搡，一个警察朝天鸣枪。后来他说是为了警告学生。其他警察听到枪声，随即开始朝抗议者们开枪。这些学生转身逃走，结果背部中枪。有三个年轻人被枪杀，他们分别是塞缪尔·哈蒙德、德雷诺·米德尔顿和亨利·史密斯。另有二十八人受伤，其中一些人伤势严重，所有伤者都是学生，身上被大号铅弹洞穿。

"你当时是什么感受？"我问威尔金·约翰逊。

"我当年才十二岁。"他说的是当地的发音"twell"[1]。"我没

---

[1] 发音与标准的 twelve 有些不同。

怎么想。后来，人们谈起过这事。"

"现在的人怎么看呢？"

"不常谈起，"他说，"每年都有纪念活动，但我不知道这种活动除了校园里，还有什么地方会举办。"

大多数美国人都知道发生于 1970 年的俄亥俄州肯特大学惨案——四名大学生在一次反战示威中被杀害①。"肯特大学惨案"成了一个标签式的字眼：无辜的抗议者被惊慌失措的国民警卫队击倒。1770 年波士顿惨案② 也广为人知，五位殖民地居民在英王街遭英军枪杀。我父亲以前常带我们去波士顿公园看惨案纪念碑。我们知道其中一位遇难者很奇怪的名字，克里斯普斯·阿塔克斯③，一个混血黑人，定居波士顿的瓦帕浓人④，也许是一名水手。这些人的遇害激发了民众的革命热情。大约二百五十年后，他们在谷仓墓地的墓穴依然摆放着花环，被庄严凭吊，这些人一直被视为烈士与英雄。

对于奥兰治堡以外的人来说，这座城镇的名字并没有让人想到压迫或是无辜者的抛洒热血。冲着人群开枪的这八位警察因导致他人死亡遭到起诉，却被宣告无罪，唯一入狱的是一名示威者克利夫兰·L. 塞勒斯，罪名是聚众暴乱。他被判刑一年，

---

① 肯特大学惨案，发生于 1970 年 5 月 4 日，学生抗议美国入侵柬埔寨，4 人死亡，9 人受伤，引发全美超过 450 所学校罢课。
② 波士顿惨案，英国殖民当局屠杀北美殖民地波士顿人民的流血事件，该事件导致 5 年后的美国独立战争。
③ 克里斯普斯·阿塔克斯（1723—1770），波士顿惨案中第一个被杀的美国人，死时究竟是奴隶还是自由人仍有争议。
④ 瓦帕浓人，北美印第安人阿尔琴族一部落，后移居美国马萨诸塞州东南部。

最后因行为良好被减刑，服刑七个月。这其中有些事实并非威尔金·约翰逊告诉我的，而是我后来在一本书里读到的。2003年出版的由杰克·巴斯和杰克·内尔森撰写的《奥兰治堡大屠杀》详细地记录了这一事件。虽然他是非裔美国人，还是一个奥兰治堡的居民，约翰逊先生对很多细节都记忆模糊。他说他那时候还太小，不懂事，而且事件是"很久以前的事情了"。他记忆模糊的另一个解释是，奥兰治堡大屠杀被更大的暴行淡化了，1968年是暴力事件频发的一年，金博士和罗伯特·F.肯尼迪被暗杀，春节攻势①，华盛顿特区、巴尔的摩、芝加哥和其他地方的暴乱②，这是被死亡和破坏笼罩的一年。

我对约翰逊先生提起了肯特大学惨案，说这起事件人人皆知。

他笑了，接着对我说："但你知道，事件中丧生的小伙子都是白人。"

威尔金·约翰逊的职业是律师，这让我颇感惊讶，因为他对这起屠杀竟然知道得这么少。我本来以为一位律师，尤其是一位当地的律师，应该知道更多的事实，不过他还是很乐意帮我查清这起被遗忘的事件。

"我可以介绍几个亲历事件的人给你。"他说。而后他推荐了后来我读到的杰克·巴斯写的那本书。

---

① 1968年越战期间北越发动规模最大的地面行动，是越战中美军主动撤离的转折点。
② 1968年4月9日，马丁·路德·金博士的死激怒了这个国家的黑人，触发了大城市里的黑人暴乱。

我对他的帮助表示了谢意。在离开之前，我说我会跟一个偶然相遇的人有这么一番谈话，确实很不寻常，本来我只是在一条公共街道上问路罢了。我还说在我居住的那座城市，这么一次偶遇肯定不会收获这样的热情，不会得到这么多信息。我非常感激他能拨冗解答一位陌生人这么多的问题。

"这里的人懂得需要帮助的滋味。"他说。他指的是黑人，是他自己。他又补充说："还有被忽略的滋味。"他接着说："主要是环境不好，要摆脱这种环境不容易。他们一直在经历这一切，所以他们感同身受。"

"你也有这种感觉吗？"

"当然了。"他说着，指了指我手里的名片。"如果你想见见比我更了解这起事件的人，就告诉我。不如这个周日去一趟我的教堂吧。届时我会在那里布道。"

"你的名片上写着你是一位律师。"

"我还是一位牧师。在费尔法克斯的启示录事工教堂。其实是在西克莫。这里是南方，每一个街角都有一座教堂。过来看看我们。"

"西克莫在哪里？"

"阿伦达附近。你对阿伦达熟悉吧，保罗先生？"

查尔斯顿：枪支展览

我还有几天时间可以消磨，于是就去了查尔斯顿。查尔斯顿地形狭长，外围是平静的港口，周边是一些小小的岛屿。这是一个有着丰富文化历史积淀的城市，许多建筑让人叹为观止，古老华丽的宅邸、教堂和堡垒。它的市中心有许多美食餐馆。不过对于它所有的这些大都会特色，我丝毫不感兴趣。

游客来到查尔斯顿主要是观光（萨姆特堡和种植园）、品尝美食、听内战轶事和有关嘎勒人的故事和知识。我发现这座城市像大多数旅游城市一样，讨人喜欢，光彩夺目，却比较排外，这里的人阶级意识和家庭观念较重，也许还有些情有可原的自鸣得意。而我去那里是为了看枪支展览。

我在查尔斯顿吃到的一餐，是我在南方旅行时为数不多的大餐之一，但那里的食物其实并没有比我在几乎每一座小镇的灵魂料理小餐馆或烧烤店里吃到的更好。那些地方的好客与美食是无与伦比的。阿伦达小小的"尝尝看"餐馆、奥兰治堡的"公爵"餐馆、亚拉巴马州马里恩的"洛蒂"餐厅、密西西比州格林维尔的"雌鹿食肆"。还有路易斯安那州门罗市"奶奶家庭风味"餐馆的炸鸡和鲶鱼，那家餐馆里贴着一张告示牌，提醒食客"想吃什么尽管拿，但拿走的东西得吃光"。至于查尔斯顿的博物馆、教堂、宅邸和礼品店，统统非我所欲。

引起我注意的文化活动是枪支和刀具展览，之前一周我看到过相关的广告。这个展览设在北查尔斯顿的查尔斯顿地区会议中心。枪支展览一般都是两天的活动。在一个下雨的周末，我驱车从奥兰治堡去了那里。场地的规模让我感到意外，有半个足球场那么大，人们排着长长的队伍等待入场，巨大的停车场停满了车。从抵达的那一刻起，我就被现场的秩序和每个人的礼貌所打动。工作人员、销售商、观展者、热狗和爆米花小贩，所有人都很礼貌。我的心里也有些震撼和期待，急切又愉快。

进入展馆是个缓慢的过程，先是需要支付八元的入场费，如果你携带了武器，还必须出示。多数入场观展的人都携带了武器，别在皮带上的套着枪套的手枪、吊在肩上的来复枪，等等。不过私人的武器不能装子弹，而且会在门口的台子上被贴上标签。这些检查结束后，他们会向入场的人发放一个表示身份的塑料手镯，像急诊室里用的那一种，最后大家排着队慢悠悠地从迎宾人员和食品餐车旁边走过，只有几声嘀咕，一切井然有序。

大厅里的例行事务结束后，我们就进入了巨大的展厅，里面布满了台子、售货棚和摊位，多数是售卖枪支，有些出售刀具，另一些堆放着弹药。只要看到这些东西，就足以让参观者微笑，紧张得咽咽口水，高兴得微微颤抖，看到这一排排"裸露的"武器，手枪和来复枪，他们好像看色情画报似的。我从来没见过这么多的枪支，大大小小，堆在一个地方。只要想到它们是待售的，堆在那里等着被挑选、抚摸、闻闻嗅嗅，再瞄准，我觉得这就会让人激动不已了。

"请让一下，先生。"

"没问题，尽管走吧。"

"非常感谢。"

在这世界上，我没有见过有任何人比枪支展览的参观者更礼貌、更乐意微笑、更好说话，也更不会踩到你的脚指头的了。尽管身边都是武器，但这里没有出言不逊，有的只是耐心、友好和偶尔的玩笑。在一个大家都带着武器的场合，礼貌是很有帮助的，也许还极其重要。但这种风度并非被迫展现的，每个人都很高兴到这里来。开心乃至兴高采烈是枪支展参观者的普遍情绪，轻松幽默，举止优雅。

悄声惊叹"看看那个"，提出许多有水平的问题。打动我的另一点是那里言辞坦率、衣着随意但知识渊博的一群人。这些人是《路加福音》（第二十二章第三十六节）里耶稣基督所说的那些人的现实版。许多人也许还能背诵这一段："没有刀的要卖衣服买刀。"有一个看样子像流浪汉的人，戴着脏兮兮的迷彩帽，留着胡须，穿着一件油腻腻的夹克衫和一双破旧的靴子。他问一个展台上满是老式攻击步枪的摊主说："那把折叠枪托AK-47 是扎斯塔瓦 ① 的改装版吗？"

"不，这是 WASR② 系列的，是禁令实施前 ③ 的产品。"

"哪一款弹匣？"

"我有一份分类目录可以给你看看，还带有刺刀。看到这个手柄了吗？"

咨询的这个人用手背摩挲着他鬈曲的胡须。"我听说这款枪的问题是弹匣井 ④ 比较松。"

---

① 前南斯拉夫（现塞尔维亚）的兵工厂。
② 全称为"瓦森纳安排半自动步枪"，罗马尼亚一款用于出口的突击步枪。
③ 指 1994 年《联邦突击武器禁令》颁布实施之前，该禁令将 UZI、AUG、FN FAL、FN FNC、AK-47 等 19 个型号的武器均列为突击武器，禁止民间制造与进口。
④ 枪支的扩口装置，用于辅助上弹匣。

"这把不会。我用它射击过很多次了。"

"那把 AK 多少钱?"我插话问了一句。

"一千五百。"

"我可以买吗?"

"有钱就行。现金。这是私人买卖①。"

虽然这里多数人的武器知识已经可以媲美武器鉴定专家,但枪展上的大多数参观者都只是来看看而已。他们双手插在兜里,到处转悠,有时捅捅手肘互相示意。他们只是欣赏,惊叹于这些大型的罕见的枪支,好像就是专门到这里来目瞪口呆、聊天说话、会会老友、喝喝咖啡的,跟别人逛跳蚤市场没啥两样。而且这里确实像极了跳蚤市场,只是充斥着清洁机油、木材上光剂,还有粗晶钢和弹药粉末的味道。这些男人和男孩来到枪展,并非是来买枪的,多数是想来闻闻火药味过把瘾的。

但我慢步走在这些武器当中,还是感受到这里的气氛中另外的某种情绪,我说不清是什么。那是一种态度、一种震撼、一种低声交谈的声音。一开始并不清楚我自己的感觉,不过我多转悠了一会儿,仔细倾听,观察他们的情绪和体态,这种感觉变得越来越明显。

"非常感谢。"

"不客气。"

---

① 在同一州内,私人之间可以买卖非 NFA(《国家枪械法案》)的枪械,无须经过 FFL(联邦枪械执照)的经销商。

"尽管拿，先生，拿起那把枪试试。"

长长的刀具站台参观者是最少的，但这些台上展出了每一种刀具，从精致的削笔刀到弯刀和铁质的武士刀，有些刀上还雕刻花纹，配了骨质或象牙刀柄，那里还有剑和刺刀。其他展台上则是军事纪念品，纳粹佩剑——"那是恩斯特·罗姆的匕首。"宽阔的刀片一面上刻着"一切为了德意志"，这是罗姆和希特勒一起创立的冲锋队的格言，这些都是档主解释给我听的。1934 年"长刀之夜"希特勒以叛国罪逮捕了罗姆，并将他处死。至于罗姆分发给他的褐衫队①的佩剑，上面的刻字"致以诚挚的同志情谊　恩斯特·罗姆"也被磨掉了。

"看到了吧？他们要抹去罗姆的痕迹。如果你的佩剑上还有这个句子，那你的麻烦就大了。这把佩剑的收藏价值很高的。"

还有防毒面具、头盔、皮带、马具、徽章、旗帜，所有东西上都有纳粹的万十字章。另外还有许多九毫米口径的鲁格尔手枪。

"那把枪是可以用的，可以开枪的，不过别在这里开。"

南北战争的一些军队随身用品，火药瓶、哈珀斯费里兵工厂生产的步枪、尖顶帽、徽章、联盟军的货币和手枪，许多展台上都堆放着这些历史的碎片。几乎所有的东西都来自联盟军一方。还有一些保险杠贴纸，其中一张上面写着"南北战争——美国的浩劫"。另一张是"嗨，自由主义者，正因为有了你们，我们才能享有宪法第二修正案"，还有许多抨击奥巴马总

---

① 纳粹冲锋队的制服是褐色的。

统的：“不要奥巴马”“懊巴马”“懊巴马之国”，还有“鼓吹禁枪者：希特勒、斯大林、卡斯特罗、伊迪·阿明①、波尔布特②、奥巴马”。

"我叔叔有这样一个火药瓶。"

"如果它那个出火药壶嘴还能用的话，你叔叔可就走运了。"

其他展台上的许多步枪和手枪都是老式的前膛枪，各种撞击式枪支，或是普通的发射黑火药子弹的大左轮枪。因为这些枪支都是古董，理论上也都无法使用，所以可以卖给任何人。但黑火药子弹，虽说很罕见，却是可以弄到手的，这样一来任何一把这样的老爷枪都能在人或野兽的身上打出一个洞来。

"这可是博物馆级的。"一个档主拿着一把枪管有雕饰、枪托雕琢得很漂亮的滑膛枪说。我觉得这些卖枪的人把他们最好的武器带到这里是来炫耀的，摆着一副收藏家的派头，孩子气地洋洋自得地介绍着，但其实出多大的价钱也别想让他们把枪卖了。

但更多的档主看起来手头很紧，急着想把自己面前那堆旧枪、脏兮兮的弹匣和枪支零件卖出去。在一个展台上，在一把塑料格洛克手枪和一把点二二口径的“叮当”步枪③之间，我看到一把“二战”时期的点三二口径德国造驳壳枪。我拿起来掂了掂分量。

"三百五十块钱，这枪就归你了。我还有多余的弹匣可以配

---

① 伊迪·阿明（1923/1928—2003），乌干达前总统。
② 波尔布特（1925—1998），民主柬埔寨前政府总理。
③ 指射击一些叮当作响的物体纯粹用于玩乐的枪械。

这把枪。"

"我不是本州居民。"

"没关系的。私人买卖。好吧,三百块就行。"

并非每一个摊档都是私人买卖。有六个隔离开的区域是持证的枪支商贩,在围场里一些更小的桌子前,坐着一些愁眉苦脸正在填写背景审查申请表的人,工作人员则用刷卡机刷着信用卡。那些是登记入册的枪支,质量更好,数量也更多。据说背景审查最多需要三十分钟的时间。

还有一些档主重演了历史。一个男的穿了联盟军的军服,另一个穿的是过去的牛仔服装,看着像是恶狠狠的治安官,戴黑色帽子,穿长筒靴,佩带珍珠枪柄的手枪。他发现我在盯着他看就冲我喊道:

"你好啊,伙计。"

有一个摊位布置得像是博物馆"一战"时期的展台,有武器、军服,还有地图、书籍、明信片和加了镜框的泥泞战场黑白照。这是戴恩·柯夫曼布置的纪念展。戴恩是从一百英里外的利斯堡自驾过来的,他租了八张展台,以纪念参加过"一战"的军人爷爷拉尔夫·柯夫曼。戴恩的年纪在六十上下,穿着一身旧式的步兵团军服,戴着一顶宽檐帽,打着皮绑腿,一副步兵装扮。展台上的东西都不出售,戴恩是收藏家、军队历史学家和历史重演者。他的目的是要展示他收藏的皮带、枪套、行军餐具、军用水壶、剪钳、战壕挖掘工具和他称之为自己的骄傲与欢乐的东西,一门有三脚架支撑的机关枪。

"我来这里是为了我爷爷,"他说,"是要来给大家上一节历史课。"

这个枪展是私人买卖和商业销售的结合，参观者主要是些穿着开裂的靴子、戴着褪色帽子的人，看样子是些穷人或失业者，但也有些有钱的买家，还有些人一看就是脾气暴躁或游手好闲者。一些人售卖着旗帜、爱国纪念品和恶搞的标语。"警告：我是个忠于自己信仰的郁闷持枪者！"这是在回应奥巴马总统在竞选时说过的话。"不得向入室侵犯他人者开枪——幸存者则会遭第二次枪击。"以及："枪支管控可以直中你的靶心。"

"我跟你说吧，"一个人靠在一把大型的黑色突击步枪上告诫我说，"如果那该死的投票通过的话，我们就都完蛋了。"

"嗯，是的。他们是要打算改变整个行业，"另一个人补充说，"你可以跟你的枪吻别了。"

这话让第一个人非常愤慨："我倒要看看谁能来夺走我的这把枪。等着瞧。"

其他人也都粗声附和，但不是很多人，因为大厅里没人反对他们的意见。这些人都是爱枪之人、枪支所有者或是支持持枪权的人，男男女女，拖家带口，他们都是同一阵线的。这是我第一次接触一大群南方白人。有些观察家评论说，南方白人像一个种族，与爱尔兰人或意大利人相似，"是文化独特的一群人"。

雷夫·约翰逊的故事：小威尔金·约翰逊牧师

"我只是一个乡下小子，来自社会底层。我在汉普顿县的埃斯蒂尔出生长大。"威尔金·约翰逊一个星期后对我说。那是我们在他居住的奥兰治堡路边一家叫"露比星期二"的餐馆吃完每日特价餐之后。他说埃斯蒂尔就是偏远的乡下,有很多的棉花田。没关系的。他笑着说。他一笑一咧嘴就露出两颗大门牙,像是要表示自己在说着反话。接着,他叹了一口气正色道:"可怜的黑人。"

他还是穿着那身黑西装,啜着冰茶跟我谈着他的人生。但感觉像是另一个人,不是西克莫的牧师,不是奥兰治堡那个精明的诉讼律师,而是一个在路边餐馆里安静沉思的市民,回忆着不合群的一生。我跟他说起我去了查尔斯顿的一场枪展。

"我有枪,"他急切地说,"各种枪。我有一把 AK-47,还有好多的枪。合法的枪支拥有者是不会致人死亡的,问题源自非法枪支,源自那些罪犯。告诉你吧,我是想要有防范措施。这地方也可以是很危险的。"

"举个例子来听听。"我说。

"1968 年我爸爸去竞选一个县议会议员的席位。老威尔金·约翰逊,他是一个石匠,后来当了教师,又成了县议员。名字是我祖父起的,听着挺特别的①——圣母马利亚、处女地,一切圣洁的东西。我的儿子是威尔金三世。"威尔金·约翰逊凑过来,敲打着桌子。"1968 年其实不适合黑人参加什么竞选。他的邮箱里出现了一张字条。上面写着:要是你赢了,我们就杀了你。"

"那他退出竞选了吗?"

---

① 其英语名字为 Virgin,本意是"纯洁的、贞洁的",而 Virgin Mary 指圣母马利亚。

"没有被恐吓吓倒，"威尔金·约翰逊说，"但你知道他为什么会失利吗？因为人们都听说了那张字条的事，所以那些喜爱他的人，很多人呢，就投了他的反对票。他们不想害他丢了性命。几年后他又参加了竞选，赢了。我爸爸今天也来参加我的布道了。他病得厉害，但总是会来。他在这一带很受欢迎。"

"你是在这儿附近出生的吗？"

"是的，就在埃斯蒂尔。我是 1954 年生的。1966 年，就是他们说的'自愿融合'的那一年，我是埃斯蒂尔小学唯一的黑人学生。当时情况是这样的。每天早上有两辆校车经过我们家，我对我爸爸说：'我要上第一辆车。'那是白人小孩的校车。爸爸问我：'你确定吗，孩子？'我说我确定。"

这种感觉很奇特。时隔将近五十年，我们坐在这么一家热闹的餐馆里，餐馆的卡座里和餐桌旁有白人也有黑人，威尔金·约翰逊回忆着对他的生活影响这么大的一件小事，一个黑人学生坐上了一辆白人校车。

"我上车的第一天，一切都变了。六年级，它改变了我的生活。我失去了所有的朋友，不管是黑人还是白人。没人跟我说话，一个也没有。就连家里的白人朋友也不跟我说话。我知道他们想跟我说话，但他们深感压力巨大，我也是。我一般都坐在车尾。当我去长桌上吃午餐的时候，会有三十个男生起身离开。"

他啜着茶，点点头，懊恼地笑着。"露比星期二"餐馆的服务员将前来用餐的人领到另一边的一个卡座，这三位来客看了一眼这个衣着光鲜的男人，他是这家餐馆里唯一穿西装打领带的人。

"我当年十二岁，"他说，"有意思的是，黑人白人那时彼此很友好。我祖父受到所有人的敬爱，他们叫他亨利叔叔——亨利·弗雷泽。我们经常在埃斯蒂尔一带一起玩。我们还摘棉花。我的爸爸和叔叔有一百英亩棉花地。克雷顿叔叔到现在还在种棉花、玉米和西瓜。我一天摘一百或一百二十五磅棉花，跟家人和朋友们一起。但我上了车，一切就都结束了。我成了孤家寡人，孤零零的一个。

"我一到学校就发现情况有异了。那里没有其他非裔美国人，没有黑人教师，没有黑人学生，在这小学里，一个黑人也没有，除了大楼管理员。那些管理员真了不起，他们就像我的守护天使。他们都是黑人，也不跟我说话，因为没必要。他们对我点点头，像是对我说：'坚持住，孩子。坚持住。'

"于是我失去了所有朋友，小小年纪就明白了一个人得靠自己。这让我萌生了一种斗争精神。我从小就有这种精神。这是注定的。如果你让别人替你做决定，会有什么后果呢？你就再也无法自己做决定了。那些日子也不总是糟糕的。在那样的日子里，你必须赢得尊重。现在没人在意是否受尊重，更多的是政治秀。"

我们继续吃着我们的饭，他一边回忆一边谈着。他是个爱沉思的人，时不时地停下来，说完几句话就沉默一下，这样我吃着饭做起笔记反倒挺方便的。

"十三岁的时候，我找了份工作，帮一个测绘员拉线。他是个白人。我也喜欢这份工作。当时是夏天，六十年代。那个人和我测量的是一个农场。我们将车停在一块地旁边就开始了工作。

"接着我就听到有人喊：'我不要那个男孩出现在我的地里！'

"说话的是农场的主人。他拿出他的霰弹枪，朝天鸣枪。我那时才十三岁啊！于是我和那个白人测绘员就离开了。那是在汉普顿县，那人的爸爸是个三 K 党人。但因为他，他们全家都有了那样的思想。

"我是我们县第一个上法学院的非裔美国人。我上的是哥伦比亚市的南卡罗来纳大学。班上有一百人，那是八十年代了，我是唯一的黑人。我在 1988 年通过了律师资格考试，还拿到了牧师执照。

"这对我来说没有什么冲突。两份工作我都喜欢。我只希望经济能好起来。这个地方太穷了。他们什么都没有，他们需要希望。如果我能给他们带来希望，那就是件好事。耶稣说：'我们必须回归，去关爱其他人。'"

他沉默下来，我接着向他打听了奥兰治堡、西克莫和费尔法克斯这些地方，特别是阿伦达的情况，后者在我看来尤其破败。

"这些都是好客的地方，人们很热情。老百姓为人正派，价值观正确。下次你要是到这里来，来教堂看看我们。启示录事工教堂，答应我，一定要来。"

"我答应你。"我说。重回这里的念头让我挺开心的。

"我们有一些问题，比如小孩生小孩，有时四代人都是年纪轻轻就生孩子。但几乎没有发展。这地方的状况让我困惑。有些东西缺失了。是什么呢？"

接着他做了一个激昂的手势，他举起一只手，像是在布道那样高声说：

"带孩子们离开这地方，他们就有灿烂的明天！"

原子路

我在我的地图上看到，这条穿过香气宜人的黄色松林的狭窄乡间小路叫原子路。这是一条乡村道路，是从破败的阿伦达延伸出来的 125 号州际公路和像幽灵般空荡荡、旅馆如废墟一样的 301 号公路的一条岔道。这条道路沿着南卡罗来纳州和佐治亚州的界河萨凡纳河，一直通往奥古斯塔。"原子路"这个名字太有诱惑力了，不容错过。看到一道大围墙和一个岗亭，我停下车，打听篱笆后面是什么。

"把车调头，先生，继续走就是了。"

"我只想问几个问题。"

"我说的话你没听到吗？"

天色太晚，没法去最近的市镇艾肯镇打听，但我想，下次我去参观启示录事工教堂时就走这条路。我可以更仔细地观察。但我知道围墙后面是萨凡纳河工地，那是一个核设施，当地人称之为炸弹工厂。

这又是此次旅行和我过往的旅行的一个区别之处。在非洲和中国，我从来不曾说过我几个月后会回来继续旅行。相反地，我都是定好一个目的地，然后回家写游记。但在南部，我是绕着不太圆的圈圈旅行着，游走进出于历史和现实之间，一直满怀希望，做着重回故地的打算。就像那天在原子路上那样，我一直对自己说：我会回来的。

骑行信仰者

穿过佐治亚前往塔斯卡卢萨的路上，我在亚拉巴马州的一个休息站里遇到了凯利·威格力。他当时和他的妻子在一起，半路上歇歇脚。我看到他的平板拖车后面拖着一辆很帅气的哈雷戴维森三轮摩托车，就向他打听起来。他是一个壮硕的白发男人，六十多岁，穿着工装裤和长筒靴，他是个摩托车手，不过为人挺和善，脾气好得总是乐呵呵的。

"我们从阿肯色州和俄克拉荷马州交界的哈特菲尔德开过来，正要回家去。我们去哈特菲尔德是参加一个基督教摩托车手协会的会议，"他说，"我们为圣子而骑行，为上帝之子。我们这个协会有三千名骑手，来自全国各地及世界上的其他地方。有一个摩托车手来自南非。我们每年都聚会，见识大家的摩托车，为它们祈福，一起祷告。"

"你见过地狱天使 ① 的人吗？"

他大笑着说："我们欢迎地狱天使或恶棍之徒 ② 的人，任何人都欢迎。他们就算肮脏或暴力也没关系，我们都有摩托车嘛。我们说：'过来喝咖啡吧，早上四点如何？没关系。任何时候都可

---

① 地狱天使，缩写为 HAMC，全球性的摩托车帮会组织，成员大多骑哈雷摩托，被美国司法部认定为有组织犯罪团伙。

② 恶棍之徒，美国第二大摩托党，被联邦调查局和加拿大刑事情报局认定为"违法的摩托车团伙"。

以，欢迎你来。'然后我们会跟他们谈谈耶稣，也许还分享一点学习《圣经》的心得，再做些祷告，联络一下感情，没有压力的。"

"你们会劝说他们改变信仰吗？"

"他们是挺顽固的，但可以救赎。嗨，他们有些人刚出狱。他们要做的只是听听看看。我知道我们可以带着他们。只需要一份骑行计划就可以。第一步是选择路线。第二步，心里一直想着目的地——我们都会转错弯。第三步是了解自己的困难抉择——每个人的精神之旅都终于罪恶与死亡峡谷。但上帝在峡谷上搭了一座桥。于是就有了第四步，今天就过桥，在上帝的帮助下，做出过桥的决定。"

"你的周末过得怎么样？"

"非常好。我们全都在哈特菲尔德露营。露营，见证自己的信仰。你知道吗？'骑行信仰者运动'好几年前刚开始的时候只有一个人参与。但现在壮大了。听着，我就要退休了，等我退休了，我和太太打算骑这辆哈雷周游全国，露营和见证。"他想了一会儿。"也许还要出国去。知道全世界基督教发展速度最快的国家吗？那就是发展中国家。"

"那是为什么呢？"

"因为他们希望得到救赎。我得走了，去斯科茨伯勒。上帝保佑你，兄弟。"

塔斯卡卢萨：橄榄球很重要

我开车来到亚拉巴马的塔斯卡卢萨，弄清自己的方向，再向南部更深的地带进发，进入黑尔县和格林县。

塔斯卡卢萨是一个大学城，这座镇子超过半数的地方是亚拉巴马大学的校园，以其全国最好的橄榄球队和薪水最高的教练著称。这是红潮队的大本营。人们的汽车上、衣服上随处可见亚拉巴马的首字母，鲜红色的斜体字母 A，经常还能看到人们身上醒目的红字文身。

我在一个周五的夜晚到达那里，第二天塔斯卡卢萨就陷入了比狂欢节更为激情四射的状态。一场喧嚣狂欢的部落仪式席卷整座城镇，因为当天有亚拉巴马大学的橄榄球赛。比赛在一座能容纳十万人的体育场举行。我对这比赛和球迷们评说了几句，塔斯卡卢萨每个人都是球迷。有个人对我说："这是一座酒城，橄榄球问题很严重。"① 然后冲我眨眨眼，让我知道他是在开玩笑。

这种没来由的双关语可以用来描述许多大学城，不过橄榄球在塔斯卡卢萨是个问题吗？我看长期以来都是这样，也许不是问题而是对策。这项运动消费着这座城镇。橄榄球给它带来了资金和繁荣。橄榄球是这座城镇的身份，这项比赛给市民们带来快乐，解决了他们的纠纷，将他们团结起来，帮助他们忘记自己的痛苦，给予他们成就感，也使他们成为喜欢长篇大论又好胜的讨厌鬼。

"在这里，橄榄球就是一种宗教。"有些塔斯卡卢萨人带着歉意的微笑说。但在这种老生常谈中，他们其实是无意中下了一个

---

① 本来应该说"这是一座橄榄球城，人们酗酒问题很严重"，此话说明了当地人对橄榄球的狂热。

更贴切完整的定义。即使最基础的心理分析也可以解释为什么这么简洁的表述如此恰如其分。这并非任何古老的宗教，肯定也不是温和、私密、需要喃喃祈祷、信奉"上帝即爱"的宗教，将上帝的裁定告知我们、给我们安宁。"红潮橄榄球教"是狂飙突进的，就像十字军时期的基督教，以骑兵冲锋，杀戮征服；或是伊斯兰教最热衷"圣战"的时期，毫不妥协，信奉不成功便成仁。这项运动凝聚起一群人，妖魔化并征服不爱这项运动的人。在塔斯卡卢萨，这是一种公众激情，一种仪式化的信仰体系，有完整的形象。所以在亚拉巴马，有些男人会将斜体 A 字文在自己的脖子上，有些女人则将其文在肩上：这是一种公开声明，一种终身承诺，文身是忠诚的象征，是文化差异的证明，就像印度的种姓标志、毛利人的刺青 ① 或是苏丹丁卡人 ② 脸上的疤痕 ③。

　　大多数城镇对自己的体育队伍自然是颇为自豪的，一支常胜队伍总是能提振一方士气，但周六塔斯卡卢萨的人群、战旗招展的车队、高昂的口号和节日服装（体育场每一个座位都被预订了）让我相信这个小集团很重要，其重要性也比我在旅行时在其他地方见到的团体复杂得多。这些文身、华服和高呼，几乎等同于一场宣告自己部族身份的传统仪式，举行仪式的是一些曾经遭受过殖民统治的反抗者。

---

① 刺青是新西兰毛利人等级和地位的象征，是他们展示自身及其家族信息的象征符号。
② 丁卡人，世界上身材最高的民族之一，许多人身高都超过六英尺（1.82 米）。他们也是世界上最黑的人。
③ 从前额延伸到耳后，有六个一样的疤痕，疤痕的形状表示不同的部落，还表示对部落的忠诚和成年。

在亚拉巴马的橄榄球运动中，球迷的忠诚度支撑着自豪感——不只是学生们的，而几乎是整个州的自豪感。这种群体行为在"社会身份理论"中得到了解释。这是英国心理学家亨利·泰菲尔提出的一个总括性的理论，他描述了人们的忠诚和反应，这些人主动把自己归入某一社会阶级或家庭或俱乐部，或一支橄榄球队，然后成为一个小集团的一员。这些人形成的小团体是"自豪感与自尊的重要来源，这些团体给了我们一种社会身份感，一种社交世界的归属感"。

体育迷是一个人成为某个团体成员的范例。对他而言，结交他人和确立社会关系非常重要，几乎可以说给了他一个生活目标。你通过站队和与团体的偏爱保持一致，就能成为某个团体的成员。这样的成员身份确立了一个人的自信与自尊。你为本队加油助威、提升其地位，就是一种投资。你不只是被动参与，而是成为积极拥趸，帮助这支队伍变得更强大。这对你的自尊也有好处。在泰菲尔看来，"我们提高自己所属团队的地位从而提升自我形象"。

你支持的队伍赢了，你就觉得自己是冠军了，这么说为粉丝圈① 吸引力下了一个相当直接的定义。人们谈起自己对一支队伍的忠诚，总是会难为情地笑起来，球队的成功让他们引以为傲，但在亚拉巴马，粉丝狂热是其他地方的几千倍，没有人会失笑，大家一起高呼"加油，红潮，加油"，这种热爱是非常

---

① fan-dom，英语新词，由粉丝构成的一种亚文化现象，这些粉丝拥有共同的兴趣爱好并且彼此之间存在一种志趣相投的友情。

严肃的，而且有时候（我觉得如此）是大胆反叛、充满敌意、几近病态的。

在任何球队，标志性的权威形象就是教练。在亚拉巴马的民俗里，这个人是保罗·布莱恩特，绰号"大熊"，因为他曾因年轻时在阿肯色州接受挑战，与一头被俘的戴了口套的大熊摔跤（后来被打伤了）而声名鹊起。作为教练，他是个了不起的人物，从数据上来看，是大学橄榄球赛史上最成功的教练，他担任亚拉巴马队的教练二十五年，其标志性形象就是鹰钩鼻和滑稽的方格卷边帽子。他的名字遍布塔斯卡卢萨的大街小巷、建筑物和这座巨大的体育场。他魅力超凡，以其酒量过人和坚毅顽强著称（在田纳西，他曾经在断了一条腿的情况下打大学比赛），他的激励能力也广为人知。好多年间，他一直避免招募黑人队员，不过在1971年，他招来了第一位——威尔伯·杰克逊，并给了他一份橄榄球奖学金。从那以后，进入球队成为黑人运动员的职业途径和聚集点。

布莱恩特获得过许多成就，其中为亚拉巴马州获得了六次全国冠军。但目前的教练尼克·萨班刚来了四个赛季，就赢了三次全国冠军，而且他的合同会延续到2018年。萨班因其缔造的无数胜利而深受爱戴，和队员们关系友好。目前每个赛季的薪水是五百六十万美金，在美国是薪金最高的大学橄榄球队教练。他的助教薪水则是一百三十万。

非粉丝听到这样的薪水，自然会大呼小叫，但大学体育就是一项产业，大学需要吸引全国上下的关注来吸金。捐助者、校友会和粉丝俱乐部提供了这些备受争议的工资，门票收入也是有力的收入来源，还有特许商品，印刷了球队标志的球迷用品是很传统的，比如款式极其丰富的球帽、T恤、横幅和旗帜。但还有许多独具亚拉巴马文化特色，如红潮队字样的拖车车钩保护套、气门杆护帽、性感的女士绸缎吊袜带、上面有"红潮队"字样的蕾丝图案、婴儿拖鞋、花园靠背椅、抱枕、儿童英雄披风、一面墙那么大的"男人领地"旗帜、红潮队汽车充电器、狗球衣、魔方、游戏、手表、衣服、旅行包、花园土地神、台灯、寝具、喝水的玻璃杯、燃气烤炉盖、高尔夫球棍、汽车饰品、牙刷、聚乙烯船用碰垫，每一样东西上面都有红潮队的标志，或是放大得清清楚楚的字母 A。

所有这些带来了与橄榄球相关的丰厚年收入，2012 年销售额是一亿两千四百万，利润是四千五百万。另外还有大学名气的提升，带来了招生数的增长、教师的提薪和校园的扩建。亚拉巴马大学作为一所橄榄球冠军学府，吸引着外地学生。该校超过一半的学生来自外州，缴交的学费是本州学生的三倍。

经济上的回报是毋庸置疑的。对自尊的提升作用更难衡量，但也是显而易见的，也许还是可以预见的。因为将自己与球队视为一体，球迷们必然自我感觉良好，而且还有精心设计的服装和形象来呼应这种认同，自然就带来了完整的生活方式。在世界上各个封闭小群体中都有类似的社会行为，特别是民间文化，就像巴布亚新几内亚西部高地欢快自信的"星星舞"①、戈

---

① 星星舞，一种庆典欢迎舞蹈。星星节（Sing-sing）是巴布亚新几内亚最重要的文化盛典。节日中，各个部落欢聚一堂，互相展示和分享他们的文化、舞蹈和音乐。

罗卡秀 ①、阿萨罗泥人 ② 庆典，以及丛林武士戴着野猪獠牙和鼻骨，穿着他们部落的华丽服饰，梳着精致发型，佩戴武器、珠子、羽毛，脸上涂着油彩，跳着吉特巴舞，挥舞着长矛，模仿冲锋，击鼓高喊。

当我回想起红潮队，我不会再将它当作一支橄榄球队，那是一种肤浅的看法。它似乎更像是南方人对于挫败感的一种回应，其中多少夹杂着我在枪支展览上注意到的半掩饰的情绪。在处境如此艰难的一个州，贫困率全国最高，历史上有过种族冲突，可炫耀的资本如此之少，但还是渴望变得重要，一支常胜队伍，一支全国冠军队，自然就会吸引许多在生活中寻找意义与尊严的球迷，自然就会产生典型的小团体，成为社会身份理论的活例证。

辛西娅修女

"来访请签字。"那个穿着亮黄色裙子的女士说，接着她仔细地看了我一下，给了我一个最温暖的笑容。"我认识你。你是保罗先生。"

"你是怎么知道的，修女？"

---

① 戈罗卡是巴布亚新几内亚国东高地省的首府。在 20 世纪初才被外界发现，如今为著名旅游胜地。戈罗卡秀在巴布亚新几内亚国家独立日，即每年的 9 月 16 日举行。
② 巴布亚新几内亚的阿萨罗泥人部落为了躲避敌人，迁移到阿萨罗河流域。头顶硕大泥面具，身上涂满泥巴是该部族震慑敌人的做法，现今为庆典仪式表演。

"你昨天参加了我们的仪式。"

没错。我当时坐在教堂后部的靠背长凳上。我是那个罪人，坐在一群共和党人之中，在许多文化不高的人身后。我不是常去礼拜的人，但在南方，有教堂礼拜、枪支展览或橄榄球赛的周日才圆满。

"有什么事吗？"

"我是来找伯顿小姐的。"

"我会告诉她你来了。请在来访登记册上签字。"

在来访登记册上的名字旁边一栏的标题行上标注着"来访原因"，我看到所填内容有"食物""衣服""水"和"电费"，那些寻求帮助的人的墨水字迹绝望又潦草。我签了字，原因写的是'拜访辛西娅·伯顿小姐'。"

过了一会儿，伯顿小姐出来迎接我。她是一个很有气场但神色黯然的女人，年纪在六十岁左右，膝盖有疾，所以脚步不稳，但又很坚定，她扶着一个助步架撑住自己。她是西亚拉巴马社区服务项目的执行主管。她推着面前的助步架慢慢走着，带我进入了一间四壁萧然的大房间，里头只有一张空落落的桌子。

我们从为塔斯卡卢萨的周末注入生气的那场橄榄球赛谈起。

"这里橄榄球无处不在——橄榄球狂热，橄榄球病，"她说，"我知道橄榄球推动了经济发展，但所有的一切都是建立在橄榄球之上的。在生活中还有比赢得一个橄榄球赛冠军重要得多得多的东西。"

"我觉得其中不只是橄榄球。"我说，但忍住没解释我觉得它是如何创造了一个社会身份。

"有些运动员从中获益，"她说，"特别是从教练的青睐中获益。因为家庭缺乏男家长，我们已经失去了两代人。毒品——你的母亲要打两份工作，她累得像条狗。你看到有人贩毒挣钱，于是你也跟着干，接着就染上毒瘾。许多这样的小孩需要一个教练。"接着她笑了笑问我："你是怎么找到我的？"

我说我们一个共同的朋友把她的名字告诉了我，那是在我提起我打算来南部旅行的时候。他说辛西娅·伯顿参与了社区发展项目，还补充说："她认识每一个人。"

"你的接待员认出了我，"我说，"这让我很高兴。她在她的奠基石浸信会教堂礼拜上见过我。"

"真好，不过我是天主教徒。"伯顿小姐说。她调整着自己的坐姿，在一本厚厚的预约登记册上做着各种标注。"我为什么会成为天主教徒，也是一个有意思的经历。"

"请跟我讲讲。"

"我出生在加兹登①，"她说，"我的父母都是穷人，但非常勤劳而且正派。我爸爸在固特异轮胎公司工作。妈妈是护士，她几乎没受过教育，但她从医院学到了许多经验，并学会了当护士。"

伯顿小姐叹息了一声，身体前倾过来，看到我在笔记本里记着，她在笔记本旁边用手指头敲了敲，加重了语气。

"我妈妈不想让我去种族隔离的学校，本来她不得不这么

---

① 加兹登，位于美国亚拉巴马州北部，是埃托瓦县的县治。

做，但她和我爸爸攒钱想给我找一家更好的学校。他们到处打听该怎么做。当地的'圣灵之女'机构里的修女就建议她把我送到北方去，去康涅狄格州，去普特南天主教学院。那是1961年的事，当时还是种族隔离时期。"

她让自己平静下来。我说："你的父母很了不起。"

"我父母相对于他们那一辈人来说是非常有远见的。我父亲只读到四年级，妈妈读到六年级。但他们都希望自己的孩子能受最好的教育，他们愿意做出牺牲。我就读的加兹登高中直到1968年才取消种族隔离。"

我当时的念头是：《民权法案》颁布后还拖了四年。

"他们凑了钱，我就北上进了普特南。我是学院里唯一的黑人学生。但在普特南镇里有个一家五口的黑人家庭。他们照顾我，就像领养了我似的。那不是正规教育，那些富家小女孩辅导我。有一天在校会上，学校让前十名的尖子生登台亮相。我就是其中之一，是第二名，我当时非常自豪。"

回忆起往事，伯顿小姐开始轻声笑起来，接着又用手指头在我的笔记本旁边敲打着。

"第三名的女孩的妈妈打电话给修女们，质疑我的分数。我很难过。我打电话给自己的妈妈。她说：'坚持住，我没法到你那里去，所以你必须这么做。但记住要好好工作和学习。辛西娅，你的排名必须一直在那女孩的前面。'我确实也好好学习了，一直名列前茅。"

"但这听起来像是很排外的私立学校，"我说，"你跟那些女孩相处得怎么样？"

"非常好。那些女孩都很富有。来接她们回家的车不是劳斯莱斯就是宾利。她们对我都很友善，什么事都乐意帮我。我是唯一的黑人学生，对她们来说就像宠物一样！她们邀请我去她们家，很大的房子，豪宅。我回想起我们去费城的那一次，我们五个女孩坐在豪华轿车里。到那里的时候，大家都饥肠辘辘，主人家的那个女孩就叫厨房送食物来。'有东西给我们吃吗？'后来我们到楼下去，看到三个仆人在为我们煮饭。"

"你没有动过留在北方的念头吗？许多南方人觉得那里的机会更多。"

"我爱北方，"她说，"我在那里加入了天主教。我又去了芝加哥的洛约拉大学①，但我不得不回到亚拉巴马。我妈妈需要我。还有一个原因是我觉得我已经如此幸运，需要与别人分享我的收获。我决定要和一大群人一起做一些具有影响力的事情。我在这个机构里任职九年了。我们有一千八百万预算可以给八个县，也许是一百万人。大多数是联邦补助资金，有些是赠款。我们有五百间单元房，有偿住房，可租可买。我们还以其他形式帮助市民。"

"运作得怎么样？"我问。

"这里的社会比较保守。我是自给自足的坚定信仰者。有些人需要比别人更多的帮助，但人们同样需要自助。"

"你的机构怎么帮忙呢？"

---

① 洛约拉大学，一所享誉世界的顶级私立大学，位于美国伊利诺伊州的芝加哥市，该校成立于 1870 年。

"解决住房问题，协助购房、租房，各种方式都有，"她说，"想听听一件奇怪的事吗？我们有些人有很多土地，很多英亩。他们不想再分配。他们有很多的土地，但财产却很少。拥有大量土地的人住在小屋里吃救济餐、拿能源补贴，都不是稀罕事。"

"你看到他们了？"

"他们到我们这里来，"她提高了嗓门说，"也许是来要食品的，或者要我们帮他们付供暖费或电费。这项拨款是低收入人群供暖能源补助，我们称之为 LIHEAP 补助。你的收入必须符合申请条件。他们可以得到供暖供冷系统补助金。还有一个建筑保护计划，可以修补房子裂缝之类的。我知道的最大一块土地大概有两百英亩，那些人都很穷。这种情况的人不是很多，但也有一些。"

"有许多土地还是穷？"

"是的，先生。他们不肯卖掉土地。在非裔美国人社区，他们要的是拥有土地而不是出售土地。而因为农业已经成为规模化有组织的作业，这些人也很难竞争得过别人。有些种经济作物，但有些种玉米，或者蔬菜、辣椒、卷心菜、南瓜，还有干草。他们还养牛。这些土地世代相传。他们甚至只是让土地闲置，而不种植粮食。"

"跟你说的一样，真是奇怪的困境。"

"所以这里好多人处境艰难。"

"我想见几个。"

"我帮你联系他们，"她说，"还有那些努力想改善状况的人。"

奠基石全福音浸信会教堂

"教堂一直是南方乡村最引人注目的地方。"帕尔默主教说。辛西娅修女说我应该见他。"我来自伯明翰 ①，但我是在这里的史迪尔门学院 ② 上的大学，历史上是黑人学校，现在有了些白人学生。"

他是个大个子，块头非常大，厚实的胸膛，灰白的头发，留着范戴克式 ③ 的白胡子，一位德高望重的长辈，他目光慈祥，笑声爽朗。我们见面的时候他穿着细条纹西服，不是后来他穿紫色主教袍的时候，那一次他站在教堂的诵经台后，用他权威的巨掌拍打着经文，那时他看起来像《旧约》里的先知。

我们坐着他的车去史迪尔门学院，在没有围墙的校园里转悠，穿行在小小的建筑和体育场之间。

"那儿有一个。还有一个。"

白人学生匆匆走过。帕尔马主教捋着下巴上的胡子，敲着下颌。他的容貌非常像一位法官。我心想，不知道为什么有些人生来就是一副领袖的模样。

"你的名字极其适合一位牧师。恩内斯特·帕尔默 ④。"

---

① 伯明翰，美国亚拉巴马州最大的城市，也是杰斐逊县的县治所在。
② 史迪尔门学院，建校于 1876 年，位于亚拉巴马州。
③ 一种胡须样式，上唇八字胡，下巴山羊胡。
④ 原文为 Earnest Palmer，earnest 有"坚定不移"之意，Palmer 则与 palm 发音相近，后者为象征胜利的棕榈枝。

"手持棕榈枝的有信仰的人。"他说。

"我觉得帕尔默就是朝圣者，从圣域带来了棕榈枝。就像乔叟的诗里写的。"

他放慢车速，扭头瞥了我一眼。

我说："《坎特伯雷故事集》。'香客盼望膜拜圣徒的灵台。'"

他笑了，笑容就好像听到有人大声说着一种让人费解的语言或是听到一条狗发出莫名其妙的吠声。

"'僧侣立愿云游陌生的滨海。'帕尔默就是追寻着的圣徒。"

他大笑起来，似乎闻所未闻。他开出校园，又换了个话题。"在这儿上学的时候，我们还举行过静坐示威，就在那边的艾德餐厅。在街的那端。他们不许黑人在那里吃饭。唉，那些白人小伙子把我们揍惨了。"

"当年这里的情况比其他地方更糟吗？"

"塔斯卡卢萨是亚拉巴马三K党的总部所在地，"他说，"党魁之一的罗伯特·谢尔顿 ① 在联合大道上有间办公室。他还是一位印刷工。我还是学生的时候，曾经去那里拿过印刷品。我的朋友问我：'你竟然去了那里？'"

"极其邪恶的"罗伯特·谢尔顿还是一个工厂工人和轮胎商人。恩内斯特·帕尔默在史迪尔门学院上学时，谢尔顿是亚拉巴马州三K党白衣骑士团的巫师皇帝。他后来因莫比尔县一次三K党的滥用私刑行为遭到起诉，结果被迫停业并破了产，2003 年死于心脏病发作，享年七十三岁。

---

① 三K党第三代大魔头。

与帕尔默主教的会面使我动了去看看他的教堂的念头，于是接下来的那个星期天我去了。就是在那个早上，我遇到了露希尔，她在我前面开车给我带路去教堂。露希尔就是那个亲切地对我说"祝福你"的人。

奠基石全福音浸信会教堂实际上比我在路途上看到的要大得多。它坐落在狭窄的克里布斯米尔河 ① 附近山谷里一个较为贫困的社区，那里有许多小小的房屋。

"教堂给了南方黑人一个统一的关注点，帮他们从心怀怨愤的（或是奇怪的）主流文化中解脱出来。"约翰·里德 ② 在《煎熬的南方》中写道。他还补充说："就像移民群体那样。"帕尔默主教的教众就像这么一个种族群体，思想一致，都想寻求慰藉。讲道前的祷告热情洋溢，慷慨演讲的是一个声音低沉的女士。她欢迎着虔诚的人们。他们正鱼贯而入，人人身着正装，女人们都戴着礼帽和手套，男人则穿着西装。两个女人在我前面坐下，她们都很美，惹得我频频注目，就算把目光移开，她们身上的香水芬芳也温暖着我的脸颊，让我不禁莞尔，就好像呼吸着她们的美丽一般。

"今天早上，魔鬼是个撒谎者！"布道的女士站在大厅前部的讲坛上说。她让我想起了我内心的沉沦。"说出耶稣的名字吧！他是伟大的！他是伟大的全能真神。看啊，天国的凯

---

① 克里布斯米尔河，塔斯卡卢萨 4.5 英里外的一条小河。

② 约翰·里德（1942—　），美国社会学家与作家，写过二十多本著作，多数是关于美国南方的。

旋……"她一直唱着吟着，声音在整座教堂里回荡。

讲道前的祷告持续了二十分钟，接着唱诗班沿着舞台走上来，十五位男男女女，还有一支七人乐队，摇摆着唱着圣歌。

我们的上帝做王了！

他做王了！

教堂的长椅上都坐满了教众，更多的音乐让他们都激动起来，他们全都站着，随音乐摆动、微笑，唱起了第三首圣歌。

你是绝望者和悲伤者的救星

接着我们又坐下来，倾听各种事项的宣告。这个流程我很熟悉，跟我去参加的教会活动一样：讲道前的祷告，唱圣歌，宣布事项：学校新闻、班级新闻，还有"女士静修——身心与精神的恢复"，以及一场叫"你如何生活"的交流活动。

一个男人走上前来，他声音柔和，让人安心。他是个执事，穿着条纹西装。

"有两个人来到一座荒岛。"他说着，举起一只手，示意我们认真听讲。"其中一个焦急狂乱。'我们迷路了，兄弟！我们该怎么办？'他都快发狂了，情况一塌糊涂。"他又举起手示意我们安静。"另一个人非常冷静，只是端坐着微笑。虽然这座岛屿离岸非常远，而且眼前似乎没有希望，可他一点也不在意。第一个人，那个忧心忡忡的人说：'怎么办？''告诉你怎么办

吧，'那个冷静的人说，'我是个付什一税 ① 的人。我一星期挣一万块钱。我不担心。我的牧师会找到我的。'

大伙儿笑了起来，接着是管风琴昂扬的旋律——多数时候布道都会伴着主题音乐。一队接待员出现在教堂边上，他们都举着提桶。

"现在是什么时候呢？是施与的时候！"

这些提桶都被装满了皱巴巴的钞票，还有硬邦邦的白色信封。桶又被传回给了这些接待员。

接着音乐停止，在静默中，帕尔默主教从侧面进来了。他穿着紫金色相间的袍子，手里拿着他的《圣经》。他是个大个子，穿上袍子块头显得更大了。虽然他步履缓慢，颇有政治家的派头，让我觉得他的声音应该是低沉铿锵的，但他开头几句话说起来，声音却是柔和且让人安心的。

"早上好，兄弟姐妹们。"他开口说，接着是许久的沉默。"上帝要你们回来。"

这就是他布道的主题，信仰回归，重拾对上帝的爱与怜悯的信心，从他开口的那一刻起，他就攥住了每个人的注意力。

"这里的奴隶时代，最重要的事物之一就是歌——这些歌赞颂着上帝的福泽，"他说，"你们知道的。他们需要歌。有些人过着如此卑微的生活，甚至只能仰头才能看到地面。他们住在哪里呢？在道路的另一边。但上帝会怎么做呢？他会在路上搭

---

① 什一税，欧洲基督教会向居民征收的一种宗教捐税，源起于《圣经·旧约》时代。

建一座桥，让我走过去!"

这次布道的主题是世事艰难，但不要绝望，有信心，一切都会变好。如果你动摇了，要记住上帝希望你回来。主教宣讲的是希望和宽恕，也承认每个人都在辛苦度日。《圣经》中讲到的都是艰难时世，也颂扬了救赎。

"你的皮夹空空，并不意味着你没有得到神恩。要记住，神恩不会只眷顾于你，而是会眷顾每一个人。看看《以赛亚书》第四十三章第一至六节。'你从火中行过，必不被烧。不要害怕。'"

他重谈起奴隶时期，宽慰着大家，与现在比较，向大家说明困难时期总会过去。他要求我们铭记这一点。

"上帝永不打算让大家依旧受任何人或任何事的奴役。"他的声音让人安心，就像一个医生在对病人说他们会好起来的。"你们会摆脱束缚的。"

有人喊出声来，高喊一声感谢，其他人也一起喊起来。

"我的朋友们，圣徒们，"帕尔默主教说，"上帝希望我回来，上帝希望你们回来。"他举手示意，衣袖顺着他的胳膊滑落。"上帝知道你们的处境。他知道你们正在经历着什么。想想《诗篇》第三十七章第二十五节吧。'我从前年幼，现在年老，却未见过义人被弃，也未见过他的后裔讨饭。'这一节是什么意思呢?"

他后退一步，挺直身躯，挥舞双臂，用一只粗壮的手指敲着他的《圣经》。

他喊道:"意思就是，你们也许现在只能吃着香肠，但以后能吃上肋眼牛排!"下面爆发出一阵笑声。"同时请想想《希伯来书》第十三章第五节.'你们存心不可贪爱钱财,要以自己所有的为足。'"

他继续以这样的情绪宣讲着,要大家保持克制,要有信心,要耐心。他传递着希望的讯息,声音一如既往地理性,但他也会不时大声地宽慰大家。

"停下来吧,帕尔默。"他最后轻声对自己说,然后又回答道:"好的,主啊。"

我们站起身唱起歌来。我前面那两位可爱的女士眉开眼笑,仰头对着面纱歌唱着,她们的身体在丝裙下快乐颤抖。我不得不提醒自己,这是在教堂里。

大家唱了好多圣歌,最后,帕尔默主教邀请大家走上前来喝果汁,然后从桌子上的一堆橙子、苹果和葡萄中拿出一片水果来。

"主指示我们:'喝葡萄汁吧。'"

我道别的时候,帕尔默主教看上去精疲力竭,不过,那不是我的错觉,教众们确实精神大振,备受鼓舞,心情舒畅,他们带着更多一点的希望重回自己的生活中。看到《圣经》的教诲能让人们振作起来,真是让人非常感动。

黑人地带

塔斯卡卢萨是一座乡村海洋中混乱的城市岛屿。这片乡村是南方虚幻的宁静表面——低矮的丘陵、绿草茵茵的洼地、棉花和大豆田地、苍蝇嘤嘤嗡嗡的沼泽、没精打采的树林。但这样的城市并非不寻常。这是南方典型的居民区，大多数镇子和城市都是孤岛。阿什维尔和格林维尔，哥伦比亚市和查尔斯顿，奥古斯塔和亚特兰大，伯明翰和塔斯卡卢萨——全都隔绝保守，一定程度上算是繁华，有一致认同的身份，有富庶的地区和贫困区域。在贫困的地方，"道路的另一边"并非抽象的比喻，而是很具体的地方，很具体的情况，指的是某个社会阶层。

然而这些城市彼此之间没有关系，与周边的乡村也没有一点相似之处。有人指出（约翰·谢尔顿·里德的《不朽的南方》以及其他许多书籍），当代南方的许多城市"基本上没有南方的特征"。你得离开这些城市才能知道南方真正的紧张状态。在这些孤岛般的城市的边缘，仅剩的房屋正好勾勒出海岸的轮廓，再过去，房子则突然减少。远处的土地像一片海洋，地平线通常是空荡荡的。那些偏远地方的人的生活方式有着根本的不同，总是更穷困，经常还讲着不同的语言，确切地说是在我听来如此。我是个外来者，不管是在喧闹的城市孤岛，还是在穷乡僻壤的空旷绿色海洋之中。

格林斯伯勒在塔斯卡卢萨南面仅三十英里处，就在地平线下的那片绿海之中，一个漂亮却破落了的小城市，它的雅致被贫困所掩盖。从格林斯伯勒北上，在茫德维尔[1]附近的公路旁，是农田和依然破旧的房子。那里是詹姆斯·艾吉[2]和沃克·埃

---

[1] 茫德维尔，亚拉巴马州中西部市镇。
[2] 詹姆斯·艾吉（1909—1955），美国小说家、电影评论家和诗人，作品有《家庭中的一次死亡事件》等。

文斯^①在 1936 年的夏天搜集素材的地方。原本这项工作是《财富》杂志对三个贫困的白人佃农家庭的专访。那篇两万字的报道复杂且令人沮丧,照片也是阴郁凄凉。景象真实得不适合在一本金融杂志上刊发,所以整个报道被弃用了。但艾吉的家乡在田纳西州,他知道南方的情况,对自己的选题充满热情,于是过了几年又扩写了文章,使它成为一本真实而又颇具实验性的书,在 1941 年出版,书名是《让我们来歌颂那些著名的人》,结果只卖了六百本。销售不利是因为艾吉酗酒,并在四十五岁的年纪英年早逝。

这本书的灵感源自《你已经看见过他们的脸孔》^②(1937),而且最终也无法与后者相媲美。《你已经看见过他们的脸孔》篇幅更短,描写更直接。其撰写人是欧斯金·考德威尔^③,摄影师则是玛格丽特·伯克·怀特^④。那本书因描述了南方的贫困,曾经对美国激进派产生重要影响,一直脱销。在出版界常有奇怪的情况发生。在《让我们来歌颂那些著名的人》首次发行的二十年后,《你已经看见过他们的脸孔》再版了。在社会意识更加觉醒的六十年代早期,这本书有了更多的读者,也更为人喜爱。这些人理解其中的创新性。它因其结构的复杂、间接隐喻

---

① 沃克·埃文斯(1903—1975),美国摄影师,尤其以关于美国乡村和小镇的人们及环境的鲜明照片著名。
② 该书的另一个译名是《你见过这些人》。
③ 欧斯金·考德威尔(1903—1987),美国作家,代表作有《烟草路》《上帝的小块土地》《七月的风波》等。
④ 玛格丽特·伯克·怀特(1904—1971),20 世纪最伟大、最富传奇色彩的女摄影家。

和诗一般的语言而备受重视。好几章是专门描述旧衣服的，还有很多关于漏水屋顶的叙述，以及对于木板与木瓦质地、小块土地和泔水桶的诗意描写。

我上大学的时候就有艾吉的那本书，想起当年读得那么费劲，我心里就很不好受。我只好大声朗读给自己听才能看得下去，就像一个愚人费力识字的感觉。我发现其语言过于雕琢，还有很多不自觉的抒情。当时（那是在 1963 年，南方冲突频发的年头）我希望这本书能多告诉我有关种族冲突的情况。那些照片惨不忍睹，让人难忘，画面里是典型的贫困形象，但文字却有太多艾吉的风格，冲突的描写不够。书里作者的感受过于突出，那对于冲突频频的六十年代倒不失为一件好事。文字里黑人的形象模糊得几乎看不见，也没有提及。艾吉当年被弃用的手稿在 2013 年得以出版，书名是《三个棉花佃农家庭》，这本书对农村的贫困进行了浓墨重彩的描写，很容易想象为什么没有被作为杂志文章采用。

书中的"切罗基市"就是塔斯卡卢萨，桑特伯勒就是再往南三十英里的格林斯伯勒，那里是埃文斯的拍摄对象，也是我最终前往的地方。艾吉的书引领我去了亚拉巴马州中部。

艾吉和埃文斯在黑人地带的黑尔县和格林县待了一段时间，那里是种植棉花的乡村地带。

"黑色象征肥沃的土壤，黑色象征那里的人。"辛西娅·伯顿曾对我说，"农场的数量越多，所需的奴隶也越多，所以从塔斯卡卢萨南部乃至整个州的这片地区才会有那么高的黑人人口比例。"

过去并没有消失，也没有过去。她自己就是黑人，谈起今天的黑人地带时，她也会说起奴隶制，这个制度因其深远的影响而成为一段经常被提起的回忆。

"我要买些爆米花，然后坐下来看这场表演。"

离开塔斯卡卢萨，经过茫德维尔和哈瓦那 ①，我临时起意想去看看住在尤托镇的一些人。我提前打电话过去，说我想在那天下午某个时候见见他们，也顺便走走有着可爱名字的乡村道路，覆盆子道和金丝雀渡口道，看看一连串的小块墓地和菜地，还有以塔斯卡卢萨最高酋长命名的布莱克沃里尔河边沐浴着阳光的空荡荡的田地。

尤托镇也非常美，地方很小，密集的街道，朴实的市政厅和县法院。镇子的名字来自南卡罗来纳的尤托斯普林斯战役 ②。当年战役的指挥官是纳撒内尔·格林 ③，格林县就是以他的名字命名的。尤托镇古老的临街店面非常安静，不然就是已经废弃了。在这个炎热的下午，街上几乎没有行人的影子，只有几个购物者正往"滚地小猪"杂货店走去。我开车转着圈，估量着这地方的大小，思考着阳光怎么会让这荒凉的市镇显得更加

---

① 此处指亚拉巴马州的哈瓦那。
② 尤托斯普林斯战役，发生于 1871 年，是南、北卡罗来纳州在独立战争期间的最后一场大型战役。
③ 纳撒内尔·格林（1742—1786），美国独立战争时著名的将军，指挥南方军队沉重打击英军，使大陆军在南方取得了优势。

阴郁。

我将车停在了市政厅那儿。辛西娅·伯顿要我务必去拜访镇长，他名叫雷蒙德·斯蒂尔。斯蒂尔先生 2002 年当选了尤托镇第一任黑人镇长。他连续任职了三届，还希望能第四次连任。

"但最近这次竞选我失败了。"斯蒂尔镇长对我说。他戴着一顶棒球帽，穿着一件风衣。"我几周后就要卸任了，干了十二年。不要紧的。我开了一家生意不错的干洗公司。保罗先生，我在军队里服役了二十年，参加了第一次海湾战争，打过仗，我经历了一些事，得到了一枚铜星勋章。"

他建议我们开车去转转，他要带我看看这镇子，还有他的计划，建一座新机场、一个游乐场、一个新的运动场。没人在意他的计划。他当了十二年的镇长，他们觉得他任职时间太长而变得不喜欢他了。

"这座尤托镇处于黑人地带。黑土、黑人——百分之八十是黑人。土壤肥沃，结果奴隶更多了。我的对手是个黑人，来自市议会。但看看我的业绩。我扩建了那座公园。他们以前从来就没有公园。我还给棒球场安装了照明。2007 年和 2008 年还启动了住房计划，那是自 1974 年以来建成的第一批新房子，给低收入人群使用，先租后买。"

我们开车在尤托的小巷转悠。

"萝丝·卡朋特住宅区，三十三座新房屋，"斯蒂尔镇长说，"卡尔维小区，三十座房屋。"

这些房屋建得不错，维护得也很好，门口有小块草坪，比镇子本身敞亮多了。

"生意不是太好，"他说，"我们有箱盒厂，叫洛克添箱盒厂。还有屋顶修葺公司。我们还有鲶鱼，南方鲜鲶鱼公司。格林县到处都有鲶鱼。"

"但我听说鲶鱼生意正在下滑。"

"下滑得厉害，"斯蒂尔镇长说，"毫无疑问。我们这里每天都有市民离开。从原来的一万二千下降到现在的九千。我竞选失利有一部分原因就在这儿。我们的人口在下降。但还有其他的问题。"

"比如什么？"

"比如选举不干净。"他说他的对手贴出标语说"斯蒂尔镇长收受现金"，标语上的 S 还是个美元符号。"好像我做了什么不光彩的事情似的，其实我当然没有做。"

"现在你可以去开你的干洗公司了，让别人去解决尤托的问题。"

"对极了。我要去买些爆米花，然后坐下来看这场表演。"

白人特权

在尤托镇我还要再拜访一个人。跟热情友善的斯蒂尔镇长转了一圈之后，我觉得我还想再会会另一个好客的人。可是我错了，不过这个错误和我在南方所犯的其他错误一样，是很有启发性的。

当我敲开面向人行道的一间小办公室时，感觉顷刻间被黑暗笼罩，就像要踏进一个洞里，或是也许已经进去了。

有两个姑娘坐在桌子旁，惊恐地看着电脑，一看就知道受惊过度，连抬头看我都不会了。这里是亲切的备受推崇的小小尤托镇，我向她们问了好，可是出乎意料地，没有人回应我。

"你是谁？"

我是先闻其声才见其人，对方是一个上了年纪的女人，满头螺旋状的奔放鬈发，皱着眉头，一脸凶相，眼镜将她的眼睛也扭曲了。她一副咄咄逼人的架势，声音也有点尖利，整个样子激动又挺吓人。

我报上了名字，还说自己有预约。我强调说临时联系她，很感激她肯见我。我环顾四周，看到一个男的，只能是她跟我说过的她的丈夫。他静静地坐在角落的一张桌子旁边。

"你迟到了，"那个女人说，"你为什么迟到？"

我开始赞美乡村道路、小树林、金黄的田野和含苞欲放的棉花，但我的赞美之词很快就被打断了。

"你本来可以打电话的。"她尖声说，声音里有一股威胁的意味。

"我打了的，跟你预约了嘛。"

"你没打电话说你会迟到。"

"我迟到了十五分钟。"我说，对这荒谬的情况哑然失笑，也被这房间吸引了——那几个坐在电脑前的姑娘，后边的那个男人（他是在工作，还是不敢出头呢？）。

我就站在房间中央，那个凶巴巴的女人站在我面前，大吼着指责我。那个样子我都记不得以前什么时候见过了，也许是四年级的时候，在华盛顿学校被库克小姐训斥，因为她背诵

《诗篇》第二十三章的时候（"我虽然行过死荫的幽谷……"），我在下面说悄悄话。下午三点左右，在尤托的这间办公室里，我受到激烈的指责，我为自己竟然继续报以微笑而感到惊讶。

"你觉得我只是坐在这儿干等着你随时出现吗？"她张大嘴巴质问我，露出了全部牙齿。

我觉得我的迟到还不至于严重得需要道歉，也不至于让我挨面前这位女士没完没了的臭骂。

所以我说："那我这就走。没关系。"

她并不希望如此，还想继续骂下去，骂得正酣，怎么能让我走了呢。

"我管这个叫作'白人特权'。"她说。她的声音还是那么尖锐，加上那一头鬈发，使她有了一种蛇发女妖的形象。

我从衬衣口袋里拿出我那小小的笔记本，咔哒一声拔开钢笔帽。"白人特权，"我边说边慢慢记下来，"嗯。"

"我对白人特权很敏感。你知道我什么意思吧？"

"请说来听听。"我把笔悬在手里说。

"我的意思是，你迟到了就该提前通知我。但你故意不这么做，因为你觉得我应该有空。"我想反驳她，但她的声音盖住了我的。"因为我是个黑人。"

她其实也不黑，应该是混血的，可能是西西里人，也许有切罗基族血统或乔克托族血统 ①。"我是黑人"听起来半是声明，半是吹嘘。

---

① 均为印第安人血统。

"不过你到底是谁啊?"

我重复了一遍我不寻常的名字,还拼了一下。

"'保罗·索鲁'对我一点意义都没有。我不知道你是谁。我从来没听说过。"

"所以我才到这里来自我介绍。"我又冲她微笑了一下,其实这对我、对那两个吓坏了的打字员和桌子旁边的男人都好。我现在发现那男人就是在躲避,我看得出他的忧虑。他手里拿着个大苹果,就像灵媒拿着一个水晶球。他只是看着苹果,用心占卜,似乎要洞悉一个带凶兆的景象,根本没打算吃它。

"保罗·索鲁!"这女人用吓人的语气喊着,把我的名字当成一种毒品。"你可能是三K党成员。我怎么知道你不是呢?"

虽然做出一副害怕厌恶的样子,她却只给人凶巴巴、不开心的印象。

"你可以去看看我的一本书,任何一本都行,"我说,"我想你很快会发现我不是三K党成员。"

"我很忙的!"她说,"我得警惕留神。我个人的自由并没有保障。"

"有,受宪法保护的。"

"那只是一份文件。"

"那是法律,"我说,"顺便说一下,我刚刚说了我是个作家。我记下你所说的话,你介意吗?"

"随你的便。"她的语气是要我尽管做,但她的态度却是愤怒的人常有的无助忧郁。"宪法只是一纸空文。这里有什么保障呢?我们到哪儿都得提供身份证明。我女儿对一名警察出示她的驾照。那人说：'我怎么知道你就是这个人？'"

"我注意到了。"我说，一边翻着页在笔记本上记着，因为她语速很快。

"所有的文件、问题，种种的官僚做法，就是为了拖垮我们。"她冲着我的脸挥动着手指头。"所以我们到现在都还这么穷！"

"所以你们到现在都还这么穷。"我拖长声回应她，一边继续写着。写完之后我啪嗒一声合上了笔记本。

"白人特权，我们就只有这个。你现在又想怎么样？"

我后退一步说："我想你已经把我想知道的一切都告诉我了。"

手拿苹果的那个人从桌子边上站起身来，慢慢走近来。

"这是我先生。"那女人说。

那男人缩了一下，但什么也没说。接着他做了一个很不寻常的举动，至少在我看来如此。他当着我的面举起苹果，啃了一大口，咀嚼起来，时不时可以看到他嘴里的果肉和汁水。吃得动静这么大——咀嚼声、咬牙切齿、果汁飞溅的声音，还可以听到他咽下苹果的声音，这些比那个女人，他的太太，冲我大吼给我的感觉还更充满敌意。我不记得这些年的旅途中，还有谁当着我的面这么吃东西，嚼着东西挑衅我，弄出这样的声响，嘴唇上还有唾沫星子。

我一说我要走了，两个人都显得有些泄气，不过在我离开之前，我请他们注意刚刚发生的一切。

"我想这应该是文化差异吧，"我说，"在北方，当着一屋子的人呵斥别人是不礼貌的，特别是呵斥一个没有恶意的陌生人。"说到这里，我冲那两个战战兢兢的秘书点了点头。"而且当着客人的面吃东西又不分些给他，就是侮辱人了。"

"我曾经写过一本书。"这个女人说，不过语气缓和多了。她想引起我的关注，不过那时我已经摇着头，一只脚踏出门外了。她挺富裕，衣着光鲜，也受过良好教育，是一个商人、一个组织者，生活似乎挺惬意。"所以我们到现在都还这么穷"这句话并不适用于她，虽然对于那几个畏畏缩缩的秘书可能倒真是如此。但我没法怪她。我想她是想让我也感受一下她在生活中所遭遇的挫折和蔑视吧。

我们谈了一会儿，但几乎都是徒劳。这个女人还是气鼓鼓的。我被之前的印象迷惑了，我以为南方人都很随和。我从来没想到会被贴上"有迟到特权"的标签，就因为我碰巧是个白人。不过我还感觉到她想让我这个不速之客笑不出来，她看着我就想起了六十年代，对她来说，那个时代所有的不公现在依然存在。

"她有些神经质，很讨厌白人。"后来有个很了解她的人对我说。"她总想吵架，不过我从来不跟她争辩。"

不管怎么说，这经历给我好好上了一课：有些旧伤还没愈合，她就是南方历史扭曲影响的范例之一。

玛丽·霍奇：火灾

有些伤口并不久远。

在格林斯伯勒，我遇到了玛丽·霍奇，她带我到处看了看。

我们看了图书馆、市政厅，还有镇子边上的安全屋。马丁·路德·金博士遇害之前曾在那里待了两周以躲避三 K 党（他之前曾三次乔装来到格林斯伯勒，对人权运动工作者们发表讲话）。玛丽是六十岁左右的女人，成天乐呵呵的。她穿着微红的西装和白色衬衣，衣着体面。她女儿最近拿到了一个法律学位，她对此很引以为傲。她急切地希望我理解格林斯伯勒，但又缓缓地摇了摇头，三 K 党的话题给我们的对话蒙上了阴影。

"他们并没有消失，"她用几近耳语的声音说，"我们的教堂在 1996 年被三 K 党付之一炬。警察一开始说是意外失火，但我们知道那是有人纵火。而且关键是他们想烧的是辛格顿太太的教堂，不是我们的新星浸信会教堂。辛格顿太太的教堂是威廉小教堂，那个地方是一些有权势的人经常去的地方。有些人对此很不爽，一个教堂怎么能经常有知名人士来拜访呢，那是不可以的。"

"火灾后来没有被调查吗？"我问道。

"警察说是电线短路引起的，但其实不是。火灾发生在凌晨零点。当时里头没有人。怎么会是电路故障呢？后来才发现其中牵涉了三 K 党，但他们是雇凶纵火的。有个开运鱼货车的司机看见纵火的人离开。"

"真是可怕，这件事一定让大家很受打击。"我说。这种做法实在凶残，我能想到的就只有这些套话了。

"根本没有，"玛丽·霍奇微笑着说，"从各地赶来的志愿者帮助我们重建教堂，有本市的、本州的，还有从北方来的。他们在我家住了挺长一段时间，做得非常出色，他们都是好人。

我到现在还跟他们保持联系呢。"

我问她是否有人因纵火而被逮捕。

"警察一直都没能彻底查清真相,"玛丽说,"我先生是教堂的一名执事,他说那不是事故。"

确实如此,她说,那一年亚拉巴马第九教堂也被焚毁和破坏了。教堂被烧毁这种事撕碎了社区居民的心,因为教堂在传统上一直是集会场所,是大家快乐幸福的源泉,是举行社会活动和事务咨询的地方,是希望之所在。烧毁教堂是北方人无法理解的暴力行为,虽然北方很多组织都赶来援助这些受伤的教众。①

捡山核桃

经过草坪边上的一些大树,在安全屋博物馆②不远处,我们看到一个女人瘫坐在那些树底下的草地上。她的样子非常悲痛,所以我在路边停下车,喊了她一声。

她坐在地上,身体前倾,现在我看清楚她是在草地上慢慢爬行,她的腿往后伸着,就像是怀斯③《克里斯蒂娜的世界》④的

---

① "在那里我感觉(焚烧教堂的)那种行为是很久以前才会发生的,是在争取民权的斗争年代甚至更早之前的事情,"活动家提姆·麦卡锡说,"这种事情一直没有停止。每年平均就有几十起教堂纵火案。"(《哈佛杂志》2008年5—6月)——原注
② 全称是安全屋黑人历史博物馆。
③ 安德鲁·怀斯(1917—2009),美国当代重要的新写实主义画家,以水彩画和蛋彩画为主,以贴近平民生活的主题画闻名。
④ 创作于1948年,现收藏于纽约现代艺术博物馆。

南方重现版，她正往远处那栋遥不可及的大房子爬去。她的草帽歪在一边，无助地漫不经心地用手指捋着地上的草。一个上了年纪的白人妇女姿势奇怪地坐在一大片草地上，这在格林斯伯勒可不是常见的景象。

"希望她没事。"玛丽说。

"你好啊！"那位老妇人说。于是我们开始交谈起来。她叫多丽丝·托伯特，正在收集掉落在草地上的山核桃。她坐在地上，用两只手扒拉着，我看到了她用来装山核桃的桶。

"我在这儿待了一个早上了，"她说，"我们大概四十年前种下了这些树。没人帮忙，不过我也不需要帮助。我做这个事纯粹是放松身心。拿到市场上，一磅还可以卖七十五美分。"

"有一种山核桃落果收集器。"玛丽说，还做了一个使用工具的手势。

"我不用那个东西。五金店的弗雷德有一个。他说那东西收集山核桃的速度很快，我以前有过两个，可我不喜欢。我宁可这样用手捡。再说，那种金属收集器一个要四十块钱呢。"

她继续扒拉草地搜寻着，不时举起一只手调整一下遮阳帽。

"打开几个吃吃看。你会发现真的很好吃。这些山核桃树可好了。"

托伯特太太非常和气，远处的大屋子就是她的，一栋白色的建筑，一排高高的白色柱子支撑着宽敞的门廊。

"这块地很好，"她说，"我们大概有一百英亩。"尽管拥有土地，生活无忧，她还是在草地上爬着跳着捡山核桃。

格林斯伯勒：约翰尼·B.华盛顿市长

他坐在小桌子后面，办公室狭小无窗。他戴着棒球帽，身穿风衣，这似乎是南方乡村市、镇长的标配行头。不过这身打扮让他看起来更像棒球教练而不是政治家。这位是格林斯伯勒的首位黑人市长，约翰尼·B.华盛顿，市民们都称他为"JB"。他示意我坐下，问我想了解什么。

我从与当地人的谈话中已经听说过他的一些情况。他是2004年当选市长的，但任期很短。在经历了骚乱、被指选票造假以及缺席投票的选票清点之后（显示出有伪造签名和可疑的印戳），一群笔迹鉴定专家的这些发现使他最终被认定违规当选。2008年他再次参加竞选，公平取胜。他七十多岁，高高瘦瘦，遗传了他祖父的切罗基族轮廓特征。回答我的大多数问题的时候，他像海龟那样伸长脖子点着头，好像听到了什么好玩的笑话。他原来是格林斯伯勒一家生意兴隆的殡仪馆老板，殡仪馆叫"华盛顿与佩吉殡仪馆"，就开在市镇东北的树林边上，挨着25号州际公路。华盛顿先生为人随和又彬彬有礼，带着殡葬从业者那种予人安慰的态度。他向我介绍了这座城镇的一些背景。

"这里是黑人地带。这座城市和黑尔县的黑人人口比例都是百分之六十八。"他说。"这里的人口分三类，"他掰着细长的手指算着，"格林斯伯勒黑人、格林斯伯勒白人，还有保守派白人。"他收起手指轻笑着继续说："保守派想要一个温饱即可的城镇，我只要想到一个提升经济的点子，比如建一座购物中心或一家沃尔玛超市，或是任何大型商店，他们就会阻拦，不让我建。"

"你觉得开一家沃尔玛超市是解决的办法吗？"我问他。

"可以增加就业机会啊。"他说。

"应该有其他解决之策的。"我说，因为沃尔玛把南方许多小镇都毁掉了，而不是给予了帮助。我在布伦特看过一个沃尔玛破坏经济的实例。格林斯伯勒往北三十英里就是比伯县这个只有四千人的镇子。在那里，大型沃尔玛超市的出现严重打击了镇子里的其他商家，最后超市关闭了，在这座空荡荡的鬼城里遗留下一座大型的摇摇欲坠的灰色的沃尔玛建筑，而在一英里外又开了一家更大的沃尔玛超级购物中心，把这座镇子仅存的生气也吸光了，就像是一种有毒的丑陋的病毒源。现在，除了这间苏联模样的沃尔玛，在布伦特另外一个还雇人的地方，就是州立比伯监狱。相信一家沃尔玛能解决你的问题是一回事，但它就是一头挤走其他所有企业的怪物。有时候还会发生最意想不到的情况，在沃尔玛将一座城镇的商家全击垮之后，那家沃尔玛自己也关门大吉，然后这座镇子就完蛋了。

我向华盛顿市长说了我的这些想法。他听了之后频频点头。

"因为这里还有农业，棉花和大豆。你看到水塔了吗？"

格林斯伯勒的水塔上面写着：亚拉巴马鲶鱼之都。

"但鲶鱼产业也开始滑坡了，因为越南向美国出口鱼类。我们竞争不过。那是养殖的鲶鱼，在这里和 69 号州际公路的哈特兰还有加工厂。以前我们还养鸡。马森盖尔的鸡肉加工厂七十年代就倒闭了，肉类加工企业'金杆烤鸡'则是几年前关门的，没法跟那些大型鸡肉加工企业竞争。"

这一切都是坏消息，我说。

"这座城市已经分化了，虽然有很多白人支持我，但都是悄悄地，他们不希望别人知道。我们曾有黑人学校和白人学校。格林斯伯勒高中的东校区就是黑人学校，西校区则是白人学校。他们融合了这两个校区，结果引发白人的离去，白人小孩都跑到茫德维尔去上学了，那个地方更为白人化。"

"那是什么时候的事？"

"四五年前，学校融合的时候。"

"你们主要的问题就是经济吗？"我问他。

"我们的主要问题吗？"华盛顿市长和气地笑着说，"你有多少时间？有一两天时间来听我说说吗？税收不足，人们拒绝变革，问题太多了。不过我告诉你，这是个不错的城镇。"

在我看来这城市似乎是不错的。就算枯槁斑驳，那些房子看上去也都挺美的，许多还是南北战争之前的宅邸。这里有不计其数的教堂，从市中心的灰砖建筑主教教堂①，到小街小巷里的维护得很好的木质建筑小教堂。安静的充满老派格调的主街还有一家五金店、一家家具店和一些服装店，不过许多商店都空荡破落，需要修缮。

---

① 在主教制的基督教派（正教会、天主教、圣公宗、部分信义宗等）中设有主教座位的教堂。

好心人

格林斯伯勒有些商店正在修葺并恢复营业，这是一个叫"英雄"的非营利性组织发动的。这几个字母是黑尔县赋权与振兴组织 ① 的缩写。虽然自从 1934 年 ② 艾吉和沃克来采访之后，这里的建筑几乎没怎么变样，而且有那么一种忧郁的风骨清奇的美——格林斯伯勒一直在挣扎。它可爱的风骨，它那奇怪的时间扭曲的品质，吸引着一批批的好心人和志愿者；致力于社区发展的人，包括辛西娅·伯顿的房屋计划活动家们；"奥本 ③ 乡村工作坊"（低成本住宅）；还有"马蹄铁农场计划"（"辅导充电学习项目"），这个项目的俱乐部会所设在主街的一家修缮过的商店里。"英雄"项目是最大的一个组织，也更难对它下定义，因为它已经涉及了格林斯伯勒人生活非常多的领域。所有这些组织最初的发起者都是刚到格林斯伯勒的人，组织的目标都是一致的，那就是当地的振兴。

"你得跟帕姆·杜尔谈谈，"好几个格林斯伯勒人对我说，"她是'英雄'组织的负责人。那些人在这里发挥了极大的作用。"

---

① 原文全称为 Hale Empowerment and Revitalization Organization，首字母缩写作 HERO（英雄）。
② 此处应为作者笔误，艾吉和沃克来此采访是在 1936 年（见上文）。
③ 奥本，亚拉巴马州东部一城市，位于塔斯基吉东北偏北。是奥本大学（建于 1856 年）所在地。

但杜尔女士已经离开了——没人知道她去了哪里。

我在主街上转悠，有些旧商店正在修复中，其中一家是旧货店，另一家是用当地竹子做自行车的工作坊，还有一家装修得像学校教室，里面有二十几个少年，还有几个成年人，有些少年在表演，也许是在背诵，或者是在排剧。

"那里头在干什么？"我问一个"英雄"组织的工作人员。她是个热心肠的年轻姑娘，正要走进这家场地做了调整的商店，去上傍晚的课。半数的孩子都站着，有些似乎拿着印好的纸张在朗读，其他人坐在椅子上或地板上。显然他们在上什么课。

"那些是课后活动班的小孩，"那个工作人员说，"打断他们的活动也许不太好。你什么时候会再回来？"

人们一般觉得我仅仅是在闲逛，我想从某种意义上确实如此，不过不"仅仅是"。

"几个月后吧，我想。"

"也许那时你可以见到帕姆。"

我听到这个"也许"，笑了。

我最终会回来的，我不停地听到这种假设。我觉得这是指在南部旅行的人，不管是谁，都不会留下来，而是会经常回来，从一个地方匆匆赶往另一个地方。这是一种矛盾的假设，也许南方人痛苦地觉得，南方是一个隔绝的地方，是毫无价值的地方，衰落了，被歪曲，难以解释，但他们却又充满骄傲。南方不是传统的目的地，不是一个外人能融入的地方，不是一个旅人愿意逗留的地方。南方其实一如往昔，却显出一副历经变迁的样子，也有一些事件能满足漫游者的好奇心。不过一位旅行者虽然会在这里转上几转，但在此落地生根确实不可想象。我们从来都不明白个中的复杂之处。我们所有人都是在窗外窥视窗内的匆匆过客。

"马蹄铁农场"课后项目竞赛表

从主街上那间修葺一新的店面窗户往里窥去，我注意到板上的名字，那是参加项目的小孩名单。在我看来就像一首歌谣。

迪·卡维安	贾登
吉咏娜	奎一达利尔斯
贾米萨	安东尼塔
金伯利	考特尼
加吉拉	贾米克黑尔
拉斯林	丹马尔库斯
德迈尔斯	特里萨
特立尼迪	柯蒂斯
罗根	乔纳森
特雷蒙	达胡安
约兰德里亚	戴维
塔桑迪	德凡迪
特里维安	科恩迪
德·泰里克	内肯德里克

吉肖恩	奥利安娜
斯基拉	阿勒西亚
吉奥吉安	尤利娅
罗内	缇米娅
提提安娜	昆塔里奥
杰达	萨莉娜
索妮佳	扎梅尔

我站在窗边，自言自语地吟诵着这些名字，想起了劳伦斯·德雷尔①的《黑书》里作为叙述者的学校老师的几句台词："我头晕目眩，在最后这片刻的理智中，急切地质问自己：这是失歌症、失语症、失写症、失读症、失忆症吗？这其实就是生活。"

我们自己的辩护律师②

有一天，我跟玛丽·霍奇沿着格林斯伯勒的主街往南走，她看到一个人在过马路，就对我说："来者是我们自己的辩护律师。"

一个头发乱蓬蓬、胳膊底下夹着一个文件夹的男人正往格林斯伯勒的法院走去。法院是一座有柱廊的宏伟建筑，这种建

---

① 劳伦斯·德雷尔（1912—1990），英国小说家、诗人、剧作家，代表作有《亚历山大四部曲》等。
② 原文为 Matlock，指的是 1986 年的美剧《辩护律师》。

筑我在南方各地都会看到，而且经常是城镇里唯一的宏伟建筑。然而当我们将这种宏伟放在某个时代背景中去，就会发现它一直代表着一段不公正的历史。

男人驻足打了声招呼，我们攀谈了起来。

"业务怎么样？"我问道，结果对方出乎意料地给了个详细的答复。

"业务不错，"他说，"但我不在乎钱。我只有在负债的时候才会想到钱。接着我就还债，然后继续自己的生活。其实钱能用来做什么呢？有些人来找我说：'我给你找了笔生意！你只需投点钱进去，余下的我来搞定，我知道肯定能挣钱的。你觉得怎么样，律师？'

"'我要说的话你听了会不喜欢的，'我对他说，'比亏钱更糟的是盈利然后还得偿付一大笔钱。我会拿那些钱怎么做呢？我会捐出去。'

"他听了很不高兴。我儿子去世的时候，我得到了一笔死亡保险赔偿。保险公司把钱给了我。很大一笔钱。可我不需要。我不想要。我就把它捐了。听到了吗？我把它捐了。"

话音一落，他就穿过草坪向法院走去，一边扯着头发，若有所思。

"很难过的事情，"玛丽说，"乘船的时候出了意外。"

理发师雷夫·尤金·莱尔斯

从主街拐上另一条街道，转角处的一栋灰砖建筑里有一家理发店，这栋楼属于店主雷夫·尤金·莱尔斯。他七十九岁，但显得年轻许多，不单是身体健康，还很有书卷气。他坐在一张小桌前读着《圣经》的《使徒行传》，等待下一个顾客光顾。除了这家理发店，雷夫·莱尔斯还有自己的教堂，城南的火星山传教浸信会教堂。理发店隔壁是雷夫·莱尔斯自家的灵魂料理餐车饭店，店面上没有名字，只有一块简单的招牌，上面写着"餐车饭店"。

我请他帮我理发。他用一根烂丝带在《圣经》的那一页上做了书签，合上书，然后走到大镜子底下的架子边上，从消毒瓶里拿出他的梳子和剪刀。我坐到一张理发椅上，他将围兜套住了我的脖子。

我又循例问了那个问题。他回答道："我小时候就给自己买了一把大剪刀，帮我兄弟剪头发。呃，我有十个兄弟和三个姐妹，我们一共是十四个人，都是一母所生。我一直都在剪头发，我的生意是六十年前起步的，从那时起我一直在帮人理发。然后又开了餐馆，有了自己的教堂。是的，我很忙。"

"跟我说说格林斯伯勒吧。"我说。

他叹了一口气，深呼吸了一下才开口。"在格林斯伯勒有好人，"他说，"但现状就是白人至上的思想是根深蒂固的。白人们还经常把这种思想灌输给自己的孩子、孙辈和曾孙辈。你一定听过'隔离但平等'这种说辞吧？这话的意思就是隔离，而不是平等。"

"但情况改变了，不是吗？"

"学校现在依然是隔离的，"他一边剪着我的头发，一边说，

"学校融合的时候，白人们开办了一间私立学校，南方学院，有一百多学生，都是白人。"他笑了，放下梳子和剪刀，又摘下眼镜用一张面巾纸擦拭着。"在这里，历史还是老样子。"

他坐到另一张椅子上说："这里的工作几乎都不需要销售技能。分益佃农也没有了。军队是一条出路，这里好多小伙子都参了军。"

"你家里有人参军吗？"

"本尼弟弟，"他说，"我还有三个弟弟因为种族融合上了白人学校。那是七十年代末期的事。学校里没有其他黑人学生。法律固然支持他们，但除此之外，没有其他人支持他们，而法律是远水解不了近渴。我的三个弟弟是阿莫斯、丹尼尔和弗兰克，是最早上白人学校的学生，当时情况很艰难。他们也打架。白人孩子冲他们扔砖头，还骂他们。我的弟弟们不肯逆来顺受，他们会反抗。"

雷夫·莱尔斯叹息一声站起身来，一边说一边开始清扫我脚下地板上的头发。

"那时候人们几乎没有什么敬畏，没人帮助他们。警察不帮忙，老师也不帮忙。老师们支持执法者。"

"你是什么感受？"

"我年纪更大，上的是隔离的学校。我在乡下长大，在格林斯伯勒城外，十英里外的塞达维尔。几乎没有什么白人住在那里。我不认识任何白人。白人老是说：'黑人看起来都差不多。'我原来以为所有的白人看着一个样呢。我一个白人也不认识，直到六十年代，那时我都三十多岁了。"

我告诉他，即使到了今天，还有许多北方人一个黑人朋友也没有，而且连一个黑人都不认识。他说这话听着挺新鲜的，接着继续谈起了他的童年。

"塞达维尔大多数的土地属于黑人。"他说的是二十世纪三四十年代。"有个叫托米·鲁芬的，他有一万英亩土地。他在那里耕种，跟一些白人一样，他也雇了工，种植棉花和玉米。"

"你父亲也是农场帮工之一吗？"

"我父亲是'一战'老兵。"雷夫·莱尔斯条理清晰地缓缓道来。"情况是这样的。1916年他逃离了这里，当时大概是二十岁。他去了弗吉尼亚州，并于1917年在那里入伍。战后他在西弗吉尼亚的一家煤矿工作。1930年他回到这里结了婚，但依旧在那家矿上工作，两地奔波。他总给我们钱花，我的口袋里一直都有钱。"

"最后，他永久定居在黑尔县，还买了些土地。一个叫保罗·卡梅隆的白人劝他不要将任何土地卖给白人。他说要卖给黑人，因为在乡村地方，这是黑人立足的唯一办法。"

地板扫干净了，夹子和剪刀也收好了，他走近我，将理发椅转过去，让我面对镜子。"怎么样？"

我们去了隔壁的餐厅。我点了烤鸡肉、羽衣甘蓝、肉汁饭①。雷夫·莱尔斯点了一样的东西。他的弟弟本尼也来了。

"主啊。"雷夫·莱尔斯双手相扣，闭上眼睛，用祈求的语气开始了他的谢恩祷告。我回想起他可贵的品格、他的高尚，

---

① 肉汁饭，克里奥尔人的传统食品。

还有他的经历。

午饭过后，他说："快些回来，我们会等着你。我还有些故事要讲，你听了一定会觉得难以置信。"

费镇的三 K 党

我一路向西穿越黑人地带，途经亚拉巴马州的迪莫波利斯和密西西比州的默里迪恩，还经过科林斯维尔。我在昌吉达菲路"滚地小猪"便利店买了一瓶饮料，然后经过整洁的塔克镇的十字路口，朝费镇①进发。这些年来，我一直想去那里看看。

1964 年 6 月，在这座农业小镇，三个人权运动工作者被当地三 K 党的一支打手小队谋杀了。我今天开车旅行的那一段 19 号州际公路被命名为"查尼、古德曼和施威纳纪念公路"，为的是纪念这三位在"自由之夏"运动②中被杀害的活动家。这次活动主要是选民登记和示威抗议，这是一个冲突和流血事件不断的季节。我并没有亲历这一切，将近五十年后，我开车奔驰在那条高速公路上，带着一种弥补的心态，想了解一些没有了结的事件。因为那个夏天我远在他乡，身在尼亚萨兰③，正打算庆祝马拉维独立。

---

① 费镇，密西西比州尼肖巴县首府费镇。
② 1964 年由美国北部的白人和黑人学生联合发起的活动。上千名大学生深入南部各州乡村，帮助登记黑人选民，建立教授黑人选举等各种知识的学校。
③ 即现在的非洲东南部国家马拉维。

后来费镇又在美国的政治史上留下了另外一笔。1980 年的 8 月，总统候选人罗纳德·里根飞抵那里，在费镇的尼肖巴县集市上发表他的第一场竞选演说。在这个地方开始总统竞选，似乎极其不靠谱，这可是一桩白人至上主义者发起的三重谋杀案的发生地。

但里根正是因此而来。他知道自己在做什么，他在一个县的市集上向一大群人发表了精心策划、曲意逢迎的演说。总的说来是提醒南方白人选民，他在民权的问题上是支持他们的。他与这些好老弟① 和三 K 党人坚定地并肩而立。

他一开始温和地调侃了他的对手吉米·卡特，他谈了经济，接着切入主题。他说："我信奉州的权益，我相信人们在社区和个人的层面都尽力而为了。"

接着他抨击了在颁布影响国民的法律方面联邦政府所扮演的角色。在一个密西西比州三 K 党总部所在地的城镇发表演说，他竟然说："我支持你们。"种族是影响 1980 年选举的一个因素，在当年的竞选中，里根获胜。

正如《纽约时报》专栏作家鲍勃·赫尔伯特许多年后所写的，里根"传递了一个讯息"。（赫尔伯特又补充了一份具体的清单，详述了里根任总统期间反对民权的种种举措。"他反对划时代的 1964 年《民权法案》，那也是古德曼、施威纳和查尼被害的同一年。作为总统，他还极力削弱 1965 年通过的《选举法

---

① 原文为 good old boys，性格随和的南方佬，尤指美国南方朴实敦厚的白人农民。

案》。他反对设立牧师马丁·路德·金博士日 ① 为联邦假日。他试图废除一项禁止为实施种族隔离的学校减税的联邦禁令。在1988年，他否决了一项扩大联邦民权立法范围的议案。"）（鲍勃·赫尔伯特，《纽约时报》2007年11月13日）

与密西西比州其他城镇一样，费镇也有一个破落的镇中心，那里的街道满是灰尘，别致的商店一片死寂。镇中心在一条支路上，周围散布着购物中心、快餐店、常见的沃尔玛、典当行和枪支零售店。它是村社中心，却是个相当荒凉的地方，在明媚的阳光下显得更为空荡。在那个晴朗的日子，漫步在它的街道上，我想起费镇现在依然是密西西比州三K党总部所在地，轻而易举地找到了那个总部和一些免费的传单。

"传统美国骑士是三K党的骑士团，是一个政治活动家的组织。"（这是一张传单上的解释）"我们追随的是参与政治进程的祖先的脚步。登记为选民，竞选，为那些以国家为重、保卫国家、支持白人的保守派候选人投票，是一个三K党人的责任所在。"

另一页上写道："我们三K党过去一百五十多年来一直为白人基督徒族群斗争。我们是世界上历史最悠久且最受欢迎的白人民权组织。我们绝不妥协，所以才一直是一个让人敬畏的组织。"

"让人畏惧"是明摆着的，但"让人尊敬"就值得商榷了，

---

① 1986年里根总统宣布1月的第三个星期一为联邦法定假日，以纪念马丁·路德·金博士的生日。这是唯一一个纪念美国黑人的联邦假日。

不过显然它是一个目中无人的组织，而且从费镇枪支店大量的库存来看，这个组织武器装备也很强。我去那儿可不是想感化谁的，我只是去倾听。

"三K党不只是……传统的化身。"九十年前弗兰克·坦南鲍姆在《南方更黑暗的时期》中写道。这本书是对南方涌动潜流的早期的精细分析。坦南鲍姆（1893—1969）是出生于奥地利的犯罪学家和社会学家，他是哥伦比亚大学的教授，也是政治激进分子。他在美国军队服役期间曾驻扎在南方，对三K党进行了细致的观察。"（三K党）反映了一种根深蒂固的社会习惯——动辄施暴以保卫岌岌可危的社会地位的习惯。"他解释了三K党的诉求、能力和危险。"它利用一个小镇的单调乏味，每日给予它一些戏剧性事件。它给一个生活波澜不惊的普通人带来一些变化，给他一个目的，使他成为一个理想斗士。三K党的存在正是情绪化的幼稚心态的写照。在居民安居乐业、生活有趣多彩的社区，这样的组织是不可能大行其道的。"

三K党在十九世纪中期发迹的时候，主要成员并非贫困白人，而是种植园主这个人群，他们利用它恐吓黑人继续在地里劳作，管控他们的劳动，同时"维护着南方压迫性的种植园制度"，这是社会历史学家乔纳森·维纳在《新南方社会起源》中的观点。但其他历史学家也讲述了三K党如何经过一段时间相对的沉寂，在"一战"后重新兴盛起来，继而在1920年之后迅速壮大，传播到伊利诺伊州和艾奥瓦州，因为那里有新移民到来。这些新移民包括意大利人和犹太人，他们的宗教信仰为三

K党人所憎恶。

三K党运动（被其成员认为是一股稳定的力量）经过各白人阶层的层层过滤，最终成为最贫困白人的白日梦和"小孩把戏"，这些人没有其他办法可以振奋精神。坦南鲍姆提及一个三K党员的双重生活，白天是一个普通的苦工，晚上则秘密出动，打打杀杀，带上绳索，戴着头罩，拿着火红的十字架，举行神秘仪式。"然后他们就有机会将窥探别人的生活当作神圣的责任。"

在费镇北边树木浓密的郊区，在蜿蜒交错的河道之间，我找到了乔克托①美国原住民保留地，其标志是一家大型赌场和酒店。这家"珠江娱乐场"聘用了许多当地部族人，我很想寻找几个乔克托人，请他们介绍一下这片分配给他们的土地，还要说说这个赌博场所是如何改善其面貌的。

不用我多说，我最初交谈的几个人中有一个局促地笑笑，说到附近的费镇是个"另类的地方"。

"'另类'在这里是个褒义词吗？"

"是那种三K党的另类。"他说。

他是一个体格结实的乔克托人，大约三十岁，光滑的黑发向后梳着，橄榄色的肌肤。他在两家旅馆的其中一家担任中层管理职位。当时他正好在大堂里，我向他问路，他问我是从哪儿来的。这引发他对费镇语焉不详的评论。他瞥了一眼附近的人，陪我走到外面，不时地左顾右盼，不过一直是满脸笑意。

_____

① 指印第安人乔克托族。

笑容一直挂在他脸上，而且他越说就笑得越灿烂，似乎是要糊弄那些看到他跟我说话的人。

"这儿周围有很多他们的人，"他阴郁地笑了笑说，"我跟他们一起上过学，他们经常会到这里来。"

"这么说你知道他们的身份。"

"大家都知道他们的身份。"他说，之后陷入了沉默。有三个穿着旧衣服的人经过我们身边，向我们致以南方人习惯性的问候，寒暄点头。

"他们吗？"我问。

"有可能是，"他说着，依旧保持微笑，"这可不是开玩笑的。"他现在非常紧张，看上去忧心忡忡。"听着，我不能再说了，但你一定要相信我的话。"

橡胶街的末日

拉里·弗兰尼，一个六十岁上下的男人，胯骨间的枪套里插着一把枪柄镶嵌珍珠的镀镍点三八口径手枪，正斜倚在费镇橡胶街的一根门廊柱子上，愁容满面。我走过他身边，打了声招呼，跟他谈论了一会儿枪支，接着他把他的想法告诉了我。

"我想《启示录》就要应验了——《圣经》的《启示录》，随着这次选举而应验。"两周后就是总统选举了。"还有上一次的选举。糟糕的事情就要发生。上帝就在奥巴马身后，上帝让他当选，为的是说明末日已经不远了。我们将面临末日审判。

你是看不到的，但它就在那里，多数都是不可见的，就像长长的多米诺骨牌，很快就会开始倒塌，然后不停地掉下来，我们就会看到它们在哪里，从远处轰然崩塌。我们正面临着末日，就像《启示录》里写的。'《启示录》的兽印中说的，将会有一个世界。'这就是未来的样子。中国会收回他们的债务，要我们偿还所有欠款，然后一切就会结束，绝对会这样。我们会成为一个第三世界国家，中国成为世界上唯一真正的国家，这些《启示录》里都预言过了。我们将会完蛋，一切都会结束。"

"《启示录》里有提及中国吗，拉里？"

拉里引述道："他们拜那条龙，因为它将权柄给了兽，并也拜兽说：'谁能比这兽，谁能与它交战呢？'"

"那条龙是中国？"

"你说对了。"他将右手搭在手枪上。"我知道有些人在囤积枪支、食物、金子和水，还有所有的必需品。但这不会给他们带来任何好处，我们一点机会也没有。"

"银行沙漠"

我在乔克托族保留地的赌场旅馆过了夜，第二天取道迦太基① 到杰克逊②，正好赶上跟一些住房发展项目的工作人员吃午饭。

---

① 迦太基，利克县县治。
② 杰克逊，密西西比州首府。

杰克逊是一个充满了黑人的矛盾、白人群飞①和阴郁的宏伟建筑的地方。

市中心免不了总有个犹太人聚居点，有漂亮房屋的小街。住房项目的人建议我去看看三角洲②地区，他们希望能使那里的金融形势稳定下来。

"在密西西比河三角洲地区和其他许多地区有些'银行沙漠'。"CEO 比尔·拜纳姆告诉我。"有些社区连金融机构都没有。那些机构要么关闭，要么破产，要么搬走了。我们买下了其中的一些，帮助恢复社区的生气。"

"银行沙漠"这种说法，我以前从未听说过，即使在世界上众所周知的贫困地区。在乌干达和肯尼亚的小城镇，总还有一家巴克莱银行③或是一家国民与格林莱德银行。在印度有些超级差劲的城镇里，也有六家银行或借贷机构。在斐济的甘蔗地边上、越南的乡村镇子和泰国种植稻米的一些小村落里，我也见到过银行。在美国密西西比州、阿肯色州和路易斯安那州的乡村还有些社区里原来的银行搬走了，现在一家都没有，这种情况对我来说倒真是新鲜。

十八年来，这家叫作"希望信用联合组织"的机构一直致力于改善这种许多人接触不到金融机构的状况。它主要的资金

---

① 20 世纪 60 年代美国社会非常熟悉的词汇。种族隔离制度结束，黑白混校，白人如同候鸟群飞一样，纷纷离开大都市中的学校，搬到黑人住不起的郊区。这一现象被称作"白人群飞"。

② 亚祖河与密西西比河冲积而成的新月形肥沃地带，称为"三角洲"。

③ 全球规模最大的银行及金融机构之一，总部设在英国伦敦，成立于1690 年成立，是英国最古老的银行。

来自私人与政府机构，但这些都是营运资本，他们需要多一倍的资金才能撑下去，目前他们正在努力筹措两千万美金。

"他们说需要购车贷款，但没能拿到。"拜纳姆先生说。"在阿肯色乡村或三角洲地区，没有车的话真是很麻烦。简直是寸步难行，无法工作，只能继续挨穷。我告诉你，这里有些社区正在没落。"

密西西比州是美国银行账户拥有量最低的州，就算在有银行的地方，这也是让人反感的一件事。

"人们，穷人们，"他说，"觉得在银行里不受欢迎。他们不习惯走进银行，感觉被拒绝，非常害怕。"

"那有什么解决的办法呢？"我问。

"我们通过希望信用联合组织努力克服这种情况，"他说，"之前在尤蒂卡有家银行打算关闭。它有二十三家分行。我们把那些银行分行买下来，它们就成了希望信用联合组织。我们聚焦密西西比河三角洲的商业发展，还有首次购房的人群。平均每年有两百笔抵押贷款。"

他补充说，来开户的人当中有百分之三十之前从未有过银行户头。

"我把财政部负责金融机构的助理部长塞勒斯·阿米尔—莫克利从孟菲斯①请过来，"拜纳姆先生说，"我们经过图尼卡、茫德拜尤和克拉克斯代尔，最后到达尤蒂卡，穿越了整个三角洲地区。他只是神情沮丧地坐着，说自己难以相信这样的状况

_____

① 孟菲斯，田纳西州第二大城市。

竟然会存在于美国。"

跟我们一起会面的另一个人此时开口了："我们告诉你尤蒂卡有百分之三十的人口在贫困线下，这么说还是不好。你得自己亲眼去看看。"

枪支展览

我走了乡村道路，穿过松林、沼泽、棚户，还有洛曼和费耶特的小镇，经过一座飘扬着邦联旗①的学校。我走在一条公路上，看到路边的树上钉着大字招牌，绵延好几英里。"你当预备迎见你的上帝——《阿摩司书》第四章第十二节"和"唯有忍耐到底的，必然得救——《马可福音》第十三章第十三节"，以及"叫人悔改——《马可福音》第六章第十二节"。最终我到达了可爱的纳齐兹小镇。

纳齐兹出人意料地坐落在褐色的宽广的密西西比河边的峭壁上，面朝更为平缓的路易斯安那州，隔岸相望的是维达利亚镇。这是我此行第一次看到这条河。虽然密西西比河不再是曾经忙碌的漕运大河，但一个美国人看到这条泥沙沉积、流速缓慢的大河，不可能不深受感动。这种感觉就像印度人看到恒河，中国人看到长江，埃及人看到尼罗河，非洲人看到赞比西河，新几内亚人看到赛匹克河，巴西人看到亚马逊河，英国人

---

① 红色基底，蓝色 X 形横跨整面旗帜，带着 13 颗白色星星，美国南北战争时期南方蓄奴州邦联的军旗。

站在泰晤士河的纤道上，魁北克人在圣劳伦斯河边，或是任何站在河边、河水在脚下奔腾而过的国民。我提起这些河流的名称，是因为我全部都见过，也写过，不过都是作为一个外来者，一个浪漫的刨根究底的游人。一条河流就是一段看得见的历史，是一个国家的血脉之所在。

但我觉得与自己祖国的河流有着更深刻的联系。梅福德的米斯蒂克河①，在波士顿港汇入大海，这条河让我充满了对旅行的憧憬，使我想离开家乡。密西西比河对我来说意味着一切，它是一种象征，是发现和文学灵感的来源。它是 T. S. 艾略特诗里的"棕色皮肤的大力神"②，是使刘易斯和克拉克③得以远征到西北部的"大河道"④，是联邦军（北方军队）侧翼包围邦联军（南方军队）及其城镇的军事行动路线，是"要将前方土地照亮的"哈克贝利·费恩的河流，它象征自由解放，是我们国家的主动脉。正如 T. S. 艾略特所说，它是自信的象征，"这条河在我们体内流淌"。

这条河的历史正是南方的暗喻：生活水平下滑，河道交通缓慢，两岸经济萎缩，沿河的城镇村庄处境困顿，那些色情旅馆和流动赌场就是经济的最后一点生机，赌博是在河船上进行的，那些船看起来经不起风浪，就停泊在像纳齐兹那样的密西

---

① 米斯蒂克河，在波士顿的梅福德地区，也译作"神秘河"。
② 出自《四个四重奏》中的第三篇《干燥的赛尔维吉斯》。
③ 刘易斯与克拉克远征（1804—1806），美国国内首次横越大陆西抵太平洋沿岸的往返考察活动。领队为美国陆军的梅里韦瑟·刘易斯上尉和威廉·克拉克少尉，活动由杰斐逊总统发起。
④ 这条路又称"活水之路"，沿着密西西比河经过 10 个州。

西比河沿岸城镇的淤泥里。

　　纳齐兹曾经是一个法国要塞——罗萨利堡。法国人在 1716 年征服了纳齐兹部落的印第安人，这个要塞就是纳齐兹印第安人苦力建造的。但十三年后，纳齐兹人重新团结起来，夺回了要塞（当然还有他们自己的土地），他们饱受法国人和当地一些乔克托族人的蹂躏，以至于纳齐兹部族不复存在[①]。在十八世纪中叶，他们的部族名字被用来命名这座城镇，这个部族仅剩的也就是这个名字了。[②]

　　这是一座保存得很好的可爱小城（与被围之后拒不投降维克斯堡[③]不同，它因向联邦军投降而躲过了战火焚烧），一座历史悠久、河流传说丰富且建筑瑰宝繁多的城市——古老的华丽宅邸、历史建筑、教堂和奇特精巧的拱廊。它的市中心餐馆林立，但这座城市的大都会气质并没有引起我多大的兴趣。查尔斯·谢尔顿·艾伦[④]写到南方的风光和福克纳时曾有过细致的观察："新南方最伟大的创造之一就是古老南方这个神秘概念。"人们所认为的一个时代，其实只不过是几十年的自命不凡和缺乏理性的所谓怀旧。

[①]　1940 年，最后一名纳齐兹人死于俄克拉荷马，这意味着纳齐兹人彻底消亡了。

[②]　他们从不用这个名字，而是自称为"Théocloel"，他们是"Thé"的后人，"Thé"是他们神一样的祖先。——原注

[③]　维克斯堡，密西西比州西部城市，位于杰克逊西部密西西比河岸峭壁上。1862 年到 1863 年间在美国内战中被围困，1863 年 7 月 4 日被尤利西斯 S. 格兰特领导的军队占领。

[④]　查尔斯·谢尔顿·艾伦（1940—　），出生于英国的印度裔历史学家和自由作家，专业研究英国对印度的统治。

与在南卡罗来纳的查尔斯顿时一样，引起我关注的文化活动就是我前一周在广告上看到的枪支和刀具展览，就在市中心的纳齐兹会议中心里举行。它是那个周末纳齐兹主要的活动。枪支展览一般都是两天，展区的规模比查尔斯顿的更大。入口的规矩是一样的：成年人每位八元，六到十岁的儿童每人一元，不得带枪支进入展区，但如果枪支用塑料绳捆住，那就可以携带。

"密西西比州的枪支法律是最棒的。"我进门不久有个人对我说。当时我们就站在咖啡和甜甜圈摊子边上。"在这个州，你可以荷枪实弹地走出你的房子，还可以在车上放一把装了子弹的枪。这难道不是很棒吗？"

"去过亚利桑那州吗？"另一个人问道。他把甜甜圈凑近自己的脸，胡子和连身工装裤上洒了不少糖粉。"我有一回去了亚利桑那的一家枪支店。有个人说：'你对枪感兴趣吗？'枪支箱子边站着一位州警。州警对我说：'如果你没有枪，我可以买一把送给你。'——哈！"

纳齐兹枪展跟我在查尔斯顿和后来在南亚文、劳雷尔和杰克逊看到的其他枪展基本是一样的。在大多数枪展上，我都看到了同样的人——那个卖弹药的超级大胖子，就坐在他的板条箱中间，还有热咖啡泰瑟枪摊档卖手工刀具的男人；那个卖纳粹军队纪念品的，是住在中部的一个新西兰人；卖各式皮枪套的络腮胡子老男人，他在一个枪展上对我说，他旅行时总是带着他最心爱的十五把枪（"这是我的叠排式双管枪，这是九毫米口径的伯莱塔"），在另一个枪展上则对我说："这是我的'判官'左轮手枪，点四五口径，打蛇用的，在我们居住的乡下，很多棉口蛇①。"

有些人穷得连展台都租不起，就一直转悠，背着一把很显眼的枪，看上去就像猎人。他们也确实是猎人，期待狩猎到一个买家，能把枪卖出去。

"我可以看看那个吗？"

"当然。对着那边瞄准。小心点。这是单动击发的，不要放空枪哦，听。"

有个私人卖家有一把枪龄三十年的武器，木头和不锈钢制造的，是一把带折叠枪托的点二二三口径斯图姆·鲁格 Mini-14 轻型步枪，就是我们在小说里看到的要推翻邪恶政权的神枪手或阴谋家会携带的那种枪。

"这是我的宝贝，"那个人把枪递给我说，"我不想卖了它，但情非得已。这把枪非常优雅，而且可靠，从不卡壳。这是禁令实施前的产品，现在已经不生产了，而且也不会再生产。"

"看上去做工精良啊。"

"简直就是个美人儿。这种枪不多了，而且这么漂亮的也没有。给我两百块，这枪就归你了。私人买卖。好好照顾我的宝贝就行。"我掂了掂这把枪的重量，它在我手上很奇怪地像雕塑一样熠熠生辉。我不是枪迷，不过作为童子军梅德福第二十四军团的一名成员，我有过一把莫斯伯格点二二步枪，而且虽然我从未狩过猎，我在那之后也曾拥有过用来打靶的武器。这步

---

① 学名食鱼蝮，有剧毒。因口部有白色边缘线而得名。

枪对我很有吸引力，我觉得应该对卖家说实话 ①。

"对了，我是从马萨诸塞州来的。"他一听，脸就沉了下来，叹了一口气，一双大手从我手里将枪接了过去，把枪托打开，现在这把枪看起来就像一把上乘的手枪。"真希望你没跟我说过这种话。"

"呃，好吧。"

"我怎么知道你不是想对我钓鱼执法呢？"

"我没有对你钓鱼执法。"

"你不是这儿周边的人。"

"没错。我是从北方来的。我只是旅行……"

"政府无处不在！"这人对一个闲逛的人说，我拉步枪套筒、举起枪的过程那人都看在眼里。"他们就是想让我们关门！"

我走开的时候听到他低声说："该死的。"这话不是冲着我来的，而是泛指法律法规——权力机关、背景核查员、监督员、研究者、政府、北方佬。

那时我开始明白枪支展上人们的情绪了。它无关枪支、弹药或刀具，也不是对已知的敌人开枪。从这些人说话和走路的方式可以清楚地了解这种情绪：他们觉得遭到围攻，被削弱，走投无路。这种情绪是从什么时候开始的呢？也许从有南方的时候就开始了吧，因为他们所谈论的只有南北战争，他们饱受战争和那时起发生的一切的折磨，对于失败的记忆经久不散。

----

① 非同一个州居民不得进行枪支的私人买卖。

对于参加枪展的人来说，内战的战役也许就发生在昨天。也许他们对失利的看法也是如此，还有他们的抱怨，受耻辱的痛苦一直萦绕于心。在童年备受斥责的人，一辈子都会带着那种痛苦。民权运动对于南方人来说是又一次的挫败，他们对于入侵者、幸灾乐祸者和投机者①都是十分敏感的，对不记得内战失败耻辱的人则更为敏感。种植园的易手则是另一场挫败，机会主义政客的崛起，本地工业的外包，鲶鱼养殖场的衰落，制造业的陷落，现在又是经济衰退，失业和贫困的人那么多，以至于很多人去枪展只是看看精良的武器过过眼瘾，而其实是买不起的。枪展给了他们一种被保护的错觉，是独立的象征。

像掠食者一般盘踞在失败的历史之上的，是联邦政府阴郁、严厉的影子。"他们准备要收拾这整个烂摊子。"正如查尔斯顿枪展上那个人所说的——夺走南方仅剩的最后一点气概。普遍的态度并非挑衅对抗，我感觉到的是迷茫的被疏忽的人们那种沮丧愁苦和微弱无力的发声。枪展是一个让他们做自己的场所，就像一家无法轻易进入且没有窗户的俱乐部会所。然而气氛也是明摆着的：密不透风、神经过敏、懊恼、警惕、精疲力竭。即使摆出一副坚毅的表情，枪展上的人们也折射出了这样一种情绪：在他们的历史上，他们曾经被外来者打败，被迫遵从没有先例的法律，这些法律多半时间还引发了更多问题，接着他们需要更多的法律。他们的整个世界都颠倒了。

枪展不是关于枪或是枪支使用的。它关系到人的自尊——

---

① 美国南北战争后只带一只旅行袋去南方投机的北方人。

主要是白人，是南方最重要的族群，这些人被一种委屈的情绪（一个敏锐的历史学家认为，这是南方人的头号特质）所驱动，觉得自己曾遭遇挫败，现在依然受压迫，被外来的敌对势力阴谋迫害，于是枪展成了具有象征意义的背水一战。

罗宾·司各特太太："救救我的孩子。"

你听到人们谈起有人逃离了南方，有些人确实如此。但我也发现许多人把南方当成了庇护所。我见过许多从北方逃到南方来的人，他们或是为了安全，或是为了宁静，为了旧时的生活方式，在退休后回归家庭。在密西西比一家餐馆，一个在外头休息的侍者对我说："我来自底特律。我爸爸在那里遭到了谋杀——他在那儿拥有一家卖酒的商店，店名叫'亭子'。一个人到店里意欲抢劫。我爸爸把钱给他的时候，他朝爸爸的腿开了一枪，正好击中股动脉。爸爸想自驾车到医院去，但半路上因为失血过多而丧命。因为这件事，妈妈整个人都崩溃了，所以我把她带到这里来，她在这里有些亲戚。这里更好、更安全、更快乐，我妈妈的情况一天天好转。我不知道我还会不会再回北方去。"

我在纳齐兹的一家自动洗衣店洗衣服（每周一次）的时候，听过一个类似的故事。管事的女人手脚麻利、为人亲和，她将纸币换成了一些二十五美分的硬币投进机器里，卖给我一杯洗衣粉。在我稍微的鼓励之下，她打开了话匣子。

她叫罗宾·司各特，五十多岁，是一个勇敢的女人，母亲的本能非常强大。她说："我从芝加哥搬到这里来，就是为了挽救我的孩子们，不让他们被黑帮杀害。那里的街头黑帮太多了——拉丁之王帮、联合民族帮、拉丁之鹰帮、主教帮、民间联盟帮，还有很多。起初我住的街区还行，在加尔菲尔德一带。接着在八十年代后期到九十年代初期，四角帮和 BG 帮，就是黑人土匪帮，发现了快克可卡因和海洛因。他们吸食毒品、贩卖毒品，还为毒品爆发争斗，那里总是枪击不断。我不想在那里待下去，把自己的孩子葬送了。

"我说'赶紧离开这里吧'，于是就辞了职，租了一辆搬家公司的车，跑到这里来了。我在这里还有几个亲戚。我在南方总有亲戚。我们在芝加哥长大，以前常到北卡罗来纳州探望亲戚。他们住在哈利法克斯郡，靠近落基山脉。"

驾车来南方的路上我知道了洛基山是个怡人的地方，就在罗利① 东面，95 号州际公路附近。我在这条公路上行驶时，有时会停车吃上一餐饭。

"我对洛基山有美好的回忆，"她说，"很有乡村气息，与芝加哥街头是如此不同。我妈妈在纳齐兹这里有许多家人。于是我知道了南方是可以让我拯救自己孩子的地方。我在这里一开始什么样的工作都做。我在赌场里工作，当黑杰克二十一点的荷官。不过不多久我就得了类风湿性关节炎。这是一种自体免疫疾病。它影响我的双手和关节，影响我行走，还影响了我的婚姻。我先生说'我不希望娶个残废'，于是他离开了我。

---

① 罗利，北卡罗来纳州首府。

"抗生素对我来说是很可怕的，它们严重影响了我的身体。可我不能生病啊。我继续工作，并从类风湿性关节炎中康复过来，养大了孩子。我有两个女儿——麦露迪和柯特妮，柯特妮是一个银行经理。最大的儿子叫安东尼，是个电气师，还有双胞胎罗伯特和约瑟夫，他们二十一岁了，在南密西西比大学上学。我为我的孩子们感到自豪。以前双胞胎睡着了之后都会彼此交谈呢!

　　"纳齐兹是个友好的地方。我真的很高兴来到这里。这过程真不容易。现在也不容易，工作状况很艰难，不过我挺过来了。自动洗衣店的老板是个好人。

　　"我在这里有很多家人。我的祖母姓克里斯默斯 ①，她叫玛丽·克里斯默斯。她哥哥叫约瑟夫。我们管祖母叫老妈子，管祖父叫老爷子。看到电影《超级肥妈》的时候，我真是大笑不已。

　　"玛丽·克里斯默斯出生在锡布利附近的种植园。他们来自分益佃农家庭。我的祖父叫杰西·詹姆斯·克里斯默斯。他去世了，不过他在世的时候，经常意外收到河对岸维达利亚一个人的信件。于是他将信件攒起来，然后过河去把这些误投给他的信件送回去。另一个杰西·詹姆斯·克里斯默斯是个白人。"

　　我提起了福克纳的《八月之光》和乔·克里斯默斯 ②，说起我一直都觉得这个名字多少有些荒谬，象征意味太浓。我跟她

---

① 意为"圣诞节"。
② 《八月之光》的主人公，一个中产阶级白人小姐与墨西哥流浪艺人的私生子。

讲了小说的情节，以及那个神秘的乔·克里斯默斯，一个孤儿和酿私酒贩子，被当作白人，却有黑人血统。

在小说里，杰斐逊城刨木厂的工头说起这个陌生人时说："他名叫克里斯默斯。"

> "他叫什么？"有人问。
> "克里斯默斯。"
> "是个外国人吗？"
> "你没听说过叫克里斯默斯的白人？"工头问。
> "从来就没听说有人叫这个名字的。"那人说。
> 拜伦记得，那是他第一次意识到一个人的名字——原以为只是一个人的称呼而已——还可以预示他的作为，要是别人能及时领悟其含义的话。

我还没来得及跟她讲莉娜·格罗夫的故事，还有她的孩子以及基督的主题，罗宾就插话说：

"乔·克里斯默斯是我叔叔。"她说："他九十二岁了，住在纳齐兹一家老人院里。在这里，这个名字很常见。"

密西西比河三角洲：圆桌

我其实很无知，一直认为密西西比河三角洲是密西西比河独有的低洼河口，蜿蜒在新奥尔良南边，它就是地图上的大河三角洲。但其实并非这么简单。密西西比河三角洲从路易斯安那州北面沼泽延伸出整片泛洪区，是纳齐兹另一端的冲积平原，维克斯堡南边特别平坦的区域，几乎覆盖密西西比州西部整片凸出的区域，东面被亚祖河环绕，一路延伸到孟菲斯。这绝对也是一条旅行线路，那就是 61 号州际公路。

我继续在那条公路上行进，再次经过费耶特和洛曼①，又穿过吉布森港。这座城镇自诩至少还有一条路"保持了 1863 年的原貌"，有些建筑物也是如此——格兰特将军②对它手下留情，他说这座城"美得不该被焚毁"。公路北段的维克斯堡情形就不是这样了，维克斯堡和纳齐兹一样也坐落在悬崖峭壁上，但与纳齐兹不同的是，它当时遭到了围攻，在联邦军长达四十天的进攻中，不断受到河上舰队的炮轰，最终南方军惨败投降，围城才终告结束。

人们依然记得这次围城。我在维克斯堡核桃山一家餐厅里和八个陌生人一起围坐在一张家庭式的圆桌旁。任何人都可以坐到圆桌旁来，置身于陌生人或朋友之中，一起用餐。别人向我推荐了这座小巷里的小屋，说它的家常菜做得特别好。我做了自我介绍，也说了我的来历。

"请坐。"一个男人说。

但一个年纪更大点的女人怨恨地嘟哝道："你知道你都对我们做过什么吗？"

---

① 密西西比州两座城镇。
② 指尤里西斯·辛普森·格兰特（1822—1885），美国军事家、陆军上将、第 18 任美国总统，西点军校毕业，在美国南北战争后期任联邦军总司令，屡建奇功。

回忆成了一顿奚落。坐在桌旁的其他人都是当地人，他们虽然客客气气地聊着天，但多数人彼此陌生。此时他们都沉默了，等着我的回答。他们知道她说的是 1864 年持续很久的联邦军围攻维克斯堡事件。

那时我已经游览过维克斯堡城了，见过那里可爱的南北战争前房屋和战争的地标，覆盖这座城市绝大多数区域的战场，我也听说了那时人们所经历的苦难。"整个城市就是一座坟墓。"娜塔莎·特雷塞韦 [1] 在关于参观这个地方的《朝圣》一诗中写道。所以我对这个女人的指责不敢掉以轻心，我像对一个脾气暴躁的孩子那样对她说："我个人没有对你做过任何事。是南方想要脱离这个国家，北方就做出了回应。结果皆大欢喜就好了。"

"你们让我们挨饿，"这个女人说，"你们让我们吃老鼠。"

这种反应有时是真心实意的，有时是一个苦涩的笑话，有时则是挑衅式的怀旧，在南方很普遍，说这些话的总是白人，而对象又总是北方来的游客。所以我学会了不要说"那是一百五十年前的事了"，而是带着同情倾听，因为被征服者会感到无助，他们千篇一律的抱怨可以证明这一点。他们所唠叨的这件事，对我来说已经久远，但在他们脑子里却还像是新近发生的。在他们嘴里，北方像恶魔一般残忍，而在那个早晨，我正是北方的化身。

---

[1] 娜塔莎·特雷塞韦（1966— ），美国诗人、历史学家，埃默里大学创意写作教授，美国普利策诗歌奖获得者，1993 年至 2012 年的首位非裔美国桂冠诗人，以及史上获授此职的第二位美国南方人。

于是我表达了同情，又问了其他一些问题。比如（我提出），如果南方赢了战争，那联盟国①的边界会是什么样子，又会延伸到哪里？我们会如何进行贸易？南方会不会继续忍耐，保持落后的局面，奴隶、贵族政府和灰衣军队是否会依然存在？那支军队会如何回应国际事件——比如西美战争②和第一次世界大战。还有，如果夏威夷成为联盟国的领土，南方联盟国会如何应对珍珠港袭击？

然而，逻辑极少能战胜深深的失落，或多愁善感，或受伤的骄傲。因为南方还有一大片区域处在贫困之中，所以南方大部依然伤痕累累，而且我在枪展上感受到的挫败感一直让人们回想起内战——失落、死亡、野蛮的焚烧和投降；还有那个轻松的、有豪宅的、有奴隶制的黄金年代终结于那场战争的感觉，确切地说是错觉。而事实上，南方闹独立最终失败，这将他们的活力消磨殆尽，将其完全颠覆，使其陷入贫困，而后成为一个墓碑、纪念馆和废墟满布的让人不快的地方。

南方历史学家谢尔顿·哈克尼在他的论文《南方暴力》(《美国历史评论》1969 年）中写道："南方的创造是基于一种需要，那就是保护一种特殊的制度不受外来的威胁。"结果："这种南方人的身份变成了封闭的思想"。作为南方人，他说："不时会夹杂着受迫害的感觉，还会觉得自己成了外来人或外来势力压

---

① 美利坚联盟国，又称邦联州、南方正统、CSA、邦联或迪克西（通俗说法），是 1861 年至 1865 年间因美国内战而建立的政权。
② 1898 年，美国为夺取西班牙属地古巴、波多黎各和菲律宾而发动的战争，是列强重新瓜分殖民地的第一次帝国主义战争。

制下的顺民或卑微之人。"他所说的势力包括废奴主义者、联邦军、北方来的投机者、华尔街、民权鼓吹者、联邦政府、女权主义、社会主义、工联主义 ①、达尔文主义、共产主义、无神论、夏令时，"还有其他现代性的副产品"。而像我这样的作家，则是自然的破坏分子。

我经常想起，在缅因州托马斯顿的市中心，在高高的枫树和枝繁叶茂的橡树底下，一位内战时期的士兵在一个花岗岩石台上矗立沉思。他脚下的基座上镌刻着这样的碑文：纪念1861年至1865年间的士兵和水兵；还有：同一个国家，同一面旗帜。缅因第二十步兵团的指挥官是约书亚·张伯伦上校，在小圆顶之战中，他面对数以千计的邦联军，做出了一个英勇的决定，要求士兵全部上刺刀，冲下山头，帮助扭转了葛底斯堡的局势。在缅因州的城镇里，有一百五十多座这样的内战纪念碑，马萨诸塞州那边的数量也大致相当。

事实上，在新英格兰，各种规模的街区都有一座战争纪念碑。最古老的一座是1866年立的，是一块笔直的方尖石碑，伫立在科德角森特维尔的绿草地上。纪念碑的四面列出了阵亡将士的名单。这个小小的海边渔村当时只有几百个居民，结果在内战中阵亡的就有三十一个。科德角的桑威奇镇1861年的人口为四千五百人，他们派了两百四十名年轻人上了前线，其中阵亡的有五十四名，受伤的很多。桑威奇有一位老兵是个黑人，

---

① 国际工人运动的一种思潮。因最早出现于英国工人联合会而得名。英国工联产生于18世纪后半叶。

名叫约瑟夫·威尔逊，他是一个被解放的奴隶，在维克斯堡围城时加入了马萨诸塞州第五十四兵团（是首个接收黑人的兵团）。战争结束后，他回到科德角，讲述战争经历。

但今天，在托马斯顿、桑特维尔、桑威奇或新英格兰的其他任何地方，不会再有人提起那场战争，哪怕是引导游客去注意一下村庄草地上阴郁的纪念碑。

那个女人发泄完情绪之后，我说起了刚刚的想法，还引用了中国圣贤列子的话："一将功成万骨枯。"①

一个姑娘说："我曾经去过北方。他们那边的人常说起独立战争。我们在这里从来没有提起过。"

"战争就是地狱。"我说，猛然想起了说这话的那位将军②。我很高兴谈话的内容转向了食物、古董和天气。

我们全都一起吃饭。这是核桃山圆桌餐馆的传统。这张大圆桌可以容下十二个人；任何人都可以坐下来，自助式供应的食物放在桌子转盘上，有一碗碗炸鸡、一碗碗炖菜，还有马铃薯、肉酱米饭、炸鱼、豆子和羽衣甘蓝。转盘意味着你得照顾与你共同进餐的人。我在其他地方旅行时学到，人们会把一起吃饭的场合变成一种和解的仪式。分享食物就是分享友谊，于是有关战争的谈话渐渐变成了时事新闻。

失业是一个话题。"工作岗位稀缺。"有个人说。

---

① 此处为作者的误引，原句出自唐代曹松《己亥岁》一诗。
② 此话出自威廉·特库姆塞·谢尔曼（1820—1891），美利坚内战中联邦军指挥官，后期担任西部战区司令，地位仅次于格兰特将军的陆军将领。

有个用餐者曾经售卖农场机械，他现在退休了。他说："机械自动化夺走了所有的工作岗位。我曾经卖的是棉花采摘机，早期的机器一次只能摘一排，即便如此，它们也能顶四十个劳力。现在它们一次能采摘六排，就是那种摘锭式采棉机。有些能采十二排。哪里有农场帮工能比得上呢？"

"跟大家说说价格吧。"他妻子说。

"有些是五十万，有些贵得多。"

"所以这里的人都失业了。"

那个说"你逼着我吃老鼠"的人问我是否去过国外旅行。我回答去过。接着我意识到这个问题暗示我要回问一句，打听一下她的欧洲之旅，因为一个人，特别是一个旅行者，问问题是为了提供信息和表达观点。"去过不丹吗？"意思是"我去过不丹。接下来的大约一个小时的时间里，我会很乐意告诉你我的旅行轶事"。

"我去过那里，"这个女人说，"还有巴黎、伦敦。"

"那边是什么样子？"那个年轻姑娘急切地问道。

"我讨厌那里。没什么啦。"这个女人做了个鬼脸。"美国好多了。"

三角洲的秋天

当我对维克斯堡一个店主说我要走 61 号公路时，他对我说："一定要吃饱饭、加满油。千万不要停车。"这话让我哑然失笑，因为我在东非和中非的乡村道路上经常会听到这样的话：

一直走，停车是很危险的，那条路上有饥民，他们想要你的东西，如果你偶然遇上某人，他们就会绑走你，让你生不如死。但这次可是"蓝调公路"，是"大河之路"①。

"他们现在很快就要进入三角洲了。"这是福克纳的小说《去吧，摩西》中一个故事《三角洲之秋》的第一句话。接下来的话是："那最后一座小山，山脚下肥沃、绵延的冲积平地朝前伸展，就像大海从巉岩脚下展开一样。"这个故事的背景是1940年，是对一次猎鹿过程的回忆，记录了一个家族的世代更迭，有现在的事件和过去的历史——欧洲战乱的现实，提到了希特勒、现代化的入侵、霓虹灯招牌、大型轧棉机、内燃机车等，"无数锃亮的当年出厂的小汽车"，荒野被侵蚀消失，狩猎区域缩小，还提到了在这片土地上耕种的"黑鬼"。而在遥远的营地附近，古老的三角洲还是深邃的森林和"魁伟的高耸入云的橡树、橡胶树、梣树和山核桃树，它们身上除了猎人斧子的砍伐，没有响过别的叮叮声"。

除了对未来抱着悲观态度的族长艾萨克·麦卡斯林对狩猎的哲思，故事中心还有一个关于种族的循环往复，是一个爱情故事。是其中一个猎人卡洛瑟斯（洛斯）和一个无名的浅黑肤色女人的结合，她还为他生了孩子。她就住在营地附近，带着他们的孩子出现，意图见他一面。但他早起去打猎了——看起来应该是逃避去了，还心怀歉意地留了一些钱，让艾萨克转交给她。跟福克纳其他多数小说一样，这次会面的背后是错综复

---

① 蓝调公路、大河之路均为 61 号公路的别称。

杂的家族关系和血缘，但本质上，这是故事里麦克斯林家族的两支后代——白人和黑人汇合在了一起。

艾萨克把钱给了这个女人，让她嫁"一个与你同种族的人"。她理所当然地愤慨，因为他没有考虑过洛斯和她有相爱的可能。对此，她说出了书中最精彩的话。"老先生，"她说，"难道你活在世上太久，忘记的事情太多，竟然对你了解过、感觉过甚至听说过的关于爱情的事，一点点都记不起来了吗？"

她离开以后——去了利兰，坐火车到北方去寻找新生活——艾萨克惋惜三角洲的变化以及荒原所受到的破坏："这片土地，在两代人的时间里，人们把沼泽排干，使河流减少，这样，白人就能拥有种植园……"在三角洲当前的衰败中，他看到了更糟糕的未来：破产、黑白通婚，人们"过着牛马一般的日子"。

小说总是会重点突出一个地方，并预示其未来，但小说也会误导读者。旅行的一个很好的原因就是：将小说放到真实的环境中。对于艾萨克来说，三角洲被巨大的财富、黑白通婚和精耕细作的农业所毁坏：一言蔽之，就是毁于扬基文化①之手，福克纳似乎对这种文化很是嫌恶。让艾萨克心痛的森林被毁发生于福克纳写这部小说的那段时间（也许就是1940年前后），而砍伐树木的行为不断持续，棉花地一直扩张到沼泽和穷乡僻壤的边缘，情形跟今天我们看到的差不多。艾萨克（他的话似

---

① 典出"扬基人"一词，在美国国内和国外有两层意思。用于国外，它泛指一切美国人。用于国内，它指的是新英格兰和北部一些州的美国人。此处指北方文化。

乎就是福克纳的心里话）预言会爆发种族、理想和商业利益的冲突。不过发生的一切更为简单粗暴、更具破坏性：机械化将农场工人赶出了田地，使他们失去了工作。

"我小的时候，四十年代后期和五十年代，我们都是天不亮就起床，"一个叫威尔·汤姆森的人对我说，"当时是在杰克逊。一辆大卡车去接我们，然后在黑漆漆的夜色中将我们送到三角洲，我们在那里工作一整天。我那时还是个孩子，太小了，一开始连棉花都摘不了。于是就当浇水工，提着一个桶和一把长柄勺在棉丛间来回走动。天黑之后，我们又坐车回到杰克逊。"

高中毕业后，威尔参军了，在越南服役。

"我的一个哥们阵亡了，我被派护送灵柩回密西西比州。当时是 1968 年，那糟糕的一年。我们从孟菲斯开车穿过那些棉田。小时候的回忆一下子被唤醒了。不久之后我去了杰克逊，我对自己说：'我再也不会接受一个二等公民的身份了。'"

三角洲的很多黑人也说过同样的话，那是福克纳和艾萨克·麦克斯林没有预见到的：废弃。

在我旅途中这个三角洲的秋天里，乡村是那么美——通向水面的河滩湿润肥沃，上面是橡树、桉树和柏树组成的树林（这段公路以前的名字就叫柏树街）——从附近小溪水面盘桓着的密密匝匝的昆虫、远处更湿软的地面，还有阔叶树和柳树树梢间透过来的更迷蒙、更湛蓝的光线，我可以感受到树林远端以外的那条河。

在那个短篇小说里的事件发生的六十多年后，这片土地几乎没有任何变化：没有车来车往，只有年久失修的房屋，我就像开车穿越到了过去。我驶入凯利①的棉花种植区沙基县，路变得平坦笔直。沙基县有个轧棉厂，城里居民不到五百人。沿公路再向南的埃格勒蒙特人口更少。与我在南卡罗来纳和亚拉巴马的其他地方所看到的一样，这里的棉田一望无边，枝条纤弱的棉株上一层毛茸茸的白色，地里看不到农场帮工，看不到摘棉农，一个工人也没有。棉絮和一些废棉被风吹落到路边的树杈上，给人一种非常肮脏的感觉，就像是过往的一辆运碎纸片的卡车上，有些纸张碎屑被吹落了似的。

我时不时会见到巨型棉花采摘机，维克斯堡那个退休了的经销商曾向我描述过，这种机器价值五十万美元。它们高耸着，中间是像王座一样的驾驶室，底下是间隙很大的阔面犁耙，能够插进六排棉株中，将棉花剥下来。

一开始见不到任何房子，接着却出现了许多：残破的活动房屋、小木棚、很简陋的房子，还有改装成住宅的锈迹斑斑的旧公共汽车。我意识到我这是到了我这辈子见过的美国最贫困落后的地区：比南卡罗来纳的阿伦达更穷困，比亚拉巴马州最穷的村庄更贫苦。

这些移动的家破破烂烂的，像是被废弃了，都是些临时搭建物，在树下挤成一团。这不是居民区，它们是路边和棉花地边缘的营地，看不出有什么实用性。它们的风格像极了英国的吉卜赛人营地，一些乱哄哄的活动房屋，一堆堆的垃圾废品，晾衣绳上湿答答的衣服，其间是无所事事、衣衫褴褛的小孩，

①　凯利，在北卡罗来纳州的"三角区"。

还有奇怪的让人心碎的一幕——因为当时还只是十月份：一间小木棚的门上挂着一个飘着红丝带的圣诞花环，点缀出一点色彩。

别停车，那个人曾经说过，但我在公路南段的罗灵福克停了下来。

宏伟庄严的沙基县县政府的古老石头建筑，面朝着大门紧闭的商店、空荡荡的街道和破败的招牌。但在城镇的一头，有一家"向日葵超市"，另一头则有一家叫"山姆·辛公司"的中国人开的百货店。

在城里转悠的时候，我遇到了勒罗伊，"山姆·辛"百货店的职员，他正歇息抽着烟。他对我说了别人说过的话，蓝调歌手穆迪·沃特斯①就出生在罗灵福克——这是穆迪自己说的，但没有得到确认，他也许是出生于邻近的一个县。他在三角洲另一头的克拉克斯代尔的斯托沃尔种植园一间盒式木屋②里长大。但罗灵福克没有什么值得吹嘘的地方，所以在穆迪的出生地问题上，你得给他们做无罪推定。

"这些商店以前都是很繁华的，"勒罗伊说，"现在你看看它们，都不行了。但我们还是有种植业的，棉花、大豆和玉米。"

看到勒罗伊在跟我聊天，一个女人也走了过来。她叫

---

① 穆迪·沃特斯（1913—1983），被尊称为"现代芝加哥蓝调之父"，对20世纪60年代英国蓝调的大爆炸起过重要作用，"猫王"和鲍比·迪伦都受到过他的影响。

② 盒式木屋（shotgun shack），之所以叫这个名字，是因为用滑膛枪（shotgun）在这些狭长房子的前门射击，子弹穿过房间，从后门射出，在这过程中子弹不会遇到任何障碍物。（梅利萨·O. 弗雷奥夫）

安·卡尔佩珀，以前是罗灵福克小学的辅导员。她跟勒罗伊是在学校里认识的。

"1994 年，他们在高中实施了融合。"勒罗伊回答了我的一个问题。

"应该是更早的时候。"安说。

路过的一个老妇人问道："你想知道什么呢？"勒罗伊跟她说过之后，她说："他们什么也不知道。罗灵福克高中是白人学校。他们融合之后，黑人去那里上学，于是又办了一家白人的私立学校。"

两位女士都是白人。勒罗伊是黑人。他们就日期争论了起来，无法达成一致，近期的历史模糊不清，也许这是经济萧条带来的影响。在这座奄奄一息的城镇里，几乎没发生过什么大事，所以没有什么值得记住的，没有事情与某个具体的年份相关。他们都同意的一点是：这里没有工作，没有钱，似乎也没有未来。

公路北上五英里有个叫安圭拉的镇子，非常荒凉，在公路和犁过的田地边上散落着一些移动房屋，都是些破旧生锈的盒式房屋，杂乱无章的样子，弥漫着混乱与绝望的气息，就像是座难民营，在某种程度上确实也算是了。

更糟、更肮脏荒凉的是距离公路一英里的阿科拉，一座鬼城，主街上（这条主街是弯弯曲曲的原来的 61 号公路，不是今天笔直的这一条）每一家店铺和一些房屋都被用栅木板封了起来。在这些已然倒闭的店家褪了色的招牌上，可以看到原来的店名——"四路百货店""热带俱乐部""罗杰斯商店"。所有店面都关闭着，除了阿科拉邮局。

原先所有艰苦繁重的工作都没有了，而新兴的产业也不行了，如鲶鱼业和家具业，还有位于二十英里外的格林维尔、1991 年倒闭的施文自行车厂，有二百五十名工人下岗。在格林伍德的维京厨具公司，下岗的工人更多。

这些城镇，衰败死寂、风景秀丽的绝望、完全被遗忘，每一座城镇都有一条溪流流经其间，但它们都是穷乡僻壤，不管是地域还是经济。本来这些地方应该是第三世界国家某个荒凉的农业小镇，机械化占据了主要地位，在种植园里拖拉机和收割机取代了人工采摘；人们挣扎求存，勉强度日，维持着日常生活；生活很不稳定，一切都是临时拼凑的样子，不管是房子、商店、晾衣绳还是小孩的玩具。

这里没有什么财富，有的话也被隐藏起来了。棉花种植的收益看样子并没有让三角洲地区的任何人获利。也许在杰克逊或孟菲斯，有某个人因为棉花的丰收而过得富足吧。

我想起十九世纪中期葡萄牙旅行家和哲学家加勒特·阿梅尔达①。他是我灵感的源泉。他在自己的国度旅行，在其著作《在自己的国土上旅行》中，他目睹贫困后提出了一个问题："我要问政治经济学家和道德家们，他们是否曾计算过，为了成就一个富人，需要多少处境凄惨、过度劳作、消极、退化、愚昧、极其不幸的穷人呢？"

---

① 加勒特·阿梅尔达（1799—1854），葡萄牙剧作家、小说家、诗人和政治家。他为浪漫主义运动和现代戏剧在本国的发展做出卓越贡献。

"情况比看到的更糟糕。"

"你在三角洲所看到的景象，并非真实情况。"格林维尔一个银行女职员对我说。

"但情况看起来不好啊。"我说。

"情况比看到的更糟糕。"她说。

她在霍兰代尔长大，这是 61 号公路沿线一座更破败的镇子，在格林维尔南边。她耸耸肩，问我想了解什么。她的同事、六十岁上下的苏·伊文斯坐在她身边，几乎不怎么说话，只是点头称是。她们的办公室在这间银行的较高楼层，银行坐落在格林维尔一条小街上。我们坐在办公室里，那天下午天色阴沉，天边密云低垂。冰冷的雨点敲打着残破的人行道和坑坑洼洼的街面。我想起了三角洲，虽然境况凄凉，但至少是一个阳光明媚的地方。这里却是冷飕飕的，甚至颇有些冬天的意味，而现在只是十月份。对我来说，这种天气、这种气氛是很新鲜的，出乎我的意料，沉重压抑，非同寻常。

情况比看到的更糟糕，这是我在密西西比河三角洲听到的让我更为震惊的一句话，因为跟南卡罗来纳的阿伦达和亚拉巴马州乡间道路边的小村庄一样，这一带看上去已经非常破落了。惴惴不安的人经常把《圣经》当作心灵的慰藉，但我在南部信奉《圣经》的人群中经常发现，他们很容易关注的是《启示录》和其中的天启，他们认为我们现在生活在末日硝烟之中，看不到救赎，也听不到号角。

"住房是最大的挑战，"她说，"但我们面临的是第二十二条军规的悖论怪圈——太大小不了，太小又大不了。我的意思是，我们是乡村，却达不到乡村补助的标准，因为我们的人口超过两万五。"

"谁发的补助？"

"联邦政府的补助，"她说，"但他们的思维模式就是那样，引发很多争议。这是短视思维，是价值观错位。"

我说："你说的是生活在贫困之中的人吗？"

"是的，其中的一些人。比如你会在极其破旧的房子面前看到很不错的汽车。你在沃尔玛和美甲店也能见到这些人，她们在美甲。"

"这种事情很不寻常吧？"

"他们都是领政府补助的。"她摇了摇头说。苏·伊文斯也喃喃称是。"我不是说他们就不该打扮得光鲜，但这是及时行乐而不是奉献。"

"你觉得他们该怎么做呢？"

"告诉你吧，"她说，"因为我的价值观是不一样的。我在一个贫困潦倒的镇子里长大。"我前一天才经过那个镇子，所以我知道她没有言过其实。霍兰代尔看样子就像是灾祸临城。"我的父母生了十四个孩子，任何时候，家里都不会少于十个人，加上我父母。只有一个洗手间。有意思的是，我们从来就领不到政府的救助款，因为我爸爸有工作。他在尼克尔逊锉刀公司。他以前会钓鱼、打猎，还搞种植。他种的菜真的很好吃。他还去猎鹿，打兔子和松鼠——我妈会把松鼠炸了吃，或是炖松鼠，"她大笑着说，"我从来不吃那些东西，我吃鸡肉。"

"我吃过松鼠。"苏·伊文斯说，第一次参与了进来。

"尼克尔逊锉刀公司后来怎么样了呢？"这家公司制作金属锉刀和质量上乘的工具，在建筑施工人员中享有盛誉。

"关闭了。搬去了墨西哥。"她说。我在三角洲地区打听制造业的情况时，总会听到这样的回答。"我发现这里没有什么我可以做的。我就加入了海军——服役是'三加三'模式，三年现役，三年后备役。我在加州的欧申赛德驻扎，这是我一生中做过的最好的决定。参军服役给了我一个看世界的全新视角。它帮助我以不同的方式去看待事物。"

"我听说过这话——军队是出路也是梯子。"

"让我焕然一新。在那之前，我只知道三角洲。我在霍兰代尔学校上学，那是三角洲典型的公立学校，大概是在 1969 年融合了。白人学校在镇子的另一头，但是它——奇迹般地，嚯！在融合后不久就被烧毁了。当然了，是他们烧掉的，这样他们就不用跟我们打交道了。谁也不信有别的可能。学校烧毁后，阿科拉的鹿溪学校就创办了——一家白人学校，还在那里，还是白人的，确切地说，至少百分之九十九的白人。我的学校也有白人，两三个。虽然在三角洲地区，黑人和白人的人口比例是六比四，但在格林维尔还是不平衡的。奥班农小学和高中是黑人的，埃文的河畔高中则是白人的。这种对抗状态伤害了我们的社区。"

"但格林维尔是个大城镇。"它的范围之大令我吃惊，它的蔓延地带、市中心，还有质量很好甚至豪华的街区。一座还没有命名的新桥已经落成，横跨密西西比河，就在城市的西部。

"这是个渐渐衰落的城镇，河流交通每况愈下。人口已经流失，从大约五万减少至不到四万。这曾经是个繁荣的地方。我们有那么多的制造企业——大卡车用的拖车、'鲜果布衣'男士内衣、施文自行车、艾克明斯特地毯。他们全都搬到墨西哥、南美和中国去了。这里曾经有个空军基地，也关闭了。"

"现在还有什么企业呢？"我问道。

"鲶鱼，但也没有以前那么大的规模了。我们还有稻米，本大叔稻米公司，那家很大。我们还有一个做天花板瓷砖的公司，还有'领先公司'，他们是做喷气机油漆的。但就业机会不足。失业率很高，高过十六个百分点，是全国平均水平的两倍。"

"跟我交流过的人们说更好的住房条件会有所帮助。"

"有个家当然是很好的，但如果你没有与之匹配的经济补助，那是不会有什么发展的——不过很多人就是这样生活着。"

"你们修缮房屋吗？"

"极少房屋会得到翻修。大多数已经破败不堪了，拆掉它们要比修缮更便宜。还有很多被废弃了。空置的房子越来越多。"

"如果格林维尔碰巧是个第三世界国家的城市，那也许就会得到大量的经济援助。"

"这是联邦授权区——十年，一千万美元的经济援助。"

"比起我看到的美国对非洲的几亿元的援助，一千万算不了什么，"我说，"像坦桑尼亚和加纳这样的小国家，一个也许能拿到七亿，用于建学校或诊所。"

"这种事我们可从来没听说过。"她说。苏·伊文斯看上去也一样惊讶。"我们尽力而为。情况在慢慢好转。这里有格林维尔教育中心，他们开办日班和夜班供人们学习。"

后来，我看了密西西比河三角洲社区大学的课程，这座大学是这个项目的一部分。我发现他们提供的课程有砌砖、铺瓷砖、机械自动化、货运卡车驾驶、重型机械设备操作、电子、机床操作、焊接、制热制冷设备、办公系统操作和其他许多项目。但就业岗位却几乎没有。

"人们受了教育就走，"她说，"医生和教师的流动率很高。我们必须团结起来，以什么方式并不重要，重要的是得恢复生机。"

情况这么严重，三角洲地区的衰落是普遍现象，我真不知道她为什么还这么坚持。

"我吗？我本来不该来这儿的。"她说。

苏·伊文斯一直默不作声地坐着。但当我改变话题，说起格林维尔的音乐史，说起蓝调和三角洲到处可见的俱乐部时，苏变得非常活跃。之前她一直沉默不语，但她说音乐的话题是她的心头好。

"我妈妈在利兰开了一家爵士乐俱乐部。"苏说。我有经过利兰，这是 61 号公路沿线另一座农业城镇，以其蓝调音乐历史而闻名。"我妈妈是个很厉害的姑娘，叫露比，每个人都认识她。"

"情况比看到的更糟糕。"　201

她说其实还是有一些俱乐部的，还有一个蓝调博物馆。世界各地的游客来此参观这些与蓝调有关的地方，看看音乐的诞生地，还有歌中唱到的那些地方——农场、小溪、铁路和棉花地。

"我听说在印第安诺拉还有 B. B. 金 ① 博物馆。"我说。

这句话引发了意味深长的沉默。这两位女士交换了一个眼色，但一句话也没说。那是一种提及不受欢迎的话题所引发的沉默，或是因为极其迷惑，就像我说了一种她们不熟悉的语言。

"我想他出生在这里。"我说，有点语无伦次，心想我是不是该走了。

苏·伊文斯的目光落在别处，眼神无声又坚定，而她的同事微笑着开了口。

"在伯克莱尔，"她说，"但他是在基尔迈克尔长大的。在格林伍德的另一边。"

这信息似乎非常准确而隐秘。我想不出还有什么话可说，显然这个话题让这个房间笼上了某种气氛，一种难以理解的震动，让我觉得自己是笨拙的外乡人。

"要告诉他吗？"

"我不知道。"苏说。

"你跟他说吧。"

---

① B. B. 金（1925—2015），美国歌手、吉他演奏家、作曲家，被誉为"蓝调布鲁斯王国的主宰"。

"说吧。"苏说。

这种交流是轻松的玩笑,缓和了气氛,驱散了那种尴尬。

"苏跟他结过婚。"

"跟 B. B. 金结过婚?"

苏说:"是的。我那时叫苏·霍尔。我是他的第二任和最后一任太太。很久以前了。"

苏是白人,学校图书管理员的模样;她的同事是黑人,身上还有那种曾经的海军二等士官长的强势做派。但现在谈起这个话题,两位女士都笑了。

"有一晚我妈妈请了他来驻唱,"苏说,"他总是看我。我当时还只是个孩子。我知道他在想什么,但我妈妈不喜欢我胡说八道、勾三搭四。他在俱乐部里的演出很多,是个出色的音乐家。他一直等我长到十八岁,他愿意等着,是因为不想跟我妈妈打交道。他很怕她。"

回忆往事,她笑了起来。我说:"那是什么时候的事?"

"很久以前了,"苏说,"我们结婚十年。"

"你叫他 B. B. 吗?"

"他的原名叫莱利。我叫他 B。"

我记下了莱利这个名字。

"这种叫法挺混乱的,"苏说,"因为雷·查尔斯的太太叫比阿特丽丝,我们也叫她 B。两个人总是让我们搞混。"

"你以前跟他一起旅行吗?"我问道。

"一直都是。B 喜欢旅行。他喜欢演奏,一弹就是一晚上。他热爱观众,喜欢热闹,他非常健谈。但我太累了。他那时会说‘你不喜欢听我说话’，但其实不是的。我只是讨厌一直熬夜。我宁可待在酒店房间里，等着他。”

“你们还有联系吗？”

“我们一直都有通话。他会打给我，我们就聊天。他还经常旅行，你想想。我上次跟他通话时，他说他在纽约和新泽西有约。他热爱这种生活。身体一直很健康。”

那十五、二十分钟的时间里，我们没有再谈三角洲的衰落，我们谈的都是她跟 B.B. 金的甜蜜往事，那是一个为三角洲带来辉煌的男人，他证明了辉煌是可能的，也可以再次发生。

耶稣是上帝——我们买卖枪支

我这一季的汽车之旅即将结束，我在三角洲继续北上，然后向东进入亚拉巴马州。就像在异国的穷乡僻壤间旅行，同样的孤寂，同样的贫困，同样的鸟鸣，充满了意外和发现。比如开车经过亚拉巴马州的一家商店时，我看到一块黄色招牌，上面是巨大的黑色字母：耶稣是上帝——我们买卖枪支。这也是我此行交错的主题。解释起来笨语拙词，但行动却总是意味深长，南方永远不会停止在大型布告牌上将其执念广而告之。我已经逐渐开始依赖它的显性特征了。

在大多数旅行之后，你总会说：这就够了——我要回家去，把它写下来。这次旅行结束了，但旅程还没终结，我的发现让我渴望去了解更多。我发现美国有一个农民阶层，与我在世界上看到的任何农民阶层一样困顿、绝望、被忽视。我想起我所遇到过的所有人——西克莫的雷夫·约翰逊、绝望的阿伦达的威尔伯、塔斯卡卢萨的辛西娅·伯顿、格林斯伯勒的华盛顿市长和雷夫·莱尔斯、三角洲的人们、司各特太太和B.B.金的前妻，还有更多的人。他们全都邀请我再回去。秋天的大地已经开始转寒，一切褪成了灰蒙蒙的颜色。冬天的时候，这一切又会是什么样子，这些人又会在做些什么呢？我的家在公路的一头，我写作的对象在另一头。我驱车返家，一边盘算着很快再回到这里。我热爱这漫长空旷的公路，深受《白线狂热》的影响，也爱这公路带给我的醍醐灌顶。

第二部 冬天——而今之人不知过往

听着，陌生人，这就是我，我就是这个样子。

——威廉·福克纳《修女安魂曲》中

塞西莉亚·法尔默涂在玻璃上的话

冰　点

　　我科德角的家窗外挂着的冰柱，就像一排排过度生长的水晶红萝卜。外面的地面上，一月份的雪厚厚地堆积着，硬邦邦又坑坑洼洼，有些就像海潮中的泡沫被吹上海滩后风干，呈现蜂巢状。这种雪留存的时间那么长，让你自然就习惯了被这不受欢迎的白色入侵的世界。笼罩着雪、饱受摧残的土地，在冬日清晨的昏黄微弱的阳光下闪着光。这扇窗大半也已经结霜变白了。

　　刀割似的风从雪面上呼啸而过，刻出一道道漂亮的线条，就像雕刻出来的窗帘。风将雪铲出一道道褶皱，将其往房子边上刮，树干底下也是一片银装素裹。我长长的车道也一样成了白色，但都是些白色小晶体，有着黑色的印记，两道平行的车辙，砾石路面上的鹅卵石都被冰裹住了。这天早上，天气晴朗，万里无云，但很冷，零下十度。空气里看得到无声的爆裂，就像神经元在冰屑中劈啪作响，只有乌鸦的咿呀乱叫会打破这冬天的静寂，它们被我踏雪的脚步和关门声所惊扰，扑扇翅膀，拨拉着树枝上的雪块雪条。

　　也许我有些夸张了。看起来和描述起来很可爱的景象，离开它会觉得更可爱，可能正是出于这个原因，我费力喋喋不休地将它描述成一个冬日奇境，这本来是我一直想避免的写作套路。这其实是受到我当前状态的影响，我现在是一种告别的心情。离别的轻松心情总会让人说出溢美之词或是夸张的感激（"谢谢！我过得太开心了！真遗憾我必须要走……"）。我浑身冻得发僵，厌透了这种感觉。"笼罩着"？"摧残"？"刀割的"？"雕刻般的"？得了吧。我巴不得立刻上路，赶紧离开这种寒冷。

我在阳光中开心上路，向南进发。到康涅狄格州另一头的时候，正好遇到暴风雪前端低垂的云层，边缘混沌碎裂，仿若一张旧桌子的抽屉在头顶滑开，挡住了光线，天空就像倒扣的桌面，远处一堵可怕的石膏墙正在慢慢靠近。新泽西的天空一直沉到和我的车顶一样高，雪开始飘落下来，小小的雪花轻扬翻飞，被路上的车辆卷过公路。每隔一段路，总有车撞在一起，像撞扁的玩具一样躺在故障车道上。在特拉华州的黑夜中，圆乎乎的小球一样的雪花从街灯旁边飘洒过；环形公路上雨雪交加，漆黑湿滑，积雪堆满整个弗吉尼亚州北部。

在风雪中赶了六百英里路之后，我在里士满北部的一家汽车旅馆停车过夜。第二天早上，迎着阳光继续赶路，在冬日里棕色的温暖南方中快乐行进。

这一次，我知道自己的方向。

兰伯顿

在北卡罗来纳无私而夺目的阳光下，我发白的汽车结着一层白色的条纹，那是霜雪和路上泥浆的混合物干了之后凝结而成的，这让我的车看起来有着明显的沧桑破败感。于是我开进了兰伯顿，打算洗洗车。

在我正要靠近大门敞开的洗车店和湿答答的喷淋装置时，一位戴着军帽的老人悄悄贴近我，示意我停车。他用两根发黄的手指夹开了嘴边的香烟，弯腰倚上前来。

"别用这些设施。"他说。

"这地方是关门了吗？"

"不，先生。开着呢。"他说，吸了一口烟又把它拿开了。

"你在这儿工作吗？"

"不，先生，但我告诉你吧，这地方不好。"他吸了一会儿烟。"去公路往下的那一家。掉头往那边去吧。开近些就能看到了。"他又吸了一口，接着扯下嘴边的烟说，"我知道我的话说得不好。我在尽力，但我没有受过良好教育，因为我是个拉姆毕人①。你知道拉姆毕吧？"

听到这话，我打消了在这里洗车的念头。我停下车，接下来大约一小时的时间里，我跟这个人喝了杯咖啡。他叫罗伯特·洛克利尔，来自兰伯顿。他个子很瘦，面有菜色，一副病快快的样子——他那张烟瘾很重的脸松松垮垮、沟壑纵横，像一块饼干——走路还拄着拐杖。对于这样暖阳和煦的日子，他的夹克未免厚了一些，这说明他的血液循环不是很好。我们拿着咖啡找到一张长凳坐下，他立刻变得沉默，好像有些尴尬，但我看着他的那张脸却觉得很难过，他长着鹰钩鼻，脸色惨黄。

---

① 最大的 12 个印第安部落之一。

我评论了两句他的野战帽，上面写着"退伍老兵，服役光荣"。

"我去过越南，1968 年、1969 年，最激烈的年份，那时在嘉莱省百里居市，在中部高原，接近柬埔寨和老挝。很近的，步行就能到达那些国家。有时我们也这样做过，但很艰难。不过我挺过来了。

"我后来回到这里，一切如故。兰伯顿大体上是隔离的，不只是白人和黑人，还有拉姆毕人。大多数姓洛克利尔的都是拉姆毕人——任何人只要看到我的名字，就会知道我的身份和来历。

"所以，关键是教育。这对我来说是个问题。我不能上白人学校，他们也不让我上黑人学校，就因为我是拉姆毕人。拉姆毕人应该在教会里受教育。所有的拉姆毕人都有自己所属的教会，所有的教会里都有一所学校，但那里的教育并不多。看看我，我一无所获。我适合军队，但其他就都干不了。本来会战死在越南的。那又是为了什么呢？

"现在的隔离情况比以前还要严重，那时其实已经很严重了。1958 年，三 K 党从亚拉巴马和密西西比到这里来，在罗伯逊县这里焚烧了一些十字架——他们对拉姆毕人像对黑人一样卑鄙，来到这儿的时候，甚至还更卑鄙。但那天我们将三 K 党赶走了，把他们痛揍了一顿。"

我发现，他说到的那起三 K 党事件，就是所谓的海耶斯池塘之战。在洛克利尔所说的那一年，一个叫詹姆斯·"鲶鱼"·科尔的三 K 党领袖带领一伙三 K 党人在离兰伯顿二十英里开外的马克斯顿集会、焚烧十字架。他们的人数很少，结果被一群人数更多、荷枪实弹的愤怒的拉姆毕人打垮，有些还受了伤。那群拉姆毕人向他们开枪，殴打他们，将他们打入附近的海耶斯和马克斯顿池塘沼泽里泥泞的灌木丛中。在拉姆毕人遭受打击的漫长历史中，这次与三K党人的对抗了拉姆毕人每年都会庆祝的事件。拉姆毕人被联邦政府认定为美洲土著，却没有获得任何经济利益，其中一部分原因就是他们的血统和祖先依旧存在争议。

"因为隔离，我小时候哪里也去不了——你看看我，我不是黑人。我是拉姆毕人。"罗伯特·洛克利尔说。"但马丁·路德·金对我来说是一位英雄，詹姆斯·布朗也是。这里的人曾经很讨厌拉姆毕人。现在依然如此。我的表弟娶了一位金发蓝眼的姑娘，她到这里来，原以为一切会顺利。唉，如果你是医生或律师，那也许就没事，但她在沃尔玛拿出一张信用卡，他们看到她姓洛克利尔，对她的态度就很糟糕，因为他们以为她是拉姆毕人。过了一段时间，她在这里过得很不开心，就离开了。"

罗伯特·洛克利尔把口中一直吸着的香烟踩灭，又摘下了那顶"服役光荣"的帽子。他把帽子翻过来给我看，大拇指指着里面的标签。

"你看看这个，"他说，"摸摸看。我曾是个职业织布工，在这里做布料生产。但他们把车间关闭了，就业机会都迁移到海外去了。所以这里什么也没剩下。你看看这个标签，看到了吧？'越南制造'。看看这顶帽子写着什么。'退伍老兵'，那儿还有我的退伍军人之家。"

上面的地址写明了兰伯顿的美国伤残退伍军人办公室和医疗中心名字和地址。

"我去那里做心理咨询。夜里很不安生，总做噩梦，梦见越南人、三 K 党和这一切。美国政府给了我这顶帽子，因为我是个退伍老兵，而这顶帽子却是越南制造的！"

我陪他在长椅上坐着，试图安慰他。但我只是一个路过的陌生人，把他说的话都记录下来。他沉默了一会儿，然后似乎想起了我之前提过的一个问题。

"我不知道未来的情况会如何。还是一样糟吧。我几乎死在越南，而且现在一无所有，我戴着这顶帽子，还是那里制造的。这里的人依旧憎恶拉姆毕人。把这句话记下来吧：什么都没有改变。"他握住我的手腕，盯着我，舔了舔他的嘴唇说："我做噩梦。"

乡村道路

我终于在兰伯顿洗了车，恢复了它的鲜亮，然后走小路驶向那条熟悉的老旧废弃的 301 号公路，去往南卡罗来纳。那条末日公路的路旁是破旧不堪的汽车旅馆、被废弃的装饰艺术风格的加油站，还有一些餐馆破败的空壳。尽管景象一片荒芜，那里还是有很强的场地感，有最棒的布告牌，路旁有一幅巨大的布告牌上写着：

所以人们说:"当信主耶稣,你和你一家都必得救。"(《使徒行传》第十六章第三十一节)

桑蒂有人说:"这里从不下雪。"

他的妻子说:"十年前下过一点。"

阳光普照,天气温暖怡人,春天般的一月,我在低地乡村的公路上行驶。但目睹那些小棚屋和被塑料儿童玩具和旧单车环绕的生锈的活动房屋,却见不到任何工业企业,我的愉悦感大打折扣。在南方乡村,穷人们被抛诸脑后,卑微地生存着。

西克莫的周日早晨

从奥兰治堡和班贝格驱车沿邦联公路南下,再度拜访雷夫·约翰逊的启示录事工教堂,我来到了靠近阿伦达的西克莫。教堂的礼拜十一点才开始,所以我还有些时间可以消磨。有些人在铁路大道的哈迪斯餐厅喝着周日早晨的咖啡。这一天是星期天,另外两家餐厅都关着门。

"请坐。"其中一个人说。于是我加入了他们,十个坐在桌边的人。他们多数人上了年纪,穿着随意,他们之中唯一的年轻人是一个三十岁上下的叫罗伯特的人,穿着一套黑西装。他说自己得走了——他要带母亲去教堂。

其他人分别叫山姆、弗雷迪、哈罗德、摩斯、巴迪、克拉伦斯、里沃尔、查理,最后一位是亨利,他要求我称他为桑尼。他们说自己都是本地人,在阿伦达郡或其周边不同的工厂里上班，后来工厂都关闭了。

"我就出生在这里，1964 年，"桑尼·布莱恩特说，"但我大多数的打工岁月都是在别的地方度过，主要是亚特兰大，后来还在哥伦比亚特区，几年前才回到这里的。我现在跟祖父母一起住在阿尔默郊区。不是布莱恩特家这边的爷爷奶奶，他们姓詹金斯，我外公叫亨利，外婆叫苏拉尔·詹金斯。苏拉尔是个非洲名字。

"我们从小就摘棉花。六岁的时候，我跟全家人一起摘，我的外婆非常了不起，她的速度总比我们快很多。到了十岁、十几岁的时候，我一天能摘五百多磅，一磅能挣五十美分。那些棉花的主人是科克兰德先生和贝斯先生。"

摘棉花的记忆：在南部腹地，无论我走到哪里，都能从上了年纪的人那里听到这些故事——在棉花地里锄草、摘棉花，机械化采棉机还没出现之前，他们在地里长时间劳作，拖着一个九英尺长的采摘袋走在棉花地里，把棉花往袋里装。每个人都记得他们采摘的数量。桑尼说的五百磅是不可能的。在二十世纪三十年代，詹姆斯·艾吉估算过，一个成年男子一天大概能采摘二百五十磅，而一个成年女子则大概在一百五十磅到两百磅之间。我遇到过的大多数人所说的日采摘量也基本上是这个数。

但桑尼坚持说他一天能采摘四分之一吨棉花。他说起过去阿伦达的重要性，以及 95 号公路开通之前阿伦达的繁华。他说起那里的豪华餐厅和夜生活，还有他在学校里的威风史（"那时还是黑人学校，一直到高中都是。种族隔离很严重，我见到过很多情况")。他还说起他如何从阿伦达逃到亚特兰大去，在那里他还帮马丁·路德·金粉刷过房子。

"我在亚特兰大遇到过马丁。他跟我说话的方式就像我们现在这样。他聘请我去粉刷他的房子。我跟我爷爷布莱恩特学过油漆，他是当地的油漆匠。他还弹吉他呢，教过我演奏蓝调音乐。"

"这么说，你是一个演奏蓝调的油漆匠咯？"我问。

"不，先生。我在特区曾是市政府的锅炉技师。我离开这里四十年，做过其他许多工作。"

这似乎是在暗示我要鼓励他说下去，于是我就做了。

"比如说，可卡因，"他说，"我不只是吸食可卡因，还贩卖。我烹煮可卡因，用泡打粉稀释，见过很多稀奇古怪的景象。不过我告诉你，我熬过来了。强效可卡因，吸了很多年呀，很多年！每一分钟我都很享受。"

"告诉我为什么。"

"告诉你吧。你觉得自己像是有了翅膀，觉得自己飘飘欲仙！"

"强力可卡因。是个好东西，对吧？"

"但那是有毒的，就像你能做的许多好事情一样。我十四年前戒断了，再也没有复吸。我也跟一些一直吸毒的人在一起，但我只是看着，自己是不吸的。我罢手了。然后我来到这里，回家来了。我本来就不该离开的。"

所有的人都听着桑尼说话，他话音一落，其中一个（山姆）就说："也许你确实在亚特兰大遇到了马丁。但你从来就没有一天摘过五百磅棉花。"

"我们爱你——对此你无能为力！"

周日早晨，乡村道路空荡荡的，空旷又美丽，乡道就铺设在枝条更繁密的棉花地边上，许多棉田现在都是坑坑洼洼，泥泞不堪，那些熟透的植株——那些毛茸茸的所谓"棉簇"，在敞开的浸湿了的圆荚里，棉花丛都被昨天的雨打得蔫蔫的。有些湿漉漉的土地在早晨的阳光中水汽蒸腾。棉田边上排列着高高的树木，奶牛在吃着草。晒干的雪松搭成的小木屋有粗糙的门廊，屋顶是翘起的木瓦，掩映在高大的山毛榉树林之中。

我经过阿尔默，找到了教堂，一心盼着聆听雷夫·威尔金·约翰逊的布道。在我们之前的谈话中，他一直显得睿智幽默，充满希望。在路的末端，这家黑人教堂的斜对面，是位于巴克原木工厂的邦联军老兵之子组织的礼拜堂。门口一块牌子上详细记录了当地的民兵在 1865 年 2 月 2 日与布莱尔将军 ① 的部队发生小规模冲突的经过。当时那支部队是谢尔曼将军 ② "进军海上"战役 ③ 的侧翼部队。联邦军队穿过这些农田向前推进，掠夺并焚烧房屋，向狙击手开枪回击。在原木工厂的这场战役

---

① 指小弗朗西斯·普雷斯顿·布莱尔（1821—1875）南北战争时期反对奴隶制的密苏里州将军。

② 指威廉·特库赛·谢尔曼（1820—1891），南北战争中在北军地位仅次于格兰特将军的将领。是"全面战争"的早期倡导者。

③ 北军穿越佐治亚州，沿途将一切有价值的东西都破坏掉。这次战役尽管非常残酷，却是决定性的。

没有什么战果，只是把这支胜利之师渡过杰克逊河的时间推迟了一天。杰克逊河是一条流向东南方向的狭窄溪流。这块牌子记载了这次冲突，一次延迟，一次败仗，其实也是又一次的羞辱。但这座礼拜堂倒是还在使用中，上面飘扬着邦联旗。

"在南方，每一个街角都有这么一座教堂。"我在奥兰治堡见到雷夫·威尔金·约翰逊，他邀请我去参加他的教堂礼拜时曾对我说。今天，在教堂门口的泥地里停着六十多辆车，在接待室里，我收获了一个拥抱，并被要求在访客登记簿上签名。一群西装笔挺、打着朴素领带的长者欢迎我，并向我介绍了自己的身份。他们是一些执事和教区助理。有一个助理陪我走入教堂，一个穿着百褶裙、戴着白帽子的女士已经就座，在键盘风琴上张开手指不停地弹奏着急促的背景音乐，与一位穿紫袍的女士热情洋溢的布道相呼应。教堂的礼堂里人头攒动，大概有三百个人，大多数是妇女和小孩。

台上有一块卷轴状的镶金字的布告牌，上面写着：启示录事工教堂——"向世界传达上帝的话语——我们爱你——对此你无能为力！"

这让我想起激动的亨利·米勒在记录他 1940 年穿越美国之旅的《空调噩梦》中说的话：好消息！上帝即爱！我去过几户南方人家，绝大多数都是贫困家庭。我也去过热闹的典当行和嘈杂的小酒吧。它们都很有启发性。还有那些枪支展览，给我留下深刻的印象，苦涩的失败感是当下的普遍情绪，这种情绪我在亚拉巴马和密西西比的其他枪展上还会再见到。这些经历向我揭示了南方的一些特质。但直到我走入一座教堂，我才完全明白了南方乡村的社区感。在这里，教堂不仅仅是一座教堂，它是南方一个社区跳动的心脏，是社区的生机和希望所在。

了解了这一点，我才多少明白了，当一座教堂遭遇爆炸袭击，那是多么灾难性的事件。在南方的历史上，类似事件频发，尤其是将近五十年前的1963年9月15日，在亚拉巴马伯明翰第十六街浸信会教堂发生的炸弹惨案，三K党人放置的炸弹杀害了四个小女孩，还炸伤了二十二人。那间浸信会教堂当年不只是一个做礼拜的地方，还是朋友相聚的地方，是当地的民权领袖、选举登记活动家开会的地方，它是幸福的源泉，给予人们指引。但这起民权运动的标志性事件，这座教堂里的炸药，创造了烈士与英雄，也加速推动了民权立法。

教堂被焚烧或遭遇炸弹袭击也许会毁掉一次集会，但那是一次绝望的举动。事件过后，教堂被重建，而且作为必需品，它被建得更加坚固，因为人们来到教堂是为了寻找希望、尊严、爱、慰藉、友谊和劝诫的。在这里，教堂是生活的中心，这种情况我在美国的其他地方从未见到过——当然不是指我的出生地。但这一点倒是跟我在印度和非洲所看到的，一座清真寺或寺庙附近人们的生活颇为相似。

在礼拜开始后不久，我的名字就被提及了："保罗先生，从波士顿来访"，这个信息是他们从访客登记簿上看来的，仪式也因我而中止了一会儿，教堂里每个人都轮流向我问好，男女老少都与我拥抱或握手。他们都穿得很漂亮，女士们都穿着绸缎，许多还戴着礼帽和手套，大多数人手里拿着《圣经》。男士们则是一身裁剪合体的西装，即使是在座位上扭来扭去或在过道里追逐的孩子们也都穿着正式的服装。他们举起手臂，微笑着走近我，使劲地拥抱了我。

"欢迎，兄弟。"

一个男人大声宣读着未来几周的活动通知，诸如教会活动、社交活动和聚餐：有福利项目、教会旅行、聚会、访问附近的教堂，等等。接着激动人心的音乐再一次响起，接下来大约一小时的时间里，是一个丝绸长裙的妇女唱诗班的合唱和布道，其中一位唱着一首蓝调歌曲，谈起了她自己的生活，说到自己经历的苦难和精神上的振作，她的叙述非常流畅，时不时地插一句："主啊，感谢你！"

这一切都是前奏，是平复人群的开场，他们弹奏主题音乐欢迎姗姗来迟的人们。当教堂坐满了人，穿着深色西装的威尔金·小约翰逊律师熟悉的身影出现在他王座一般的高背椅上，星期天他的身份是约翰逊牧师。他开始了他的布道，他的右手拿着一本翻旧了的《圣经》，左手举起示意大家安静。现在的他与那个我在奥兰治堡的街上邂逅的人仅有一部分相同，当时他是个帮助陌生人的律师，今天的他是一位牧师，声音威严，有着南部腹地的语调，声音有时轻快而让人信服。

"今天听我说吧，兄弟姐妹们，"他开口了，举起《圣经》朗诵起来，"《路加福音》第一章第三十七节。'因为出于神的话，没有一句不带能力的。'现在看看《马可福音》第九章第二十三节。'在信的人，凡事都能。'"

它们都是清晰明了的经文，予人希望，让人宽心，在不安定的世界里，给人安慰。他又重复了一遍，让他的这些话深入人心。

"再想想《耶利米书》第二十九章第十一节，"雷夫·约翰逊的声音理性而鼓舞人心，"因我自己知道我为你们所定的计划，是使你们得平安，而不是遭受灾祸的计划。"我分不清他是引述《耶利米书》还是将其重新表述了，但这都不重要了。我查阅了摆放在我座位上的那一版《圣经》，发现他是重新表述过了[①]："然而耶和华与我同在，好像甚可怕的勇士。因此，逼迫我的必都绊跌，不能得胜，他们必大大蒙羞。"云云。他负责这场集会，就像一个权威，解释经文，予人劝勉。

"告诉你的邻人：'上帝对你早有计划！'"

我前面的女士，我旁边的男人，甚至是十英尺开外的那位数码相机操作员，都轮流向我哽咽着高兴地说："上帝对你早有计划！"

"以色列的孩子们被抓到巴比伦当俘虏，"雷夫·约翰逊继续提高嗓门说，"先知耶利米给他们送去了一封信。上面写道……"这时他的身子向我们前倾过来，字字清晰地说："上面写道：'即使现在看来你的生活一团混乱，过了一段时间，它是会好起来的！不要再悲伤沮丧，不要再忧心忡忡。即使你的境况不佳，你也会好起来的！'

"那就是耶利米。我现在要对大家说，一切都会好起来的。"

---

① 此处为作者误引。牧师所引述的是第 29 章第 11 节，作者误以为是第 20 章第 11 节，所以以为牧师对经文进行了重新表述。

他比画着手势，手里的《圣经》薄薄的书页被鼓动起来。他又说："现在的情况是不要紧的。如果你相信上帝，一切都会好起来。我的生活不由总统的正确与否来决定。为什么呢？因为我会信仰上帝。上帝是不会辜负你的！在受奴役和压迫的时代——在巴比伦的以色列孩童——耶利米说——他说什么呢？他说：'一切都会好起来的！上帝会找到一条出路！上帝会想办法的。一切的迹象都在昭示着我们！'"

有些做礼拜的妇女喊出了声："是的！""谢谢你，耶和华！"其他男男女女也都站起来，拍手歌唱。

"我们有些人在思想上、生活上和嗜好上受到了禁锢。不要紧的！上帝说：'我会许你们一个未来与希望。我的未来一定会比我的今日更好。'因为你们只能看到今天，而上帝却能看到未来！"

"说出来，说出来！"

"做好准备，因为明天你就会知道。上帝说：'坚持住，直到你到达那里！'"

"是的，主啊！坚持住！"

"这里有三个层面——'上帝对你早有计划'的三个层面。其一，上帝的计划也许并非你的计划。你要听从上帝的计划。"

"是的！赞美主！"

"其二，你也许不能理解上帝的计划。但要接受他对你的箴言。你也许会觉得，"雷夫·约翰逊停顿了一下，蹙起眉头做了个疑惑的表情，"'这样的事为什么会发生在我身上？'"他微笑着倚在诵经台上说："听着，要耐心。别匆匆忙忙的，把事情搞砸！一定要认真思考！"

"想想饥馑年代的苍鹰与秃鹫。苍鹰说：'我不习惯等待。'但秃鹫说什么呢？他说：'我习惯了等待！'只要再等等！因为第三点就是这一点——上帝有他自己的时机！你的时机和他的时机也许是不同的。"

"赞美他的圣名！"

许多人站起来，晃动身体，喊出声来，戴着白色大礼帽、在键盘上弹奏的女士身体前倾，用力敲击琴键，即兴伴奏。鼓手用鼓槌敲打着铜钹，电吉他手则向后仰着，用细长的手指拨弄着琴弦。

约翰逊牧师继续布道，让我想起了《喧哗与骚动》①中迪尔西的部分（"我原先看见了开初，现在我看见了终结"）末尾的西谷克牧师在复活节周日的布道（"我把羔羊鲜血的事迹铭记在心"）。他的布道振奋人心，口音和语调越说越地道②，慢慢地他化身为先知，传递着上帝的声音、上帝的爱与希望的讯息，就像在塔斯卡卢萨帕尔默主教曾经做过的那样，语气与他所引述的先知耶利米和以赛亚一样斩钉截铁。

雷夫·约翰逊说："上帝如是说。"这话听来就很有道理，因为他现在成了一个能引人共鸣、能预言未来的神一般的存在。现在他说的"不要匆忙""上帝早有计划"和"不要放弃"都是充满信心的鼓励，带着南部腹地的口音，那是他曾经跟我说过

---

① 美国作家威廉·福克纳的经典作品，发表于 1929 年，讲述的是南方没落地主康普生一家的家族悲剧。

② 小说中，西谷克牧师布道的时候语调与发音都像黑人。

的"穷小子"的口音。

"耶利米对以色列的孩子们说了什么呢?'你们一定会好起来的!'"

接着音乐庄严地响起,整座教堂歌声震天。信封被传递过来,我们将钞票折叠了放进去。戴白手套的男士提着结实的篮子在过道上来回走动,收集着信封。歌声依然飘扬,我在歌声中拾起一本《圣经》,寻找《箴言》中我很久以前看过的一段话。"耶和华所恨恶的有六样,连他心所憎恶的共有七样。就是高傲的眼、撒谎的舌、流无辜人血的手、图谋恶计的心、飞跑行恶的脚、吐谎言的假见证,并弟兄中布散纷争的人。"

这是生活的忠告。

接着我们又互相拥抱,快乐地走入艳阳之中。孩子们在我们腿边绕着跑着,像被灼伤的老鼠一样,跑到我们前面去了。

吉　祥

一天之后,在乡村道路上的某个地方,我在两条道的交界处开过头了,错过了转入奥兰治堡的拐弯处。我停车调整方向时,看到了一间独立的商店,其实就是一个小棚屋,缩在一棵繁茂的大树的枝干底下,还有一块手写的牌子,上面写着"吉祥 ① 枪支维修店",袅袅烟雾正从一节生锈的烟囱里升腾而上,飘散在冷风之中。

---

① 店主名叫 Lucky,此处译为"吉祥"。

依据我的经验，跟枪支打交道的人大多数都是健谈的，通常会抱怨政府，对邻居或犯罪态度强硬，觉得自己被利用了或是被轻视。持有武器的人，心里总是有些想法的。

于是我停车走了进去。

一个戴着黑色牛仔帽、身穿油腻腻衬衣和厚实外套背心的男人坐在一张工作台后面。台子上摊放着很多金属零件，但哪里都看不到一把完好的枪支。他的双手跟那些油腻的零件一样脏兮兮的，他手里拿着一个手枪扳机的配件。

"有什么需要吗？"

"我在找去阿伦达的路。"

"那边，"他拿着扳机配件示意道，"往南再开大约六英里。在加油站那里左转后继续走。"

"谢谢。你就是吉祥吗？"

"嗯。是的。"

"你卖枪？"

"我修枪。没有资金屯货。"

"所以你自己没有枪？"

他笑了。"我有好多的枪。都在那边的房子里。"

"有没有想过卖掉一把？"

他沉思了一会儿，好一会儿，也许是在脑子里盘点着他的枪支存货吧。

"我有一把很不错的点四五，正在修，打算卖掉它。"

"那可是一把大枪。"

"大而有用，"他将椅子向后一推说，"我去拿过来。"

我说："我还没想好。"

"看看无妨，别有负担。"

他走过一片荒草地，朝高高的树下一间破败的大房子走去。我则坐在棚屋中，身边是拆卸的手枪、一本枪支目录、一本日历、装满生锈螺丝钉的果酱坛子、一个放着油腻腻的小工具的锡盘，柴火炉噼啪作响。

过了一会儿，他走进门来，将枪递给了我。这把枪拿在手里沉甸甸的，重得要命，枪托很厚重。枪身上有很多刮痕、撞痕，看样子很不招人待见。

我说："谢谢。对我来说太大了。"

"你得开过枪才知道。"他说。

"我能上哪儿开枪去呢？"

"那边。"他说，一边推开门，走过树下一张开裂的沙发和一个装着破烂油壶的翻倒了的桶。我跟在他身后。他穿着旧的牛仔靴，抬高了腿从那堆废品中走过。

"这枪多少钱？"

"三百。但你还是开枪试试再说，"他一边说，一边从衬衣口袋里掏出一颗在我看来像花生大小的子弹，"瞄准那边。"

他说的是一堆六英尺高的旧卡车轮胎。我看到我们离公路只有五十英尺，公路上车来车往，有常见的卡车、一辆校车，还有一辆高手把的摩托车，骑手晃着脚坐在上面，就像坐在理发椅上似的。在这个房屋破旧的街区，我可以感觉到混乱不安，但我身边是吉祥，他很客气，手里还拿着把正儿八经的枪。

他没有填充弹盒，而是把子弹推进枪膛里，然后把枪递给我。"朝着那堆东西的中间打，打厚实的那部分。"

我照做了，两只手握住手枪，这样手枪套筒的后坐力才不会将我的拇指弄断。接着"砰"的一声，我的头嗡嗡作响，手枪弹了一下，晃悠起来。

"怎么样？"

"挺好。但我不需要这么大的枪。"

"每个人都需要这么大的枪，更大的都行，"他又动手将另一颗子弹填充到枪膛里，"再多开几枪，兄弟。"

我开了一枪又一枪。接着他瞄准塞在轮胎堆里的一个可乐罐开了两枪。我评论说枪在他手里纹丝不动。他给我示范了一个扣动扳机的动作，几乎察觉不到，还能保持手枪的稳当。

"你这'吉祥'的名字是怎么来的？"

"不是我爸起的，是别人叫开的。"他看上去一副懊恼的样子。"你总不会给自己起名叫吉祥吧。"

"好名字啊。"

"那倒是。"他大笑起来，又掂了掂手里的枪，像对待一个危险的玩具似的，它确实也是，然后对我说："开个价吧。"

我没有开价，而是岔开了话题。我向他打听阿伦达。他说："那座城镇处境艰难哪。"然后笑着说："哪里都艰难。我什么钱也没有，一直都没钱，可我一辈子都在工作。但谁也没钱，我认识的人都没有钱。抱怨也没有用。如果你把枪买了，我就有三百块钱了。"

我没买枪就走了。我觉得自己浪费了他的时间，就对他说了声抱歉。但我的不期而至在南方是被允许的。在如此靠近公路的地方拿着这把大枪对着一堆旧轮胎射击，附近车来车往，感觉好奇怪。他却丝毫没有考虑到这一点，走开几步就砰砰砰地开枪。他要我付子弹钱，然后对我说："要再回来啊，知道吧？我们再打多几发。"他说他有好多枪。我本来以为会遇到一个怨天尤人的枪迷，但吉祥虽然跟别人一样穷困，却是个挺开心的人。

未来是一首消寂的歌 [①]

我上回见到阿伦达的时候，阳光明媚，街上行人往来，互相问候，小孩在街边戏耍。它的样子就像是世界末日，但惹人注目的市民们给它带来了生机。在一个冬天的早晨，天空阴沉欲雨，街上没有行人，连坐在树下的人都没有，这座城镇显得极其荒凉。然而研究着它的没落，我发现它还是老样子，真的，三个月并没有带来任何改变。那时候我意识到，在南方旅行吸引我的地方之一就是，我可以回到这里，重温离开时的样子，因为在我选择到访的乡村，什么也没有改变——如果有的话，那大多数也都是慢慢地衰落，过去的样子依然不变，而"未来是一首消寂的歌"。

因为这种经济的萎缩，这种更深的贫困，许多人——我交谈过的人当中的许多人，对过去有着清晰的记忆，他们记得很久以前的情况如何，记得他们曾经的希望是什么。

威尔伯·凯福在等着我——我提前给他打了电话，提议我

[①] 出自 T. S. 艾略特的《四个四重奏》中的第三篇《干燥的萨尔维吉斯》。

们在灵魂料理餐厅"尝尝看"一起吃午餐。

他做完感恩祷告之后，我看着面前的烤鸡肉、豆子和玉米面包问他："一切都好吗？"

"我们还在努力，"他说，"努力改变局面。"

"如果可以的话，我想见见几个家庭——那些你重新安置过住房或帮助过的人，或者是处境困顿的人。"

"我来打电话联系。得先得到他们的许可，否则我也无能为力。"他说。

他在一本备忘拍纸簿上做了记录。我想起在我的旅途中被我强行采访的人，被我敲开门的人家，面对面的冲突，我擅闯他人生活的过往。而在我自己的国家，我们说着相同的语言，我不存在任何威胁，我就是他们中的一员，结果却需要一个中间人，除此之外，我还需要预约。但是，当然了，我并非他们中的一员，我是个陌生人。

"你这趟来一直在做什么呢？"威尔伯问道。

我跟他说起最近参加了雷夫·约翰逊的教堂礼拜，这个随意的信息就又引出了熟悉的话题：宗教、音乐、种族、枪支、失业、贫困，还有过去。

"我比雷夫·约翰逊大，"他（六十二岁）说，"1966年那会儿，我在巴恩维尔高中上九年级，就住在公路往北的克莱恩。你可以说那是个融合了的学校——雷夫·约翰逊会说是'自愿融合'。当时的说法是'选择的自由'。很大的高中，里头有我们五个非裔美国人，但我是唯一上大学预科学校的黑人。"

"如果所有的学生都是白人，你一定觉得……是什么感觉呢？"

"孤单，"他说，"但也没有那么糟糕。你要是跟年纪更大的人谈谈，就会听到他们说当年的处境更加艰难。我参加了学校的田径队，跑 100 码、220 码和 440 码 ①。学校曾经的 220 码短跑纪录还是我创造的，不过现在已经被打破了。"

"运动是不是一个让自己脱颖而出的方法呢——让自己获得尊重？"

"田径赛是很有意思的，"他说，"不像篮球或橄榄球。大家没怎么注意。你不会因为跑得快就出名。"

"不过，你当时上了大学，所以我想你应该还得学习吧。老师帮得上忙吗？"

"有些老师真的非常帮忙，"他说，"我的英语老师马萨斯基小姐总是给我们鼓励。她要求我们选一部小说，阅读后选出一段对自己很有意义的话。那一天，我们走到讲台前向大家解释这段话。我不记得那部小说了，但我还记得站到大伙儿面前说：'这就是它的含义。就是这样。我们比自以为的要懂得更多。'"

"非常好。他们喜欢吗？"

"马萨斯基小姐鼓掌喊道：'那也是我最喜欢的一段话！'我感觉好极了。这对我意义重大。"他又吃了些东西，回想了一会儿说："还有另外几次，不同的时候。有一场橄榄球赛，应该是在 1967 年前后，我们是主队，对手是布兰奇维尔高中——这所

---

① 约为 90 米、200 米和 400 米。

学校在班伯格的另一头。他们队有一个非裔美国人，是个跑卫。他是他们队的明星选手。"

"你当时是想看看他打得怎么样吗？"

"非常想，"威尔伯说，"我的父母开车送我们过去。我们看了比赛，但没有看到最后，也没有搭车回家。我们提前离场，走路回家，半路被一辆车里的几个白人看见了，他们追赶我们。我们当时拔腿就跑！"

"不过你的跑步速度快啊。"

"我能跑的本事帮了大忙，"他说，"我们躲进一块地里，最后在一块大豆田里躺了好长时间。"

"那些人是谁？"

"我肯定知道他们是谁。我想都不敢想若是被抓到，他们会对我们做什么。"

"被殴打？"

"那是免不了的——或者会更糟。但你知道，只是少数人想惹麻烦。大多数白人还是可以的。在七十年代早期，南卡罗来纳大学有两万白人学生，黑人只有几百个。"

"那给你什么感觉？"

"你知道自己在那种环境中很受嫌弃。"他说。他吃完午餐，阴郁地点了点头。"我到死都会记得那种感觉。"

他的办公室位于停在阿伦达法院附近的一辆活动房屋的一个小间里。在回办公室的路上，他说起自己怎么回到克莱恩来，又参加了南卡罗来纳州立法机关公职的竞选，还取得了胜利，从政一段时间之后，他开始从事非营利的社区发展项目，规模不大但效果显著的"活力阿伦达"。"我们做的项目是住房，一次帮助一个人。"在阿伦达和费尔法克斯城里及周边，大概有一百五十栋房屋被修缮一新或重建。但人们还有其他的需求。在像现在这样的寒冷天气里，人们需要暖气；但他们还需要食物、庇护所、衣服和贷款以防自己丧失赎取权——在阿伦达有其他机构给他们提供贷款，前提是这些人的收入比本县人口收入中位数低百分之八十。

"这样的人很多吗？"

"多得我们都帮不过来。这里是全美最贫困县的第十位，其他的贫困县大多数都在印第安人保留地。"

说起饥饿和无家可归者，那些生活在贫困之中的人，许多缺水缺电，很大一部分人没有工作，我仿佛是在重温自己在非洲和亚洲旅行的时光。我们谈到救济，还有发展的希望，那种身处偏僻地域，备受忽视的感觉，世界离他们似乎是那么遥远。然而这是真实的世界，公路边上一座陷入困境的城镇，而我的家就在这条公路的另一头，这座镇子我轻易能够到达。

"就像我之前说过的，我想见见一些获得你帮助的人。"

威尔伯拿起手机，让他的助手替我去征得那些人的同意，这样我才可以去看看那些获得救助或正在申请房屋的家庭。

"他们把所有工作都留给你做吗？"我问，"还是会一起参与？"

"我们有一个新的策略，"他说，"要想得到房屋翻新援助，就像戒毒戒酒时得到帮助那样，他们就得在社区服务中担任志愿者。"

"这样做很好。"

"我们会将他们可以做的事情列出清单。清理垃圾；为一个孩子朗读书籍；在一个流浪者庇护所里工作。他们也可能拥有一项技能，这样的话，就要分享出来。我们想把这当作一项硬性要求。'嗨，你会得到某样东西，那就要回馈。'"

电话响了。威尔伯拿起来听了一会儿。

"你想见的人——他们处境很艰难，现在还没准备好。要不等你回来再说？"

如果这种事发生在津巴布韦，这地方倒还真是挺像那里的，我也许就会说：这事很急——我不知道我几时还会回来。你不能再想想办法吗？

但是我说："好的。我另外找时间再来一趟吧。"

躲也躲不掉的帕特尔先生

前景暗淡的阿伦达所有的便利店、三家加油站，还有唯一的汽车旅馆都是印度来的印度人开的，每个印度人都有相同的名字，躲也躲不掉的帕特尔先生，就跟我第一次拜访时了解到的一样。

其中一家加油站，年久失修但生意繁忙，也是一家满是手写涂鸦招牌的便利店，有一个货架上摆着狂烈的黑色主题的DVD、廉价的T恤衫、口香糖、糖果和啤酒。这里的啤酒是一罐罐卖的，所以这里也是那些拿着放在褐色袋里的酒罐酒瓶豪饮的男人常去的地方。我停车加油之后在里面付款时，闻到了一股东方的香气——像烧焦的糖的气味，还有浓烈的咖喱味，你可以将这些味道分解为飘忽的辣眼睛的香料，如豆蔻、姜黄和葫芦巴。帕特尔先生和太太。

"两年前我从布罗奇①移居这里。"站在拥挤的店面柜台后面的苏雷什·帕特尔先生告诉我。布罗奇是古吉拉特邦一座沿河的工业化城市，人口五十万。许多印度店主（在西非和中非，这种人叫"杜卡瓦拉"）说布罗奇是他们祖先的家乡，在那里帕特尔这个姓氏表明他们是古吉拉特邦印度亚种姓的一员。帕特尔先生在阿伦达开设的便利店就跟东非的"杜卡"（即商店）一模一样，那些摆满食品、啤酒、廉价衣服、糖果和居家用品的货架，那块刻板的手写布告牌——"不接受信用卡"，还有一样的简朴气息，带着焚香和咖喱的气味。

苏雷什·帕特尔先生基本讲不了英语，也许他嘟嘟哝哝的发音是因为他在嚼槟榔。槟榔叶子和槟榔果实是印度人喜欢的餐后助消化食物，他们反复地咀嚼这样的混合物，牙齿由此变得猩红。他们还会吐出赤褐色的唾沫，将印度许多的人行道变成粉红色，把水泥地面也染红。

他在印度是个药剂师。"我表哥打电话给我。他说：'快来。生意好得很。'"

帕特尔先生跟他的妻儿匆匆登上一架飞机，接管了一家商店和加油站的生意，阿伦达的三家商店兼加油站有一家的老板现在成了帕特尔。在这座同时是县政府所在地的城镇大约

---

① 布罗奇，印度西部古吉拉特邦城市。

一百五十年的历史中，从来没有一家店铺是黑人开的。

一周之前，我沿着奥兰治堡附近的怀福措普公路往南开时，在另外一个加油站里，一个叫埃瓦茨的男人对我说："白人向印度人出售这些商店、加油站和汽车旅馆。"他当时正好在吃饭，咽了一口之后才把话说完。"现在是印度人接管了。"

但现在我做了一些调查，可以更好地理解他们了。记者和学者通库·瓦拉达詹曾在《纽约时代杂志》上就此发表过一篇文章（1999年7月）。他报道了一个事实，那就是美国百分之五十的汽车旅馆现在为印度裔的人所拥有，这个数据是亚裔美国人酒店业主联会提供给他的。此外，拥有并经营这些汽车旅馆的印度人都是首次从事这个行业，他们中许多人要么在东非经营过商店，要么就是印度农民，或者像我在弗吉尼亚州看到的那样，是移民过来的印度医生，他们设法获得免签，以医生的身份来到美国，然后转而开办汽车旅馆，或将其当作第二职业。

一个印度移民开一家比萨店，或是一个日本移民开一家寿司店，或是一个土耳其人摆一个烤肉串摊，这都是符合逻辑的身份转变，但一个印度人经营一家汽车旅馆就比较反常了。美国式的汽车旅馆在印度是非常罕见的，几乎闻所未闻。于是，瓦拉达詹在文章中写道："美国的汽车旅馆就形成了一个非线性的种族小圈子。"他解释了这个独特的社会学术语："某一个种族群体固定从事某种清晰可辨的经济活动，所做的工作与自己的种族没有明显的文化、地域甚至种族的关系。"这个词也叫作"职业聚类"，就像在纽约那些韩国人开的熟食店，或（据我所知在英格兰）那些希腊人开的炸鱼薯条店。

看来印度移民转而从事旅馆业，是因为开办一家非连锁汽车旅馆（或是家庭便利店）并不需要熟练掌握英语，或是听命于美国老板，他们只需长时间工作。开办餐馆则是个问题，就像我在之后的旅行中遇到的另一个帕特尔先生对我说的，因为老板得亲自品尝食物，而那是绝对不可能的，因为食物有可能是牛排，素食的印度人特别厌恶的一种食品，牛在他们眼里是非常神圣的。

印度的家庭体系是一种优势。在他们做生意需要借首付定金或需要信托合伙人时，其他的帕特尔，他们的族人，就会挺身相助。更彻底地调查了这种现象之后，瓦拉达拉詹发现"百分之七十的印度裔汽车旅馆老板，确切地说是美国所有汽车旅馆老板中有三分之一姓帕特尔"。那还是在 1999 年的时候。现在这个数字比当年大得多。

一个行业由一个新近移民进来的种族所统治，而且这些人还不适应这样的工作，这种情况似乎是不可能的。我试图想象可以与之相比的情况，那是槟榔小贩"潘安瓦拉"，印度每一座城镇都具有的传统特色。我努力想象在印度百分之八十的槟榔小店老板都成了姓史密斯的美国移民来的浸信会教徒。

挣钱是非常明显的驱动力，但最大的好处之一就是旅馆为老板提供了生活空间，便利店也是（就在那些珠帘的后面），就像非洲的商店（未开垦土地上的"杜卡"）一样。但住在店里就意味着没有休息日，不用通勤，而且我也几乎没有见过这些地方聘用过非印度裔人，除非是做仆人、职员或清洁工。这些典型的帕特尔开办的非连锁汽车旅馆，建筑通常都比较简陋，许多还既邋遢又廉价，与查尔斯·波蒂斯（在《下游汽车旅馆生活》中）的严肃观察相符合："那些旅馆门口本来应该挂着一些来回晃动的布告牌，上面写着'非低档旅馆，超低价入住'。"

印度人，特别是古吉拉特邦来的帕尔特们，构成了南方的亚文化之一。而且我越深入南方，就碰到越多的印度人，就像阿伦达的苏雷什·帕特尔，他们总是开便利店、加油站或汽车旅馆。我跟一些人提过他们，那些人回答说："就像《密西西比玛萨拉》①。"那是一部1991年的电影。但现实完全不像那部影片。电影讲述的是一个印度裔的汽车旅馆老板的女儿和丹泽尔·华盛顿②之间热切的爱。这户印度家庭被伊迪·阿明赶出乌干达，又因为这个，女主角的父亲杰伊将他对非洲人的偏见延伸到了南方黑人的身上。

影片的瑕疵在于对乌干达的印度人反非洲人或反黑人的推定。但我在他们中间生活了六年，开始了解了他们。他们说起自己为乌干达的独立尽过一份力时是充满骄傲的（殖民时期的肯尼亚的印度人也是如此，他们用资金、法律援助和自己的反

---

① 又名《密西西比风情画》，讲述印度裔女子咪娜和黑人小伙子狄米契突破种族偏见的爱情故事。

② 丹泽尔·华盛顿（1954—　），美国黑人演员、导演及制片人，奥斯卡影帝，在片中饰演男主角狄米契。

殖民媒体帮助肯雅塔①上台）。他们知道阿明行径乖张。出生于乌干达的印度人好几代都在学习如何适应，所以他们在英国才会变得如此成功。他们不会因为是外国人而饱受折磨，他们已经放弃了许多印度人的偏见，才会选择去英国而不是回到陌生的印度。有些人现在已经回到了乌干达，生意也做得红红火火。

我在南部见到的大多数印度人都是直接从印度过来的，比如阿伦达的苏雷什·帕特尔、我在弗吉尼亚州见到的哈迪普·帕特尔，以及我在旅途中遇到的大多数姓帕特尔和德赛的。他们害怕这个新的国度，并从他们古老的种姓地位中获得安慰。事实上，我遇到过的所有帕特尔都遵从他们的世袭阶级，互相支持，非常迷信。他们对种族差异极度敏感，完全不了解当地历史，一看到黑人就紧张不安，对任何可能威胁到他们的宗教或危害他们种族纯洁观念的人和事都持怀疑态度。他们事实上有可能也会反对他们的女儿嫁给丹泽尔。

这些非线性的种族小圈子中的一些，以乡间道路上的汽车旅馆的形式存在，这些旅馆都干净且经营良好。在我漫长的旅行生涯中，我经常会走投无路临时住进一些廉价旅店，但我入住过一夜的一家帕特尔开的汽车旅馆，位于亚拉巴马州科林斯维尔附近68号公路边上的"旅人宾馆"，确实是我所住过的最邋遢的旅馆之一。在我的房间墙上，有许多一角硬币大小的褐色甲壳虫慢慢爬向天花板，在那里聚集；恶心的床单硬邦邦

---

① 原文为 Uhuru，即乌胡鲁·肯雅塔（1961—　），肯尼亚现任总统、武装部队总司令。但此处应为作者笔误，肯尼亚开国总统为乔莫·肯雅塔，即乌胡鲁·肯雅塔的父亲。

的，积着灰尘和来历不明的污渍；有基本设施的洗手间散发着下水道的恶臭；整层楼都是尘灰绒球——这比我在非洲、印度所见到的任何一家旅馆都要脏得多。前台的德赛先生微笑着听取我的投诉（"我醒来浑身发痒"），还吹嘘说他们的房间都订满了。

他曾经也是一名学生。印度人比我所见到的其他移民群体更加具备一种敏锐的本能，那就是在捷径上插队。印度人在南方的完整故事其实没有被写出来，那是秘密而微妙的，都是些私底下的议论。在一个具有政治抱负的印度裔美国人成为公众人物时，这些议论就会时不时地冒出来。比如路易斯安那州长皮什·（"鲍比"）·金达尔，或是南卡罗来纳州长尼姆拉塔·兰达瓦（妮基·哈蕾），他们俩都是旁遮普邦移民的儿女，全都加入了基督教，都是右翼共和党人，都支持死刑，也蔑视福利项目。两个人都与自己的父母疏离，因为双方父母都是思想传统，也许还有点外国做派，无法吸引南方的选民，虽然锡克教徒、还有许多的旁遮普邦人都把自己当作印度雅利安人 ①。

印度商店店主和汽车旅馆的老板们，许多都是美国居民，毫无疑问工作非常努力，但许多都保持印度的种姓制度，特别是对种族污点的高度厌弃感。我第一次来的时候就注意到，在南方乡村，印度人的存在给人一种奇怪的殖民地感觉，让我清

---

① 高加索人种（白人），历史上原是俄罗斯乌拉尔山脉南部草原上的古老民族，是世界三大古游牧民族之一。

晰地想起当年身处非洲的情景：在内地烟尘漫漫的城镇里的印度人商店，价格虚高的脏兮兮的商品，蹲坐在树下的本地人，这赋予了南方一些地方更为戏剧性、更沉闷懒散、更不可改变的第三世界城镇的样子。

脱离生活

在回亚拉巴马的路上，我走了乡间道路穿越佐治亚州，从阿伦达城外的疏散路线 ① 开始，经过"萨凡纳河"项目附近的那条有核设施的公路。我从塔拉德加国家森林公园出来，走佩尔城 1 号公路以南的乡村公路，开心地蜿蜒穿行了一天，从 231 号公路到 25 号公路，穿过柴尔德斯堡、威尔逊维尔和哥伦比亚纳。这些城镇在阴沉沉的天空下和冬日的细雨中显得有些阴郁。

我在卡莱拉 ② 一个十字路口的一家典当行停下车，打听他们存放的枪支。

"有好多呢，但你是外州来的，我一把也不能卖给你。"

"那我该怎么办？"我问道，只是为了哄他说话。

这句话立竿见影，弄得我都为自己的虚伪而感到不好意思了，因为这个男人看样子非常替我难过。"我知道，你简直是脱离生活了。在这一带你确实需要一把枪。要是我，没带枪可不

---

① 美国有些公路也用作台风或海啸的指定疏散路线，美国东南沿海各州基本上都设有疏散路线。

② 卡莱拉，亚拉巴马州一城镇。

会在这里开车转悠。"

"但我看这地方挺美的呀。"

"这里也有些怪异的地方。老天爷,真希望我能帮上忙。"

他并非指狭窄的收费公路或树林荫翳的偏僻地带,那些地方有一堆堆的圆木和好几英亩的橙色锯木屑,木材公司的办公室一般都坐落在里面。他指的也不是牧场,不是谢尔比温泉那一带和它的绿色池塘,也不是指棉花地。他说的一定是那些突然冒出来的聚居点、那一块块的僭建物、活动房屋和移动居所,看上去就像特大号的香烟箱,还有破破烂烂的房子和小棚屋——美丽的松林里显而易见的饥饿和贫穷。"就像一块过时的土地",我在一个十字路口的一家鸡肉餐馆里写下过这么一句话。在那里我跟一个前往蒙特瓦罗的男人攀谈起来。他以前曾是一名海军陆战队员,刚刚退役,希望能加入蒙特瓦罗警察局。他选择蒙特瓦罗,是因为他有孩子,而那里的高中规模小、气氛友好,城镇比他女朋友所居住的胡佛市更安静。

穿过奥克姆吉森林高高细细、营养不良的松树林,还有格林斯伯勒城外的小棚屋和破房子,沿着主街往南走,对我来说就像回到了家。

罗森瓦尔德的馈赠

在 16 号县道的边上,格林斯伯勒以南十英里的地方,矗立着一座古老的白色木质建筑,引人注目。它最近重新装修,恢复原貌以作社区中心之用。我打听的时候被告知这座建筑一开始是一座两个房间的校舍。这所黑人学校创办于 1917 年——引起我注意的是，这学校的创办缘于一个芝加哥慈善家 ① 的极力倡导，他不知怎的会在遥远偏僻、隔离严重的格林斯伯勒发现办这样一所学校的必要性，这个地方盛产棉花，但不情愿让黑人学会认字或给他们选举权。

"这是一所罗森瓦尔德基金办的学校，我们叫它埃默里学校，"我在格林斯伯勒雷夫·莱尔斯的理发店驻足询问学校来历的时候，他说，"我 1940 年的时候被那所学校招录。半数的学费来自西尔斯·罗巴克超市 ②——这里的人们发挥了作用。我妈妈上的也是一间罗森瓦尔德学校，跟我一样。学生是黑人，老师也是黑人。如果你沿着 69 号州际公路往南走到加利恩地区，那里也有一家罗森瓦尔德学校，名叫橡树林学校。"

朱利叶斯·罗森瓦尔德是德国犹太移民的儿子，他的制衣公司做得非常成功，靠的是将其制造的衣服销往西尔斯·罗巴克超市。在 1909 年的时候，他成了西尔斯的 CEO。到了晚年，他希望用手中的钱做一些实事，于是就想到将自己的财富捐给慈善事业，条件是今天很常见的：必须有另一方也捐出同等的

---

① 1911 年慈善家朱利叶斯·罗森瓦尔德慷慨解囊创办一个基金会，专门在南方资助黑人学校的建立。之后 20 年内，朱利叶斯·罗森瓦尔德基金会拿出 400 多万美元资助，使 50,000 多所黑人学校得以建立。1932 年罗森瓦尔德去世时，1/4 以上的美国黑人儿童正在他所赞助建立起来的学校里读书。

② 美国大型百货连锁企业，以目录邮购起家。

金额，即配合奖助金。罗森瓦尔德相信布克·T.华盛顿 [1] 创办乡村学校的理念是一条出路，于是他与这位伟大的教育家见了面，开始设立罗森瓦尔德基金，在南方的乡下建学校，也在黑尔县建了许多。

"黑尔县的黑人和白人学校比例是五比一。"1937年詹姆斯·艾吉在被《财富》杂志退稿的一篇文章中写道。他当时就任职于《财富》杂志，但这篇文章在2013年以书籍的形式出版了，书名就叫《棉花佃农》。他继续写道："而且因为黑人学校没有得到一分钱拨款，（在茫德维尔）这样好的建筑只可能给白人小孩。黑人仍然挤在一起，多达一百到一百二十人，挤进生炉子取暖的一居室的小棚屋，这些地方如果墙体、屋顶和窗户够严实的话，顶多只能坐五分之一的人。但后来有个地主说：'我不反对办黑人教育，也许上到四年级或五年级吧，但不能再升级了。'"

从1917年开始，在十五个州建了五千所学校，这样的学校一直建到了二十世纪三十年代。罗森瓦尔德本人于1932年去世，最后一批学校就是在那前后建的。但在1948年他留存的钱用完之前，他们又设置了一个项目，用于资助特别有前途的黑人学者和作家。其中一位年轻作家是来自俄克拉荷马州的拉尔夫·埃里森，他获得了罗森瓦尔德奖学金，这给了他时间与动力去完成他的小说《看不见的人》，一部详细描述美国的种族冲

---

① 布克·T.华盛顿（1856—1915），美国政治家、教育家和作家，是1890年至1915年间美国黑人历史上的重要人物之一。

突和绝望的作品。罗森瓦尔德奖学金还颁给了摄影师戈登·帕克斯①、雕塑家伊丽莎白·卡特莱②（她后来创作了纽约市的埃里森纪念碑），还有 W. E. B. 杜波依斯、兰斯顿·休斯和其他黑人艺术家及思想家。

靠罗森瓦尔德捐助和当地力量兴建起来的学校一开始都比较简陋，是和格林斯伯勒这一座一样的两房间的学校，有两位最多三位老师。学校通常都叫罗森瓦尔德学校，虽然罗森瓦尔德本人反对以自己名字命名学校。进入三十年代之后，学校的条件开始好了些，都是灰砖建筑，房间也更多。这种使它们有别于其他学校的简约风格——因为它们看上去很相似——都是源于很详细的建筑计划，计划来自两位建筑学教授罗伯特·R.泰勒和 W. A. 哈泽尔对塔斯基吉的研究。在 1915 年的一本小册子《黑人乡村学校及其与社区的关系》中，他们发表了自己的想法。

这些学校的设计特点之一是强调通过大型窗户引入自然光线。这种做法基于一种假设，那就是它们所在的乡村地区也许不会通电。在罗森瓦尔德的建筑蓝图中，油漆的颜色、黑板和课桌的摆放，甚至是朝南以保证最大限度的采光等，都做了非常具体的设计。这些蓝图均由他的行政主管、建筑师兼教育家塞缪尔·莱昂纳德·史密斯精心绘制。

---

① 戈登·帕克斯（1912—2006），美国摄影师、音乐家、作家、电影导演，以大胆、有力的照片展示种族冲突和民权。
② 伊丽莎白·卡特莱（1915—2012），美国非裔画家，其版画和雕塑描绘非裔美国人的生活。

虽然布克·T. 华盛顿于 1915 年去世，那时罗森瓦尔德还没有开始建造学校，但布克的理念却得到了实践——其中重要的一点是在这样偏远的地区，如果一所学校还可以作为会议厅、社区中心、集会场所和礼堂来使用的话，它的作用将更为突出。为此目的，一些学校里安装了可以打开的活动内墙，这样一来，房间便可以合并或扩大。

格林斯伯勒这座简朴的白色建筑是早期的历史遗迹，要是雷夫·莱尔斯没有解释过它的历史，还有他本人与它的关系，我根本不会知道在大约一百年前，有一位芝加哥来的具有慈善意识的陌生人——谦逊、淡泊名利的白人犹太人，努力在这里做出一番改变。顺便要说的是，他的奖学金使美国文学因许多有关黑人经历的杰出著作而得到了丰富。

"费用有一部分是家长的责任，"雷夫·莱尔斯对我说，"他们得支付一定的教师津贴。不一定非得是钱不可。你听说过有人送鸡给医生支付医疗费吗？那可是真人真事，就发生在美国。有些是以玉米、花生和其他东西来支付的，而不是现金。那时候他们没有钱。人们开始拿到现金已经是二十世纪四十年代的事了。"

学费是以货抵款。雷夫·莱尔斯出身农民家庭，他用他父亲种的作物，还有鸡和鸡蛋交学费。

"你的学校为什么叫埃默里学校？"我问。

"学校是按一位绅士所给的名字命名的，他姓阿格纽。"雷夫·莱尔斯说话还是那么清晰准确，语速缓慢。虽然我们交谈时，他通常坐在他店里的一张理发椅上，隔壁则是他的灵魂料理餐厅，但我总是想起尤金·莱尔斯首先是一位牧师。"这位阿格纽先生跟一位叫汤米·鲁芬的人合伙做事。他在那一带拥有土地。阿格纽将土地给了学校，条件是以他儿子的名字命名学校。他的儿子叫埃默里——已经去世了。"

"你认识那个埃默里吗?"

"我父亲认识。我父亲和其他年纪相仿的人帮助建造了这栋校舍。最近帕姆·杜尔和'英雄'组织的工作人员计划重新修缮学校。"

我问他有没有为复兴出力。

"不是像这样的工作，"他说，"但我很自豪的是，这栋房子作为社区中心重新开放的时候，我去做了发言。我父亲若是在，也一定会为此骄傲的。我父亲和阿格纽先生的儿子埃默里是同时代的人，年纪也差不多。那时年纪也大了，我爷爷是 1850 年出生的。"

我以为我听错了。那肯定是不可能的，我又询问了日期。

"没错，是 1850 年。" 这么说布克·T. 华盛顿（1856—1915）比雷夫·莱尔斯的爷爷年纪还轻。"我爷爷不是在这里出生，他是移居过来的。他还记得奴隶时代——他跟我们讲过很多。我十三岁的时候，爷爷去世了。我是 1934 年生的。他去世时应该是九十多岁。算算就知道了，1860 年的时候他十岁。那时黑人是不能受教育的。他生活在奴隶制时代。所以他的姓取自他主人的姓，莱尔斯，他叫安德鲁·莱尔斯。后来他说了内战的一些故事，就把这些事都讲给我听了。"

棉花小姐

"蓝色阴影民宿"是我在格林斯伯勒那段时间的家。除了镇子另一头那间半废弃的"客栈汽车旅馆"（也许是帕特尔先生开的），我也没有其他地方可住。我根本就没有发现那间旅馆有停车或是住客。另一家更老的包早餐的旅馆是主街上的"穆克尔旅舍"，也已经关门大吉了。最近的没有蟑螂的汽车旅馆要往南再开二十英里才能到，就在德莫普利斯镇外的一条小道上。

"蓝色阴影"是一间很大的方形房屋，看得出比较浮华，坐落在黑尔县监狱那头的一个树林里，在格林斯伯勒的农耕郊区。我的房间是车库顶上的僭建物，对我倒是挺合适的，因为它与隔壁的房子隔离开来。旅馆的主题音乐总是老板最爱的歌曲，主要是百老汇音乐。

旅馆的老板和居住者是一位上了年纪的独居寡妇，珍妮特·梅太太，曾经的选美皇后——记录这些信息（年长的女士，曾经魅力四射，独居，旅馆老板，很大的老房子）的时候，我注意到我的记录有着南方奇特的风格，仿若在描述卡森·麦卡勒斯[①]笔下的人物，《伤心咖啡馆之歌》中那个上了年纪、爱卖弄风情的女人浮现在我的脑海。在这本小书里，独居在南部小

[①] 卡森·麦卡勒斯（1917—1967），美国作家，代表作为《心是孤独的猎手》。

镇的爱密利亚·伊文斯小姐的家里迎来一位神秘客人、驼背人李蒙表哥，他成了她爱的囚徒，直到他在狂怒之下抢劫她，伤透了她的心。不过珍妮特·梅是善良、慷慨大方、热情待人的，心里没有丝毫怨恨，是当地卫理公会教堂的中坚人物，也是一位手艺高超的厨娘。

"曾经的选美皇后"，据我观察不是她吹牛。我在房间里探查的时候，在一个壁橱的高层上发现了一个奖杯，上面刻着珍妮特出嫁前的姓，还有她的头衔"1949 年棉花小姐"。我从这些线索和梅太太提及的事件推算出她现在八十七岁，她的厉害之处是她把这间旅馆管理得井井有条，没有多少忙乱，虽然她的举止是慢吞吞的殷勤。

她曾经在纽约风光过几年，做鲍尔斯公司的模特。"一个初级模特，"她解释道，"因为我不够高。"她来自查塔努加，定居在格林斯伯勒，这里是她已故丈夫的家乡，他们在这座房子里一起养育了五个孩子——其实"蓝色阴影"已经在梅的家族里经营了几代人。约翰·梅以前是个民航飞行员，几年前去世了。珍妮特聘请了一个管家埃尔迈拉，她为约翰·梅一家工作了好些年。珍妮特很爱埃尔迈拉，非常感激她的帮助，特别是在她寡居的孤独日子里给予她的陪伴。

有一个动人的富有南方意味的细节与埃尔迈拉有关。好几年前的一天早上，珍妮特满怀感激之情地说："埃尔迈拉，你为什么对我这么好？"

这位黑人老妇当时正在扫地，她停下来说："梅先生和我是亲人。"

这件事我不是从珍妮特那里听说的，而是城里一个人讲给我听的，他发誓说这件事千真万确。我记录下来的时候意识到，这句话听起来也像是一部南方小说里的对白。

珍妮特很随意地向我说起她的一个儿子每年都在非洲当一段时间的志愿者，协助做某种社区发展工作。"帮助别人。"

"在非洲什么地方？"

"赞比亚。"她说。

我努力克制自己讥讽的大笑。我对她说其实格林斯伯勒的一些地方，破败的房屋、棚户区、泥土路、封闭了的商店、印度人开的加油站和被虫蛀的"客栈旅馆"、许许多多无所事事的年轻人、焚烧蓝桉树散发的烟雾的味道和新翻松的土地的臭气、红土道路、木柴加工厂——这里有这么多与我在赞比亚所看到的一模一样的情况。既然如此，她的儿子为什么不在格林斯伯勒做些事情呢？

"这是个好问题，"她说，"我真希望你能跟他谈谈。我自己也经常这么想，真的。我不知道他为什么坚持要到非洲去。"

我建议她等她儿子下一次生日的时候，送他一本《暗星萨伐旅：从开罗到开普敦横穿大陆的旅行》[1]。

珍妮特儿子的动机毫无疑问是理想化的。许多南方人去非洲是为了劝人们改变信仰：二十世纪六十年代我见过马拉维和乌干达腹地全是这些人，通常是传教士和他的妻子，有时是一个小家庭，就住在他们小小的乡下教堂隔壁。那些教堂是他们

---

① 本书作者保罗·索鲁所著的非洲游记。

用从家乡募捐来的钱建起来的。

"尽管白人新教徒传教士被派到非洲是来拯救当地的黑人异教徒的。"欧斯金·考德威尔在他 1966 年所写的有关南方教会的篇幅像一本书那么长的杂文里写道——他自己的父亲就是一名巡回传教士。"在国内,大家害怕如果给南方黑人渗透太多基督教的兄弟精神,他们也许会起来反抗,不愿继续待在他们指定的地方,也许还会认为他们有权在社交、政治和宗教上被友善对待。"

有一天珍妮特说第二天晚上她所属的第一联合卫理公会教堂会举行家常晚餐会。她说我真得去一趟,因为那里的食物很可口,我也会受到欢迎。结果我那天晚上很忙,我已经计划要去看望雷夫·莱尔斯了。这个约会触发了一个问题。

"家常晚餐会有黑人参加吗?"

"喔,没有,没有来过黑人,"她说,"在这里黑人和白人不来往。"

"在教堂里也没有吗?"

"保罗,"她说话的语气像在训斥一个傻子,带着南方口音的训斥听起来特别看不起人,"他们有自己的教堂。"

"这么说没有混合种族的聚会了?"

珍妮特摇摇头说:"我那边的邻居们是一家黑人学校的老师,但我清楚地知道,虽然他们在教黑人,但根本不跟这些黑人来往。他们家里没去过黑人。我想你肯定很纳闷。但情况就是这样。"

她说话慢条斯理,停顿很长时间还犹疑不决。但我开始喜欢她，发现她很厉害——以她的年纪管理这么个地方，还能购物，解决很多日常和烹饪方面的问题，除了埃尔迈拉所做的一点清洁除尘工作，其他事情她都是亲力亲为的。

打扫这个地方其实不容易。这座房子非常杂乱，放满了小饰品，有一些石膏猪、跳舞的青蛙、贝蒂娃娃、高尔夫奖杯、可爱的布告牌和版饰（楼梯间写着"你们好啊"）、流苏、圣诞花环、来自各处的纪念品（有新奥尔良、纳什维尔、迪士尼世界）、电影画报、一个安在架子上的鹿头、装饰垫布、小地毯、杯垫、印花的马克杯，还有一股防霉地毯和空气清新器的有毒的混合气味。

然而我欣赏珍妮特，佩服她的幽默、坚毅、优雅和独立。她是一个做着年轻女人的工作的老妇人。要跟她打趣很容易，可以嘲笑她说的"他们有自己的教堂"，或是说说她精心修饰的妆容：抹了胭脂的脸颊、乌黑的眉毛、性感的粉红唇膏。但她是另一个时代的人，连她的站姿都是——微微身体后倾，一副傲慢的鲍尔斯模特的姿势，双腿并拢，一只手高举，一个手指头抚着脸颊，看着像卖弄风情的女子那样有点微醺：棉花小姐。

有时我会觉得自己脱不开身，但还是有我需要的个人空间。我需要独处来将我的笔记和记录的对话转录成描写和对白。我没有使用录音机。一天清早，一场暴风雨降临了。风很猛，雨很大，长驱直入，风刮过这片平坦的农田，雨水将它浸湿。密密的雨帘从密西西比河漂过来，淹没了"蓝色阴影"的院子，将大型的白色山梅花和木槿丛打得七零八落。风拉扯扭曲着光秃秃的树枝。当时电闪雷鸣，巨大的暴风雨向我们袭来，与我在北方所遇到的任何风暴都不相似，更像是印度的季风雨，突如其来，打湿一切，使其陷入瘫痪。雨打在泥泞的院子里发出很大的响声，这是很有亚洲风情的。我所有能做的事情就是等待，坐着等，看着暴风雨撞击着"蓝色阴影"的营业招牌，它不住地来回晃动，我觉得它就要脱落了。在那场暴风雨中，我想起我需要这栋房子作为避难所。

而今之人不知过往

在卫理公会教堂的家常晚餐会当晚，我在莱尔斯的理发店里，跟雷夫·莱尔斯聊起格林斯伯勒各种各样的教堂活动，当时我心里想的是珍妮特·梅的邀约。他举起一只手，示意我不用再多费口舌了。

"这里的白人我认识的非常少。"他说，语气并不苦涩，只是就事论事，让我知道虽然他这辈子七十九年都住在格林斯伯勒，但另一个种族的情况却无从评说。

对于是否进过白人教堂的问题，他摇了摇头。

"我们并不受欢迎，"他说，"我这是经验之谈。当时有一个葬礼，我去参加了，因为我的朋友想去，我去那儿给他帮忙。当我们走进去的时候，每个人都扭过头来。我心想：'天哪。'我对我朋友说：'我可不想引人侧目。'于是我就离开了。四十年前如果你试图走进去，他们是会揍你的。三十多年前，一个男人直接挥拳给了我朋友一击。"

"在一座教堂里吗？"

"就在教堂门口，"他仔细想了一会儿，"每个经历过这事的人都还记得。那时格林斯伯勒开始有些骚乱，1959年和1960年的那些抗议活动发生在类似的地方。金博士到格林斯伯勒来过，1962年和1963年间有三次，还在圣马修斯非洲卫理公会主教派教堂和圣卢克斯教堂发表过演讲。"

"当时是秘密的吗？"

"是的，是的。在车站那一带还有间安全屋，1968年的时候他曾在那里躲避过三K党。"

安全屋曾经是民权斗争的标志建筑之一，现在是格林斯伯勒的安全屋黑人历史博物馆。这间盒式木屋纪念着在那场运动中许多无名的无人讴歌的斗士，以及被忽视的地方，比如这间小小的木屋。它还记载着一次千钧一发的救援：热情的当地人在1968年3月21日的晚上，在格林斯伯勒的一个街角将马丁·路德·金从一个凶残的暴徒手上救了下来。

"那时候我们就知道他要来，"雷夫·莱尔斯说，"我们有联系的。他发表演说的时候，那里座无虚席。"

"他说了些什么？"

"他强调的是非暴力，"雷夫·莱尔斯说，"选民登记。不要用枪支和武器去反击。那都是历史了。但看看后来的这些年，黑尔县还是很不稳定。对形形色色的人来说，种族之间依然存在着不信任。我们刚刚选出了一个黑人遗嘱检验庭法官，现任的市长是第二任黑人市长。就是JB，约翰尼·华盛顿，他跟我年纪差不多。"

"我上次来的时候见过他，"我说，"我们谈过。他也说了现在的问题。"

"存在着许多分歧,"雷夫·莱尔斯说,"但你必须考虑的一点是,变化不可能发生在一夜之间——它一定要经历好几代人。学校的融合带来了巨大的变化。孩子们一起上学的时候,他们看待生活的角度就跟以前隔离的时候很不相同了。"

我说起这里的人会彼此问候,不像在北方,陌生人都避免眼神交流和打招呼。

"你得住在这里才能明白这一点。人们有时候相互间很有距离,但一声问候、一个问好就把他们拉近了。你我现在在交谈,这跟以前大不相同,以前黑人和白人是不会相互交谈的。还记得我弟弟本尼吗?"

"是的,他参过军。"我在那家灵魂料理餐馆见过他,我们一起吃过饭,他跟我说了他去过北方的事。

"要是在以前,你是不可能像之前那样跟我弟弟说话的。我说的是白人。你们互相之间一个字也不会说。这种情况的改变源于黑人开始担任公职,开始跟其他人往来,开始意识到你我也许有相似的观点。"

"这么说,情况改变了?"

"有些是。我也见过非常大的变化。但如果想要有真正的改变,你得去找到一些人来一起改变。所以大家都得伸出手来。我们不能就这么坐着希望情况会有改变。首要的一件事是找到改变的资源。如果你没有找到资源,那你就得找一个有这种资源的人。同样地,如果他有资源,那他就得请我出力。"

"在我看来,你这辈子都是自给自足,自己做自己的事。"

"这栋房子是我自己建的，灰砖建筑，质量很好。我花了好几个月的时间。我去找市长申请许可证，那可不容易。获得许可证之后，我还得进行各种斗争，随机应变。"

"你是怎么借到钱的？"

"根本就不轻松。我找了一家又一家银行。最终有个银行家对我说：'我会审查一下。'当时是1962年，我二十多岁的时候。那个借钱给我的人对我说：'那些人最不愿意看到的就是你在格林斯伯勒能得到经济上的支持。'他是个上了年纪的男士，白人。他说：'他们宁可见到你失败。'"

"但你成功了。"

"我当时是个理发师，我想开一家自己的理发店。椅子我全买新的。我想要我在其他城市看到的东西。我对自己说：'我想在格林斯伯勒看到这一切。'"

"你有其他的白人顾客吗？"我问。因为在我来的前一天，我看到雷夫·莱尔斯在给一个白人老人刮脸——那可是一景，因为那个人的肤色不是白的，而是粉红的，人比较胖，七十或七十多了，看样子像是格林斯伯勒的老卫兵之一，他微微后仰躺在椅子上，雷夫·莱尔斯手指捏着一把锋利的剃刀，用闪闪发亮的刀刃刮着他的脖子，就像梅尔维尔的故事①里，德拉诺船长在"圣多米尼克"号的甲板上目睹到暴动者巴博给俘虏贝尼托·切雷诺刮脸。但这纯粹是我的个人想象。

---

① 此处指《贝尼托·切雷诺》，小说讲述的是一艘运送黑奴的西班牙商船上的黑人暴动。

"你昨天早上看到的那个人，也许是第五次来吧。但他在这里住了一辈子。这种变化是随着时间的推移而产生的。过去这两三年来，有些白人会到这里来。时间发挥了作用。他们以前去的是主街上那家白人理发店，不是我的。"

"你去过那里吗？"

这问题让雷夫·莱尔斯大笑不止，他摇了摇头说："伙计，我连到那店门口站一下都不曾有过。他们不允许我们站在人行步道上，不允许我们说话，什么也不能做。我年轻的时候，这些都是他们所不允许的。这就是我经历过的变化。"

"你那时候有什么感觉？"

"这让我很愤怒，"他皱着眉头回忆说，"所以到选民登记的时候，我们都是早早去登记的。但如果你不让黑人白人像现在这样一起聊天，你可以想见，那就不会有生意了，商店关闭，就业机会也没有了。现在的市议会和县委会里都有黑人。我们的国会议员都有黑人，泰里·塞威尔。"

泰里西娜·塞威尔代表着亚拉巴马第七选区，这个选区多数地方位于黑人地带。她是一位五十岁的受过高等教育的女士，出生于亨茨维尔，在塞尔玛长大，她的父母在塞尔玛密切参与了民权运动。她毕业于普林斯顿，在哈佛法学院和牛津大学拿了研究生学位。在华尔街的一家律所工作了十年后，她回到亚拉巴马，在伯明翰担任一家律所的合伙人，专门负责公共财政类的官司。在 2012 年的选举中，她以绝对优势成为亚拉巴马州第一位黑人女众议员。

"这就是民权运动的目标，在政府中获得平等的地位，"我说，"现在已经实现了。现在的经济困难比以前更大了。那下一步怎么做呢?"

"这些人得坐下来好好想想，在经济上他们能做到的带来改变的最切实可行的办法是什么。"他说，"但现在格林斯伯勒许多人反对发展经济。那些元老家族是得过且过的心态，这些家庭好多是白人。他们的想法就是如果原来劳动力价格合理的黑尔县贸易繁荣起来，那他们就得支付更多的人工费用了。另外，这里是农场区，他们也想保持原状。养牛，种大豆，养鲶鱼。"

在格林斯伯勒的水塔上，漆着几个大字:"亚拉巴马鲶鱼之都"。鲶鱼被一些人视为经济发动机，对于其他人则是种植园卷土而来。一位亚拉巴马的记者帕特里西娅·德里克在《伯明翰新闻报》(2002 年 10 月 13 日)上写道:"在南方的荣耀之地（即格林斯伯勒），没有技术的男人、单亲妈妈和来自方斯代尔州监狱的刑满释放人员构成了劳动力的主力军。还有来自塔斯卡卢萨和更远地方的说西班牙语的杂工，他们的车费都要从工钱里扣。"整个行业，尤其是刑满释放人员，工资少得可怜，颇有已经被取缔的十九世纪"劳役偿债"制度的味道，这种虐人的制度在南方曾经很普遍。

"还是有些鲶鱼的，"雷夫·莱尔斯说，"但这里有个不到一个月前刚刚关闭的车间。这是个高风险的行业。当梅赛德斯奔驰落户塔斯卡卢萨的时候，那对于黑尔县不啻一剂强心针。我们需要些跟我们的城镇更密切的产业。"

我正要离开，突然看到他的书桌上有一本书，他通常坐在这张桌子旁研读他的《圣经》。我问他那是什么书，他说这书他一直在看，然后就拿给我看了。那是亚特兰大埃默里大学的美国历史学教授苏珊·杨格布拉德·阿什摩尔所著的书，书名叫《继续前行——贫穷反击战和民权运动，1964—1972》。作者来格林斯伯勒的时候，他见过她，他将自己在民权运动时代噩梦一般的经历告诉了她。

翻看这本书时，我发现书中描写了1965年7月在格林斯伯勒发生的一起事件，三K党人抗议发生在主街的一次和平游行示威，抗议活动演变成骚乱。当时本地的白人与身着长袍、举着标语的三K党人一起抗议，他们的标语上写着"打倒共产主义""反对种族融合""保卫美国式生活"。这些人用棍子、橡胶管和铁锤袭击了游行者。十七个人受伤入院，全都是黑人。两间黑人教堂被焚烧。到七月底，四百三十五个黑人示威者被捕入狱，许多遭到起诉，罪名是非法集会和破坏和平。

"我们晚上害怕出去，"雷夫·莱尔斯说，"过了一段时间，连白人也担心起来。即使今天他们还是很担心，心想：'那天晚上被你殴打的黑人们认出你来了。'所以，这种恐惧让人产生了隔阂。"他拿着书摇了摇头。"而今之人不知过往。"

我们的兰德尔·科博

一天早上，我在"蓝色阴影"吃早餐，听了我连珠炮似的问题，珍妮特·梅转着眼珠子，无计可施地叹了一口气。她说：

"你知道我们的兰德尔·科博吗?"她的语气说明她觉得,我是个作家,就该认识这个人,他也是个作家。我说我没有听说过他。

接着我笑了。"但也许他听说过我。"

她尖叫起来:"保罗,你真是太逗了!"

她开始使劲地想。她有个习惯,一思考问题就用手拍打她盘起来的发髻两侧,就像一个锡克教徒平整他的包头巾。她拍了一会儿,然后说:"他是个历史学家,能够回答你的所有问题。"

我说可以。她打电话给他,然后把听筒递给我。我们谈了一会儿,接着兰德尔·科博以一种南方做派对我说,欢迎我随时去他家,还把地址给了我。

"今天早上晚些时候怎么样?"

"完全没问题。我会好好款待你。"

我离开"蓝色阴影"之前,珍妮特哼了一声示意我说:"兰德尔的视力非常差,所以动作迟缓,但这对他的行动没有什么影响。"

那栋带百叶窗和纱门门廊的白色房子就在市中心附近,在第一大街和主街交界的街角,正如他所说,很容易找。我听从他的建议,将车停在他的草坪上。我一敲门他就来开门了。兰德尔·科博块头挺大,脸色苍白,微微有些气喘,年纪六十上下。他的脸胖胖圆圆,坦诚的表情显得挺孩子气。他有蓝色的大眼睛,有着近视者常见的热切但有些游移斜视的目光。他伸出胳膊摸索着找到了我的手,拉着它热情地握起来。

"你是保罗，"他说，"快请进来。"

我立刻置身于许许多多的书籍之中，在摆满书的架子上，我认出了自己心爱的作家和书目，不禁笑了起来。我们穿过门厅，那边有更多的书架。这很不寻常，迄今为止我在南方都没见过多少书，没见过摆满书的房间。我没有见过一个读书人，去过的房子里我也没有见过书，虽然很多人家都有书柜。那里的书架通常放着一些纪念品，就像珍妮特·梅的跳舞的青蛙和石膏猪，还有一些挂盘。

正因为如此，每次当我说起自己是个作家时，大多数人都只是笑笑。在我看来那笑容代表遗憾，就像我刚刚说起个人的过失，不过是一个可爱的值得原谅的过错。因为对于不爱读书的人来说，书就是谜题和挑战。他们不知道接下来该说些什么而显得有些为难，所以多少会怪我将他们置于这个尴尬处境，就像赴宴的客人在一群肉食者中间落座，然后说："对了，我是吃素的。"

与兰德尔会面的另一个特别之处是，我在南方旅行的一年半期间，在我遇到的几百个人之中，他是唯一知道我的名字、看过我的书的人。不过那样其实也有好处，不为人知反倒自由自在、没有负担。

在我的旅行生涯中，作为一名作家生活在文盲之中并非难事。在非洲度过的大多数年头里，我一直很开心地跟那些人住在一起。对他们而言，书不仅是晦涩难解的，而且简直就是威力无限的神明。没有受过教育的人往往有其他厉害的技能，更有观察力、更精明，说起话来比受过教育的对文学体验有限的人更天马行空，他们认为对于生活的问题，所有的答案都能在《圣经》或《古兰经》里找到。还有最懒惰、最自以为是的人，他们能够阅读却嫌费事，生活在最自鸣得意的无知中，在我看来这些人非常危险。

一位读者邂逅另一位读者，那一定是惺惺相惜了。这种开心时刻的妙处，对于一位不读书的人是无法言说的，我干吗还要那么费事呢？但你，手里拿着这本书的你，对于这种景象一定是很熟悉，所以我也不必赘述。我在其他书里也写过类似的感受，写到过我在夏威夷的一处海滩偶遇伟大的学者里昂·艾德尔[①]。里昂写过我最喜欢的其中一本书，五卷的《亨利·詹姆斯传》。我由得自己在夏威夷过着平庸无趣的岛屿生活，在这些岛上没有别的消遣，除了美味的食物、舒适的天气、海滨艳阳、如山巨浪和标志性的彩虹。

所以我在夏威夷非常心满意足，对那里的阳光和我的工作都很满意。但当我遇到跟我一样娶了当地姑娘的里昂·艾德尔时，我意识到我的一部分大脑、我的一部分经验、我的一种表达方式重获新生。我们非常聊得来，特别是谈论书籍时。这就好像（我后来也写到过），我在自己的星球上遇到了一个外星人同类：我们俩看起来跟别人无异，但都来自读者族群，说的是同一门语言。在那之后，我经常跟里昂见面，一起吃饭、喝酒。他去世的时候，我为他伤心，也为自己难过，我再次孑然一身，在瓦胡岛的晴空下，说着洋泾浜英语或是基础英语，泛泛而谈，

---

① 里昂·艾德尔（1907—1997），美国文学评论家、传记作家。

什么也没说到。

让我深感满足的是兰德尔·科博的图书馆里一个书架上摆着里昂·艾德尔所著的五卷《亨利·詹姆斯传》。它们给了我一个机会跟他讲述我跟里昂·艾德尔的故事，我对他说能遇到另外一个读者是我多大的荣幸。

"很久以前你的《蚊子海岸》刚出版的时候，我在伯明翰的报纸上写过书评，"他说，"那时我的眼睛还能看书。"

我们坐在他会客室里的一张沙发上，身边有更多的书，还有油画——十九世纪的风景画，还有装饰性的玻璃器皿和坐垫。屋里回荡着古典音乐，这是我第一次在南方人家里听到古典乐。阳光从蕾丝窗帘透过来，照在光亮的桃花心木桌面摆着红玉色的花瓶上，赋予其生命，照亮了它深红色的脉络，让它镀金的瓶口闪闪发光。

"我生来就达到法律认定的盲人标准，视神经萎缩，"兰德尔说，"我不能再看书了，但还是在买书。我喜欢把书拿在手里，摩挲着它们。"他现在手里就拿着一本书，乔治·奥威尔 ① 的传记。他已经听过这本书的有声版，也略略谈了一些。接着他问我来格林斯伯勒做什么。

"有点像奥威尔，"我说，"想想《去维冈码头之路》和《巴黎伦敦落魄记》。在南方走访，开车四处转悠，只看乡村。"

"虽然我热爱旅行，但从来都开不了车。我非常羡慕你能开

---

① 乔治·奥威尔（1903—1950），英国小说家、记者和社会评论家，代表作为《动物庄园》《1984》。

车到处走。"

"你是在这里出生的吗?"

"是的。在主街的一个医生诊所,从来没有离开过,虽然我每年夏天都会在英格兰待很长时间——伦敦、牛津,等等。"

"你是怎么做到的?视力有限还能旅行?"

"有人帮忙。但伦敦良好的公共交通系统让我的旅行变得非常轻松。这里的夏天热得受不了。伦敦对我来说就很自在了。你是个旅行家,一定明白的。"

"珍妮特·梅说你是位历史学家。"

"那是珍妮特过奖了。她人真好,对吧?格林斯伯勒到处都是像她那样的人。"他说。"对了,我写过一些有关这座城镇的文章。我编了一本书,叫《历史上的黑尔县》,大概二十年前在本地出版过。"

"让我萌生来南方看看并探访格林斯伯勒的,是《让我们来歌颂那些著名的人》。"

"哦,是的,其他人也这么说。他们来到这里,没看到分益佃农,觉得相当失望。"

"我并不失望。这是我第二次来。我打算经常回来看看。"

"许多人经过格林斯伯勒,深深地喜欢上这里,然后在这里买了房子,"兰德尔说,"有些人会留下,但对于其他人来说,它的魅力会渐渐消退。他们会把房子卖掉,他们修缮好的宅子让他们亏了钱,之后他们就搬走了。"

"其中有些房子虽然有些斑驳,但真的挺豪华的,"我说,"在艾吉的时代,它们一定风光无限,但他的书中没有提到这些房子。"

"他聚焦分益佃农，那些穷苦的白人。但这一带在内战前是一片非常富庶的区域，是棉花工业的中心。这些大房子曾是当年的棉花巨头的市内住宅。他们在种植园还有大房子。早期种植园就在这里，在镇子边上。"

我们谈到了艾吉。兰德尔一直在谈论《让我们来歌颂那些著名的人》的内容，他一边说我一边想，在契诃夫的小说里，你会遇到像兰德尔这样的人。其实你会遇到许多与契诃夫笔下人物相似的南方人——不只是偏狭孤立、会聚在一起喝茶的知识分子，还有常见的乡下穷人，非常接近农民阶层的美国人：挣扎求生的小佃农，住在棚屋里的人，他们都对南方的奴隶制有些坊间回忆，就像俄国人对农奴制的回忆。（两个群体解放的日期非常接近，林肯解放黑奴是在1863年，沙皇亚历山大二世解放农奴则是在1861年——两次解放都与战争有关，南北战争和俄国的克里米亚战争。）

兰德尔就像以前地主的子孙，雷夫·莱尔斯则是奴隶的后代——两个人都对复杂的过去有着感情强烈的回忆。雷夫·莱尔斯受到委屈，但满怀热情、虔诚、宽容和希望；兰德尔亲切慷慨，甚至很贴心，乐于分享他对格林斯伯勒的认识，他是这方面非正式的历史学家。两个人对来访者都充满感激。

我努力向兰德尔解释我对《让我们来歌颂那些著名的人》的感受，我觉得这本书相当主观，旁枝末节太多，而且因为决意标新立异，结果更像是一部虚构的文学作品，而非对于分益佃农状况的可靠记录。似乎很反常的一点是，艾吉无视黑人的存在，这些人在他到访黑尔县期间正饱受私刑的折磨，而且黑人在当时本应该占人口的大多数。

我说这本书让我佩服的一点是，它糅合了精炼的特写，对人们的服饰、小棚屋的地板、简朴的三餐、衣衫褴褛头发打结的野孩子们的细致描写。沃尔克·伊文斯的笔下捕捉到这些场景，将篇章分开来看，这本书颇具启发；整体看则有失平衡，矫揉造作且过于激昂了。这就难怪它在1941年初版的时候仅仅卖出了六百本，但二十年后再版的时候，情况就好多了。我首次读到这本书的时候还是个大学生，当时的我，用威廉·布莱克①的话来说，被其"细致入微的清晰描写"深深打动。

我对其散文风格的评判引得兰德尔说："我觉得它的语言简直像符咒。我要大声朗读，它才会更好懂。"

"符咒"这个词似乎说对了，像古代歌谣一样一咏三叹的散文风格。而艾吉既是诗人也是散文家，这样的评论应该会让他很高兴。艾吉才华出众，但文风并不稳定，他内心冲突，有自戕的倾向，还酗酒，对他的三任太太施行家暴。他出生于田纳西的诺克斯维尔，写一本有关南方这样一个角落的书，对他来说意味着一切，虽然这本书和他所写的其他书籍文章一样后来停印了。在他四十五岁死于心脏病之前，他认为自己是个失败者。这本书一开始本来是他为杂志写的文章，但他为所供职的

---

① 威廉·布莱克（1757—1827），英国第一位重要的浪漫主义诗人、版画家。

《财富》杂志所写的长篇被编辑退稿了。那篇文章后来成了一本短小的《三个棉花佃农家庭》，行文清晰透彻，堪称典范，一点也不像后来延伸出来的那本书。

艾吉笔下称之为里基特、伍兹和罗格斯三个家庭的分益佃农家庭，其实分别姓汀格斯、菲尔兹和巴勒斯。他们的一些后人依旧住在格林斯伯勒偏北一点的地方，就在阿克伦城附近。时不时地（特别是 2005 年大卫·惠特福德在《财富》杂志上所写的一篇文章中提到），记者们会回到这个地区，却发现这些人愤愤不平，因为他们觉得艾吉的描写给他们带来了耻辱——其实是让他们出了名，他们觉得他们的贫困被误传，而且这破坏了他们对向其倾诉的陌生人的信任。这是"种族的耻辱"，大卫·惠特福德写道："艾吉所写的和伊文斯所拍的那些家庭还是可以敏锐地感受到，还延续了好几代人。那些认识这几户人家的另一阶层的人也能感觉到，他们觉得这几户人是白人中的渣滓，让人蔑视。"

"人们心里觉得，他们是南方最糟糕的代表，"兰德尔·科博对惠特福德说过，"当然这是最大的讽刺，因为艾吉拼命想告诉读者，这些人代表不了南方。"

对于《让我们来歌颂那些著名的人》中这些家庭最细致的回访被记录在戴尔·马哈里奇撰稿、迈克尔·威廉森摄影的《他们的孩子如何生存》中。这本书的书名，就像艾吉的书名，也是出自《德训篇》第四十四章。这本书受到很高的评价，还获得了普利策奖。我只是浏览了一下，兰德尔却仔细读完了。

"那本书充满恶意，笨拙，而且满是偏见，"兰德尔说，"他们跟白人交谈——结果正说明他们的种族歧视观念很深。我不否认这里的种族歧视和冥顽不化非常普遍，很大一部分白人小孩长这么大都不认识黑人小孩——但他们没有提及的太多了，特别是现在的情况比他们当年来的时候好得多。看看我们都是怎么过来的。"

听到这话，我想起雷夫·莱尔斯说过，当年他连在主街的步道上行走都不可以。

"现在所有的公立学校都完全融合了。"兰德尔说。

"但还是有人抗拒，比如这里还有纯白人的私立学校。"我说。

"就像在南方所有类似的地方一样呗，"兰德尔耸耸肩说，一副听天由命的样子，"这是生活真实的一面。"

"教堂呢？尤金·莱尔斯——城里的莱尔斯牧师——对我说他不敢踏足白人教堂，怕被人扔出来。"

"没人会被赶出来的，不管是白人还是黑人，"兰德尔说，"在格林斯伯勒，一年有两次，在感恩节和复活节，有泛基督教的礼拜仪式，面向整个社区的，各种族的人都可以参加。"

他接着说，在教堂里可以了解社区的社会架构，教堂是黑人身份的一部分，没有黑人愿意离开自己教堂的庇护。看来对于教会团体来说，"庇护"是个比较准确的字眼。

"大多数去的教堂是他们成长过程中经常去的地方，"他说，"当城里来了新人，教堂之间就会互相争夺。我有时总在想，新来的人怎么才能躲过教会的争夺。"

"这是我在南方学到的有用的一点，"我说，"去教堂你就能遇到很多人。还有枪支展览、理发店和橄榄球赛。"

"还有书籍，南方小说。"兰德尔说。他说的是如何熟悉南方。他侃侃而谈，说起艾吉、福克纳、他喜爱的英语作家，以及像本·富兰克林那样的历史人物。他对作家非常了解。

我同意他所说的，福克纳的小说所写的南方历史是靠谱的，但我说我觉得其中有些可读性不高。我说了我对这个人的愤怒，他更令人恼火，是因为他非常有才华但笔锋无常，有时像艾吉一样晦涩难懂。我喜欢他的幽默，讨厌他矫揉造作的迂回表达。在兰德尔摆满书的客厅里，我们抱怨南方哥特式短篇小说，因为其中经常出现恐怖的服装和吓人的蜘蛛网，我们都同意对卡波特①的评价过高，斯泰伦②被低估，而查尔斯·波蒂斯则完全被忽视了。这些人被认为是过气陈腐、已经消逝的作家。

"不是很多人会触及新的问题，"兰德尔说，"新的紧张状态比以前微妙得多。以前的紧张是因为完全缺乏了解。现在的紧张是'我们该怎么做？'。"

"谁会写这样的主题？"

"你看过玛丽·沃德·布朗③的作品吗？"

我说我没看过。

---

① 杜鲁门·卡波特（1924—1984），美国作家，代表作有中篇小说《蒂凡尼的早餐》与长篇纪实文学《冷血》。
② 威廉·斯泰伦（1925—2006），美国小说家，普利策奖获得者，代表作有《纳特·特那的自白》《苏菲的选择》等。
③ 玛丽·沃德·布朗（1917—2013），美国作家及回忆录作者，曾获海明威奖等文学奖项，作品有《火舌》等。

"你真该见见玛丽·T。"他对我说，这是他对她的称呼。她住在佩里县，就在黑尔县的东面，在马里恩城里。"她写短篇小说，写得非常棒。"

兰德尔跟我谈起了她的一点情况。她嫁入农民家庭，现在还独居在偏僻的家族老宅里。

"她九十五岁，"兰德尔说，"再过几个月就九十六岁了。"

"也许你可以介绍我们认识。"我离开的时候对他说。

这样又过了好几天，我在《火舌》中读到了她的一些故事，真实的描写深深打动了我，天然去雕饰的文字，许多记录的是小城镇人们的不善社交和误解——有些误解是带种族偏见的，还有冷漠与怨恨。语言朴实无华，就像"应季水果"一章的开头所写的：

"南部腹地最好的时节是五月初，寒冷季节已过，炎夏则尚未到来。树叶和芳草都还是复活节时的嫩绿。野花给乡村带来了生机，木兰花是最先绽放的。日子渐长，萤火虫照亮了缓缓漫散的黑暗。1959年的五月，亚拉巴马的露珠莓熟了。"

这个故事是关于三个黑人小孩的，他们去摘浆果，当他们把摘来的浆果交给拥有这片浆果地的白人女士时，小小的危机出现了。

我打电话给兰德尔，对他说："我想尽快见到她。"

"也许等下次你过来的时候吧。"他说。

这种话我听得多了。一般在旅行的时候，我会坚持要见面，但这不是一般的旅行，不是为了寻找写作素材的横越中国之旅或是在非洲旅行。这是另外一种旅行，是公路之旅，是去而复返，是一种生活方式，是每季回访一次，而现在是冬天。

"也许等春天吧。"他提议道。

"那时她都九十六岁了。"

推迟与年纪这么大的人见面，似乎有些太自以为是了，但兰德尔说她身体很好，期待几个月后与我见面。

格林斯伯勒的英雄

主街街角的一家商店，现在是一家咖啡店，叫"馅饼实验室"，以其品种繁多的家常水果馅饼、色拉和三明治而在当地很出名。这是"英雄"组织的一个项目，我在第一次南方之旅中听说过它。

"我们的初衷是人们会顺便到'馅饼实验室'坐坐，认识些陌生人，"兰德尔说，"理念很好，但还没能行得通，至少我觉得没有。"

他摇摇头，把它贬低为"一个自由的吸引观众的表演"。

但是第二天我在"馅饼实验室"吃午餐时，很凑巧地遇到了"英雄"的创始人和组织者帕姆·杜尔。秋天的时候我就很想见她，但一直没找到机会。结果我们遇上了，一起喝了咖啡，吃了洛林乳蛋饼①，有些格林斯伯勒的当地人将其错读作"洛林其克"。

---

① 也称法式洛林塔，是一款用干酪和腌肉等做成的咸味奶蛋糕，是法国洛林地区的传统特色糕点。

南方这些日渐衰败、物质缺乏的城镇对于外来者的吸引力越来越大，就像第三世界国家吸引着理想主义的志愿者，还有更多出于同样原因来到这里的人。这些地方看上去朴实无华、前景光明，很美但很贫困，亟待振兴。它们呈现出一副还可以拯救的样子，对于年轻的大学毕业生和想休学一学期、在另一个世界进行社区服务的人来说，都是难以抗拒的挑战。这些地方是非常宜居的，至少看起来如此。

格林斯伯勒还有整个黑尔县令人绝望的住房条件，激励着奥本乡村工作坊（奥本大学建筑规划和景观建筑学院的本科生项目）的学生建筑师们为贫困人群建设有吸引力的低成本住宅。这些奥本房屋很小，但很简朴，有些还特别有创意且吸引人，看起来层层叠叠却结构合理，就像用锡板和胶合板建起来的大型折纸建筑。因为首要的目标是要让人们买得起，这就意味着在格林斯伯勒一间小小的新建房屋（"两万房屋"）的适当价格应该只有两万美元，"一个享受中位数社保的人实际可以承受的最高抵押金额"。

十年前帕姆·杜尔听说了奥本乡村工作坊，便从旧金山赶到格林斯伯勒，成为奥本的"编外分子"。这使她中断了作为设计师的职业生涯，她曾在如埃斯普利特、盖璞和最近的"维多利亚的秘密"（"我做舒适的睡衣"）等不同时尚服装公司任职。她最初凭着一股志愿者精神来到格林斯伯勒，但当服务期满后，她却不愿意离开这座艰苦奋斗中的可爱城镇。

"我意识到我可以做的事情如此之多。"她在"馅饼实验室"里对我说。这间咖啡馆就是她的一个创业点子。她的点子非常多。她用"免费易得的材料"建了她在旧金山的公寓——她给我看了很多照片，有色彩丰富的房间、她在垃圾场和庭院售卖活动中淘到并再抛光的桌椅。修理、重用、翻新是她最热衷的事情。格林斯伯勒非常需要振兴，它有许多原始的材料——破旧的房屋和商店可以翻新再住人，了无生气的主街可以重建，还有许多肆意生长的野竹可以好好加以利用。帕姆想出了用竹子做自行车支架的点子，结果产生了英雄单车，这是早在 2004 年"英雄"成立的时候帕姆就想到的盈利的点子之一。

"我们建造房屋，对人们进行房屋所有权方面的教育，还与非传统的银行家一起，帮助人们建立信用。"

当地的银行以前主要贷款给白人。黑人可以拿到贷款，但要支付更高的利率——百分之二十七的利率也并非罕见。

"在我看来，那是一个重建社区的最佳时机，"帕姆说，"我们聘用的员工有三十三人，还有许多志愿者。'英雄'参与了馅饼生意、山核桃买卖，我们将本地产的山核桃卖给零售商店。我们有日托中心和课后计划，有一家建筑公司、一家特价商店，还有自行车公司。

"其中的一些店家和公司现在就开在主街上，场地曾经是五金店、保险公司和歌剧院。他们重新开发或修缮了主街上十一间倒闭的店面，在店主急于脱手的时候（房顶坍塌或天花板塌陷的时候）买下了店铺。"

在英雄单车公司——用本地产的竹子制作的单车——我与单车制作人及经理帕特里克·凯利攀谈起来。他就是我的想法的一个例证，致力于振兴格林斯伯勒外乡人，就是我们会看到的在第三世界国家工作的那种人。

"我本来想去尼日利亚的，协助开发，"他说，"但那个项目没有获得批准。于是我去朝鲜待了五年，在那里教书。我还在那里学习了单车制造。然后我就来到了格林斯伯勒。"

帕姆·杜尔很像你能想象的最受鼓舞、最充满活力的和平队①志愿者。笑眯眯、乐呵呵，很有点子、法子和改造的创意，年纪尚轻——还不到五十，阅历丰富，还有加州人的灿烂笑容和不拘礼节。

"我无偿工作了两年，"帕姆说，"我们拿到了美国住宅与都市发展部的拨款，还有其他的援助，现在因为这些不同的商店和企业，我们能够靠自己维持下去了。"

来自加州使她显得与别人不同。她的着装——紫色羊毛大衣和绿色木底鞋，让她非常扎眼。她实现改变的决心让她备受质疑。在南方，外乡人经常会成为怀疑的对象。他们想干什么？他们为什么来这里？他们努力改变现状的意义何在？这样的人被视为煽动者，即使他们所做的只不过是建造并不昂贵的房子，或者收割竹子，或是让职业女性的孩子们放学后有事做：德·凯维恩、凯雍娜、杰米莎、金伯利、杰基拉、拉斯林、迪美斯、特林尼提和其他孩子。

---

① 成立于 1961 年，是肯尼迪在总统竞选中提出的，主要使命就是以志愿者的方式，向第三世界国家提供教师、医生等"中等人力资源"，通过帮助第三世界国家社会发展，向广大第三世界国家展现美国文化的精华。

"住在这里会有很多的发现，"她对我说，"毒品是一个问题——晚上沿着一条旁路开车行进，你会看到白人姑娘站街揽客，通过卖淫来获取毒资。还有些母亲为自己的女儿拉皮条。十三岁就怀孕的女孩也有——我自己就认识两个，但还有许多其他人。这不是黑人中才有的现象。在基督教会学校的白人姑娘，怀孕了就用带子将自己的肚子紧紧缠起来，希望能流产，因为在亚拉巴马怀了孕的白人少女是没有地方可去的。如果她们怀孕被学校发现，就会被开除。"

"城里的人怎么看待你们的工作？"我问。

"许多人是支持我们的，"她说，"但他们知道变化要从内部开始。"

"莱尔斯牧师告诉我说，你为修复这里的罗森瓦尔德学校出了力。"

"埃默里学校，是的，"她说，"但我们是得到了亚拉巴马大学和美国志愿队的帮助——许多人都做出了贡献。莱尔斯牧师是学校重开致敬仪式的发言者之一。那真是非常棒的一天。"她做了一个深呼吸平复情绪。"但并非每一个人都支持我们。"

"真的吗？"

这让我很意外，因为她所描述的，在一个艰苦的乡村地区重修一所老学校，就像是在第三世界国家进行一项小规模的发展项目。我曾经许多次目睹过这样的努力：一个沉睡的社区焕发活力，筹募资金，游说赞助人，发动志愿者，请求人们捐助建筑材料，申请各种批准与拨款，克服惯性，抵御泼冷水的人的嘲笑，制定计划，进行宣传，监督施工，付钱请技术工人，给志愿者送饭，直至整个项目完工。许多年的努力，许多年的精打细算。最后是致敬仪式，每个人都换上一身整洁的衣裳，现场的曲奇饼柠檬水，满是感激话语的演讲和拥抱。那是南方的另一面，人们将其视为发展的机会，在各种"工作坊"里谈论"挑战"与"潜力"。

"那谁会反对你呢？"我说。

"许多人似乎都不喜欢我们所做的这些事情。"帕姆说。她踩着木底鞋晃动着，将大衣的拉链拉好以抵御寒气。"很多人反对，很多人非议，他们还辱骂我们，"她大笑着说，"时不时有从我身边经过的人向我吐口水。"

来访原因

我记得我上次去探访西亚拉巴马社区服务项目办公室的时候，见到过一本游客手册。那间办公室在一座老旧的高中后面，就在塔斯卢萨卡边上一座矮小的建筑里。有一天早上，我开车从格林斯伯勒去了那里。这一次与之前一样，我研究了"来访原因"那一栏，注意到在来访者姓名的隔壁栏写着"食物""衣服""水""电费"，还有"基础费用"和"补助"，等等。"食物"是写得最多的，其他原因也一样常见。这还只是今天的数据，当时还不到早上十一点。

我再次来访是想见辛西娅·伯顿，了解住房项目的最新情况，同时进行预约。

辛西娅还像上次那么热情，但看上去气色不那么好。她承认她一直在生病，所以我没有问她是否联系到可以跟我见面的人，而是打听了一下她的健康状况。

"高血压，"她说，"还有血栓。我的膝盖需要动手术，但问题是动手术之前我得吃药，而那些药物会导致我出血。关键就是要稳定我的状况。"

虽然身体抱恙，每天她还是在腾出来的这栋小楼里长时间工作。在我看来，她跟她在努力帮助的人一样，处境困顿。那些绝望的人在来访登记本上写的是"食物""衣服"和"水"，这些都是他们所需要的东西，而辛西娅若也登记的话，也许会写"时间"或"健康"吧。

因为刚从格林斯伯勒过来，我就提到了"英雄"组织所做的那些项目——振兴计划、商店、单车生产、收山核桃、课后项目和"馅饼实验室"等。

辛西娅听着，撇嘴笑了，笑容带着明显的怀疑，我问她为什么有这种反应。

"他们已经导致了分化，"她说，"这本来是可以避免的。"

"我觉得帕姆·杜尔挺激励人心的。"

辛西娅摇摇头轻轻地笑了。"帕姆·杜尔是加州来的，她觉得自己懂得更多。她以为来到这里，就可以解决她所看到的一切问题——这是加州的方式。但保罗，这里是亚拉巴马，不是加州。"

"但她还是为她的项目申请到拨款了呀。"

"有些钱是美国住宅与都市发展部给的，但她也失去了好些拨款。"

"难道'英雄'组织不也是在做房屋修缮和建筑吗？"

"跟我们的不一样。"她所说的"我们的"是指西亚拉巴马社区服务项目的房屋建筑和复兴计划。

我现在明白了，在争夺拨款、获得承认以及得到住宅与都市发展部的资助等方面，这些非营利机构也是竞争激烈的。虽然两位女士对我都很坦诚，我了解到的情况却还不足以让我做出倾向性的结论。她们都是很坚强的女性，我非常感激她们对自己的观点直言不讳。她们都没有回避我的问题，所提供的信息比我要求的还多。不过帕姆·杜尔是个外乡人，我也不断听到，新到南方且决意要改变这里的外来者通常被界定为煽动者——被本地的非营利组织视为竞争对手，被当作多管闲事者受到卫道士的排斥。

于是我改变话题："还有什么其他的新项目？"

"告诉你吧，"她说，"我们新选了一名遗嘱检验庭法官，阿瑟·克劳福德。他胜选的过程简直是历史性的。因为某些专业细节，他们不让他进入候选行列，说他资格不符。于是他发起了'另提名'运动。他到处去游说，告诉人们投票的重要性。他们只需在选票上的另选候选人一栏写下他的名字，并且拼写正确即可。之前在任的法官利兰德·艾佛利是三届连任，但克劳福德靠另提名选票打败了他。"辛西娅很兴奋，喘了口气又接着说："是不是很了不起？"

扭转选情的另提名选票在亚拉巴马是史无前例的。阿瑟·小克劳福德是黑人，利兰德·艾佛利是白人，现在艾佛利还面临违反职业道德的指控，这让我们回味起民权运动的根本就是选举权的问题。

"你肯定也知道，今年是民权运动五十周年，"辛西娅说，"我想过我们这一路到底走了多远。我想谈谈人们从中获得了什么利益。我想称赞那些没有获得骂名的家庭。许多人曾为这场斗争做出贡献，那是一场战争，他们都是战士。没人知道他们的名字。他们都是冒着极大风险的普通人。"

我提到了三K党人煽动起来的对抗行为，还有在格林斯伯勒打着"反对种族融合"标语的本地白人，就是雷夫·莱尔斯向我描述过，在他拿给我看的苏珊·阿什摩尔所著的《继续前行》中有详细描述的事件：街头斗殴，伤者众多，黑人抗议者被捕，警察的纵容，白人政客们的冷漠或敌意。

"那当然是一场战争。"辛西娅说。她叹了口气，沉思片刻。"我努力想象看见自己的儿子吊在树上时，比尤莱·梅·唐纳德心里的那种痛楚。"说到这里，辛西娅热泪盈眶。"那女人真可怜。"

迈克尔·唐纳德之死是亚拉巴马州一次年代并不久远的事件，是一次暴行，也是该州历史上最后一次有记录的私刑，是发生在本地的一次恐怖事件，没有在本州以外引起多少反响。这件事于1981年发生在莫比尔。一开始是一桩谋杀案，陪审团无法做出一致裁决，最终一个被指控谋杀了一名白人警察的黑人男性被宣告无罪。这些事情的情况反转激怒了一些人，三K党的"尊贵的独眼巨人"（三K党地方分会会长的头衔）本尼·杰克·海耶斯召集他的党众集会，下令杀人复仇。他的儿子亨利以及詹姆斯·诺里斯两个年轻的三K党人——在三K党里，年轻的成员头衔为"食尸鬼"和"骑士"——听从了他的命令。他们开车穿行在城市的小街上，随机寻找一个黑人男性，打算加以惩罚以儆效尤。

在 1981 年 3 月 21 日的深夜，十九岁的迈克尔·唐纳德正独自行走，打算去一家便利店买香烟。两个三 K 党人放缓车速靠近他，请他上车，对他说自己迷了路，请他指点方向。唐纳德应允并回答他们的问题时，他们抓住他，将他拖上后座，开车前往邻县，在那里将他殴打至死。除此之外，他们还将他割喉，接着将其尸体带回莫比克，往他的脖子上套了根绳子，把他吊在莫比克一条街的一棵树上示众。

"我无法想象他母亲的悲痛，"辛西娅说，"还有这可怜的女人所经历的一切。"

她所感受到的都是恐惧。她见到自己的儿子被私刑折磨致死，然后他又被警察无中生有地指控为毒贩（这是对他被害原因的托辞），她忍受了两年半的申冤无门，承受着极大的痛苦，奔走上诉，事情也得到了一些人的过问（其中之一是杰西·杰克逊①），之后联邦调查局开始介入此事，杀人者最终遭到逮捕，并被判有罪。1983 年 6 月在被定罪之后，更年轻的那个三 K 党人詹姆斯·诺里斯在被告席上对比尤莱·梅·唐纳德说他很抱歉，想请求她的宽恕。

"我确实宽恕你了，"这位丧子的唐纳德太太说，"从我知道了你们到底是什么人的那一天起，我就请求上帝照顾你们，而

---

① 杰西·杰克逊（1941—　），美国黑人运动领袖，曾为总统候选人。

他做到了。"

因为诺里斯同意认罪求情，并指证他的同伙，他被判终身监禁。亨利·海耶斯被判死刑。他在莫比克东北约五十英里外的霍尔曼监狱（被囚犯们称之为屠宰场）的死囚牢里度过了十四年，最终坐上了被亚拉巴马人称之为"黄色妈妈"的黄色电椅，于1997年6月在霍尔曼被执行死刑。

我和辛西娅谈到了这起悲剧和它的意义。她说："现在没有再发生类似的事件了。但人们并不感激其他人曾经做出的牺牲。我们还有很长的路要走。"

过了一会儿，我说："拜访一些人的事怎么样了？"

"哦，对了，是有一些人，我想等你再来的时候让你见见的，我现在感觉好多了。"

黑色日子

我没有再兜圈子途径费城和乔克托，而是向南再向西驶离亚拉巴马，穿过密西西比州，开上两边是破旧房屋和小小的白色教堂木屋的乡村道路。我穿过林肯县驶入杰斐逊县。杰斐逊县因其肥胖居民众多而出名，但矛盾的是，它也是美国最贫困的县之一。我前往杰斐逊的县治费耶特①，从那里去了联合教堂镇，这是一个有着八百三十位居民（和五座规模很大的教堂）的小镇。我计划从那里再沿61号公路北上进入三角洲。最后我

---

① 此处应为作者笔误，杰斐逊县的县治应为伯明翰。

到达了可爱的维克斯堡城。

再来到维克斯堡,我回到了核桃山的圆桌餐厅,因为上次来与八个白人一起进餐是一种意想不到的融入("你们让我们吃老鼠")。这一次欢迎我的是三位女士,刚刚吃完饭。两个提问的人是一对母女,正在吃甜点,她们的朋友,一个显得更特别些的女士在喝咖啡。

"我们喜欢圆桌餐馆。"那位母亲挺开心地说,一边将叉子斜插进一块楔子状的馅饼中。"我们就喜欢吃,你都看到了。"

她们每一个人的块头都很大,脸色苍白,大家的身形和热情都很相似,不过嚼得很用力,都有点气喘吁吁。

"我有部分切罗基血统。"样子有些特别的女士说。她的肤色有些发黑,黑色的头发辫成一条长长的辫子。"我也写东西,主要是诗歌。"

她们立刻就问我是不是结婚了,太太在哪里,还有我是做什么营生的。我在非洲、印度或某个太平洋岛屿上旅行时,已经习惯了这样的问题。这些问题关注的是家庭,一个独自旅行的人总能引来这样的关注和不信任。

"妈妈,看看都几点了。"

"噢,天哪,我们得快点走了,"那位母亲说,"我们是从河对岸过来的,就在塔卢拉北面,靠近路易斯安那州的普罗维登斯湖。"她又多少有点吹嘘地补充了一句:"那里有全美最穷的城镇。"

说得不准确,但也八九不离十了:普罗维登斯湖百分之五十的人口生活在贫困线以下。

说完这句话，她们就起身离开了，临走前祝我一路平安。我坐在那里，独自一人吃了一会儿，转着那个旋转餐盘，接着又有三位女士走进来，在桌旁坐了下来。她们是狄波拉·马克唐纳德和卡门·布鲁克斯，两位都是中年黑人妇女，在纳齐兹当律师，第三位是卡门的姑姑罗拉。她们来维克斯堡玩一天，开车兜兜风，四处看看，顺便购物。那天是星期六，她们都有空，而且她们喜欢圆桌餐厅自选食物的自由。

"我读的是阿尔肯州立大学。"狄波拉说，"然后又去了密西西比大学的法学院。约翰·格里姆森①是我的同学。"

阿尔肯州立大学就在我曾开车经过的洛曼附近。这座大学于1871年建校，是一所传统的黑人学府，就像它的手册中解释的："目的是为了教育以前被奴役的非洲人的后代。"它现在还有另外两个校区，但依然是黑人学生占绝大多数。

在密西西比大学，狄波拉是法学院那一届（1979—1982在读）三百位学生中仅有的十三名黑人之一。说起读书的那些年，她大笑起来，我怀疑她的笑声里都是愤怒，所以就向她询问了细节。

"那里总是充满敌意，真是很奇怪，因为詹姆斯·梅雷迪斯②好些年前就已在那里上过学，"她说，"比如，其他学生会藏

---

① 约翰·格里姆森（1955—　　），美国畅销犯罪小说作家，著有《杀戮时刻》等，作品富含法庭法律内容。

② 密西西比大学第一位黑人毕业生。1962年，他在肯尼迪总统委派的军队的"护送"下进入大学注册。随后，数千名白人冲进校园，引发了严重骚乱，造成至少3人死亡、50多人受伤。

起我们的书。我们会被要求阅读某些书籍，书却怎么也找不到了——不在书架上。这种做法非常恶劣。老师却无视我们。但他们时不时会提问，某些日子，他们会提问三名黑人学生。我们都觉得很可笑。那样的日子我们称之为'黑色日子'。"

兰德尔·科博是一个很理性的人，他曾对我说："局势翻转过来了。在南方的许多地方，白人失去了势力。黑人顶替了他们的位子。双方敌意颇深。"

我把这话说给卡门听。

"没错，"她说，"但白人想回归，他们也许可以做到。他们推出自己的候选人，比如杰克逊县的乔纳森·李，他是个右翼的黑人候选人，是他们的人。杰克逊县现在百分之七十五的人口是黑人。"

但在竞选中，李先生在民主党的初选中输给了活动家兼律师乔克韦·卢蒙巴，一位六十五岁的民权律师。他于 1993 年成功地为被指控袭击他人的说唱歌手图派克·夏库尔辩护而声名鹊起。乔克韦原名艾德文·塔里艾法罗，生于底特律，在密歇根上学，他后来放弃了他称之为"奴隶之名"的原名，将名字改为乔克韦·卢蒙巴。我觉得这是个古怪的选择：乔克韦是一个安哥拉部落的名称（那个部落中也没有人将其作为名字的，艾德文倒是有），而卢蒙巴是刚果一位被杀害的民族英雄① 的名字。2013 年 7 月乔克韦·卢蒙巴当选杰克逊市长，他承诺要

---

① 指帕特里斯·卢蒙巴。1960 年，他领导的刚果民族运动党（MNC）赢得了议会选举，其后他被任命为刚果首任总理。1960 年 9 月刚果发生军事政变，1961 年卢蒙巴被杀害。

进行实现复兴与公平。在就职仪式上，他做了个"黑人权利敬礼"，喊出"解放这片土地！"的口号。一家当地的报纸将他的计划称为"全新的黑人进步计划，致力于自决、自治、自主经济发展"。如果说以前的白人还只是觉得有些疏离的话，那卢蒙巴市长则没有给他们带来任何鼓舞，他告诉他们，他们的位置是在队末的。①

"我住在费耶特，"狄波拉说，"查尔斯·埃弗斯很久之前是费耶特的市长，在 1969 年至 1974 年间。他是罗伯特·肯尼迪的密友。"

她们问我迄今为止在南方都见到过什么。我说我没有想到会见到这么普遍的贫困，跟我在第三世界国家见到的差不多。

"我们这里现在是低薪阶层多，只能勉强维生。"卡门说。接着她说了一句我后来经常回想起的话："一病穷一生。"

她说起了纳齐兹，这座城市的南部主要居住的是白人，还有他们自己的学校；城市北部是黑人，其高中百分之九十的学生是黑人。但纳齐兹近年的历史一直是动荡不安的，三 K 党有很多成员（在密西西比州的这一带有六千名党员，五十二个分会），六十年代末之前在纳齐兹及其周边地区一直非常活跃。其作为三 K 党的一个分支，行径非常暴力，自称"三 K 党白人骑士团"（WKKKK）。对于包括罗拉姑姑在内的许多人来说，这些事都历历在目。

---

① 卢蒙巴市长就任 6 个月后于 2014 年 2 月 25 日突然去世。——原注

回想起这一切，狄波拉慷慨激昂，就像律师在做结案陈词，在一次重要的庭审之后进行总结，字字清晰。

"我们一直生活在这里，黑人和白人，永远在一起，"她说，"说我们是陌生人是没有道理的！我们一直是朋友，是邻居——我们一直都可以通婚，可以住在一起，可以彼此交谈。我们了解对方——更甚于我们对其他人的了解。"

"那应该怎么做呢？"我问。

"人们应该从心底里发生改变。"她说，然后降低了声音："这很难。"

塞德里克

我坐在核桃山停车场上自己的车里，盘算着是否动身北上，前往三角洲，还是就在维克斯堡过夜。这时我见到侍者塞德里克匆匆向我走来。他似乎有些激动不安，让我很是诧异，因为他之前一直都是很随和而且乐于助人的。实际上，我还为这餐饭付给了他二十块钱，其中五块钱是小费。

"保罗先生。"他说。他大汗淋漓，脸也是汗涔涔的，光溜溜的头上汗珠直冒。我下车的时候，他笑起来，问我饭吃得还满意吗。我说满意，然后问他核桃山的生意好不好，因为我看到这里挺安静的。

"生意还算好，保罗先生。"

"这座城镇真不错，塞德里克。"

"没错，保罗先生。我就是在这里出生的，保罗先生。"

"著名的围城事件。"

"是的，先生，保罗先生。"

"他们输了。"

"确实如此。保罗先生。"

"你知道为什么吗？你知道在围城中发挥最大作用的士兵是米利肯河湾之战中的黑人士兵，当时邦联军袭击后勤储备仓库，结果被打退了？"

"不，先生，我当然不知道了，保罗先生。"

"塞德里克，那些黑人士兵是站在联邦军这边的。他们扭转了战局。我是今天早上去参观了战场才知道这一点的。"

"我今天学到了一些东西，保罗先生。"他显得有些紧张，我握了握他的手，打开了我的车门。他开始说话，但似乎一个字也说不出来。

"你有什么需要吗？"

"你还欠一块六毛钱，保罗先生。"

"账单上写着二十呀。"

"没有含税的，保罗先生。"

三角洲的冬天

寒冷的薄雾和灰色的天空似乎让三角洲失去了光泽，路也显得更为荒凉，在笔直漫长的公路边上的沼泽地像一条土垄般拱起，河面吹来的寒风将树叶刮落。这片土地光秃秃的，却有着一种荒凉的朴素美，这些树木叶片退尽，一些黑土地上的残茬余梗被犁耙平整过，我想应该是在等待种植新的棉株。在之前的旅行中，我没有见过这里土地延伸的样子。到了冬天，三角洲裸露出它的土地，给人一种孤寂广袤的感觉。让人产生这种感觉的，是那里的土地、树林、洼地边的沼泽斜坡、浸润在水中的青草、小溪流和小水塘。

而人类的社区则是另一番景象，而且是让人难过的景象。那些没落城镇外聚集在一起的破旧活动房屋，这一切因为树木的凋敝而更加显眼，也更令人震惊。因为天气寒冷，路上也就基本见不到人，于是有了一种世界末日的感觉，一条公路穿过一片荒无人烟的土地。怪不得我经常在南方见到《圣经·启示录》中说到的"末日"景象，饥荒、磨难还有假先知。走上 61 号公路，你就会确信（如果你的教堂反复将那些经文灌输进你恐惧的心里的话）你目睹的是揭开七封印①的可怕时刻——欺骗、破坏、饥饿、国内动乱、迫害、灾难和——第七个封印——那被揭开的秘密。

阿科拉镇有几条纵横交错的街道，街边是一些简陋破落的房子、木屋和关门大吉的商店。有一座房子的前院里有六座墓碑。那里有一间小小的学校和一间警局，还有邮局，但外头空无一人。我上次旅程中遇到过的迪·琼斯，她有个妹妹住在这里，她叫鲁比·约翰逊。迪建议我若想多了解阿科拉镇就得去找她：鲁比是阿科拉的邮局局长。

---

① 源自《圣经》，敬拜结束后，耶稣开始依次揭开七个封印，当每个封印揭开，地球上开始发生一系列的动荡。

"约翰逊小姐这周不来上班。"柜台后边的女士对我说。她叫薇薇安·韦斯顿,是来替她顶班的。"回头你再来就能见到她了。"

"这里情况怎么样?"我问。

"这里挺好的,很安静,"韦斯顿小姐说,"我喜欢它。"

这是三角洲的一个特点:无论一个地方看起来多么破烂邋遢,本地人都会满口赞誉,而且总能发掘到它的优点来夸奖。

我买了些邮票。

"当然了,当霍兰代尔的养鱼场关闭之后,"韦斯顿小姐将找头递给我说,"那时可真够难挨的。"

"具体是什么情况?"

"他们都失业了。"她说,言语中带着三角洲的口音,将这个词发得有点欢快,听起来像"思业"。

在利兰的十字路口,我打电话跟苏·伊文斯约再次见面,想了解信用合作社的新情况,也许再多了解 B. B. 金的事情。但她很忙。

"你下次来的时候,请顺便到这里来。"

南方最可怕的建筑物

于是,我在利兰没有向左拐,而是往右开了大约四十英里来到格林伍德,又沿着曼尼公路北上到了一个叫曼尼的地方。

曼尼(人口:94)算不上是镇子或村庄,它仅仅是塔拉哈奇河堤边的一个公路交汇处。在那里,我毫不费力地找到了我要寻找的地方，一个有百年历史的杂货店。这地方屋顶塌陷，砖墙残破，店面用木板封了起来，木质门廊被草草修补过。奄奄一息的植物和杂乱的藤蔓长满了整座房子。因其一副鬼屋的样子，还有一段血腥的历史，这房子成了我在南方旅行过程中见到过的最可怕的建筑物。这座废墟以前是布莱恩特日杂及肉类市场，现在则是密西西比州遗产信托基金会"十大濒危历史遗迹"名单上的头号建筑物，虽然许多人会觉得它很讨厌，想将它整个拆毁。

在这家店里以及其后在曼尼这个小社区所发生的事情，是我年轻时听过的影响力最大的事件之一。事情令人难忘，今天我会来到这里，也是源于它。通常的情况是，在南方沿着一条乡间公路开车，就会开进过去的阴影之中。这家店门口挂着一块上书"密西西比自由审判"的牌子，将它在历史上的地位详细地说了个清楚。这也是我的一部分过往。

1955年5月，那个男孩的凶杀案案发时，我刚满十四岁。他正好是我的年纪，但我不记得暴行发生的时候，波士顿的报纸上有过什么报道。我们当时的日报是《波士顿环球报》，但我们所订阅并勤读的是家庭杂志，看《生活》上的图片，读《科利尔杂志》和《星期六晚邮报》上的特写和短篇小说、《展望周刊》上笔锋辛辣的文章和《读者文摘》上其他杂志的菁华集萃。这种将阅读杂志作为家庭娱乐活动的维多利亚式的习惯一直坚持到六十年代后期，电视普及起来，风头盖过杂志。

在1956年1月，我们订阅的《展望周刊》刊登了威廉·布拉德福·休伊的一篇文章《令人震惊的密西西比州杀人事件》，那年春天的《读者文摘》上又刊登了这篇文章的删节版。我很清楚地记得这件事，是因为我的两个哥哥已经先看过这些报道，而我的阅读取向则深受他们的品位和热情的影响。听到他们激动地评论这个事件，我也去看了报道。这个事件让我非常感兴趣且极度震惊。

黑人男孩爱默特·提尔到密西西比探望他的叔公，进了一家杂货店买糖果。他冲着柜台后面的白人妇女吹口哨。几天过后的一个晚上，他被绑架、折磨、杀害并弃尸河中。两个男人因这些罪行被逮捕并受到审判，最终无罪获释。之后他们得意洋洋地告诉休伊先生，他们确实犯下了这桩罪行，还恬不知耻地自愿描述了血腥杀人的每个细节。但他们却逃脱了谋杀罪责 [①]。

"咱们给他们写封信吧。"我哥哥亚历山大说了，也这么做了。他的信是两行威胁的话：我们要来找你们了！你们会后悔的！签名是"波士顿帮"。信上写的是两位凶手的姓名，寄到密西西比州的曼尼邮局转交。

虽然大家都知道凶手和帮凶的身份，可没人因谋杀被定罪。但正如布莱恩特商店面前的纪念牌上写的："……提尔的死得到全国人民的广泛关注，而且被公认引发了美国的民权运动。"

[①] 他们受到美国禁止一案再审的法律原则的保护，即法庭宣判无罪者不得以同一罪名再受审。

这个案子的宣誓证词，还有 1955 年对这两位被告的庭审记录应该已经丢失了。但在 2004 年，联邦调查局找到了被水损毁的文本，他们对其进行了转录，并在案发五十年后的 2005 年予以公布，这份名为《联邦调查局对于爱默特·提尔凶杀案的调查诉讼总结报告》的文件长达一百一十页。①

　　据这次调查报告，十四岁但体重却有一百五十磅② 的爱默特·提尔，于 1955 年 8 月从芝加哥来到曼尼，看望他的叔公摩斯·莱特。离家前，他的母亲将他已故父亲的银戒指给了他。这枚戒指上刻着"1943 年 3 月 25 日"，还有代表路易斯·提尔的缩写字母 LT。

　　路易斯·提尔的过往经历奇特且充满暴力。为了避免被指控殴打妻子而去坐牢，路易斯·提尔在 1943 年参了军，并参加了意大利战役③。他在意大利的时候被军事法庭定罪，罪名是杀害一名意大利妇女并强奸了其他两人。他被收押在比萨的监狱（诗人埃兹拉·庞德④ 也因叛国罪被关押在同一个军事监狱），并于 1945 年被处以绞刑。这些情况提尔的前妻和年幼的孩子都

---

① 这份《诉讼调查报告》是联邦调查局对于爱默特·提尔凶杀案调查的 8,000 页报告的总结版，时间是 2006 年 2 月 9 日，由联邦调查局的密西西比州杰克逊办公室发出；这份报告还包括了 1955 年对于 J. W. 米拉姆和罗伊·布莱恩特两位凶手的 354 页的庭审记录。详见 http：//www.emmetttillmurder.com。——原注

② 约合 68 公斤。

③ 发生于 1943 年 9 月 3 日至 1945 年 5 月 2 日，是第二次世界大战中英美盟军实施的攻占意大利的战役。

④ 埃兹拉·庞德（1885—1972），美国诗人和文学评论家，意象派诗歌运动的重要代表人物。他和艾略特同为后期象征主义诗歌的领军人物。

不知情，而是以为他战死沙场。这枚戒指后来成了用来指认爱默特·提尔尸体的重要依据，因为那具伤痕累累的赤裸遗体上唯一没有遭到侵害的就是它了。

爱默特在他叔公摩斯·莱特家住了一周。莱特的小屋子就坐落在曼尼东区，离公路的交汇处三英里。摩斯·莱特被当地人称为"莱特牧师"（他在附近一所小教堂做兼职牧师）。爱默特上一次去那里是在他九岁那年。他被称为"波波"或"波"，说话有轻微口吃，是个结巴，但他说起笑话来很有一套，插科打诨，能让朋友们都忍俊不禁。他在其他小孩之中很有人缘，在南部腹地的穷乡僻壤，他有了一份芝加哥人的自信。

一天傍晚，采摘了一天棉花之后，爱默特和其他八位少年，包括一个女孩，去布莱恩特的杂货店买软饮料和糖果。店主是罗伊和卡洛琳·布莱恩特夫妇。罗伊1950年到1953年期间曾在第八十二空降师当伞兵，他块头很大，身高六英尺，体重一百九十磅[①]。其时他二十四岁。卡洛琳比他小两岁，罗伊不在的时候，她就在店里帮工。那个下午，罗伊正好也不在店里。

爱默特进了店，要了些泡泡糖，并付了钱。

"提尔走出商店，过了一小会儿，店主的太太卡洛琳·布莱恩特也走了出来。"联邦调查局的报告写道。"卡洛琳·布莱恩特走出来的时候，提尔吹了口哨。那些和他一起的亲戚们知道他吹口哨会坏事，于是带上提尔匆匆走了。"

这是在商店外面的旁观者的证词，有人说爱默特冲卡洛

---

① 约合 1.82 米和 86 公斤。

琳·布莱恩特吹口哨，也许是为了向他的朋友们显摆他的大城市做派。

卡洛琳·布莱恩特的说法则大相径庭。她声称爱默特付钱买泡泡糖时曾抓住她的手说："来一次约会怎么样，亲爱的？"接着，当她抽身开去时，他跟上她，还说了一个"很难听的字眼"。她因为害怕，匆匆跑到自己的车里，从前座的底下拿出她的手枪，这么一来，在门廊转悠的爱默特·提尔便朝她吹了口哨，然后上车走了。那时太阳已经落山，曼尼陷入黑暗之中。

布莱恩特太太的说法受到了提尔一位朋友的激烈反驳。提尔进入商店之后，他一直在场，提尔付钱买泡泡糖的时候，他就跟他在一起。根据这位朋友的说法，提尔并没有说那些话。但他没有反驳那声挑逗口哨的说法。其中一位朋友还说："大家都知道提尔的口哨会惹祸上身。"

那几天里什么事也没发生。接着在8月28日，当事情过去了四天之后，罗伊·布莱恩特和他三十六岁的同母异父哥哥J. W. 米拉姆碰了个头。米拉姆是"二战"退伍兵，1941年到1946年在欧洲的第二装甲师服役。他们决定要去寻找卡洛琳·布莱恩特所描述的男孩，于是便开车在曼尼附近的道路上转悠，在那里，他们发现了一个独自行走的黑人男孩。他们抓住他，把他拉到卡洛琳面前，但她说这个人不是来过店里的那个。

这位南方的白人妇女是这出戏的关键人物。早在这起事件发生之前，弗兰克·坦南鲍姆在《南方更黑暗的时期》中就曾写道："这种在南方白人妇女得到极端保护的情况，其真相就是对有色人种的妇女缺乏保护的一种补偿，而后者必须忍受这种情况。"他这种充满预见性的观察放在罗伊·布莱恩特和J. W. 米拉姆身上也很准确。"在南方将白人女性理想化，是白人男性潜意识自我保护的一部分，保护她们免受他们的坏习惯、观念、信仰、态度和行为的伤害。"

因怀疑来店里的小孩跟摩斯·莱特有关，布莱恩特和米拉姆当晚去了摩斯在曼尼东区的家，提出了要求并对他进行威胁。米拉姆一只手里拿着手枪，另一只拿着手电筒。他说："我想要那个在曼尼说了那些话的男孩。"

在屋子后间睡觉的爱默特被吵醒，他穿衣服的时候，摩斯的妻子伊丽莎白哀求那两个人不要来烦爱默特，还说他们要什么她都愿意给，只要他们不带走爱默特。她问他们想要多少钱。

他们没有做任何回应。米拉姆说："我们只是带他到公路上去，抽他一顿。"

他们将爱默特拖上车。车上有个女人说："就是这个。"

（"鞭打多少下通常取决于'女士的心情'，而不是奴隶的行为。"路易斯·休斯 ① 在 1877 年出版的《为奴三十年》中写道。）

那天深夜，布莱恩特、米拉姆和其他几个人（有可能是几个黑人农场帮工，绰号"奥索"的奥沙·约翰逊和绰号"太紧张"的拉维·柯林斯）将他放在一辆皮卡的后厢，开车来到格伦多拉的一个谷仓。他们在那里对他进行了惨无人道的殴打，用鞭子抽

---

① 路易斯·休斯（1832—1913），该自传作者，这本书的全名为《为奴三十年——从桎梏到自由》。

打他，打碎了他的头骨。米拉姆向一位朋友描述过这场殴打，朋友后来报告说他曾说过："在殴打过程中，提尔一直对这些人很不尊重，没有说'是的，先生'或（不，先生）。场面开始失控，提尔又说了类似'他跟他们一样好'的话。"

"黑人对白人说话的时候，必须称呼对方为'先生'或'老板'。"这是一群实地调查员在哈佛大学的研究项目"深南"项目（1941 年出版的对三十年代后期纳齐兹的社会学调查记录）中的观察记录，他们还补充道："白人对黑人从不使用这种敬称，而是喊他的名字或直接叫'小子'。"

爱默特·提尔破坏了所有的规则，他公然挑衅绑架他的人，甚至在挨打时也没有显得谦恭，他不知道自己的身份，且非常放肆。如果他够乖的话，本会接受自己的低人一等的社会地位。正如"深南"项目的学者们记录的，纳齐兹一位白人对一次黑人遭受殴打的事件评论说："他们是坏黑鬼，而且越来越自以为是。"

发生在爱默特·提尔身上的事，尽管很残忍，但之前已经发生过很多次。他在商店里显示出的自信，以及后来的反抗，都破坏了"这个体系最严重的忌讳"。在"深南"项目中有个白人种植园主清楚地解释了这种处罚，他说："我们经常要鞭打这里的某一个人，他变得放肆无礼或是做了什么出格事情。打完了我们也不会赶他们走，因为让他们回去干活更有好处，这样其他的黑鬼就会知道他受罚的事……我们挑一个出来，抽打他，然后让他第二天回去干活。从那以后，每次他见到我，都要脱帽致意，从此变得循规蹈矩。"

最后，他们将爱默特·提尔的头骨和脸打得粉碎，然后对着他的头开了一枪，将他血淋淋的尸体抬到皮卡上。"是一头鹿。"第二天在一个车站，一个路人指出血正从卡车后厢滴到地上时，柯林斯解释说。他们驱车到塔拉哈奇河，用带刺的铁丝将一台来自轧棉厂的七十五磅①重的轧棉机风扇绑在尸体上，然后将其扔进河里。

当天布莱恩特和米拉姆就因涉嫌杀人被逮捕——警察得到了风声。几天之后，爱默特的尸体被一个渔夫发现"挂在水中一块礁石上"，之后在曼尼以北大约十英里的地方，在菲利普镇上游一个叫山核桃点的地方被拖上岸。那具腐烂的尸体显示他曾遭到严重殴打，脸被打烂（"头部大面积损伤"），无法辨认。但一根肿胀的手指头上那枚刻了首字母的戒指证明这尸体就是爱默特。一周之后，爱默特被虐杀的尸体和破碎的脸庞在芝加哥向公众展示；他的母亲坚持要求将其开棺示众，四天之中数以千计的人列队瞻仰了爱默特的遗容。

凶案发生一个月后，布莱恩特和米拉姆在萨姆纳的塔拉哈奇法庭接受审判。不利于他们的证据都是无可辩驳的。控方证人也被传唤。摩斯·莱特在法庭上作证，激动地从证人席上站起身，指着这两个人，指证他们绑架了爱默特。他们被判有罪似乎已是铁板钉钉的事。但在白人陪审团短暂商议之后，布莱恩特和米拉姆被裁定谋杀罪不成立，后来连绑架罪名也被洗脱。

---

① 约合 34 公斤。

他们被拍到在法庭外抽着雪茄，拥抱各自的妻子，一副得意洋洋的样子。

后来为了钱，这两人又跟威廉·布拉德福·休伊合作，接受《展望周刊》的采访，在庭审四个月后，出现在《令人震惊的密西西比州杀人事件》一文中。为了此次采访，休伊付给他们每人一千五百美元，他们的律师一千美元。话最多的米拉姆毫不懊悔地描述了他如何在布莱恩特的帮助下绑架爱默特·提尔，如何在格伦多拉他屋子后面的一间小棚子里殴打他，开枪打死他并将其弃尸的经过。

虽然米拉姆所说的很多杀人的细节与证据不符，时间线也很乱，但他所说的每一件事都是有罪的证据。在北方，这一报道引起了公众的强烈抗议，我和我的哥哥们那几个月别的几乎没谈，天天都在议论这事。但是当局并没有任何回应。南方黑人的反应则意义重大且非同寻常，因为他们的做法都是非暴力的。在提尔案庭审当年，1955 年 12 月 1 日，在亚拉巴马州的蒙哥马利，罗莎·帕克斯在城市巴士上拒绝为白人乘客让座①。她因为这种叛逆行为被捕，成了反抗的象征。她的顽强和正义感使她成为一股号召力、一位楷模。

华盛顿方面对爱默特·提尔被害一案又作何反应呢？密西西比州的参议员约翰·C.斯坦尼斯向媒体披露了路易斯·提尔在军事法庭受审的细节，以及他在意大利因强奸和谋杀被处以

---

① 美国南方种族隔离盛行，法律规定黑人与白人在公车、餐馆等公共场所内需分隔，且黑人必须给白人让座。

绞刑的事。这种做法意图将这个案子的水搅浑，动摇公众对爱默特的看法。庭审一结束，爱默特的母亲玛米·E.布莱德利就给艾森豪威尔总统发了一封电报，请求他主持公道："我是爱默特·路易斯·提尔的母亲，恳求您亲自主持公道，将在密西西比州曼尼对我儿子野蛮动用私刑的人绳之以法。我期待您的直接回复。"

她没有接到任何回复，但她的电报引发了被记载进备忘录的多部门间的沟通。在提尔案件的许多文件记录中，有白宫的备忘录，记录在正式的信笺上，日期是 1956 年 10 月 23 日，由艾森豪威尔的内阁秘书长马克思·拉布（也是白宫的少数民族事务顾问）写给白宫新闻秘书詹姆斯·C.赫杰蒂。备忘录开头写道，玛米·布拉德利是共产党人的工具。这个女人是个"骗子"，拉布继续写道："对她的任何认同都会被这个国家的共党分子利用来进行进一步的活动……布拉德利太太被怀疑利用其子之死作为谋生的手段。"

"实际上，所有对被告不利的证据都是间接证据。"这是《杰克逊每日新闻报》一篇社论（1955 年 9 月 25 日）对庭审的观点。"对所有相关人员来说，最好就是布莱恩特—米拉姆案能被尽快遗忘。"

但这份报纸也刊登了威廉·福克纳所写的一篇语气更坚定的文章。这桩罪行本身就像是福克纳笔下的一个黑色故事，有着所有南方小城的元素，连所有的人物都是：看店的年轻白人太太，凶手是喜欢夸夸其谈的南方穷困白人，还有惊慌失措的黑人小孩，受到胁迫的黑人牧师。这是福克纳曾写过的言辞最犀利、最阴郁的谴责文章之一（他一般都抗拒报纸文章单一简化的风格），在这篇布莱恩特和米拉姆审讯之后他立刻刊登的措辞严厉的长篇文章中，他的苦闷表露无遗。他一定是觉得这起事件很像他在小说里虚构的情节。当这两个人被判无罪，福克纳在罗马匆匆写下一篇驳论，他当时正在那里参加国务院组织的演讲之旅，这篇文章通过美国新闻处转发，发表在《杰克逊每日新闻》上。

他先是谈起了珍珠港袭击事件，还有向敌人鼓吹我们的价值观伪善的行为，"因为我们刚刚教过他们（正如我们现在所做的），当谈到自由和解放，我们的本意既不是自由与解放，也不指安全和正义，甚至也不是在谈保住肤色不同的人的性命"。

他说，如果美国人想活下去，我们就得向全世界表明我们不是种族主义者，"向全世界展示一个完整统一的阵线"。然而这也许是我们无法通过的一次考验："也许现在我们会弄清我们能否在困境中幸存下去了吧。也许在我的家乡密西西比州发生的这起两个白人成年人虐杀一个黑人小孩的惨剧，其目的正是要想我们证明我们是否值得在困境中幸存。"

他严苛的结论是："因为如果在美国，我们让人绝望的文化已经堕落到可以谋杀小孩的地步——不管出于何种理由，不管他是什么肤色——那我们就不配活着，也许也不会再活着。"

福克纳的文章通篇没有提到爱默特·提尔的名字，然而任何读到它的人都知道他说的是谁。

"（在密西西比）不要是十四岁。"一位密西西比作家杰里·W.小沃德所写的诗正是对这起杀戮事件的直接而有力的回应。沃德是个黑人，案发时他的年纪与爱默特·提尔相当，现在他还住在美国，是一名教师。他说："在密西西比，种族歧视是生活永久的特质，于是衍生出具有本州特色的问题。"

忘掉爱默特·提尔，杰克逊县的报纸曾在其社论中这样说过，但案子从来没有被忘却。相反地，它成了永被铭记的丑行和人尽皆知的非正义事件，而爱默特·提尔作为一位英雄和烈士被广为称颂。提尔案证明了，掩盖真相不只是毫无用处的，而且反倒从中催生了具有启发性的精彩事物，创造了一股更具影响力更为势不可挡的反抗力量。阳光终于透射了进来，这起事件不断发酵并传播开去，"超越了凶案的细节本身"（见戴维斯·W. 豪克和马修·A. 格莱恩迪 2008 年在密西西比大学出版社出版的《爱默特·提尔与密西西比媒体》）。

我从来没有忘记这起案件。所以在曼尼的那天傍晚，我将车停在布莱恩特商店阴森的遗迹前，记录下门前告示牌上的文句。我在寒风中四处走了走——在这样的冬日，室外是没有人的，有的只是墙，还不是很牢固的墙。很难想象这家商店如何还能屹立不倒，但是，在葳蕤的藤蔓和它们所寄生的树根的包围中，它就像吴哥窟的一栋裂痕累累的粗面石建筑，之所以没有倒下，也许同样因为这些攀援的树根和藤蔓的盘绕吧。

这个乡村社区里看不到一个人，在凹凸不平的锡板搭成的阴郁寒冷的棉田工棚附近也不见人影。工棚的后面有一台古老的轧棉机，在一个货运码头上有一块褪色的布满红色锈迹的布告牌，上面写着"曼尼"两个字。在路上，在经过布莱恩特商店门前平交路口的南北铁路线铁轨旁，也都见不到一个人，只有我站在渐渐浓重的暮色中。

只听到一声汽笛，还有一列渐近的火车发出的两个调子的一声长鸣——"呜咦"，一声孤独的叫喊。在这样一个萧瑟破落的地方，在密西西比州的中心地带犁耙过的黑土地上的乡村社区里，这声长鸣更显孤寂。火车在铁轨上轰隆轰隆地驶过，其撞击铁轨的铿锵之声在布莱恩特商店枯瘦的墙上、棉田工棚的锡板上和轧棉机上回荡。这对我来说简直是奇迹，在那桩罪行发生五十九年之后，过往列车冷漠的轰隆声竟然没有把这家老店的墙给震倒。

我沿着维利路向东行，经过曼尼牛轭湖 ① 和几个小池塘，希望能找到黑渡路和格罗夫·C.华盛顿的农场，摩斯·莱特的小房子就在那里，当年他是这农场的小佃农。但我的地图没能帮上忙，附近也没人可问，有些过去的细节已经被抹去了，除了微不足道的细节。我开车回曼尼时已是黄昏时分，天色暗淡，与当年爱默特·提尔被拖走的时候别无二致。

在曼尼空荡荡的出镇公路上（这条公路 2005 年被重新命名为爱默特·提尔纪念公路）开车行进，我经过了一块牌子，上面写着"格伦多拉"，我调转了方向。即使在昏暗的光线中，我也能看出格伦多拉与曼尼不同，是一座真正的城镇，还有一条主街，或者在萧条到来之前曾经有一条主街。在这些简陋的棚屋、活动房屋和破产的商店附近，在 J. W. 米拉姆的谷仓里，

---

① 在平原地区流淌的河流，随着流水对河面的冲刷与侵蚀，愈来愈曲，最后导致河流自然截弯取直，原来弯曲的河道被废弃，从而形成的湖泊。

爱默特·提尔被活活打死。而米拉姆之后一直自由地住在这里——他死于 1980 年。

后来在一个阳光明媚的日子，我回到了格伦多拉。阳光可以是非常无情的，冷酷的光可以将一个让人难过的地方变得很糟糕。格伦多拉比废墟还糟糕。这景象令人震惊，一条满是棚屋矮舍的丑陋街道、一间可怜兮兮的杂货铺，还有一家酒吧的门廊上坐着一些衣衫褴褛、有着狗一样闪亮眼睛的男人，正拿着酒瓶酒罐喝着酒。格伦多拉的脏乱使它成为南方贫困现状的活生生的博物馆——就在凶手 J. W. 米拉姆曾经拥有的房子和小块土地附近，有许多醉汉，穿着破鞋，脚步踉跄，还有些仰面躺在草地上呼呼大睡，在阳光灿烂的中午百无聊赖——米拉姆的那座房子已经拆掉了，有个标志牌表明此处曾有过这座房子。这些上了年纪的格伦多拉黑人和昏昏然目空一切的男孩就是此处的继承者。

在南部腹地一年多的旅行中，我从来没有觉得受到过威胁，或是感觉到某人会带给我危险。我在这里没有觉得身处险境，但在格伦多拉这条坑坑洼洼的路上涌动的敌意，让我觉得自己像是个入侵者，让我变得小心。也许起因很简单，就是穷困之人的羞愧感，在一个陌生人面前的突然醒悟，醉汉们觉得自己在一个清醒的人身旁跌跌撞撞，行为惹人侧目；穷人们深陷衰朽之中，不喜欢被人看到。他们讨厌我来到这里，讨厌我这么轻易就能离开。

在格伦多拉这条道路的尾端，我看到以前的一间轧棉厂，简单的两层建筑，有些金属部分已经变形——锡板墙面和屋顶——而且因为房子没有窗户，更显恐怖。这座废弃的楼房，孤零零地伫立在格伦多拉边缘的田地中央，现在是爱默特·提尔英勇事迹历史中心，以及以他的名字命名的博物馆。

在这栋建筑外面，有一位女士向自己的车走去。她冲我笑了一下。我跟她打了招呼，为了引起她的注意，我问她："你觉得这座博物馆怎么样？"

"你得进去看看。"她说。她衣着正式，像是要去教堂做礼拜或参加社交活动，一身红色连衣裙，戴着一顶白帽，挎着一个大手袋。"这地方非常重要。每个人都应该去看看。"

我们交谈了一会儿。她说自己叫切蕾伊·奥茨。她的年纪应该将近五十，这身有品位的衣着使她看上去与我在格伦多拉见到的其他人都不同。

我说："我还记得这事发生的时候。"

"我那时还太小，不记得了，"她说，"但这件事深深影响了我的阿姨。"她顿了一下，补充道："她是范妮·劳·海默。"

范妮·劳·海默是 1963 年 [①] 的"自由之夏"选民登记运动中最勇敢、最坦率直言的活动家之一。她在第二年创立了密西西比自由民主党，以回应在新泽西州亚特兰大市召开的民主党全国大会纯白人代表团。因为她的主张，范妮·劳·海默曾遭到严重殴打，被关进监狱并被雇主解雇。她成了民权运动中最值得纪念的声音之一。她一直是一位政治社会活动家，直到

---

① 应为 1964 年，此处疑是作者笔误。

1977 年去世，享年六十岁。她的墓碑上镌刻的墓志铭来自她对种族隔离的一句评论："我极其厌恶这种厌恶感。"

切蕾伊·奥茨和她的女儿柯特妮是范妮·劳·海默尤波拉改变中心的组织者，中心就设在范妮生前居住的尤波拉。她在鲁尔维尔长大，现在住在尤波拉，都是距离这里不远的小城镇。范妮·劳的父亲叫陶恩森德，是个小佃农，生了二十个孩子，所以范妮·劳肯定有许多侄子侄女、外甥和外甥女，但就其热情和表现来看，切蕾伊完全跟海默是一个模子印出来的。我们聊了一会儿——她问我怎么会来这里，又要到哪里去。

"我很高兴你来了，"她说，"但我要告诉你，这里几乎没什么改变。"

绑在爱默特·提尔尸体上将其沉尸的七十五磅重的风扇，就来自这栋轧棉厂建筑。在展品之中有一台类似的轧棉机风扇，还有一些农场的用品，如旧工具等。但在凶案的背景下，它们看上去既邪恶又残忍——带刺的铁丝、锤子以及干草叉、斧头和镰刀。有一件展品是一台旧的福特皮卡，与绑架者使用的那台同款。还有爱默特的卧室和床，以及布莱恩特店面的仿建品。在一个恐怖阴森的场景中，一个真人大小的爱默特人偶躺在他的棺材里，他被打烂的脸是塑料模型。多数的展品和场景适度血腥，但罪行的细节和时间线索也被列了出来：也是这值得一看的纪念馆历史的重要注解。

"这事非常糟糕。"博物馆馆长本杰明·索思贝里说。索思贝里年仅二十九岁，但对这桩罪行以及这个地区非常了解。他带我来到博物馆的一个展区，那里展示的是蓝调歌手"索尼男孩"威廉姆森 ① 的生活和职业生涯。他一百年前出生于格伦多拉的一个种植园。

"参观博物馆的人多吗?"我问。

"一周十到十二个人吧。"

一天不到两个人,另一个让人悲哀的数字。切蕾伊·奥茨已经驱车离开了,她的车扬起的烟尘已经落定,除了我和本杰明,这栋楼里再没有其他人。这副荒废的样子又为展品增添了一些诡异残忍的气氛。有一堆小册子在推销十五块钱一天的旅程,带人们参观与提尔谋杀案有关的地点,那家商店、房屋现场、法庭、那条河,都是我已经看过的地方。这个早上没有参加旅行的人,唯一的生命迹象就在步行可以到的不远处,在格伦多拉那些商店附近的流浪者和醉汉,而他们的污秽不堪、臭气熏天的棚屋,就在这座贫困村庄的边上。

"那些以前不想要枪的人现在都在买枪。"

密西西比的冬天,暮色来得很早。格伦多拉北部的城镇,贝茨维尔和南亚文,随着社区的延展,像一道光斑似地出现在路旁,突然充满了生气——确切地说是似乎充满了生气。在南方,这样的地方看上去也许就像一个重要的大都会,但这都是误导。现实中,那只不过是一堆乱哄哄的过度明亮的快餐店、

---

① 全名约翰·李·柯蒂斯·威廉姆森(1914—1948),美国蓝调音乐口琴演奏家、歌手和作曲家。他通常被认为是将蓝调竖琴用作独奏乐器的先锋人物。

折扣店和商场，还有极其宽敞的停车场，在黑暗中熠熠生辉，却还是空荡荡的。

南亚文，其中一个让人眼花缭乱的海市蜃楼般的镇子，因为就在密西西比的北端，简直成了孟菲斯的郊区。我很容易就找到了一家汽车旅馆，我戴着美国军队的迷彩巡逻帽晃悠着走进前门，心里盘算着上哪儿去吃饭。

"你这是去哪里打猎呢？"一个男人从停车场走过来问我。他也戴着类似的帽子。

我说我没有去打猎。但他去了——猎野鸭。他刚刚带着三个小男孩从田纳西过来，还带着一个装着一把来复枪的便携箱。他说出了第二天要去的湖的名称。

"我是来看枪展的。"我说。

"那可真是受欢迎。"他说，还说我去那里是很聪明的想法，因为近期弹药缺货，但枪展上也许会有。

这是我所参加的又一次枪展，而且现在的理由更充分，比瞎看强多了，虽然我一般都是瞎看瞎转打发时间。新闻里说的都是枪支法律，因为六周前，2012 年的 12 月 14 日，在康涅狄格州纽敦的桑迪·胡克小学，一个携带大量弹药的二十岁男青年亚当·兰扎用一把突击步枪杀死了二十名儿童和六名老师，之后冲自己的脑袋开枪，饮弹自尽。混乱过后，人们发现他同一天早上离家之前已经杀害了自己的母亲。他用的是他母亲的枪，他学会开枪射击也是他母亲教的——一位母亲向自己心绪混乱、孤僻内向、不爱被别人触碰、也许还患有妄想症的儿子传授这样的技巧，实在是一件怪事，而且这人脾气火爆，还喜欢宅在家里。知道自己的儿子处于精神病临界线，她给了他一把枪。

作为美国历史上独狼枪手制造的最致命的惨案之一，桑迪·胡克学校的枪击案在美国国会里重新引发了对枪支的辩论，还使人们竞相去购买突击步枪。新闻报道说，对枪支泛滥的谴责非但没有减弱人们买枪弹的势头，反而在枪支拥有者和未来的买家中制造了恐慌。于是灾难发生后，更多人去购买枪支弹药，因为有传言说（就像汽车旅馆里那个猎手对我说的），枪弹供应会出现全国性的短缺，特别是"大毒蛇"突击步枪，就是亚当·兰扎用的那把，而且与之匹配的点二二三口径的子弹也会供不应求。

这个周末在南方体育馆举行的"三湖枪展"是南亚文引以为傲的项目。它与我看过的其他枪展类似，这个体育馆也和我在南方周日经过的许多较大的教堂非常相似，有同样的三四英亩大的停满了车的停车场，有同样的看着像教堂的工业化建筑，很像一座屋顶有尖塔的仓库，里头是一千个信仰坚定的信徒，还有一片嘤嘤嗡嗡的欢迎声。

南亚文的枪展参观者年纪更大，他们在几百张堆放着来复枪、手枪和匕首的展台间穿行。其他展台上则放置着五花八门的东西，泰瑟枪、皮具和一些标语，上面写着"弹药很贵，取消鸣枪警告——禁止擅入"之类的话。

我听到的第一个声音来自一个男人，在他的展台边上愤愤地高声说话，慷慨激昂地评论着这桩校园枪击案。

他说："如果当时有人手里有枪，本来可以阻止他的！老师们原本就该配枪。"

我知道枪展的参观者都是携带枪械、举止良好的人，任何激动的表现都可以吸引一群观众。这个人身旁有了些听众，还有些嘟嘟囔囔的附和声。

有个人说："学校本该常设些警员的。"

另一个说："没错。"

第三个人说："事发突然，他们措手不及。"

大多数人都随身带着武器，但他们都遵从枪展规定，将弹匣清空，击发机构也用塑料扣带捆住。

这是我参加的第三场枪展。我现在意识到，虽然枪展的外表有些像临时搭建的跳蚤市场，但每个展览都不断呈现同一种模式：罕见的精致枪械的展台——镌刻了花纹的猎枪、鸟枪、决斗用的手枪，等等；后面的展台则堆着一些旧手枪；一排排的突击步枪；卖标语牌的、卖匕首的、卖纳粹纪念品的、卖剩余的军用物资的——旧饭盒、皮带、餐具、防毒面具、挖战壕工具；还有专业级的弹夹——许多是厚厚的高容量弧形，可装三十发子弹，在许多州都是非法的。还有自动枪械，其中最简单、最普通的就是 AK-47，本质上就是一挺机关枪，就是你发动战争或是想干掉一个塔利班小分队时需要的武器。

但我三个月前看到的那种售价一千五百元的 AK，在这里要卖两千元——同款的枪支。我把这事对商家说了。

"那都是因为奥巴马。"他说。"看到这个宝贝了？"他举起一把塑料突击步枪，把它递给我。"这种以前卖两百块。在禁令颁布后，价格飙升到五百。现在这次校园枪击案引发了热议，这枪的价格应该还会再涨。一不留神就会涨到一千块的。"

参观者的兴趣浓厚，他们走过一张又一张展台，评论着那些

"那些以前不想要枪的人现在都在买枪。"　　309

武器的质量（"那是限量版的""那东西是气冷的""看看这小美人上面刻的字""那把是鲁格驳壳枪，真漂亮"）——他们显然都很爱看展出的枪支，但买的人却不多。南亚文体育场的停车场说明了销售不旺的原因。停车场上停的都是旧皮卡，还有泥渍斑斑的小汽车和车身凹凸不平的SUV。那些在枪展上穿行的人——主要是男人，穿得都很寒酸，是一些乡下人，指甲边缘黑漆漆的汽修工人，穿着连体工装裤、戴着饲料店帽子的农民，穿着猎人迷彩服的男人。稀稀拉拉的几个衣着光鲜的人比其他人更轻快些，也许是想买最新的九毫米口径的西格-绍尔獭尾式手枪，这把也是亚当·兰扎（或他母亲）的军火库藏品之一。

一个站在售卖内战撞击手枪的摊档后的男人拿着手机大声说着，一边扫视着人群："只是来逛逛的，好多人，都是只看不买。"

我从一个展台兜到另一个展台，又想起枪展上展现出来的极端礼貌的行为。临近一个摊位传来的嗞嗞声引起了我的注意。有两个黑人——在差不多一千人的大展厅里仅有的黑人，正在展示泰瑟枪和高压电枪，其中一个两只手各拿着一把泰瑟枪，射出一束闪亮的蓝色电波。

我跟他们交谈了一会儿。"生意惨淡，"他们说，"但之后会好起来的。"

"这些枪在马萨诸塞州是非法的。"我说。

"但你现在不在马萨诸塞州。"其中一人说，一边拿着泰瑟枪又射出些火花。"所以也许你该挑几把了。送给你的朋友们。"嗞……嗞……"看看这电压，可以击倒大个子呢。"

"我叫保罗。"我说。

"马蒂斯。"这男人说。我还没来得及接话，他又说："是的，与那画家同名①。"

这些泰瑟枪和高压电枪都是中国制造的，他们说，所以才这么便宜。与当地的枪贩不同，这两个人来自杰克逊县，他们从一个枪展赶到另一个枪展，兜售他们称之为"自卫武器"的东西。

"大约一星期就有一个枪展。"

我说："不好意思，不过我在这里没有看到其他黑人。"

"黑人不会把自己的枪支卖掉的。"马蒂斯轻声笑着说。

"确实不会。"另一个人补充说。

后面的展台堆满了旧枪械，摆摊的都是乐于讨价还价的年轻人。但在展厅中央和前部，都是规模更大的真正的枪支售卖商，指导着人们如何填写表格来注册自己的枪支。

我在其中一个枪贩那里尝试了一下，但我的请求被礼貌地拒绝了："如果你是其他州来的，我不能把枪卖给你。"

但在后面的摊档，那些年轻人不停地游说着："这把格洛克手枪还挺新的，我刚刚自己开过火。给我三百块，这枪就归你了。好吧，二百七十五，我另外多送你一个弹夹和一盒子弹。"

"我来自其他州。"我说，温和地拒绝他。

"私人买卖。这是用于自卫的。你还个价吧。"

我来到其中一个堆满弹药的展台前，被十几个人围着，排

---

① 指法国画家亨利·马蒂斯（1869—1954），野兽派创始人，也是一位雕塑家和版画家。

上了队。

"我听说现在弹药供应紧张。"我对我前面一个穿着迷彩夹克的人说。

"见鬼,我的弹药多得足够我撑到下一次内战。"他说。

在摊档前,我对枪贩说:"我想听听有哪些弹药是缺货的。"

他毫不犹豫地说:"点二二口径长步枪弹没了,点二二三的也没了。我现在九毫米口径的子弹存货也很少。人们也许都在囤货。不过其他的我都有。你要什么?"

"我只是问问。"

"如果你不买,拜托帮个忙靠边站去吧,先生。"

在枪展常见的礼貌和好心情之中,他刻薄的语气就像是赤裸裸的挑衅。

"民主党人害怕了。"隔着几张展台之外的一个摊主站在他的一排手枪前面说。"他们放弃主张,不然整个华盛顿就一个民主党人都不会有了。他们居然归咎于枪支!"

"肯定不是枪支的错啊。"另一个人说。

"一个假释犯得到一把枪,杀了一个人,他们居然怪卖枪的!为什么不好好审视整个愚蠢的假释制度呢?他们处罚错对象了。心理健康游说团的人更糟——他们也怪卖枪的人!他们吓唬美国人,导致了枪支涨价。"

"那些以前不想要枪的人现在都在买枪!"另一个人说,"他们买枪是因为他们觉得未来不可能买到枪了,现在都是'恐慌性购买'。都不知道会有什么后果。"

这就是个集市,与任何集市一样,它也是一个社交场合,人们拿着堆满芝士薯条的纸盘走来走去，谈天说地。有些摊档卖 T 恤衫、卖彩票，还有一个是拥护持枪权利的人摆的，他们在征集请愿签名，主动解释国家枪支法律中的难懂条文。

这种观念一致的团体氛围，也是一种委屈不平的氛围，跟我在其他枪展上看到的一样。那些更在意拥有枪支而不是开枪的人的抵触情绪，还有自身的权益受到威胁的愤愤不平之感——还因为一个讨厌改变的地区发生了更多的变化。那些不得已接受了变化的人中更多这种愤然的情绪，而且现在联邦政府又来跟他们过不去。

不过我喜欢参观这些枪展，因为它反映出南方的一些情况。我在这里是个陌生人，一个人也不认识，所以走进这座建筑，身处这么多人之中，受到欢迎，挺让人宽慰的。我本来可以跟任何一个人攀谈，因为他们都觉得我们对于枪支有一致的认识，于是对于其他一切事物也便有了相同的观点——政治、战争、宗教、狩猎、育儿、对食品的选择和对电视剧的看法。那样一来，这倒像极了一个好客的大教堂。对于一位旅行者来说，这意义重大。我不是去那里挑战他们的信仰，而只是去听听看看。

在南亚文的这个枪展，我看到南方的白人如何需要聚在一起，以提醒自己他们是何身份、代表着什么。这种部落式的文化、单调的信仰和对于自身历史的强烈感情，使他们不得不确信自己与其他美国人是不一样的。他们比我在北方长大时身边的人更爱社交，而家庭——虽然他们之间的关系并不密切，比社区重要得多。这些白人觉得自己是被轻视的少数群体，与其他人不同，频频受挫，受尽误解、干涉、摆布与欺骗。血脉相连是重要的，过往的历史、以前的旧怨，还有不公正的感觉，这些都是福克纳笔下的主题。他就在这附近的拉斐特县的牛津镇长大。

我决定开车去那儿看一看。

山楸橡树别业

牛津镇是福克纳曾经生活的地方，他也是在这里去世的。这里也是密西西比大学的大学城，离南亚文只有一个小时的车程，就在州际公路以东二十五英里。这座镇子就在路况良好的278号公路附近，镇子随远处的车流一起颤动。在这个本来还令人愉快的地方，没有一处角落听不到车笛声，到了福克纳故居山楸橡树别业这里，则成了低沉噪音。山楸橡树别业在一条郊外街道的尽头，在壮观却华而不实的校园外围。

公路的噪音敲击出奇怪而富有侵略性的调子，因为在福克纳的小说中，牛津镇就是"杰斐逊镇"，虽然这个镇子和它的环境从各个方面看，与福克纳笔下的淳朴亲切、树林茂密、与世无争、充满故事性的、虚构的约克纳帕塔法县相去甚远，却出奇地温和可爱。而且在过往车辆不断的轰鸣声中，这条繁忙公路附近的一切都叮当作响，可这座希腊复古式 ① 南方风格的大学依然有着一种古典美。带有圆柱、砖墙、穹顶的建筑营造了一种优雅的学术气息和怀旧风格。

---

① 一种出现于 18 世纪末 19 世纪初、借鉴公元前 5 世纪希腊神庙设计风格的建筑。

一百年来，这个备受尊敬的学府保留着旧式的做派——其中就有隔离和偏见，打击一切自由的趋势。所以这就很有讽刺意味了，在福克纳自传里多处出现过的讽刺意味之一，比这位住在一座有着兄弟会般狂热的、为橄榄球疯狂的大学城的一条小街上常常进行自我剖析的农夫更为怪异。

福克纳是我们最伟大的作家和最敏锐的思想家之一。他是一个腼腆内向的人，但又是颇具胆识、坚持己见的文学天才，对南方的历史有着百科全书式的了解，任何到南方旅行的人都不能无视他的存在。他一辈子都住在这个种族隔离的社区，在这个他为之骄傲甚至称其为自己的镇子的地方，他一次也没有以他睿智的声音振臂高呼，说黑人学生应该马上得到入读该大学的权利。他的观点是：一切要等时机成熟。黑人们被禁止进入这所大学，就连在这里做点杂活都要走后门，而且工作一做完就被要求马上离开。这一切发生时，这位诺贝尔文学奖获得者只是袖手旁观。福克纳于 1962 年 7 月去世。两个月后，在一场漫长的法律纠纷（继而又发生致死的暴乱）后，来自密西西比州中部小城科修斯科的詹姆斯·梅雷迪斯被录取为这所大学的第一名黑人学生，这些都并非拜福克纳所赐。①

① 詹姆斯·梅雷迪斯真人大小的全身铜像就竖立在校园里，展示的是他大步流星前行的形象。在 2014 年 2 月 16 日，就在我访问密西西比大学的几个月后，三个白人学生对这尊塑像进行了破坏。他们将一个绳圈套在雕像的脖子上，用以前佐治亚州的邦联战旗盖住它。对于这起事件，詹姆斯·梅雷迪斯做出了有个性和气度的评论，他在接受《纽约时报》（2014 年 2 月 20 日）采访时也说自己并不赞同竖立这座雕像："这是个虚假的偶像，不只是冒犯了上帝，也冒犯了我。"——原注

在詹姆斯·梅雷迪斯公开叫板的好几年前，福克纳在《哈泼斯杂志》①（1956年6月）上说："生活在今天的世界，却因种族或肤色而反对人权平等，就像生活在阿拉斯加却跟冰雪过不去一样。"奥瑟琳·露西被密西西比大学拒收事件所展示的种族歧视，被他视为"对人性令人难过的注解"。但他主张用循序渐进的办法实现融合，就像他在《生活》杂志（1956年3月《致北方的信》）上所写的那样，他反对武力融合及联邦政府的介入——"会动用法律或警方强制在一夜之间消灭这种灾难的南方以外的势力。"他的办法就是：在我们想做的时候，我们要自己来做。但实际上什么事情也没有发生，直到联邦政府——南方历史上一直以来的反面人物进行了干涉，梅雷迪斯才得以在联邦警察的护送下进入校园。

福克纳家1844年所居住的房子比密西西比大学最古老的建筑"学园楼"的年头还要久远。这座大学的美丽与建筑物之间的和谐，让我甚为意外。另外还有它崭新的程度：这是座始建于十九世纪中叶的大学，当时学生数并不大，也没有许多的建筑，直到二十世纪初才有了发展。当时大概就是在福克纳一家1902年从密西西比的新奥尔巴尼搬到那里的时候，小福克纳刚满五岁。

不写作的时候，福克纳总是坐不住，总是缺钱，他一辈子都在旅行，但牛津镇一直是他的家，山楸橡树别业一直都是他的房子，（似乎）即使在这座宽敞的比例违和的农舍（"贝利别

---

① 美国一份创刊于1850年的月刊，是仅次于《科学美国人》的美国持续发行时间最长的月刊，杂志内容涵盖文学、政治、艺术等多个方面。

墅")周围兴起了一个社区之后依然如此。福克纳故居的解说员向我解释说，他给这座别墅另取名为"山楸橡树别业"，因为那里的山楸树林特别茂密。这座房子最初的建造者和主人是罗伯特·希谷克，这个奇怪的名字被福克纳稍微做了改动，又出现在《喧哗与骚动》中。书里的雷夫·希谷克是一位圣路易斯来的黑人牧师，他声情并茂的布道让迪尔西潸然落泪。

我开车去过故居，它就坐落在郊外街道的尽头，而且这条中产阶级派头的街道秩序井然，整洁传统，得到了很好的维护，与福克纳小说中的街道截然不同，与福克纳的乡绅身份也不一致。在这条满是体面住宅的道路上，山楸橡树别业显得格格不入，不算华而不实，倒像一处遗迹，有着门廊和白柱，窗户上有深色的百叶窗，还有古老可爱的桧树群。门前的树下，依稀可见当年布置整齐的花园，但只剩下地面上花圃边缘和步道表面匀整的砖头，就像是一处被冷落的新石器时代遗址。

牛津镇使福克纳稳定下来，但他依然过着一种混乱的生活。让我吃惊的是，在这种混乱的生活中，集中精神写作时的禁欲苦行和闲暇时的狂欢买醉、放荡不羁交替出现，而他却同时创作了大量的作品，许多的文学巨著，有些几近被忽略，很多则是被断章取义。他不是个学者，他是自学成才的，而且——除了马克·吐温，与他地位相当的南方作者无出其右。

"一旦把詹姆斯·布朗奇·卡贝尔[①]算进去，"H. L. 门肯[②]

---

① 詹姆斯·布朗奇·卡贝尔（1879—1958），美国作家，主要作品有《朱根》《玩笑之罪》等。
② H. L. 门肯（1880—1956），美国作家、编辑。

1917年在《艺术的撒哈拉》一文中写道，"你找不到一个真正会写作的南方散文作家。"门肯将南方看作美国的肛门，是浸信会教徒的化粪池，循道宗教义、耍蛇者、不动产商和患梅毒的新教传教者将这里搞得乌烟瘴气，还是一个毫无艺术气息的地方。"佐治亚立刻就成了棉花作坊黑心雇主、循道宗牧师转化而来的宗教改革派和滥用私刑的帮派的家。"他以满是谴责的笔触写道。之后又说："在南方，最盛行的宗教都可以容忍以私刑为良性制度的说辞，两代人以前，则可以容忍人们对奴隶制的狂热信仰。"

也许是受到这种怒气的驱使，在门肯的文章发表十三年后，福克纳将一篇短篇小说寄给了门肯，这篇小说（由门肯大刀阔斧地编辑过）1931年出现在门肯自己创办的杂志《美国水星》上，题目为《那一晚的太阳》。与此同时，福克纳出版了他的第一本小说《萨托里斯》。之后他笔耕不辍直至死亡，将南方文学变成了一种特别的艺术形式，否定了门肯的说法，并通过小说将南方生活的特质予以升华。所有胸怀抱负的美国作家均会被鼓励去读他的作品，但他错综复杂、洋洋洒洒的散文体文风使他成为年轻作家最难学习的榜样。你不得不学习如何阅读他的作品，他不是任何人都敢于模仿的作家，虽然很不幸的是许多人都在模仿他。

我所读的福克纳的第一部作品，也是大多数学生的首选，就是《喧哗与骚动》。这本书有多位叙述者，其中一位还是三十三岁的白痴，竭力用哭号去表达想法，加之康普生的家族史也非常混乱，这些都让我疑惑不解。尽管有些不得要领，但我还是觉得很喜欢它。当年的我还很年轻，将华丽的辞藻和繁复的表达视为非凡的成就而不是缺点。读到类似于迪尔西在雷夫·希谷克牧师的布道上哭泣的描写："两颗泪珠顺着她凹陷的脸颊往下流，在牺牲、克己和时光所造成的千百个反光的皱褶里进进出出"，我也不敢说这句子很荒唐、华而不实。

福克纳自学了写作，希望自己洋洋洒洒而晦涩的文风能使他脱颖而出。从他的文风和叙事结构来看，他的文学灵感更多来自他小时候见到过的健谈的人，而受看过的书的影响反而少——他的作品里经常有闲聊时没完没了、让人心烦的自说自话，或是讲坛上牧师字字铿锵的布道。温德汉姆·刘易斯直言不讳地指责福克纳为"拿着玉米棒子的道德家"。福克纳说："人们需要困境———一点挫败可以让人提振精神，变得更坚强。艺术家同样需要，我不是说你得住到老鼠洞或下水道里去，但你必须学会顽强与坚忍。只有生活刻板单调的人才会成天都乐呵呵。"当你听到他这些论断，也许你会同意刘易斯的观点。

在福克纳创作的有关南方的场景变幻和长篇累牍的评说中，也有一篇非常出色的文章，比如："……坠落的最初几秒总是像在滑翔：一种从容的失重状态，继而才是极速运动，不是向下而是向上，那一刻坠落的身体在大地上涌的气流作用下翻转。"问题是在《修女安魂曲》的《监狱》一幕中，写得这么好的几句话被湮没在洋洋洒洒六千字的一个句子里，这个句子一口气不断地写了四十页。借用《马嘴》①中古利·吉姆逊的一句话："这就像对着钥匙孔，像放屁一样唱着《安妮·萝莉》②，也许挺高明，但这么大费周章值得吗？"

福克纳对坠落就像飞行这种惊人的自欺欺人的矛盾说法有着直接的了解。他十几岁的时候就参加了英国皇家空军③，本来是盼着能驾驶军机参加"一战"的，不过让他失望的是，他没能参加任何战斗④。后来在1933年，他有了钱之后，就买了一架自己的飞机，一架韦科-210单翼机，对于密西西比州的任何人来说，都是一件很拉风的东西，在其他地方也是。

他总是出人意料，过着完全不同且矛盾的交替生活——可靠的高薪剧作家，经常创新的低收入小说作家，要养活一大家子人，业余还打打猎，偶尔酩酊大醉，是一个幻想家，有时是个衣着花哨的花花公子（深红色猎装、大礼帽、白色手套和锃亮的靴子）。他曾在密西西比大学上学、在大学邮政所当职员，以及在密西西比大学的发电所不情不愿地工作了很短的一段时间，在这些时候，他的生活就没有如此富有传奇色彩了。不过他倒是一直都在写作，先是写诗，然后在发电所的锅炉之间写下了《我弥留之际》。

这衡量出福克纳对南方乡下人的思想了解之深，这些人从

---

① 1974年的电影，古利·吉姆逊为主角，是一位反社会的画家。电影改编自英国作家乔伊斯·凯利《论艺术家三部曲》的最后一部，探讨艺术家与现实的冲击以及艺术枯竭后的出路。

② 著名苏格兰民歌。

③ 福克纳为加入英国皇家空军，伪造了住址文件，谎称是英国人。

④ 他受训后不久"一战"就结束了。

来都不看他的作品，却能够解读他的情绪。他们也许不知道他的小说，但我遇到的许多人正是他笔下人物的样子，很容易就能将他们代入他的小说。雷夫·莱尔斯有路喀斯·布香的自尊和反叛；我在纳齐兹遇到过的那位英勇的母亲罗宾·司各特是另一位乔·克里斯默斯；而斯诺普斯家族在南方腹地乡村更是随处可见。

虽然在大学英语系以外的地方很难找到许多将阅读福克纳的小说当作消遣的人，福克纳笔下的部分南方依旧存在，不是存在于这片土地上，而是作为种族隔离时期的记忆存在。在他的写作生涯早期，他给自己设定了一个庞大艰巨的任务——在小说里创设一个密西西比州的县的原型，向南方人解释他们是谁、从何而来。他们要往哪里去对福克纳来说并不重要。福克纳主张慢慢来，他一直都是个渐进主义者。

他将南方人塑造成英雄、恶棍或正派的大学男生；他赋予这些以南方人为原型的人物姓名和历史：市长、上校、律师、地主、牧师、逃犯、外乡人、囚徒、罪犯、爱管闲事的和爱掺和的。他将印第安人区分出来，将黑人分类，各种各样的：《押沙龙！押沙龙！》和《八月之光》中种族混血的角色，《坟墓的闯入者》中正直的、被冤枉的黑人路喀斯·布香，隐忍的管家迪尔西（"我看到了开始，我看到了结束"），地里的帮工，还有身份不明的帮凶——绰号"太紧张"的拉维·柯林斯，那个帮助将爱默特·提尔弃尸的黑人工人，正是典型的福克纳风格的人物。福克纳最让人难忘的角色是他笔下的恶人，《圣殿》中的金鱼眼、《老人河》中"高个子犯人"，还有斯诺普斯家的所有人，特别是邪恶狡猾的弗莱姆·斯诺普斯，他是斯诺普斯家的典范，在他的表弟蒙哥马利·沃德·斯诺普斯嘴里是："好吧……每一个斯诺普斯都将视其为己任，那就是让全世界承认他是婊子养的婊子养的。"

福克纳骇人听闻的叙事小说（均发表于1930年的《献给爱米丽的一朵玫瑰花》和《圣殿》）是他最畅销的小说。我喜欢的则是《八月之光》、《我弥留之际》、《去吧，摩西》中的短篇小说（特别是《熊》)、《野棕榈》、《圣殿》，还有斯诺普斯三部曲《村子》《小镇》和《大宅》。为了此次南方之旅，我重读了这些小说，而且依然非常喜爱。虽然读起来仍像是我大学宿舍房间里的教科书，它们的价值却是永恒的。

《看不见的人》的作者拉尔夫·埃里森曾说过："如果你想了解南方的社会力量，了解南方大概从1874年至今的人际关系，你并不需要去找历史学家，甚至是黑人历史学家。你去读读威廉·福克纳和罗伯特·P. 华伦[1]的书就够了。"

但华伦与埃里森和南方许多作家（马克·吐温、托马斯·沃尔夫、威廉·斯泰伦、威利·莫里斯[2]、杜鲁门·卡波特、田纳西·威廉斯[3]、卡森·麦卡勒斯及其他作家）一样，为了北方的繁华、热情、赞美和大量的工作机会而逃离了南方：

---

[1] 罗伯特·P. 华伦（1905—1989），美国诗人、小说家、文艺批评家，代表作有《国王的人马》《夜骑》等。

[2] 威利·莫里斯（1934—1999），美国作家，代表作有《家有跳狗》《向北回家》等。

[3] 田纳西·威廉斯（1911—1983），美国剧作家，代表作有《欲望号街车》《热铁皮屋顶上的猫》等。

华伦去了纽黑文，埃里森去了纽约。在《向北回家》中，威利·莫里斯写道，语言缺乏艺术性但切中要点："为什么每次要离开南方之前，我总觉得如释重负？就像是有人卸下了我的肩上的千钧重担，或者是积聚已久的怨气突然消失。"

《巴黎评论》^①的一位采访者曾经问过巴里·汉纳^②这位创作过许多疯狂故事和鼓舞人心小说的作家，为什么这么多南方作家"感觉非离开南方不可"。汉纳回答道："他们确实是这么想的，而且他们在佛蒙特州时反而能够写出最好的南方小说。我有一次遭遇暴风雪，在佛蒙特州也写了不少很好的短篇小说。我是说我更好的作品来自寒冷的佛蒙特，因为乡愁。浓烈的乡愁催生出故事。"

汉纳最终在密西西比这个他出生的地方终老。实际上他养老的地方就是牛津镇，就像一直待在自己长大的镇子里的福克纳，醉心于保持一个乡下人的本色。他笔下的角色想法都是相同的——决心留在南方，不知道内省，而总是回望过去，困在过去，从来没想过要逃离南方，任由命运摆布。他们有着根深蒂固的乡村习气（福克纳也是这个样子），无法想象到别处去生活。

福克纳的文风一定是受到了他这种与世隔绝和内向的生活所影响，也许作为一个爱豪饮的人，他有时也会在喋喋不休、

---

① 英语文学季刊杂志，创刊于 1953 年，专注于创造性的小说与诗歌，钟爱原创型的作品。
② 巴里·汉纳（1942—2010），美国南方文学代表作家，偏爱哥特风格和荒诞文学。

颠三倒四的醉话里显示出一股冲动。但如果匆匆读来，他会给人一种草率的感觉，甚至有些太过随意，纯粹是矫揉的文字的堆叠。掩卷回想，你也许会得出一个结论：他之所以这么写，是因为他打心底里知道他希望掩盖自己的意图。因为过分注重形式，他将冗长叙述的基础放在一个牢固且具有合理社会性的架构上展开，笔下的家庭和人物的背景都是他极其熟悉的。他决心写一部没有中心而是向外发散的小说。他的生活方式守旧，但作为一位作家，他却是个现代主义者。至于他的"夺人眼球、震撼心灵"的现代主义风格，都是以繁复的语言形式出现的，英国评论家 V. S. 普里切特①曾写道："福克纳以怀疑甚至狂热的语气叙述每一个场景和联想，而所有的狂热都会带来累赘的文风。"

福克纳坚持说南方人与美国其他地方的人十分不同——这也是许多南方人固守的观点，这就解释了为什么福克纳有如此的吸引力。他的小说对这种差异进行了详尽的描述，这一点在弗兰纳里·奥康纳②的强有力但也是自说自话的论文《地方作家》中也特别强调了。南方的身份不是本地人的肤色、奇特的事物、饼干、白色的柱子、灰扑扑的公路，等等。"它根植得很深。它的全貌只有上帝才知道，但对于寻找它的人来说，没有人比艺术家们离它更近。"对于福克纳和她自己的小说细致的描

---

① V. S. 普里切特（1900—1997），英国小说家、散文批评家，被称为"20 世纪最伟大的英语文学评论家"。
② 弗兰纳里·奥康纳（1925—1964），美国小说家、短篇小说作家和评论家，美国文学的重要代言人。

述，这话给出了一个很让人鼓舞的解释。

但那夺人眼球的浮夸文风呢？"那些终日对南方进行思考的艺术家、记者或者历史学家，"受人尊重的南方记者埃德温·尤德 ① 在他为里德的《煎熬的南方》所写的序中说，"有时肯定会受到惊吓，就像我一样，他们害怕随着了解的深入，自己所看到的地区'差异'本质上就是对蒙昧主义的主张，就算有时文雅别致的，但依然充满蒙昧主义的意味。"

通常当一位作者（《尤利西斯》中乔伊斯的文风就是个好例子）怀疑自己的作品情节架构过于庞大时，就会出现这样扭曲晦涩的文风。滔滔不绝的文字、夸张的手法和特殊的风格是转移读者对于架构的注意力的方法。但在语言和叙述形式方面，福克纳是一位天才的土生土长的实验者。在密西西比狭隘、充满非难的文学界，写这样的东西一定需要极大的勇气。所以，当马尔科姆·考利 ② 发现了个中的妙处，并用他选编的《福克纳文集》将读者的注意力带回到这位作家宏大的情节构思中，福克纳所有的书一下子脱销了。《福克纳文集》向人们展示福克纳一直都知道自己在做什么，他写得如此细致，向考利详尽叙述了他虚构的约克纳帕塔法县、它的地标以及它的居民。

---

① 埃德温·尤德（1934—　），美国记者，曾获普利策奖。
② 马尔科姆·考利（1898—1989），美国评论家、诗人、编辑，是20世纪美国最优秀、权威、影响力最大的评论家之一，对当代作家和艺术思想产生了非常重要的影响。

他小说中的矛盾之处就不再说了。现在说的是另一个矛盾。那是好莱坞剧作家福克纳，是导演霍华德·霍克斯未来的编剧。作为小说作家，福克纳是毫不妥协的——看看他著作每一页繁乱的文风，你会觉得它是在山楸橡树别业里陈列着的一台人工打字机上一边打字一边印刷出来的。如果他的出版商没有发备忘说一个字、一个标点乃至一段长长的斜体文章都不能动的话，他的手稿对排印编辑来说简直是噩梦。一个六千字的句子？福克纳的想法是，不能动！分号留着，新词留着，使它更加晦涩，掩盖了信息，用夸张手法使意思更加隐晦，将读者搞糊涂，强迫读者自己去解开谜团。

这样晦涩的文风深受英语系师生的喜爱，但在好莱坞却是不可接受的。在那里，重写是家常便饭，几位作家合写是基本守则，传统就是方法，妥协是必要的，挣快钱则是目标——这对福克纳这样的作家来说并非天作之合，然而——他用酒精自我治疗，在那里干得风生水起，薪酬很高，很多公司找上他。二十世纪三四十年代，许多才华横溢的作者去好莱坞找工作——阿道司·赫胥黎①、詹姆斯·艾吉、约翰·斯坦贝克、约翰·柯里尔②、F. 斯科特·菲茨杰拉德、莉莲·海尔曼③、多萝

---

① 阿道司·赫胥黎（1894—1963），英国作家，属于著名的赫胥黎家族。代表作为《美丽新世界》。

② 约翰·柯里尔（1884—1968），美国社会学家和作家，主张社会改革及保护印第安人权益。

③ 莉莲·海尔曼（1905—1984），美国著名左翼作家、剧作家、电影剧作家。

西·帕克①、纳撒尼尔·韦斯特②等。然而即使是最狂热的影迷也会觉得很难能说出一部这些作家中任何一人所写的电影名字。但福克纳是非常认真而且成功的，他的剧本《夜长梦多》《取舍之间》《法老的国度》（1953）和1951年的《上帝的左手》，都极负盛名。当你注意到上文所说的最后两部电影都是在他获得1949年诺贝尔文学奖之后创作的，那你就会清楚他对这份工作的热忱。

写剧本是一件苦差事，对一个在意语言细微差别的人来说，简直是对他的智慧的莫大侮辱，它的文学性与详细描述一份蛤蜊杂烩的菜谱是一样的。我写过九部剧本（请上帝原谅我这些虚度光阴的记录），写过剧本的人都知道这样一份工作的单调乏味，脚本不严谨，描述含糊，拜占庭式的摄影角度，巴洛克式的拍摄技术，在荒芜的"非利士地"③跟一群恃强凌弱、无所不知、作威作福的有钱佬和最善于心计的演员打交道的那种沮丧。

这还不是这个可怕行业最糟的一面，只是这个排斥性很强的行业的大致情况。它的乏味之处在于经常性的妥协，它是美好的小说写作（特别是福克纳的小说）的对立面。它研究的是严格的时间限制和最迟钝的电影观众的注意力限度，还有谈判、团队合作、剧本审稿会议，还有"咱们再想想另一个办法"、大

---

① 多萝西·帕克（1893—1967年），美国作家，她的诗歌经常犀利直率地讽刺当代美国人性格上的弱点。其短篇小说也同样具有讽刺意蕴。
② 纳撒尼尔·韦斯特（1903—1940），死后才享盛名，代表作为《寂寞芳心小姐》。
③ 非利士人，居住在迦南南部海岸的古老民族，其领土在后来的文献中被称为"非利士地"。

量的版本、重写、各种马后炮和刻意的粗俗，这些都是为了取悦普通的电影观众，甚至拉拢流浪汉来看电影。我是再也不干了。福克纳是如何忍受下来的呢？

福克纳向许多为他立传的传记作家宣称，他写剧本是为了挣钱，但他真的有这么窘迫吗？他的诺贝尔奖金近三万美元，在1951年是很大一笔钱，然而他获得这么一笔横财之后还是继续写剧本。从他的小说来看，他擅长写对话，所以他在好莱坞写剧本挣钱应该是挺轻松的。但福克纳也公开说过他不喜欢看电影，特别是他自己写的电影。

更糟、更具破坏性的一点是，所有的剧作家都知道，许多剧本都是纯粹的瞎忙活。第一稿是写的，第二稿是受命修改的，其他的作家被召集在一起审议这份东西，他们召开剧本审稿会议，而且在费了这么多力气、时间、妥协、争执和编辑，这个项目又被打回去或束之高阁或直接枪毙。彻头彻尾地浪费时间和脑力。

福克纳一定非常了解这种耻辱。也许就是因此，虽然我们有过类似《最后的大亨》《蝗虫之日》及其他生动描绘好莱坞生活的小说，虽然福克纳在好莱坞当了二十多年编剧、熟知许多导演和演员（比如鲍嘉 ① 和白考尔 ② 夫妇），却从未在小说里写过有关好莱坞的一个字，除了投诉信，他也从未在其他作品

---

① 亨弗莱·鲍嘉（1899—1957），1999年被美国电影学会选为"百年来最伟大的男演员第一名"。

② 劳伦·白考尔（1924—2014），奥斯卡终身成就奖获得者，主要作品有《危情十日》等。

里提到过这个地方。比起写过这些小说的同时代的剧作家斯科特·菲茨杰拉德和纳撒尼尔·韦斯特，他在好莱坞工作的时间更长，对它也更为了解。

将电影剧本的有序、平淡和严格的时间顺序与福克纳小说中明显的混乱、华丽的文字和时间的跳跃相比较，我们可以想到福克纳实验性的小说是对他剧本写作原则的一种回应——那是一种"疯狂防御"的冲动表现。

这个听起来杀气腾腾的心理学术语，是弗洛伊德的学生梅兰妮·克莱茵 ① 创造的。它详细描述了弗洛伊德学的理论，解释了一种逃避的形式。"病人对心理现实采取一种洋洋得意的嘲讽态度，利用这种防御避免确认毁掉内在目标所带来的沮丧感。"一位剧作家，要听取各种各样的愚蠢意见和唐突看法，时不时被要求重写剧本。他要在私人的时间做自己的项目，写一个标点随意的六十页长的句子，这是一种他表明自己立场的方式——以我对心理学的粗浅认知，我看似乎应该是这样。"疯狂防御有三种典型的情绪：控制、成功、蔑视。"

对福克纳而言，好莱坞还是逃避山楸橡树别业紧张气氛、吵吵闹闹的婚姻和密西西比州偏狭的地方观念的一种途径。好莱坞给了他、也给了其他许多人纵欲的机会。福克纳在公开场合也许是矜持克制的，但私底下却热情奔逸。约瑟夫·布劳恩特所写的两卷、两千一百页的权威传记中可笑的大错之一，就

---

① 梅兰妮·克莱茵（1882—1960），奥地利精神分析学家，儿童精神分析研究的先驱。她被誉为继弗洛伊德后对精神分析理论发展最具贡献的领导人物之一。

是隐去了福克纳的婚外情（其中几桩对他的文学创作至关重要），并对他的通奸行为进行了谨慎的处理。然而那本传记在不相干的细节上，如晚餐的菜单和福克纳无意中遇见的小联盟棒球手的姓名，却巨细靡遗。

我走过山楸橡树别业里那一间间布置简朴的房间，脑子里浮现出上面的念头。这些房间里挂着几幅普普通通的画作和一些简单的小玩意儿，有一架落满尘灰的钢琴、一台打字机，楼上一间房间的墙上还写着一些奇奇怪怪的笔记，帮助我们弄清他所写的《寓言》的情节。对于这些就算不混乱至少也是层次很多的情节，做一些笔记来弄清楚是很好的，对读者也很有裨益。对我来说，没有什么比写在墙上解释情节的笔记更有帮助的了，这些笔记就这么固定在墙上，为福克纳小说的读者提供帮助。看了七页拐弯抹角的文字，心里正疑惑不解，抬头看看墙就能看到："查尔斯是欧拉莉亚·邦和托马斯·萨德本的儿子，在西印度群岛出生，但萨德本之前一直不知道欧拉莉亚有黑人血统，等到知道已经太迟了……"

"我们很快要关门了。"讲解员对我说。

我走到外面，看着外部的砖砌建筑、小棚屋和一个牲口棚，我在朴素的院子里闲逛，走在冬日斜阳下桧树林长长的阴影中，走在以前的花园的遗迹中。从我所站的位置看，这房子在门前树木的掩映下看得不是很清楚，但它依然有一种陵墓的既视感，可以说，它充满一种年代久远的被废弃感，简单说应该是饱经风霜的斑驳之感。福克纳在那些房间里殚精竭虑地创作，用酒精麻醉自己，几乎被南方的种种矛盾逼疯，固执地拒绝简化其历史或将其浪漫化，而是坚决地要以这样的深度和这么多的面孔来反映南方的复杂性。他笔耕不辍，直至六十四岁时英年早逝。想到这一切，我深受感动。

在美国的其他地区，没有一位作家能有这样的洞察力。辛克莱·刘易斯①定义了中西部的北部地区，在《大街》和《艾尔麦·甘特利》中向我们展示了我们的身份，但他搬到了其他地方，开始其他话题的写作。福克纳则留在原处，获得了巨大成就。但作为一位作家、一个男人、一个丈夫，作为南方不可思议的礼教和无法无天状况的讲述者，他的一辈子确实饱受折磨。

"要明白这个世界，你必须先明白像密西西比这样的一个地方。"他说。而他笔下最睿智的人物之一，艾克·麦卡斯林（《去吧，摩西》中的《熊》），对着那个陌生黑人吼出的话，似乎正是福克纳的心声："难道你不明白吗？这整片土地，整个南方，都是受到诅咒的，我们所有这些从它那里滋生出来的人，所有被它哺育过的人，不管是白人还是黑人，都被这重诅咒笼罩着。没错，是我们白人把这诅咒带到这片土地上来的，也许正是出于这个原因，只有白人的后裔才能够——不是拒绝它，也不是与之抗争——忍受并支撑下去，直到这重诅咒被解除……"

---

① 辛克莱·刘易斯（1885—1951），美国第一位诺贝尔文学奖获得者，主要作品有《大街》《巴比特》《阿罗史密斯》等。

图珀洛蓝调

在密西西比渐浓的暮色中，一种透彻心扉的伤感攫住了我。作家们总喜欢夸大他们生活的艰难，但福克纳并没有抱怨，在他的作品里，他有着比我读到过的任何作家更高的目标。我在这别墅里和镇子里都感受到了这个男人身上的那种极度的顽强。

去图珀洛要一个小时的车程，这一路上，《图珀洛蓝调》的歌词一直回响在我的脑海——"乌云涌动在图珀洛"，约翰·李·胡克 ① （他出生在密西西比州的其他地方）轻柔的歌声悲叹着图珀洛的洪水。这座镇子的名字来自多花紫树，一种黑胶树，在北方它名叫胡椒树——我在科德角的家门口的马路尽头就有一棵高大壮观的胡椒树，它枝繁叶茂，树冠阔大。我的伤感还有一个原因是在微曦中看到图珀洛，一个依然忙碌的城镇，被许多快餐店包围着，头上是猫王 ② 的光环。这里有他的两居室房屋——其实是一间改造过的简易木屋，是他父亲建造的，还有他唱福音圣歌的教堂。

南方的氛围是浓郁的，人们脸上的表情，他们的姿势、衣着，那些房子与木屋，还有那种荒废的样子，都带着明显的历史厚重感。你看了不由得会思考在经历之前那一切之后，接下来又会发生什么。穿越南方的旅行者肯定要问的一个问题是：

---

① 约翰·李·胡克（1917—2001），美国蓝调先驱。
② 图珀洛是"猫王"的出生地。

谁会继承这片土地和它的纷争呢？

日落之后我随便找了一家汽车旅馆，打算第二天早晨再去城里闲逛，猫王的图珀洛——屋子就在城外。我刚踏进旅馆大堂，就认出了新南方的香气，那股印度熏香，让人眼睛发痒、鼻子发麻的烧香气味，还有烧焦了的糖和洋葱的味道，冒泡咖喱的浓香。这些气味，不管是福克纳还是猫王，都是想象不到的。

经理出现了。他斜着眼睛看了我一下，就好像在强调：我是你躲也躲不掉的。你还以为会见到谁？

"单人间，一晚，禁烟房。"我说。

他舔了舔拇指，然后用它掀开登记册的书页。"我来看看还剩下什么房间。"

"谢谢，帕特尔先生。"

他笑了。"你怎么知道我的名字？"

蓝草音乐

从图珀洛穿越州界到亨特斯维尔没有笔直的公路，之后只能走迂回曲折的狭窄道路，到头来反而成了一件幸事。在行进缓慢的乡间道路上，我可以听电台里播放的蓝草音乐，"密西西比前廊团体电台"，然后是"蓝草福音"。在一月阴云密布的天空下，在空荡荡的公路上，听听田纳西东部电台轻松的谈话和让人精神振奋的音乐："克林奇河乡村舞曲"、蓝草音乐的特别节目、"山中狂欢"乐队、小提琴和班卓琴、歌曲《邻居》《拯救》，然后是反复吟唱的《你会好起来的》。

越过州界去查塔努加，向北到诺克斯维尔，然后经过布里斯托，这条线路是我第一次旅行时所走的。田纳西东部很冷，之后又下起了小雪，粗大的冰柱和凝固的水滴挂在公路旁的山崖上，小雪继续下着，到弗吉尼亚州积雪已经很深了。路上雨雪霏霏，能见度很低，我沿着阿巴拉契亚山脉冰天雪地的寒冷山丘向北前行，再次进入迷茫的冬天。

第三部　春天——绽放的紫荆花

当我远离家乡，小事倒显得重要起来。我很留心各种迹象。你离开城镇，总会发生些奇怪的事情。

——查尔斯·波蒂斯《南方之犬》

泥泞季节

早春夕照下的细雨闪动着让人炫目的亮光（《我泪光闪动如四月的阳光》①），我房子周围的淤泥是这个季节的另一个景象，湿软的泥土表面被雨水浸透，还有一片坑坑洼洼的草坪。树林像块花呢布，铺陈着层层叠叠的褐色，星星点点的绿意出现在雪松竖直的枝条和脂松漂亮的针叶上。在树林的地面上，被雨水泡得发黑的树叶纷乱杂陈，在这些树叶之下，在几寸厚的肮脏黏糊的淤泥底下，是冬天留下的严霜。

这层不透水的冰层使水——新化的雪水和近来的雨水无法排走。这是一个经常搞脏双手、溅污裤腿、踩湿鞋子的月份。充盈着泥水的深绿色草地会留下深深的脚印，有些日子会像今天这样闪闪发亮，给人以希望，而另一些日子则冷风飕飕。早晨露水深重，有时日子乍暖，慢慢滴落的雪水让人感受到丝丝生机搏动，一年一度的冰雪消融，春意勃发。

泥泞的季节。滴滴答答的水流让这个世界变得柔软，花园墙上被浸湿的花岗岩闪着亮光，草坪脏兮兮的像个给猪打滚的泥坑，没有铺砖的车道上留下了深深的车轮胎痕。走过赤

---

① 一首歌的歌名。

裸的地面，就像踩在巧克力蛋糕上，脚陷入泥泞，而那些死水让泥土变得更黏稠。有些小树的树皮脱落，树干发白，上面的齿印清晰可见，可食用的树皮被整个风雪冬天忍饥挨饿的野鼠们啃噬一空。细嫩枝条的末端隐隐约约的小叶芽也开始清晰起来。

春天还是一块散发着潮湿气味的棱镜，折射着各种各样的芳香。这些春天的气息充满了希望——没有气味、让人嗅觉萎缩的寒冬开始有了变化。淤泥中的落叶层弥散着烟草味，浸润的土地嘎吱作响，散发出一阵酸腐味，还有常青树的小芽和潮湿的青草的清甜气息。在有些地方，一股股浅灰色的烟雾从温暖泥土的缝隙中升腾起来。万物复苏的迹象使我低头注意到正在萌芽的球茎，光滑而充满生机的郁金香球茎长出一英寸多高的叶片，番红花像鸟喙一样的嫩芽，蕨类植物像小提琴头的新苗，鸢尾花狭长的绿色枝条，以及其他萌出点点新芽的植物，百合花洋葱般的球茎也开始拱起来，这一切都在滑溜溜的软泥中慢慢显现。

我在湿漉漉的草地上留下一个个脚印，一脚深一脚浅地走向车子，将行李放在后座上，驱车五百八十英里来到弗吉尼亚州的弗雷德里克斯堡，在那里美美地睡了一觉。醒来之后，我又开车走了四百五十英里，在那里我离开了平坦顺畅的州际公路，慢慢驶上一条偏僻的乡村道路，穿过阳光下的山茱萸、杜鹃花和蓓蕾新绽的紫荆，驶向南卡罗来纳州的艾肯镇。

艾肯镇的障碍马赛

"您是来看障碍马赛的吗，先生？"艾肯大酒店前台的女士问我。她叫阿曼达。酒店是老式风格，很宽敞，简洁舒适，有着英国驿站那种纯粹的朴实。酒店坐落在镇中心的主街上，这条主街本身就像英国市集的大街，宽阔的人行道上排列着一间间店面，整个街区整洁美观——很繁华，或者看上去如此。

"是的，障碍马赛。"我说，反应有点慢了，因为其实我的来意并不完全如此。

吸引我来到艾肯镇的，是它的矛盾之处。南部腹地的许多城镇都充满着怪诞与讽刺，但艾肯镇更为甚之。这座城镇还有另一个好处，它不是那么破败，而是充满生机，是一个漂亮而有活力的地方，在这个过节的周末更显热情好客。

"我为您留了一间单人房。"阿曼达指着预订登记册的一页说。她很坦然地看了我一眼，一个浅笑掠过双唇。"但我得警告您，您是别指望能睡觉了。我们有两个酒吧和一支现场乐队，这里会非常嘈杂。每个人都打算在这里派对狂欢，大多数人还会喝得醉醺醺的，我们要到凌晨两点才关门。如果您也喝酒，那应该没事。"

"我不太喝酒。"我心想：天哪，我讨厌"派对狂欢"这个词。

"这是一年中最盛大的周末，人们远道而来观看障碍马赛。马主、赛马手、有钱人和大学生们，对了，还有赌徒和礼帽人士。他们都想在这里好好乐一乐。"

"'礼帽人士'？"

"有一个非正式比赛。'最佳礼帽'比赛。"她很肯定地点点头，开始拉长调子说话，带着一种夸张的诙谐语气，有时候南方人想说服外乡人便会使用这种语气。"我这么跟你说吧，这里的动静会特别大，所以如果你晚上想好好睡一觉，就得另找地方了。"

我对她表示了感谢，离开了艾肯大酒店，驱车来到镇子边上的"天天客栈"汽车旅馆。旅馆老板为我办理了入住手续，他说他们还附送早餐（我事先就知道那是用发泡塑料碗装的甜麦圈）。老板自我介绍说他叫麦克。

"麦克？"我询问道，想弄个明白。

"麦克·帕特尔。"

无处不在的帕特尔先生热情、谦和、乐于助人，尽管他名叫"麦克"，还穿着短夹克，但依然是一位目光炯炯的古吉拉特人。

艾肯镇是一个不折不扣的南方城镇，虽然面积不大，却具有更大城镇的特点，有好几件事吸引着我。它的郊区呈辐射状，我上次开车经过原子路时就注意到了。这条路在艾肯镇的西南方延伸了几英里，就在河边。艾肯镇的大房子——有些是庄园宅邸，非常可爱而且维护得很好。这座城镇的主要区域有对称分布的街道——其实都是林荫大道。但在贫富悬殊这一点上，它又是非常具有南方特色的，镇中心林荫大道上有许多豪宅，外围恶名远扬的街道上是小木屋。这里有赛道、马球场和一个核电厂，偶尔在游乐场上还会举办枪展，而这个周末则是"皇家杯"障碍马赛。

我秋天来旅行的时候，发现艾肯镇是离萨凡纳河边那家核电厂最近的城镇，充满辐射的萨凡纳河堤（原子裂变需要大量的水来降温，而且不可避免地会经常有大量的水排出）则是一副具有欺骗性的乡村模样。艾肯镇住着许多科学家、技术人员和项目的支持人员。我去那里只是出于好奇，后来证明这个决定再正确不过了。

这个比例适中、模样繁华的城镇是一个赛马举办地，一直以来是北方有钱游客们的过冬之地——这些游客包括约翰（杰克）·雅各布·阿斯特四世[1] 和他十九岁的妻子玛德琳·弗斯·阿斯特（杰克死于"泰坦尼克"号事故，玛德琳则幸存了下来）；纽约人查尔斯[2] 和霍普·艾思林夫妇（自1900年），以及后来的弗雷德·阿斯坦[3]，他是养育赛马和踢踏舞的行家，他太太有些家人就住在艾肯镇。其他还有许多人也留下了他们的足迹，用他们的财富美化了这座小城。

建成于1833年的艾肯镇到查尔斯顿的铁路是美国最早期的铁路之一。艾肯镇附近威廉·怀特·威廉斯船长棉花种植园

---

[1] 约翰·雅各布·阿斯特四世（1864—1912），约翰·雅各布·阿斯特一世的曾孙，发明家，是"泰坦尼克"号最有名的遇难者之一，瑞吉酒店创始人，也是当时世界上最富有的人之一。

[2] 查尔斯·奥利弗·艾斯林（1854—1932），美国银行家及赛艇手，曾作为船长三次获得"美洲杯"帆船赛冠军。

[3] 弗雷德·阿斯坦（1899—1987），美国电影演员、舞蹈家、舞台剧演员、编舞、歌手。

出产的棉花就是通过这条铁路运送出去的。与其他许多南方城镇一样，艾肯镇（这名字是后来才有的）由一个棉花种植园发展为一座城镇，是美国早期城市规划的优秀范例。大约在1835年，一个了不起的计划出台了，设计者是哈佛毕业的测量员阿尔弗雷德·德克斯特，他爱上了本地的一位漂亮姑娘莎拉，她是威廉斯船长的女儿。在他岳父的建议下，德克斯特规划了一座城镇，运棉花的马车在其街道上可以轻松掉头——这些街道有一百五十英尺①宽，而且都是林荫大道。作为一座气候宜人、整洁有序的城镇，艾肯镇吸引了许多北方的富人，其中有些是对"马背上的生活"（这是这座镇子对其现今文化的广告词）很感兴趣的人——养马人、骑手、马球手和猎狐者。

每年感恩节的周末都会举行名为"猎犬的祝福"的活动，有庄重的仪式和饮酒活动。艾肯镇的骑术日历上都是猎狐这项冬季运动。有些是现场狩猎，追逐狐狸，但多数是"追猎赛"，一块布被拖曳着将狐狸的气味留在希区柯克树林和附近的田地里，接着由带着猎犬、骑着马的猎人追寻狐狸的气味跨越障碍，这也是一项对骑术的考验。

这些从北方来南方定居的人、骑手和棉花大亨建起了豪宅，种植了花园，还组建了俱乐部，开办了高尔夫课程。这些社会基础设施如果没有本地廉价劳力的支撑是办不下去的，他们需要仆人、园丁、农场帮工、厨师、保姆和清洁工，低阶层的劳动力一直以来都对南方社会和经济的发展给予了支持。

---

① 约等于45.7米。

艾肯镇也有，现在依然有，庞大的黑人社区，占人口总数的三分之一，但收入却在底层。艾肯镇的大道整洁有序、绿树成荫，豪宅的花园里爬满喇叭花藤蔓，长满鸢尾花和忍冬，还有名叫"西班牙刺刀"的本地丝兰。而与这些形成鲜明对比的，是黑人们简陋、破旧、狭长的房屋。这些黑人曾经被奴役、被种族隔离，现在则只是贫困。他们顽强地忍受着，作为艾肯镇的农民阶层，住在艾肯镇破败的角落和城镇外围声名狼藉的道路上，过着卑微的生活。但这里每一处地方，不管贫穷还是富裕，都有紫荆在绚然绽放——粉紫色的花朵在光秃秃的枝头上吐露芬芳。

"我打算戴一顶自己做的大大的旧礼帽，"那天晚上在一家餐馆，年轻的女招待瑞秋对我说，"我一直在做这顶帽子，做了很久啦。帽子全用彩带装饰。我还要穿一条色彩鲜艳的漂亮裙子。"

"我穿了新的灯芯绒裤，还有珠链，这些是肯尼亚来的。"我在艾肯大酒店的水球酒吧闲逛的时候，格里高利·杰弗逊对我说。他的衣着非常时髦——黑色马甲、花衬衣，脖子上挂着几条珠链。我问他年轻的时候在这个酒吧是不是受欢迎，他笑了。"不，伙计，这是个种族隔离的镇子，"他说，"但现在没问题了，哪里都可以去。"

他在酒店参加庆祝活动，但还没决定是否要去参加障碍马赛。他说他不太喜欢赛马。

"明天你会看到很多漂亮衣服——黄裤子、绿礼帽、粉红衬衣。"一位叫莱尔的兄弟会男生向我保证说。莱尔的运动夹克上别着一枚 Lambda Chi 兄弟会 ① 的别针。

这场对话发生在障碍马赛前一天的黄昏时分，在跑马场上。莱尔跟他的兄弟会兄弟钱斯和布莱恩在一起。南卡罗来纳大学的艾肯校区离这里不远，它使这座城镇平添了名气，也带来了临时劳力。这些学生在渐渐浓重的暮色中为参加年度晚宴的客人们泊车。这场晚宴是一场正式的活动，在障碍马赛正面看台附近的一个大帐篷里举行。

"人人都会喝得醉醺醺，"钱斯说，"我说的人人，是指你明天会见到的每一个人，他们都会喝得倒下去。"

"比赛呢？"我问，"'皇家杯'。"

布莱恩说："嗐，我去年喝得烂醉，结果一匹马都没去看。"

我们站在露水深重的草地上，看着用餐的人从他们的豪车里走下来，男人穿着燕尾服，女人穿着舞会长裙和高跟鞋，迈着轻快的步伐走过跑马场的草坪，向灯火通明的帐篷走去。

"这些人是谁啊？"我问。

他们是我在南部旅行以来所见到的显然最富有、衣着最华丽的人，我以前在这么偏僻的地方也没有见过规模这么大而且这么正式的活动。也许这个偏僻地方的乡村气息反倒给了这些参加派对的人一种动力，让他们以社会名流的身份来参加活动。你上哪儿能找到美食佳肴、衣着笔挺的男士和珠光宝气的女士呢？一般在乡下地方才会见到，他们借华服表明自己不是乡

---

① 密歇根州立大学兄弟会的创始组织之一。Lambda 是希腊字母表中的第 11 个字母，Chi 是第 22 个。

巴佬。

"这些都是马主、打马球的人，是真正的阔佬。"莱尔说。

"白人。"我说。

"我想是的。"

艾肯镇和附近马场的名流们彼此打着招呼，大声呼唤，握手或亲吻脸颊，他们走进了一个巨大的帐篷，里面色彩绚丽，光线耀眼，有美酒佳肴，气氛欢乐。这是一年一度的艾肯春季障碍马赛庆祝宴会，"鲜花和领结——一个花园派对节日"。每个人的费用是一百二十美元，这个群体是择优挑选的，虽然这是早期排他社交活动的浮夸再现，是艾肯镇冬天避寒群体富豪文化的延展，而且很容易被当作乡绅阔佬们炫耀自己的活动而被嗤之以鼻，但它还是非常欢乐的活动，不应受到嘲讽。这是一次宴会，一次奖励与庆祝。根据艾肯障碍马赛协会的广告，有些收益会被捐作慈善之用，以帮助艾肯镇及周边处境艰难的人和被忽视的动物。

那晚很冷。几个兄弟会小伙子走开了。我站在潮湿阴冷的黑暗中，看着温暖明亮的帐篷里那几百位身着霓裳丽衣的人在冰雕和花饰中谈笑风生，推杯换盏，大快朵颐。

"好吃好喝的人总免不了有些傲慢，手握权势的人也是如此。"1892年安东·契诃夫曾对一位朋友说。他当时住在梅利霍沃，一个比艾肯小一些却有着明显的相似之处的乡村镇子：农场、马匹、地主、体面的上等人和操劳过度的农民。"这种傲慢主要表现在锦衣玉食者对饥馑者的说教。"

障碍马赛的当天清晨，艾肯下起了冷雨。"中午就会放晴了。"我走在这座镇子的主街沃土大道的林荫路上时听到有人说。但在我到达跑马场之后，雨却没有停，而且中午时分雨更大了，雨点敲打着跑马场周围的橡树，一阵阵风猛刮着站在跑马场附近围栏边的观众头上的帐篷和遮蔽物。南方的坏天气似乎比我知道的其他大多数地方更糟糕，也更折磨人，因为这种天气非常突然，来得快去得也快。

这场雨并没有使跑马场上的人狼狈不堪。他们到这里是来喝酒、烤汉堡、寻开心的，凄风冷雨并没有把他们吓倒。他们湿着双脚站在场边，身上穿着华美靓丽的衣服——男人穿着条纹运动夹克，戴着草帽，女人则戴着艳丽的宽边帽子，穿着纱裙。他们以水手们忍受风吹雨打的意志喝着酒，在风中大喊大叫。

虽然这多少有点像车尾野餐会①，但给这种场合起这么一个简称是不太公平的。这是一个组织有序的大型野餐会，就像是个野营聚会。一千个人挤在帐篷里，或围在瓦斯烧烤炉和烤肉架旁，在雨中喝酒打闹，从放在他们越野车上或皮卡车后厢的冷藏箱里倒出饮料。

这场外围活动是马术庆典，也是家人朋友的聚会，是个烧钱的活动。未经邀请就加入这群人的，一定是个勇敢的外乡人。但当我告诉一个人我是个陌生人时，他说"来了就不陌生了"——这是我在南方第二次听到有人这么对我说了，他还坚持要我跟他喝一杯。

---

① 车尾野餐会，这个概念来自欧美，车友们把准备好的食品放在车尾上一起食用。

我说尽管很多人喝得醉醺醺的——中午还没到，很多人就脚步踉跄、跌坐泥泞中了，但现场还是秩序井然。

"这里的位置都是指定的，"他说，"一位难求。这些位置都是家传的，一般不给外人。"

这场比赛不是重点。聚会、盛装、寻欢作乐才是重点。这场派对是这座镇子的骄傲，正如大家所说的，是大家期盼已久的活动。有些人拿着他们的相册给我看，上面是去年障碍马赛的照片——阳光灿烂，天气炎热，人们或坐或卧在草坪上。几个月的策划才有了这么一场活动，没人受到坏天气的影响。这天气反倒成了大家打趣、吹牛或跟我开玩笑的话题。

比赛还要几个小时才开始，但对于他们来说，比赛只是狂欢的一部分罢了。这是障碍马赛日，在艾肯镇既不算古老，也并非一直延续：这个活动始于1930年，停办了二十五年，然后在1967年开始重办。但现在它已经演化为一种传统，这个镇子——也可以说是一个地区，正好需要某种能传承给下一代的仪式，特别是富有当地特色、能展示社区自豪感，而且与众不同的活动。

打动我的是，在障碍马赛前派对上的有钱人可以想见都是举止优雅，也许有些势利，还都容易招人嫉妒。但障碍马赛比派对的影响更大。几乎整个镇子都动了起来。我没料到会遇到这么多来自城里各处的人，有本地人、商人、房地产经纪人、商店店员、大学生、高中生，还有戴着手工礼帽、穿着夏裙的女人和姑娘，穿着运动夹克、戴着傻气帽子的男人。他们全都很开心，就连成群结队穿梭于帐篷和摊档之间、在雨中看比赛的人，也都是乐呵呵的。

看到这样热情洋溢、充满善意的场景，你也会觉得振奋，而你只需要假装在艾肯镇没有黑人就行。

一个种族隔离主义者的秘密生活

在我抵达这个城镇的几个月前，艾肯镇上有个女人去世了，她的死唤起了一个早年的故事。她叫埃茜·梅·华盛顿-威廉斯。2013 年 2 月 7 日，她的讣告出现在《艾肯标准报》上。"斯特罗姆·瑟蒙德的种族混血女儿逝世，终年八十七岁。"

斯特罗姆·瑟蒙德是一个狂热的种族隔离主义者，1902 年出生在埃奇菲尔德。从艾肯镇沿公路北上大约二十英里，经过许多桃园，就能到达这个小镇。但他首选的做礼拜的地方，第一浸信会教堂，就在艾肯镇——一座红砖白柱的宏伟尖塔建筑。他在艾肯镇有好几个家，他的第二任太太南希就生在这座城里。艾肯镇有权将他认作自己的居民。他活了一百岁，这一个世纪的岁月里，南方的所有矛盾在他身上表露无遗——就像艾肯障碍马赛，那样欢乐、祥和、振奋人心的庆典，你却意识到它传统上一直是纯白人的活动，正是笃信种族隔离的斯特罗姆·瑟蒙德大半生都在倡导的那种活动。

斯特罗姆毕业于克莱姆森大学 ① （拿的是园艺学的学位），

---

① 克莱姆森大学，位于美国南卡罗来纳州克莱姆森市，是美国 20 所顶尖的公立大学之一。

是"二战"中被授予军功章的战士（在诺曼底战役中表现卓著），后来他成为一名律师、司法部长，还担任过一任州长以及（1948年）总统候选人。斯特罗姆于1954年被选为美国联邦参议员，任职至2003年去世。他是美国历史上任职时间最长的参议员之一，他为南方陈腐的种族隔离政策代言了四十八年，抱怨叫嚣，阻挠立法。他一直反对民权立法，对1957年的《民权法案》尤为不满。

早年开始他就一直鼓吹各州权利，后来又是《南方宣言》的发起者。《南方宣言》是一份充满愤懑和种族排他主张的文件，对抗的是1954年高等法院废除种族隔离的裁决。"那些被控制的外来仲裁者威胁要对我们的公立学校体系即刻做出革命性的改变，我们绝不服从。"这份文件宣称。"如果这样做，美国有些地方的公立教育系统就会被毁灭。"在另一段它又说："我们甚为关注这项裁定带来的爆炸性的危险状况，外来的多管闲事者让我们非常愤怒。"

接下来我要说说一件怪事，这件事揭开了这个人内心的不可告人之处，有助于我们了解南方生活的内情。你也许还可以说，这会让这些地方的外来者学会不把一切想当然，看事情也不会光看表面。

瑟蒙德在埃奇菲尔德的家里，有一个十六岁的黑人女佣，叫卡丽·巴特勒，她被亲切（且含糊）地称为"唐楚"。在这个信奉种族隔离的家庭里，斯特罗姆·瑟蒙德将她当作了爱人，后来在1925年，他们的女儿埃茜·梅出生在艾肯镇——她是瑟蒙德的第一个孩子，也是卡丽的第一个。他当时二十二岁，是纯白人的克莱姆森大学的学生，专业是园艺，为的是将来从事他所希望从事的农场管理：艾肯镇男孩的梦想都是管理棉花种植园。①

在所有人当中，瑟蒙德应该是最清楚 1925 年在南方白人与其他种族的人通婚被视为犯罪。依据大多数州的法律，违反者会被判处一到五年有期徒刑。虽然 1932 年南卡罗来纳州将白人跨种族通婚从重罪变成了轻罪，但反对混族通婚的法律或多或少还是会被实施。为了不让别人知道他们生了这个孩子，也为了解决这个违法的困境，卡丽·巴特勒安排她姑姑埃茜·华盛顿（她女儿就是以姑姑的名字来命名的）和埃茜的丈夫约翰在埃茜·梅六个月大的时候领养了她。他们将她带到宾夕法尼亚的科茨维尔与他们同住。在那里，埃茜·梅一直由华盛顿夫妇（还有埃茜姑姑的妹妹玛丽）抚养，夫妇俩让埃茜随自己姓，她也不知道自己的生父是谁。

瑟蒙德放弃了当农场主的念头，开始为拿法学学位而努力，并在埃奇菲尔德设立了自己的办公室。他是个未婚的本地小伙子，而且有不少政治人脉。他被委任为县检察官，然后是巡回法庭法官，之后欧洲爆发的战事使他萌生加入美国军队的念头。当时他不知道卡丽和那个不知名小姑娘的情况，不过后来很快就知道了。

大概在 1941 年，为了靠近女儿而搬到宾夕法尼亚切斯特居住的卡丽（唐楚）·巴勒特看望了住在科茨维尔的华盛顿夫妇家

---

① 克莱姆森大学的第一位黑人学生在 1963 年入学。——原注

里的埃茜·梅。卡丽说："我要带你走，让你的父亲认识你。"

埃茜·梅那时已经十六岁了，正是卡丽被她的少主人诱骗的年纪。埃茜后来说，她父母的关系中并没有爱，根本不像杰斐逊[①]和他的黑奴萨莉·海明斯之间的关系，他们的罗曼史为他们带来了六个混血孩子，其中有四个活了下来。这两个人往返于两个大陆，从蒙地卡罗到巴黎又回到美国，而这个爱情故事许多年间一直不为人所知。

埃茜·梅一直不知道她的生父是谁，也不知道他是白人。她母亲从来没说过他的种族，后来埃茜·梅（以下引述都来自她 2003 年 12 月 17 日接受《60 分钟时事杂志》采访时的谈话）回忆道："当我见到他的时候，我非常吃惊，因为她从没说过他是白人。"

瑟蒙德说："你的女儿很漂亮。"

卡丽说："她也是你的女儿。"

"他很高兴见到我，"埃茜·梅说，"因为当然了，他从来没见过我。这次会面非常令人愉快。我们谈到了许多事情，比如我以后的生活打算，等等。"

瑟蒙德看着这个十几岁的孩子说："呃，你看起来像我的一个姐妹。你的颧骨很像咱们这个家族的人。"

这似乎是默认了埃茜·梅是他的女儿。在她的自传《亲爱的参议员：斯特雷姆·瑟蒙德女儿回忆录》中，她对这次会面的气氛心中有数。"他没有问我什么时候走，也没有邀请我再去。

---

① 美国第三任总统托马斯·杰斐逊。

那就像是受到重要人物的接见，像一次求职面试，而不是与父亲的团圆。"

但她后来也确实再见到过他。他不只给了她建议，还给了钱，一开始是塞在信封里的几百块钱，埃茜·梅去参议院他的办公室里拿——往返宾夕法尼亚需要一天的时间。后来为了节省她的时间，他给她寄去了个人支票。知道对她而言受教育很重要，他极力要求她去奥兰治堡上南卡罗来纳大学。她听从了，他时不时去看望她，但没有向任何人透露他们的关系，只是持续地给予她经济上的支持。

"这么说吧，任何时候只要我有需要，他就会从经济上帮助我。"埃茜·梅说。她丈夫在四十五岁时英年早逝，她又一次陷入困境。瑟蒙德寄钱给这位三十九岁的寡妇，帮她抚养她的四个孩子，一直持续到他们长大成人。

他这么做难免遭人议论，但都是些本地的闲言碎语。在埃奇菲尔德和艾肯，"在黑人中，这都是众所周知的了"。但是这段秘史还有一个矛盾之处。因为黑人和白人之间存在严重的隔离，两个人群之间基本不通消息。"（黑人）没有向白人透露多少信息。"

埃茜·梅对此也三缄其口。"谈论他所做的一切对我不利，"她说，"而他当然也不想此事被人知道。"瑟蒙德没有禁止她说出此事——她说他们之间并没有任何"协议"。只是大家都觉得没必要谈。而她也知道如果这个秘密暴露，瑟蒙德的政治地位便岌岌可危。埃茜·梅说："我不想做出任何损害他事业的事情。"

即便如此，在瑟蒙德当选州长之后，他还是去奥兰治堡的大学里探望埃茜·梅，她也去过他在哥伦比亚的州长大楼里看望他。他们会坐在他的办公室里，他说话，埃茜·梅听着。瑟蒙德表现得很讲究养生，还是一个人生导师。"他总是谈论健康、锻炼、营养，还有我未来的职业。"

还在上大学的时候，在看望瑟蒙德时，埃茜·梅直接询问过他的种族观点。"为什么那时的他会是个种族主义者和隔离主义者呢？"她寻思着，"他说：'这个嘛，情况一向都是如此。'"

他说种族隔离这个概念或《吉姆·克劳法》①都不是他首创的。这一切都是文化传承。他只是支持对它们进行传统立法。"你知道，南方就是这个样子。"埃茜·梅后来说。她觉得他骨子里并非种族主义者。"我想他做那些事都是为了提升自己的事业。"

比尔·克林顿在罗伯特·伯德②的葬礼上也说过类似的话：南方政治隐含的权威意见、道德信仰和强烈的道德立场是给那些傻瓜和失败者的——要在迪克西获选，你必须妥协、见风使舵、做一个伪君子。勃德也是一位任期超长的南方参议员。二十世纪四十年代他还在三K党的本地分部担任"尊贵的独眼巨人"这样的高级职位。

---

① 泛指 1876 年至 1965 年间美国南部各州以及边境各州对有色人种（主要针对非裔美国人，但也包含其他族群）实行种族隔离制度的法律。
② 罗伯特·伯德（1917—2010），美国历史上任期最长的参众议员，包括 6 年的多数党党鞭、12 年多数党或少数党领袖以及 20 年拨款委员会主席。

"他是来自西弗吉尼亚州山里的乡下小子，"2010年克林顿在查尔斯顿为他致悼词的时候说，"他只是努力想当选罢了。"

换句话说，他与大多数的政治家一样，也是虚伪造作的。但在当选后，勃德的观点也没有多少改变。瑟蒙德也没有，直到形势变化，直到潮流将他们湮没，于是他（还有勃德）的态度也发生了转变，开始从善如流。勃德与瑟蒙德一样，反对种族融合，他一直反对民权立法，对1965年的《民权法案》的立法也是百般阻挠，对所谓的种族融合斥责不断。

"任何体面自尊的黑人都不会要求立法强迫不欢迎他的人来接受他。"1948年5月，瑟蒙德在密西西比州杰克逊县一次演讲中说。他当时正为参加总统选举打头炮。"他们自己也不希望社会融合。"密西西比州州长菲尔丁·莱特当时也在集会上。前一天，他建议那些主张平等权利的黑人"离开密西西比州到其他州安家去吧"①。

几周之后，因其州权主张而被认为将成为总统候选人的瑟蒙德在亚拉巴马州伯明翰的一群人面前尖叫（《有声新闻》拍过这次演讲的纪录片，所以这里每一个字都是原话）："但我想告诉你们，女士们先生们，在美国没有足够的军队能强迫南方人破除隔离，让那些黑鬼进入我们的剧院、游泳池、我们的家和我们的教堂。"就在那一年，瑟蒙德孩子的黑人母亲卡丽·巴特勒去世了，终年三十九岁，埃茜·梅则还在奥兰治堡求学。

---

① 引自《斯特罗姆·瑟蒙德的美国》（约瑟夫·克莱斯皮诺著，2012年出版）。——原注

埃茜·梅和瑟蒙德之间的经济往来持续了一段时间。埃茜·梅后来结了婚，成为华盛顿-威廉斯太太，生了四个孩子（婉达、莫妮卡、罗纳尔德和朱利叶斯），这对父女时不时还有联系。埃茜·梅优雅地老去，瑟蒙德做了植发，又将他的头发染成红褐色。在六十年代，《乌木》杂志 ① 试图就这段传闻中的关系做一篇专访，但埃茜·梅表示反对，说自己没有什么可说的，也不会配合。她把记者打发走了，一直保持沉默六十年，在洛杉矶当一名令人尊敬的老师。

2003 年，斯特拉姆·瑟蒙德去世。想到自己快八十岁的年纪，还有她的孩子，想到就算她再说些什么也不会伤害到瑟蒙德，在他去世五个月后，在那一年的十二月，从学校里退休的埃茜站了出来。她在南卡罗来纳面对一群记者说出了自己的故事。她说："我是埃茜·梅·华盛顿-威廉斯，我终于完全自由了。"

她的身体很差，孩子都已经长大——是他们劝她把故事讲出来的。她说她觉得将她的身份说出来是她的历史使命。她不是想要钱。"我不是想起诉得到他的财产。我只想说出真相。"

"我的孩子们有权知道他们祖辈的身份，知道自己从哪里来，"华盛顿-威廉斯女士在新闻发布会上说，"我有义务教导他们，帮助他们了解自己的过去。知道并理解他们祖先丰富的历史，不管是白人还是黑人。"

后来她说自己如释重负。"我会说这件事一直在我心里萦绕

---

① 明星娱乐杂志，由非裔美国人约翰·H.约翰逊创办。

了五六十年。所以我站出来把事情说清楚,对我而言就像卸下了千斤重担,因为我一直保守着这个秘密。虽然很多人知道这件事,我却从未卸下这个心理负担。"她说,这是"一个历史遗留问题"。

那时她已经从洛杉矶搬回到南卡罗来纳居住了。她在离她的出生地艾肯不远的哥伦比亚市去世,享年八十七岁。几个月后我来到了艾肯和埃奇菲尔德,思考着南方这种明显的矛盾特质。

核电厂:变异的蜘蛛

"艾肯真是个非常可爱的地方。"在一家咖啡馆里,一个自豪的居民对我说。确实没错——这地方这么整洁明亮。路(原子路)的尽头就是那家核电厂。艾肯镇的每个人都在谈论它,我上次从阿伦达开车往这边走的时候也经过它。它的存在不是什么秘密,但有流言在谈论盖革计数器(核辐射测量仪),还有危险的泄漏和受辐射污染的土壤和尝试清理的失败。冬天来的时候,我在这座核设施的门口被打发走了,所以我想既然都来到城里了,我可以搜集一些传闻证据。

几天前的障碍马赛前夜,我在旅馆里见过的格里高利·杰斐逊也提到过它,当时我留下了他的手机号码。我打电话给他,约他一起喝一杯。

"原子路,"过了一会儿我说,"这名字真是妙极了。"

"这个地方也妙极了。都是因为这家核电厂,本地人管这地方叫萨凡纳河工厂。我想应该是上世纪五十年代起就有了的。过程是这样的。政府买下了丹巴顿镇，这样他们可以在那里建厂。他们将所有的人都迁走，几千个人都搬到了艾伦顿，建起了新艾伦顿。"

"这么说，这座核设施的原址是一个城镇？"

"不过在当年也算不上是一个镇子哩。"他说。"这个核电厂来的上层人士，那些白人，都住在艾肯，那些玩赛马的也住那里。这都是秘密的，他们不会让你靠近它，虽然公路就从它附近经过，就在萨凡纳河畔。"

"这挺有道理的。核反应堆冷却需要水。"我说。

"本地人说有泄漏，也许泄漏在河里。也许你听说过格拉尼特维尔的事故。氯气污染。还有其他的。建一座核电厂会怎样呢？有麻烦了呗。本地人以前常说俄罗斯人要是往美国发射核弹，第一个地方肯定是我们这里。我们成了一个靶子。"

"俄罗斯人计划过轰炸艾肯？"

"我们就在十字准线上，是的。"他说，似乎成为苏联的打击目标让他萌生了些许自豪感。"没关系了，艾肯是个非常宜居的地方。"

他的朋友威利加入了我们的谈话。他说："还有其他东西——用过的燃料棒和核废料。那些东西还在这里。"

"你确定吗？"

"我们都知道的。我们的患癌率、畸胎率都很高，好多的秘密。"

你可以说，这些都是坊间传言——你遇到两个本地人，倾听他们像蜚短流长的故事，你可以漫不经心地（以旅行者轻信的态度）得出可怕的结论。但格里高利和威利说的并没有错。真相比他们告诉我的一切还要触目惊心。我问过一个简单的问题，关于原子路的，因为这条路上的松针如此芬芳，路旁的河流如此平静，空气如此清新。艾肯本身就是个很美丽的地方，有洁净的镇中心、高尔夫球俱乐部和跑马场、平整的绿草地、豪宅、牧马场和牧马场周围舒适的木栅栏。正如那位女士说的，真的很可爱。

但在格里高利闲聊到这座核设施的历史之后，我又跟其他人聊起了它。

"他们在那里制造原子弹……"

"雇用了许多人……"

"非常机密……"

"先生，您真的得非常小心……"

在奥古斯塔家里休假、又来到艾肯出差的一位叫凯文的年轻军人说："那里有些怪事。"

"怎么个怪法？"

"首先是全面安防。那个地方你永远也进不去。还有就是动物很奇怪。"

"哪些动物？"

"林子里的和河里的。"他微笑了一下，却是个阴郁的笑容。"它们的颜色很不同。不是你习惯看到的颜色。河里的鳄鱼。"

"萨凡纳河里还有鳄鱼？"

"但不是绿色的。它们是黄色的、粉红色的，还有些是白色的。真的很不一样。都是辐射导致的。"

粉红色的鳄鱼？就因为辐射和重金属污染？记录显示有些美国短吻鳄的体型变得出奇地大。一直有人说这些巨型鳄鱼（有记录说达到了十三英尺①）之所以长到这么大，不是因为辐射导致基因突变，恰恰相反，是因为他们的栖息地一直没有受到打扰。然而在 2012 年 2 月，在萨凡纳河基地的一个核废料堆上发现了质地像细绳的奇怪的蜘蛛网，有理论称它们都是基因变异的蜘蛛。

艾肯镇外的萨凡纳河基地是美国原子能委员会在 1950 年选址建造的，其本意是想建造一座工厂，为热核武器生产燃料。工厂建成时，有五个生产反应堆、燃料生产设施、一个研究实验室、重水生产设施、两台燃料回收加工设备和氚回收设施。

后来我找到并查对了官方的记录。记录称这个地方（道路、河流和空气）受到"严重的污染"。这里获得了超级基金②的十亿元拨款用于清理污染，还有这片面积三百一十平方英里的土地放射性的"地下水转移"项目。美国国家环保局一份报告称"萨凡纳河基地多座大楼和设施受到辐射污染，相关污染物包括镉、铯、钴、钚、氚和铀"。

这个基地大部分已经停用，现在作为一个"废弃的基地"，成了十亿元的包袱。美国国家环保局承诺："（在萨凡纳河基地

① 约为 3.96 米，美国短吻鳄一般身长为 1.8 米至 2.4 米。
② 美国国会于 1980 年批准设立的污染场地管理与修复基金，基金资金来源于国内生产石油和进口石油产品税、化学品原料税、环境税、常规拨款、从污染责任者追讨的修复和管理费用等。

中）所有停用的废弃场所对人类的健康、生态受体都存在着不可接受的危险，到 2031 年为止，这里的地表水和地下水将会被清理完毕或得到清理。"

格里高利、威利和其他人说过萨凡纳河基地对俄罗斯人来说是一个打击的目标。最近，安全事务分析员、调查记者和一流的公立教育中心总裁约瑟夫·特伦托就萨凡纳河基地写了一份令人震惊的报告。在报告中，他认为这个基地是"基地"组织或任何希望通过引发一场钚火灾得到关注的本土恐怖分子的头号打击目标。报告中有一个可怕的结论："一场核事故只是开始，并非结束。"①

这座掩藏在萨凡纳河边密密的松林里的核设施，"是世界上最大的放射性材料存放地之一……有足以多次摧毁这个世界的武器级别的钚。这些最纯净的钚竟然有数吨之多"。

这个基地庞大而脆弱（"一个地质噩梦"），这一点已经够糟的了，但更糟的是，守护基地的并非美国军方。特伦托对这一点作了非常详细的描述。一家叫瓦肯哈特的私人安保公司负责保卫"数量如此庞大的高级核废料和炸弹级别的钚"。瓦肯哈特是一家丹麦与英国合资的外资公司，而后改名为 G4S 安保公司，"有着丰富的补救安防行动经验，从阿富汗、伦敦到田纳西州的橡树岭都做过"。

橡树岭泄漏曾经上过新闻。2012 年 7 月，几位反核人士

①　详见美国国家安全通讯社 2012 年 11 月的一篇报道《炸弹工厂：美国凌晨三点的噩梦》。——原注

（一个越战老兵、一个房屋油漆工，还有一位八十二岁的天主教修女、梅根·赖斯嬷嬷）成功地（用断线钳和锯子）突破了橡树岭核设施的围栏。这三位出人意料的破坏者，智斗警卫，在夜色的掩护下潜入高浓缩铀材料车间，留下了一些涂鸦，那些话都来自《箴言》和《哈巴谷书》①（其中有"正义的果实是和平"和"祸哉！这流人血的帝国"）。他们拉起了标志性的犯罪现场黄色警戒线，还将一位已故的反核人士汤姆·路易斯的鲜血泼洒于墙上，以示纪念。他们捶打哨塔，敲下一点水泥，然后留在那里，等着被发现。他们在车间里待了两个小时，看见一个卫兵后，还拿食物给他吃，然后开始唱歌。他把他们捉了起来。（2014 年 2 月，他们在诺克斯维尔一个法庭受审。梅根嬷嬷被判三年徒刑，她的两位男同伙各被判处了五年徒刑。）

瓦肯哈特 /G4S 公司在萨凡纳河基地有八百名持枪警卫。即便如此，在专家看来，这个基地守卫依然不足，周围有许多进入点。一起计划周详的自杀式炸弹袭击会带来有效的灾难性后果，因为那里储存的钚具有挥发性，而且基地里武器级别的核原料的浓度太高了。"如果发生爆炸，里面的原料被点燃，那我们就会面临一场大火，钚会燃烧并大规模泄漏。"特伦托的其中一位消息提供者说，后来又补充道："从前门看起来，这个地方非常了不起，但在后面，真正能保护公众免受带着断线钳、努力对国家造成极大危害的狂热分子或疯子威胁的，居然只是一

---

① 均为《圣经·旧约》的一卷。前者记载规谏劝诫之言，后者记载耶和华对先知哈巴谷的默示、先知的哀求、神的答复、哈巴谷的祈祷和颂赞。

排铁丝网围栏。"

从这处潜在的核灾难现场沿公路北上，不远处就是佐治亚州的奥古斯塔。在那里，你听不到要再花十七年才能清除的核污染的可怕故事，而只会听到低声谈论高尔夫球之乐的谈话。

"虽然布告牌说'别逗留，别下车'，但在整个旅程中，连一个安保巡逻员都没看到。"特伦托在他的分析报告中写道，还叙述了他在狭窄的州际高速公路原子路上开车的情形。"在高速公路两边的大门都敞开着，这就好比整个基地都向公众开放似的。"

我开车离开艾肯，穿越漂亮的松树林、核废料堆和几百万加仑的高级核废料，这就是我的经历。我沿着原子路往东南开去，从快乐富有的艾肯镇开往贫困蒙昧的阿伦达县。

我驱车前行，萨凡纳河在树林间闪过，它曾以救赎的形象和一处躲避佃农制度的落脚点出现在《烟草路》中。"你能做的最好的事情，吉特，"他的邻居们对他说，"就是将你的一家人带到奥古斯塔，或是过河到南卡罗来纳去……"

南方小说的奇特风格

州界河萨凡纳河的对岸、原子路以西三十英里处，是佐治亚州的雷恩斯小镇。雷恩斯是南部产棉区的一座镇子，欧斯金·考德威尔，一位传教士的儿子，就住在这里，他当年还是一个易受影响的十几岁少年。他多数的小说都以这一带为背景，著名的《烟草路》描写的是佃农吉特·莱斯特一家人的生活。艾达没有牙齿（"她从八岁起就吸鼻烟"），他的儿子都德则娶了一个年纪大得多的女人贝茜（没有鼻子）为妻，他的女儿艾丽·梅是个长着兔唇的哑巴。另一个女儿珀尔一到十二岁就被他嫁给了他的朋友洛夫·本西。这个十二岁的小媳妇拒绝与大她一大截的洛夫同床，于是睡到了地板上，而洛夫则为他这位小太太对他的厌恶感到很苦恼。这里到底发生了什么？

他的小说一经出版就因其语言的粗鄙而广受欢迎，而现在遭受诟病的也正是这种粗鄙。在二十世纪三四十年代，这些小说卖了上千万本——考德威尔创造了南方的流行形象，一块居住着各色人等的土地。他笔下的大多数白人角色似乎都来自李尔·阿伯纳的家乡狗斑地区——李尔·阿伯纳是阿尔·卡普1934年首次出版的连环漫画的角色。《烟草路》和《上帝的小块土地》，还有福克纳的《圣殿》，其中的角色一样古怪，它确定了南方佃农小说的基调。奇特的异想天开和黑色幽默为主流风格——古怪的角色、见不得人的罪行、不自然的举止、令人震惊的性关系，几乎成了一种隐晦表达的文学形式。为什么这么做倒成了一种文学特征呢？因为黑暗的生活、种族排斥、农民的悲苦在这些叙述中都只是闪烁其词地出现。

虽然考德威尔的小说《七月的风波》和长篇故事《跪在上升的太阳下》关注了无辜黑人遭受私刑折磨的情况，福克纳的《八月之光》也有一桩近乎私刑的事件，最终以乔·克里斯默斯被枪击和阉割而告终，但这些作品都是个例。有时被称为"南方哥特式小说"的南方小说及其奇特的风格，很少触及（似乎是接受了）二十世纪二三十年代日常存在的不公现象。所以我们有了一种噩梦般的文学，以小矮人、驼背人、白化病人、夜女巫和疯子为主角（福克纳《圣殿》中重要的角色"金鱼眼"，"眼睛是两团黄色凝块"，他用一根玉米芯强奸了谭波尔·屈莱克）；却几乎没有提到强制劳动、种族暴力、极端的隔离和对黑人的私刑。你可以在弗兰纳里·奥康纳和卡森·麦卡勒斯的小说中，还有杜鲁门·卡波特早期的作品中，看到这样的"女巫安息日"般的恐怖情节。

《人造黑人》是弗兰纳里·奥康纳小说集《好人难寻》中备受称赞的一个故事，展示的是荒诞的下层社会的黑暗生活。在这本小说集的另外一个故事《善良的乡下人》中，一个假冒的《圣经》推销员引诱一个女人不成，竟然带着她的假腿跑了。你可能会觉得好笑，但奥康纳的本意经常是精神救赎和高尚的品格。

卡森·麦卡勒斯的小说《婚礼的成员》的主角是十二岁的南方姑娘弗兰淇·亚当斯和她那些所谓的朋友和家人。她偶然遇到一位在休假的士兵，他劝说她到他的旅馆房间里去，企图强奸她。她的黑人厨娘贝丽尼斯·萨迪·布朗是个独眼，失明的眼睛装着蓝色玻璃眼："它在她平静的脸上一动不动地狂热地注视着外界。"一位异装癖丽莉·梅·詹金斯也露了一下脸。弗兰淇一次很重要的经历是去参加察塔胡契博览会，参观博览会上的怪人宫，她看到了巨人、侏儒、超级肥婆、鳄鱼男孩和黑野人，虽然"有些人说他不是真正的黑野人，不过是塞尔玛的一个黑人疯子——他吃活老鼠"。后来，弗兰淇寻思着自己不知会不会也变成怪物，她想起了差一点被那个士兵强奸的事，觉得那"就像在真正的疯人院里度过了一分钟"。

卡波特的处女作《别的声音，别的房间》读不到五十页，我们就已经遇到了一个像巫婆一样的女人（"胳膊长得像长臂猿似的……下巴上有颗疣……指甲脏兮兮的手指头"）、一个矮小的黑人（"有点侏儒的样子"）、一位名叫吉泽斯·费尔夫的百岁男人，还有一个长脖子厨娘，她"简直就像一只可怕的人类长颈鹿"。也许描写是很有趣，但你并没有想到这些叙述中的故事都发生在一个阴郁的种族隔离的镇子上。每天的恐惧是一个已经被接受的事实，不值一提。

把南方生活妖魔化这种无稽的传统沿续了下来——"哥特式"是一个文过饰非的不当用词，意图美化这种传统。已故的密西西比人巴里·汉纳就是一个例子。他的小说也被描述为"黑色幽默"及"根植于变幻不定的南方"。他写的故事，特别是《飞船》中的那些，满是非同寻常的喋喋不休和一种毋庸置疑的力量，对语言有着不一般的热爱，也很有幽默感。这些故事让人记忆深刻，因为其中的情节极其荒谬。查尔斯·波蒂斯也是一样，他的名字与一部滑稽的西部片《大地惊雷》紧密地联系了一起。波蒂斯出生于阿肯色州，现在依然住在这里。他的作品即使不以阿肯色为背景，也是深受阿肯色州生活的启发。《南方之犬》是一本非常出色的公路游记——驾车从小石城去往洪都拉斯的丛林，就是这一点很好、很有趣的例证。还有《诺伍德》，主要人物是前马戏团的侏儒爱德华·拉特纳，"世界上最小的完美胖人"，以及背景为墨西哥的《外国佬》中大多数的外国佬，都是些不适应环境、想入非非的幻想家。

最奇特的作者是波蒂斯，因为他的作品高度融合了他的幽默、笔锋的流畅、他对南方语言的音调变化和细微差别的敏锐捕捉，还有他的逗笑能力——他希望（也几乎总能）惹人发笑。他笔下的人物形象，比如里奥·塞默斯医生，都是在言谈中被栩栩如生地体现出来，他们通常都有些妄想偏执或装腔作势。"许多人离开了阿肯色，但多数迟早都会回来。"这是《南方之狗》中作者观察之后得出的简明的结论。"他们无法达到逃逸速度①。"

汉纳和波蒂斯扩大并深化了考德威尔和福克纳在南方土壤中把犁出来的沟壑。这种夸张文风的奇特风格似乎是一种声东击西的战术。在这些作者的作品中，也出现了某种怪异的故意逃避的迹象。就像是另一种近乎纯粹的超现实主义（变幻不定）的现实，以残废畸形白人和怪异反常黑人的形式出现，穿插些小事件分散读者的注意，用来将大家的目光从南方生活赤裸裸的现实上引开，使他们不去注意这里生活的单调、贫穷、疲乏，随处可见的残忍和虐待，还有悲苦和致命的误解。

这也是为什么我会对玛丽·沃德·布朗的作品有如此强烈的感受。她的作品并不恢弘，但观察细致入微，批判毫不留情。我不喜欢哈珀·李唯一的（我想还是过誉的）那部小说②，

---

① 物理术语，天体表面上物体摆脱该天体万有引力的束缚飞向宇宙空间所需的最小速度。

② 指《杀死一只知更鸟》，哈珀·李（1926—2016）创作的唯一的长篇小说，曾获普利策奖。

反倒喜欢她的亚拉巴马同乡威廉·马奇（1893—1954），因其最后一部小说《坏种》而负有盛名，他早期的小说《重负》和《镜子》，还有许多短篇小说以及一部有多位叙事者的出色的战争小说《战火风云》①。他的短篇小说集《有些人喜欢短篇》中的《逃亡的黑鬼》讽刺了种族不公和债务奴隶制②。他的作品没有那些奇谈怪事，甚合我的品位。它们描写的是那片土地和人，真实得可怕。

　　爱之屋的大麻烦："被指控等于有罪。"

　　在奥兰治堡一个雨夜，我回到了"露比星期二"，在后面的一个卡座里等着雷夫·威尔金·约翰逊牧师。之前我从乡道上开过来，经过布莱克维尔和丹马克这两个小地方。牧师到来的时候引起了大家的一阵窃窃私语，因为他在这餐馆里过于与众不同，他走到我跟前，我也注意到了这阵议论。雷夫·约翰逊是个健硕的高个子，有着牧师的温和和律师的自信，他穿着深色条纹的西服，打着银色的领带，穿过那些餐桌之间，自然会引人抬头注目——白人、黑人都一样。他的到来，加上他的威严举止，就像一支一个人的游行队伍，让我不禁笑了起来。

　　"保罗兄弟。"他说，一边拥抱了我。接着他点了杯甜茶，

---

① 原书名为 *Company K*，1933 年出版的小说，2004 年被改编为电影。
② 债务奴隶制又称债务奴役制，是因无力偿还借贷而被迫沦为奴隶的劳动者的一种形式。

对我解释说："要是我的教区有个教徒看到他们的牧师在喝酒就不好了。甜茶正好适合我。"

"说到这个，你的教区好吗？"我问。

他笑着点了点头，但这个微笑很复杂，背后有着深重的忧虑。

"说来话长，"他说，"我回头再慢慢告诉你，我想知道的是你还好吗，兄弟。"

"我刚去过艾肯镇。"我说。接着我开始跟他说埃茜·华盛顿-威廉斯的故事，但我刚刚说出她的名字，他就敲了敲桌子说："斯特罗姆·瑟蒙德。"我继续说："有意思的是像瑟蒙德这样一个种族主义者，竟然会跟他的黑人女仆搞在一起。"

"也许他还不是太严重的种族歧视者，你想过这一点吗？"雷夫·约翰逊慢慢说，一边用手指捏住吸管，吸着他的茶。"你得知道在许多情况下，这些南方白人政客骨子里并非真正的种族主义者，"他又笑了一下，"尽管他们嘴上那么说。"

"但他们说的话都是顽固和具有煽动性的。这又怎么说？"

雷夫·约翰逊笑出声来，好像在笑话我的天真。"他们必须按惯例行事啊！不然，他们根本没法上位。"

"你们对他们的歧视言论是怎么看的？"

"我们知道他们是怎么想的，我们理解他们这种空谈。斯特罗姆·瑟蒙德为这个州做了不少好事。"

"他也有过不少令人讨厌的言谈。"我说，语气是——我意识到——北方人那种谨小慎微的假客气。"他的黑人孩子呢？"

"南方人做事就是这样。"雷夫·约翰逊说，接着又开始吸起茶来。

"还有那些力挺种族隔离的言论。"我小心地避开，不提瑟蒙德关于允许"黑鬼一族"进入学校和教堂的演讲。

"南方人做事就是这样！"雷夫·约翰逊说。

"难道你听了不反感吗？"

"我们知道他的意思——我们能够解读，"他说，"记得乔治·华莱士 ① 吗？他竞选过亚拉巴马州的州长，不是个坏人，也许从某种角度说还是个很温和的人。在竞选中，他拒绝了三K党的支持——没时间应酬他们，他是这么说的。"雷夫·约翰逊又喝了更多的甜茶。"结果他从此垮台。他们本来可以帮助他的。全国有色人种协进会支持他。他希望得到黑人的选票。结果他输给了立场强硬、有三K党背书的白人。'我曾经歧视黑人，'他说，'我再也不会歧视他们了。'"

雷夫·约翰逊大笑起来，我又问了一句："南方人做事就是这样？"

"就是这样。"

我们点的菜来了。健谈又有着一肚子故事的雷夫·约翰逊吃着龙虾尾和牛排再次谈到了他在黑人民权运动之后的成长经历，以及坐在学校的咖啡馆里的桌子边、看着三十个白人男生厌恶地起身离席的感受。"但我毫不动摇，最终获得了尊重。是

---

① 乔治·华莱士（1919—1998），美国政治家、律师，曾三次出任亚拉巴马州州长，并四次参选美国总统。在20世纪60年代的民权运动期间，华莱士作为保守派的代表声名鹊起。

我自己努力赢来的。"而且现在情况不同了，他说。我们又谈到了获得尊重的话题。

"我有斗争的精神。"雷夫·约翰逊说。他思索片刻又说："呃，我本打算跟你谈的就是这件事。我遇到了一点小麻烦。我是说，有个案子让我心烦。"

"很严重的案子吗？"

"阿伦达那边一个教堂的主教，"他说，又停顿了一下——这是牧师常有的停顿，有点犹疑，想引起我的注意——"被诉猥亵儿童。"

这个指控听起来特别可怕，因为他话语间的刻意强调，一字一句地说"猥——亵——儿——童"。

"他有这么做吗？"

"不可能。肯定不会。这个人我都认识一辈子了，我对所发生的事情有一种感觉。那完全是误会，"他又吸了不少茶，"简直太惨了。"

"如果他是无罪的，一定会被开释，他会没事的。"

"你不明白，"雷夫约翰逊说，"他被控告猥亵儿童。猥——亵——儿——童，就算能澄清罪名，他也永远别想翻身。他会被毁掉，名字从此蒙污。被指控就等于有罪。"

他跟我说了些基本情况。雷夫·约翰逊的这位老朋友是波比·约翰斯主教，五十四岁，住在阿伦达。他的教堂是"新生活爱之屋教堂"，就在城镇边上的奥斯瓦尔德大道上，规模跟启示录事工教堂差不多，但它背后有一个更大的组织，"新生活五旬节圣洁会"。这座新生活五旬节圣洁会教堂的箴言是："追寻，超越，恢复一切！"

"顽强的五旬节教会。"雷夫·约翰逊说，举起紧握的双拳，强调了教会的不屈不挠的立场。

波比·约翰斯从小笃信他的信仰，六岁时就在阿伦达一间教堂名叫"全星天使"的唱诗班里担任歌者。他们非常受欢迎，经常被请到其他教堂演唱。他们给唱诗班重新起了一个名字叫"朝圣"，因为他们在传播福音。唱诗班来到南方各地，歌唱他们的信仰，寻找信众。

"他九岁的时候信了主，刻苦学习，十四岁的时候第一次布道，"雷夫·约翰逊说，"他将生命都奉献给了这里的人——阿伦达的居民，那些需要帮助的人。三十年来他一直在布道，结交朋友。"

波比·约翰斯牧师被提拔为主教，他非常受欢迎，他的布道和歌声都很有名气。根据当地教会的规章，他的太太也相应地被称为"第一夫人"布兰达·约翰斯。他有六个孩子和十个孙子。总而言之，就像雷夫·约翰逊说的，是个德高望重的人。

我说："那这起被诉猥亵儿童的案子是怎么回事？"

"对一位十四岁的孩子实施犯罪性行为。"雷夫·约翰逊说，"十四岁"从他嘴里说出来显得年纪特别小。这起事件发生在今年，2013 年 1 月，但他最近才被告发，并以五万美元获得保释。

"具体情况呢？"

"正如我说的，他是个坚定的五旬节教会成员，"雷夫·约翰逊说，"对他们来说，任何人都不得例外。全都有规章。婚前不得有性行为。照我的理解，也只是猜测吧，他的这个教徒也许只是来找他倾诉自己的感觉——正常的生理欲望。主教倾听了她的话。他一直很耐心、很正直。"

"他给了什么建议？"

雷夫·约翰逊抬起手，蜷起手指，像是在托举什么东西。他说："我不知道，但听说他出去给她买了一根人造阴茎。"

就他的发音，人——造——阴——茎，听起来像是很大的技术装备。

"他真的这么做了？"

"我不知道。我只是提出一种设想，"他以律师常有的推测和审慎的语气说，"然后，我们这么假设吧，这个孩子上学的时候可能将此事告诉了她的朋友，说牧师给了她什么东西。她们就去找了县警，又把州执法部门卷了进来。消息就这么传了出去。"雷夫·约翰逊很哀伤地看着我。"波比·约翰斯主教现在的麻烦大了，爱之屋教堂也是。"

保释规定非常严格，主教不得接触任何十八岁以下的人士，这意味着他不能靠近他的几个孩子和所有的孙辈。因为这个指控，他变得声名狼藉。

"猥亵未成年人在本州是犯罪，"雷夫·约翰逊说，"正如我说的，即使他被判无罪，他也会遭很多罪的。他有权请最好的庭审律师。"

"是你吗，牧师？"

"我会倾尽全力，"他说，"但问题是，我的一些教众不这么

看。他们也有女儿和孙女。依据他们所听到的传闻，他们将波
比·约翰斯主教视为一个应受惩罚的罪人。"

"你怎么看？"

他微笑着点了点头。"我觉得波比·约翰斯主教应该得到申
辩的机会。"

"并非每个人都同意吗？"

"有些人怀恨在心。"雷夫·约翰逊说，"天哪，有些人怀恨
在心啊。"①

**隐含主题的布道："如果没有经历我的风暴，我又会怎
么做？"**

很不寻常的是，在这个周日上午，启示录事工教堂才坐
了一半的人，但好像为了弥补这一点，唱诗的歌声却更为宏
亮，教堂乐队声音非常大，倾情演出。一位穿水纹绸长裙、拿
着《圣经》比画手势的女士带领大家宣信，她看上去格外热
忱，她高喊"主今日就在这里！"时，大家齐声附和："是啊，
姐妹！"

其间，雷夫·约翰逊一直安静地坐在他那宝座似的椅子上，
头上是金色的卷轴状标语：启示录事工教堂——"向世界揭示
上帝的箴言，我们爱你，对此你无能为力！"

---

① 2014 年 11 月，事发 18 个月后，那个姑娘放弃了，撤回了指控，拒绝
作证。没有其他证人出面指证，这个案子一直悬而未决，波比·约翰
斯主教依旧在保释中。——原注

他起身布道，当他举起他破旧的《圣经》，开始朗诵《使徒行传》中的一个章节和诗句时，全场一片安静。

"对那城里的人传了福音，使好些人作门徒。就回路司得、以哥念、安提阿去，"他缓缓吟诵其中的文字，"坚固门徒的心，劝他们恒守所信的道。又说，我们进入神的国，必须经历许多艰难。"

他立刻进入他准备好的布道主题：救赎之前必须经受严酷的考验。每个人都知道他在暗指被诉猥亵儿童的波比·约翰斯主教，但这个人的名字一直没有被提及。这次布道完全在谈艰难的决定，圣保罗的、约伯的，还有耶稣和其他人的。

"广为接受的并非总是正确，"雷夫·约翰逊说，"正确的也不总是受欢迎。所以我得问问大家：'你们希望上帝不欢迎你们吗？'"他慢慢地说起了坏天气——风暴天气是这次布道的另一个主题。"雨来了，大家说：'啊，雨下得好大啊！'但雨也带来了别的东西——平和和安静。你可以走进雨中，与上帝同在。"

我见过这些教众站起身来，高喊着他们的赞美——"是啊！""好的！"的声音在布道过程中回响。但今天他们一直坐着听讲，很不寻常地持保留态度，雷夫·约翰逊似乎在运用他的律师雄辩去说服他们，而少了牧师平日的沉稳言谈，好像把听众当成了陪审员。不过话说回来，这两者在教堂里听起来差不多。

"弟兄们，从前我到你们那里去，并没有用高言大智对你们宣传神的奥秘。"他引述着《哥多林前书》中的内容。"我在你们那里，又软弱、又惧怕、又甚战兢。"

软弱，忍受着艰难，解决冲突：这些内容都与波比·约翰斯主教有关，只是没有提起他的名字，明摆着雷夫·约翰逊是在努力运用他的说服力争取他的教众。

"上帝为我们送来了一场风暴，"他大声说，"我需要这场风暴。如果没有经历我的风暴，我又会怎么做？这风暴带我找到了上帝。所以我说：'谢谢你，风暴！'因为它带我来到上帝面前。我愿意为上帝全力以赴——凭着我的信仰，而不是凭借眼中所见。"

他离开了讲坛，这一举动好像一个暗示，那个坐在键盘前、戴着白色帽子和面纱的女士猛地弹起了一段和弦，琴声渐渐弱下去，坐在鼓边的女士也按住军鼓，让它静了下来。

"夜晚的黑暗，"雷夫·约翰逊继续说，"黑夜是没有限度的，它是一段漫长时间。这可以考验你的信仰。约伯失去了他的财产和家人，但他从来不曾离开上帝。再坚持一段时间，看看结果会怎样。不要断了你与上帝的联系，虽然你会经受严酷的考验，使你禁不住在痛苦中咆哮！"

说到咆哮，"咆哮"这个字眼让他咆哮了起来，他吟诵哀叹，这种情绪推动着他，他嘟哝着仰起头。这一举动非常有效，下面的教众开始高喊对他的支持和鼓励，就像在鼓舞一个挣扎着向岸边游泳的人。教堂乐队继续弹奏，键盘前的女士猛烈敲击着琴键，风琴发出电闪雷鸣般的声音。

"一宿虽然有哭泣，早晨便必欢呼。"最后，他以一种传播

隐含主题的布道："如果没有经历我的风暴，我又会怎么做？" 375

好消息的语气说，引述了《诗篇》第三十章，还重复了一遍。

这么做非常奏效，他的教众们的神色变得快乐，甚至幸福起来。风暴过去了，他不再吟诵。他调整了语气，以朋友般慰藉的口吻说着，讲述起他的生活经历。

几个月前吃饭的时候，他第一次跟我讲过这些经历。也许他的听众们以前也听过，但就算如此，他们也没有表露出来。他说起第一次搭公车——白人公车，在学校里被孤立，白人学生给予他的考验，受到学校里的门卫——那仅有的几位黑人的鼓励，他们冲他微笑，就好像在对他说："坚持住，孩子，坚持住。"他讲起学校里的这些经历，讲起孤零零一个人，身为一百名白人学生中仅有的黑人学生的感受。这些经历似乎让听众们很着迷。

"我失去了所有的朋友。我小小年纪就学会了要靠自己。"他说，"如果你听凭其他人帮你做决定，会有什么后果呢？你就失去自己做决定的能力了。"

听到这些话，整座教堂陷入了沉默。

"我有斗争的精神。我从小一直在斗争。"现在我看到了其中的联系，看到他为何同情波比·约翰斯主教，那位唱诗班男童和早熟的牧师，那位三十年来一直在传播福音的人。"这就是命运。"

键盘上响起琴声，鼓钹也铿锵地响了起来。

"我想要你们知道我有所倾向。"他说，这一刻他差一点就要宣布他会为波比·约翰斯主教辩护了。"我想要你们知道我爱你们大家。如果你们与怨恨者交谈，也请告诉他们，我爱他们。"

这是一次非常有力量的布道。然而在那之后不久，雷夫·威尔金·约翰逊宣布他不会在猥亵儿童案中为波比·约翰斯主教辩护，但他对我说，他帮他在国内其他地方找了一位出色的律师。

新月汽车旅馆

在一个湿漉漉的早晨，阿伦达的小街散发着嘈杂、恶臭的贫穷气息，这些简陋的房子所在的街区是一个垃圾遍布的营地。我取道熟悉的路线回到这里，从那条荒凉的四车道高速公路到孤独的公路，又经过那些停业的餐厅（"龙虾餐馆"）、废弃的加油站停车场（"州际中心"和"埃索"），还有阴暗破旧的汽车旅馆（"行政客栈"），所有的这些就像在反乌托邦的南部进行一次冒险——除此之外，也更像是到达了世界的尽头。

这是我的再一次回归。一部游记通常总是源于旅行者第一次面对某些地方的一场旅程，旅行者对这些地方进行生动形象的记叙，然后继续前行不再返回。这个地方的画像，它在那一天、那一刻甚至那一个星期那种天气下的面貌，成了封面、封底之间的内容，它的特征被赋予了永久的形式。对它的模糊泛化——这位旅行者匆忙间的判断，使得游记显得如此轻松明快，读者读来觉得它那么有见地，却让了解这个地方、居住在这个地方的人抓狂，这些人看着满嘴俏皮话的旅人清新的描述，连自己的家都认不出来了。

这种仅此一次的旅行（"接着我们在吉大港①逗留、吃个午饭"）也使得游记中出现许多歪曲和扫兴的描述——并非无缘无故或用意卑劣，只不过是走马观花、对身边经过之人随意一瞥之后的模糊叙述。旅行者的想法是一次探访已经很多了，他们觉得旅行不是去研究，而只是一次概括，是个人的有倾向性的主观感受。我有许多次也都是以这种方式旅行，注意记录在我匆忙旅行中所到之处的原貌、反映其中的不和谐和自己幸灾乐祸的心理。我知道我的旅程与我的生活和我正在游历的地方有关。在非洲、印度和中国行得通的方式，在南部腹地却是不够的，也会误导他人。

我第三次探访阿伦达时，看到了前两次不曾看到的事物。即使刚刚过去了六个月，这座城镇有些地方已经有了起色：废弃的电影院正在修缮中。另一间灵魂料理店"卡罗来纳餐厅"已经开张，就在帕特尔开办的三家加油站的其中一家隔壁。这家黑人经营的餐厅就在南方主街上。奥斯瓦尔德大道上的新生活爱之屋教堂看上去倒像是快要被废弃了似的，停车场空荡荡的，门都也上了锁，它的主教正在保释期，头顶阴云笼罩，因被起诉猥亵未成年人而声名扫地——那也算是一种变化。

我第一次看见"新月汽车旅馆"的旧招牌时，还嘲笑了一阵它的拼写和上面锈迹斑斑的星星，它后面仿照装饰艺术风格建造的砖楼那种废弃的样子又让我着迷——编了号码的门，

---

① 吉大港，孟加拉第二大城市。

二十世纪五十年代留下来的、老式平顶一层楼高的"汽车旅馆"。后来探访阿伦达的时候,我在这些建筑周围转了一圈,踢开不少大门,踩过破碎的玻璃,惊异于荒废的大型游泳池,那个泳池被一个链状栅栏围起来,大门也上了锁,池子里有一英尺深的绿茵茵的水。那都是我在秋天和冬天旅行时所看到的场面。

这个春天,新月汽车旅馆有了些许生气,有些房间住进了客人,有几个人在里头进进出出,一个带婴儿的女人,一个提着一袋日用品的男人,还有一个男人坐在房间外面的一张折叠沙滩椅上,一脸狐疑地看着我。两辆破旧的汽车并行停在停车场上,那里原本是空荡荡的,幸好有一群脏兮兮的鸽子大摇大摆地在小坑边上慢吞吞地走来走去。起初我以为那些人是占屋者① 或露营者:他们衣着寒酸,斜着眼睛瞪着我,虽然会跟我打招呼,但不回答我的任何问题。沙滩椅上坐着的大块头男人对我怒目而视,声音很轻地威胁我说:"走开。"

挂着"办公室"油漆牌子的门已经破了,因为门虚掩着,我看见了地板上散落的纸张和塑料汽水瓶,一个油罐翻倒在地上漏着油,一张翼状靠背椅两侧扶手都没了。房间的内部在我看来就像是犯罪现场。

接着这张靠背椅活了过来,还冲我说起了话。

他喘着气说:"有什么需要我帮忙的吗?"

他用拐杖点着水泥地板,撑着它站起来,向我问了声好。

---

① 无家可归而占据空房子的人。

他穿着一件厚厚的大衣，里面是一件敞领羊绒毛衣，戴着一顶黑色帽子，长裤松松垮垮，膝盖处还撕破了。他行动缓慢，从办公室里走出来，拐杖戳着开裂的沥青地板，然后他向我举手示意。

"你是新月旅馆的经理吗？"

"我是维护检修的。"他还是瘸着腿向我走来，走得有些气喘。

"你好吗？"我同情地问了他一句，因为他看起来明显行动不便。

"膝盖手术。"他说。他的身体已经倾到一边去了，但还继续向前走来。"髋关节也动了手术。"

"慢慢走。"

"膝盖动过手术，髋关节手术也做过。是关节炎。"他说他叫利昂·威廉斯，工作就是维持这地方的运作。这地方看起来正在垮掉，而他身体又不好，这份工作很不好做。"这房子的屋顶肯定需要翻新，电线也得重新拉，很多地方需要修理。管道什么的都是旧的，一切都旧了。"

可令人惊异的是，它竟然也有住客——七间房间都住了人，有单身男人、几对夫妻和一个小家庭，每个房间的周租金是八十美元。像这么破败的地方，在第三世界国家可能会是一个贫民窟的房子——我见过像这样的旅馆，是乐观的葡萄牙定居者在莫桑比克建造的，弹孔斑斑，破败不堪，因为当地冲突频发，房子人去楼空，在漫长的内战结束后被一家贫穷的非洲人占住：一样的面容憔悴的女人、愁容满面的男人和一脸迷茫的小孩，站在贝

拉 ① 海边那栋房子开裂的墙面和破烂的窗户前。那是世界末日的房屋景象，绝望的人在城市废墟中奔逃或挣扎求生。

利昂住在东面十二英里外的布伦森。大多数日子，他从那里开着他的皮卡沿铁路大道过来照看新月汽车旅馆，现在这地方几乎成了真正绝望的无家可归者的避难所，而不是给普通游客居住的汽车旅馆。利昂在阿伦达出生长大，但他说他更喜欢布伦森，那是一个小小的公路交界处的社区，人口大约五百人。它古老的镇政大厅备受称赞。那是一栋木结构的八角形建筑，被底下的柱子高高托起，布伦森的市民可以坐在下面阴凉的架空层里休息聊天。新的镇政厅是一栋小小的砖房子，普通得永远都不会出现在新闻中。利昂记得阿伦达更繁华的岁月——镇子里曾有很多的就业岗位。

"我的家人、爸爸妈妈都在厂里上班，我也是。那些岗位都很不错。"

"加工木材吗？"

"双层隔板、单层隔板、胶合板。还做电线杆呢，什么都做。"

利昂六十六岁了，但因为生病和腿瘸，他看上去比实际年龄要苍老不少。他有三个孩子，都在这里长大，但因为没有工作也没有机会，他们全都去了纽约市。

"他们也回来的，但不喜欢这里，因为这里生活节奏太慢了，"利昂说，"我呢，我就喜欢这里的慢。"

---

① 贝拉，莫桑比克东南部港市。

"但阿伦达以前一定也是充满生机的，那时所有的游客都会在这里的旅馆和餐厅逗留。"——这些垮塌的建筑现在都成了炸弹坑。

　　"这里的夜生活曾经很丰富，特别是在弗拉特街，是大家都喜欢逛的地方。"

　　弗拉特街就在主街铁路大道后面，与它平行，在它的阴影中，所以就像被藏起来似的。很难想象在那么破旧的街上会有什么夜生活，但在那个年代，阿伦达可是一座新兴城镇。

　　"那些地方很有活力，但也有个问题——喝酒斗殴。还有女人呢。但他们在弗拉特街那边设置了一间新警局，就把问题给解决了。"

　　"现在挺安静的。"

　　"州际公路害死了我们。"

　　利昂把他在布伦森的地址给了我，邀请我随时过去。然后他回到了新月汽车旅馆的办公室里，等着住客打电话来报修东西。

　　阿伦达也有一处堂皇的地方。从阿伦达空荡荡的超级高速公路向南几英里，我来到了克里斯蒂安娜庄园，那是空旷场地上许多漂亮房子的一部分，从主路上望过去是看不到的，大门看上去也比较普通。这地方证明了阿伦达并非所有的地方都很衰败，或是穷得不可救药。我也是这么想的。

吟诵谢恩祷告

　　在主打灵魂料理的"尝尝看"餐厅里，对着鸡肉、米饭、肉汁、饼干和卷心菜做了严肃的餐前祷告后，威尔伯·凯福说："阿门。"然后开始吃了起来。

他几个月前就说过，如果我想多看看他在阿伦达作为城市开发者的工作，那就得再回来。于是我回来了。我想拜访"活力阿伦达"项目帮助过的几个家庭，或者正在寻求援助的家庭。

"我打了个电话，"威尔伯说，"我们如果要去拜访的话，得先得到许可。有些人不喜欢人家上门拜访。他们对自己的境况非常敏感。"

九十年前，在离这里不远的地方，那位伟大的壁画家和版画家托马斯·哈特·本顿 ① 也遇到过同样的敏感。他在自传《一个艺术家在美国》里有关南方的一章中也提到过。他坐在佐治亚州东部的一处路边，画着一间石灰水粉刷过的小屋。

"有些坐在门廊上的黑人兄弟看到我，就进屋去了，"他写道，"很快有个穿着打补丁但干净的工装裤的高个子黑人走出屋子，犹犹豫豫地朝我走来。'你好啊。'我看到他有话要说就跟他打了招呼。'先生，'他的英语非常标准，'请原谅，但我妈妈觉得您在拿她的房子寻开心，她想请您离开。'于是我就走了。"

阿伦达离主街不远的整片区域都是住了人的小屋，威尔伯·凯福努力要凭借"活力阿伦达"项目的有限资源来改善这片区域。他提醒我他的运营预算是区区十万元。但他的组织是自负盈亏的，只是靠他们修缮完毕并出租的废弃房屋租金来维

---

① 托马斯·哈特·本顿（1889—1975），20世纪30年代地方主义运动的领导者，该运动的画家专门刻画美国的乡村生活。本顿的壁画和版画同时惹来了先锋派和保守派的争议，却赢得了大众的肯定。

持运作。他的项目虽小却很有效，我看它之所以成功，就是因为项目小。威尔伯办公室里经手的每一块钱他都知道去向，如果资金达到几百万，那情况就不一样了。

我们午餐吃着鸡肉米饭，一边聊着又小又穷的阿伦达县。这座镇子的居民百分之七十二是黑人，在本州的比例也是最高的。我提到与父母一起在木材加工厂工作的利昂·威廉斯时，威尔伯列举了许多搬离这座镇子的商家——不只是所有的餐厅、汽修房和汽车旅馆，301号国道全盛时期的支持型服务业，还有阿伦达的制造业。

"我们在这里制造家具，"他说，"我们有纺织厂，织布和地毯，一直持续到二十世纪八十年代。"

"它们怎么样了呢？"

"搬到中国和印度去了。"

"失去了很多就业岗位吧，我想。"

"所有的岗位都没了。这里现在什么都没有，"他说，"我们从来没有受过高等教育的人，在服务业、地毯厂工作或做农活是不需要受很多教育的。所以这些人全都被淘汰了。他们现在挣扎求生，我们要帮助的就是这些人。"

"改变这个县需要怎么做呢？"我问。

"我来告诉你把。我们有非常多的未开发的土地。想想那些退休后想住在气候温和的地方或是想要移居到这里的人。我们这里离哥伦比亚、查尔斯顿和奥古斯塔很近——开车非常方便。"他的语气现在充满了希望，他指着周围的乡村说。"我们有可能朝那个方向发展。你可以买五英亩地，在这里建个漂亮的家。也许一英亩地三千块就够了——甚至一千都有可能。想想吧，花很少的一笔钱你就可以在一个漂亮的地方得到一块不小的土地。"

他接了一个电话，简单地说了几句就挂了。

"我可以介绍几个居民给你认识。"

刀锋路

刀锋路上那些废弃的房屋让它看起来像被可怕的风暴横扫过似的，只留下了鼠患成灾的废墟。刀锋路——一个很具威胁性又让人过目不忘的名字，穿过最贫困的地区，从阿伦达中心附近一直延伸到阿伦达东边最远端的耕地边界。这片耕地绵延几英里，在夜里一片漆黑。

很多房子都衰败成瓦砾堆或小棚屋。最古老、最奇特、也最为摇摇欲坠的，是一间木质平房，木板都是手砍的，因年代久远变得黑乎乎的，屋顶是拼接起来的锡板。这间就算初建时也是很粗糙的房子，早在 1865 年 2 月谢尔曼将军带兵从附近经过时就已经存在了。谢尔曼将军当年在布罗克斯顿桥那里遇到了持续两天的抵抗，他手下怀恨在心的士兵们于是深入本州腹地，烧毁了农舍、田庄和谷仓。这间房子完全就是一个持续耐久的典型，远离到处抢掠的军队才得以幸免。

这是一件大古董，也非常破败，屋后还搭建了一个户外厨房与房子相连。但它看起来保持了原貌，从建成那天起就没怎么改变过。它只是在经历风风雨雨之后慢慢破败了。屋顶已经生锈，门廊凹陷，残破的窗户用纸板封补了起来。室内没有明显的管道。一座烟囱竖立在屋脊中央，这是最古老的房屋的普遍特征。

"看上去像是被废弃了。"我说。

"去年之前一直住满了人。"威尔伯说。听到有人从房子旁边高高的草丛里走过来，他又说："主人来了。你好啊，梅尔文。来见见保罗。"

梅尔文·约翰逊是一个穿着蓝色护胸背带工装裤的上了年纪的人。他告诉我他只有五十七岁，让我很意外，因为他看上去年纪要大得多——在这里似乎每个生活在贫困线下的人都有些早衰，这一点与其他地方是一样的。我们握了手，他微笑着说："想看看里头吗？"

"梅尔文的身体一直不太好。"威尔伯说。

"在恢复了，"梅尔文说，"直肠癌。"

"你还好吗？"

"慢慢恢复吧，"他说，"威尔伯帮了我好多。"

"我将他纳入了住房项目，"威尔伯说，"但梅尔文尽了各种努力来获得一个新家。他还报班学习理财。他学习很用功，还筹措了资金，做了抵押贷款。"

"给自己弄了一间新房子。"梅尔文说。

房子很小却是新的，和刀锋路隔着两条街，他和两个儿子住在那边。

搬到两条街外去住，离开这座破房子到一间简朴的新房里去，也许看起来只是稍微改善，但对我来说却是一大进步。我想起有些项目花费巨大，被吹得天花乱坠，但事实上却没有多大改变。我想到威尔伯和他专注于一笔小钱也要花到实处的精神，威廉·布莱克的诗浮现在我脑海里：

行善，总是具体而特定的。
抽象的、笼统的行善，是恶棍、伪君子和献媚者的托词。

（《耶路撒冷》）

"肯定要比这间好。"梅尔文说着，推开了那扇古老的门。

一股难闻的气息扑面而来，夹杂了腐败的房子、潮湿的破布、被虫子啃噬过的木头、死老鼠和半腐烂的湿报纸的味道。梅尔文开了一盏灯——房间里唯一的灯泡，在一根电线上摇摇晃晃。我仿佛看到了贫困和艰难的早年岁月，到处乱七八糟，扁平的纸板箱子钉在墙上做绝缘之用，地板上摊放着很多旧鞋、烂枕头、缠在一起的被子、碎裂的椅子、堆放在一起的箱子、破布，还有堆积了几十年的杂乱无章的纸张和碎布，就像一只穴居动物让人绝望的巢穴。一面墙上挂着耶稣的纸质画像，还有些报纸因为上面的照片或标题被钉在墙上，但报纸都泛黄得看不清楚了。一面碎裂的镜子简直就是点睛之笔，让人心生恐怖。

梅尔文坐在一张破烂沙发上，将一块毯子推到一边。毯子之前被扔在一个被烟熏火烤得焦黑的火炉上。这个春日阳光明媚，天气暖和，但屋子里冷飕飕、臭烘烘的，没有一丝阳光透进来。窗户前挂着毯子，里面的房门全都关着——让我难受的不是里头的杂乱，而是这股味道，那是死亡的味道，这里的环境与新月汽车旅馆给我的感觉是一样的，是一个犯罪现场，它所缺少的仅仅是一具尸体。

"我就在这里出生，"梅尔文说，"我住在这里，多半时间是跟我奶奶住在一起。"

"你们的饮用水哪里来？"

"从井里汲水，就在那边。"

"上厕所呢？"

"房子外头有一间。现在还在那里。"

"你们在这里住了多久？"

"五十六年，"梅尔文说，"去年搬出去了，搬进了新屋。"他环视了这间到处是杂物的房间，惊异地说："是不是很了不起？六代人住在这间老房子里。我的奶奶就是在那间房里去世的。"他指了指那扇已经被钉死的门，门边还堆着一堆乱糟糟的衣服。

"你对你们的家族史了解多少？"我问。

他的回答很不寻常，像是回到了十九世纪，他急切地说："哦，知道的，先生。是布鲁斯·艾迪将我们卖作奴隶的。"

花 径

在这个晴朗的日子，在南卡罗来纳州最贫困城镇的最贫困社区，我看到花径并非一条真正的道路——那是一片两英亩大的废弃土地，最近的雨水使它变软了，上面留下了一些泥辙。这片满是泥坑和砾石的土地上的房子，其实不能称之为房子——就是些矮棚和破旧的活动房屋，就是我在密西西比三角洲最贫困的城镇所看到的那些。这里是财政部助理部长塞勒斯·阿米尔-莫克利2011年经过的地方。他看到这片废墟和衣衫褴褛的民众，说自己不相信在美国竟然还存在着这样的地方。也许那不是对美国的评论，而更多的是这位特权在握、生于伊朗的官僚自己的判断，他本该了解我们那困顿的百分之二十的同胞。花径就在南卡罗来纳州，但它有可能出现在三角洲。我还一直在想，它也有可能存在于津巴布韦。

"你认识这里的人吗？"我问威尔伯。

"认识一些，"他说，"这家人申请房屋修缮。他们就在我们的名单上。也许我们可以帮忙。所以我才到这里来的，来做评估。"

那间低矮的平顶矩形房屋——差不多像一辆流动房车那么大，已经被白色塑料布覆盖了起来。乍一看，它比田地那边破败的活动房屋或隔壁用蓝色塑料布缠绕着的小棚屋要好些。走近再看，我发现这些塑料布只是一种廉价的装饰，盖住那些裂开的木墙。窗户上的裂缝也用胶带封住了，门廊摇摇欲坠。我踏上门廊的木板——还有房子里的木地板时，两只脚陷了下去，就像踩上被虫子蛀过的已经下陷的软木头似的。

一位老妇人到门口来迎接我们，看到我们有两个人，她显得似乎有些惊慌。威尔伯她是认得的，但我是谁呢？

"我只是来看看。"我说。

这似乎让她更惊慌了——这一点不能怪她。房间很乱，看上去明显已经快垮塌了。房子里很挤，有个小小的客厅，里头有七个人，老老少少，或坐在椅子里，或瘫坐在地板上。他们在看一部肥皂剧《不安分的青春》，那台电视机在远处的角落里闪着光。

人们无所事事的时候会做什么？我几个月前从家里出发的时候就想过这一点。住在花径破房子里的一家人给了我一点提示。他们看的不是电视剧，那几个躺在地板上的，一个躺在一张矮桌底下的男孩和一个坐在一个大一点的女孩腿上的小女孩，都不是在看电视剧。他们只是挤在这间破旧的、热烘烘的房间里。他们盯着我，在我向他们问好时也回应了我。我现在看出了各人的年龄差别，唯一一坐在一张正经椅子上的是一位老妇人，目光坚定，肩上还披着围巾。她的右脚没了，只剩下一截光秃秃的腿，这截断肢因为上面紧紧套着的红袜子而更为明显。她名叫詹妮斯·威廉斯，年纪也许在九十岁以上。

她的女儿，那个让我进门、表情惊慌的女人，名叫莎琳·巴杰。

"这位是威利，这是罗杰。"莎琳指着两位年纪大一点的小伙子说——一个将近二十岁，一个二十出头。他们带着嘲讽的态度冲我傻笑了一下。接着其中一个站起身来——他们一直是躺在地板上的，将自己的脸贴到我的脸上。

"你可以叫我兔子罗杰①，"他说，"如果你有问题要问的话。"

---

① 出自电影《谁陷害了兔子罗杰》，兔子罗杰为一卡通明星兔子。

"暂时没有问题。"我说。

罗杰这种凶狠的警惕心和他脏兮兮的衣服让我微微有些惊恐。他穿了一件破烂的 T 恤衫，上面印着做着手势的黑色双手，两只都竖着中指。图案上面印的是"去你们所有的唱片"几个字，这也不是我熟悉的音乐标签。

"找杰西卡吧，"莎琳·巴杰说，"杰西卡可以回答你们所有的问题。"

"我想威尔伯有问题要问。"我说。

小房间里非常热，肮脏的靠垫和人脚散发着臭气，这种闷热又让房间更加臭气熏天。这是贫穷的气味，这种恶臭没有人能习惯，就算是处在贫困线下的那百分之二十的人也不能习惯。而且墙边嘶嘶作响的煤气取暖器让房间里更为闷热，甚至给人一种可怕的感觉，好像墙本身着了火似的。

从我进入房间的那一刻起，我就注意到了这种嘶嘶声。外面是和风煦阳的春日，温度大概是七十多华氏度①，是穿长袖衬衣的天气。而在这里头，挤在一起的这家人，还开着煤气取暖器给房间加热。这些人在温暖的日子里还觉得寒冷，而在家里又无事可做。

他们是四世同堂。老妇人是最高的长辈，詹妮斯是她女儿，还有她的外孙辈——罗杰、威利和一个年纪更大的姑娘，我打听她的名字时，她将头扭开了，另外还有这姑娘的女儿，一个六岁的孩子，她一边编着辫子一边将名字告诉了我，她叫莎克

———————————

① 约为 22、23 摄氏度。

维安·汤普森。

"那很危险，"威尔伯指的是墙上吐着火苗的煤气取暖器，"得通风才行。"

墙上挂着一幅画在黑色天鹅绒上的耶稣画像，还有一些家庭照片和其他的耶稣画像。下面是一书架的塑料纪念品：一个雪花玻璃球、一个埃菲尔铁塔模型、一个脏兮兮的棒球、几串缠在一起的串珠、作为纪念品的烟灰缸、两张竖起来的纽约市明信片，还有一根金色绶带上的厚厚的金色流苏和一盘子松落的纽扣。这些椅子挤得很紧，房间里几乎没有可以走动的空间。我发现自己从门口到房间深处都是侧身而过，努力避开面对罗杰那张奇怪的充满恶意的脸。

在这里，贫穷不是缺乏某些东西，或是东西不足，而是不加区别地堆放很多破烂的物品。这些东西跟人一样挤满这个房间，就像一艘失事船只堆在沙滩上，就是那种经历过风暴之后的残骸。我迅速在心里盘算了一下，才意识到在这个春天的下午，掩藏在花径这处土路边上的这间闷热的小房间里，这么一个四世同堂的家庭，竟看不到一个能养家糊口的人。

"她来了，这位是甜豆。"一位笑眯眯的高个子姑娘从阳光普照的室外走近房间时，莎琳·巴杰说。这位姑娘跟我们打了个招呼。

是杰西卡。她个子很高，穿着一件绿色毛衣和一条黑色紧身裤，她的秀发扎成了辫子，染成金色泛着光，还接了长长密密的假发。她的生机是明摆着的——我明白了为什么她妈妈会叫她来当一家人的代言人。她很老练，说自己已经学了一个美容课程。她也做过一些旅行。我或威尔伯都没有让她紧张——她还领着我们走过一条狭窄的通道，带我们参观房子，给我们看那些污渍斑斑的天花板瓷砖和没有窗户的卧室。卧室里的被子、毯子和地板上的床垫都是乱糟糟的。

"这房子漏水，"杰西卡说，"雨水从上面那里流进来——看见那摊水了吗？"

但那不是一摊水，而是一张浸了水的毯子，在这黑暗又不透气的房间里被水泡得发黑。杰西卡也住在那里。她说这间四居室的房子里住着九个人，这里有三间小卧室和那间闷热的客厅。我无法想象这些人睡觉的时候是怎么安排地方的。

"我在考虑搬到俄亥俄州去。"杰西卡说。

"让他们看看厨房。"莎琳对着嘶嘶响的煤气取暖器和嘈杂的肥皂剧说。

"厨房真是糟透了，"杰西卡说，"天花板掉了下来，地板也不见了。"

这是一间挤在屋子后部的小房间，一个油腻黏糊的炉面，一台缺角的冰箱，一个塞满脏碗碟的洗涤槽，一个放着撕开的麦片盒子的台子。外面是一个小院子，散落着莎克维安的玩具、几个旧车胎和一个破烂的秋千架。

"要是之前知道你们要来，我们就把这地方清理一下了。"杰西卡说。

"没事的。"威尔伯很平静地说。

"你们能帮忙做点什么吧？"

"我们可以帮忙——我们可以帮炉子做些通风设施，撑起地板，"他说，"也许还能修好天花板。"他一边说一边做着笔记。"再补补屋顶。"

他就站在这堆脏乱物品中说着话。我非常佩服他平静又给人宽慰的作风，我毫不怀疑他会说到做到，改善这里的状况。

家里的其他人继续看着下午的肥皂剧——正播着吵吵嚷嚷的浪漫一幕：一对年轻的爱吵架的白人夫妇。我和威尔伯感谢他们允许我们来探访，然后走出来，站在花径的烂泥当中，看着这座破败不堪的房子。

"他们的生活来源是什么？"我问。

"你看到的老妇人，她是关键——也许是有社保吧。此外嘛……"他的声音弱了下去。他想到的东西跟我一样：食物供应券、残疾补助、失业援助、政府配给的奶酪、福利和救济品。

这还只是一间破房子，一个贫困家庭——数百万贫困家庭中的一个，但也生动形象地展现了其中的贫困和绝望，也让我们看到了孤独和懒散。

威尔伯还在评估这座房子。他说："你知道，这会是一项大工程。将这整个地方拆了重建还更好。但我们没有钱。"

罗杰和威利跟着我们走到外头。他们坐在旧单车上，在单车上摇晃着冲我们微笑。他们的个子对于单车来说太大了，而且因为这样，他们显得有些恶作剧似的险恶。他们跨骑在单车上，摇摇晃晃地冲我们骑过来，一边哈哈大笑。杰西卡也走出来到了门廊上，手里抱着六岁的莎克维安。在阳光下，他们的样子全都不一样了，内心更为显露，看上去也更伤心。

离开的时候，威尔伯对我说："我们会采取些措施的。"

"确实，同他们生活在一起是可怕的，可是他们毕竟是人。"在契诃夫的短篇小说《农民》的结尾，作者借欧佳之口说："他们跟常人一样也感到痛苦，也哭泣，而且在他们的生活里没有哪件事是不能找到使人谅解的缘由的。……现在她很可怜所有这些人，为他们难过，所以她一边走，一边频频回头再看看那些小木屋。"

跌 跤

我开车离开阿伦达，回程沿着原子路来到艾肯镇和奥古斯塔，接着穿过佐治亚州，再次到亚拉巴马，取道塔拉迪加和柴尔德斯堡到达格林斯伯勒。那一周我在那里有个约会，结果发生了一起意外。我在市镇边上转悠消磨时间，走进 69 号公路和国家大道交界的一家破败的"客栈旅馆"（也许又是帕特尔先生开的）。旅馆看起来很可怕，好像没人住。离开停车场的时候，我走下人行步道，向前扑去，还继续往下跌——一瞬间我的脑海里掠过一个灾难性的痛苦场面，在惊慌失措得有些失语的时候，我看到了自己的样子：一只胳膊断了，脸也摔烂了，头骨开裂，死得很难看。

我趔趄着跌进一个水泥涵洞，惊恐地瘫在那里。我就像一只遭到严重枪击的松鼠，在地上躺了一两分钟。接着我向上爬出去，右前臂又酸又痛还滴着血，两只手都擦破了皮，我还是很庆幸自己没有摔断胳膊。我的头很痛，手上出血的伤口弄到的尘土让我有些担心。我在尘土里蹲了一会儿让自己镇定下来，接着走到附近的药店，买了些清洗伤口的材料，之后坐到车上，包扎了伤口。

这一跤跌得很突然，让人心惊又懊恼。大伙儿说我也有可能会死掉的。但我对自己很是生气，我竟然这样疏忽大意，以为格林斯伯勒的人行步道跟我所在城市的步道一样平整安全。

我给自己放了一天假，开车去了迪莫波利斯，在那里的小路上找到了一家汽车旅馆。我满怀震惊，全身疼痛，沉沉睡了一觉，十二个小时后醒过来，还是觉得有些疼，但也觉得自己很幸运。

福内尔·麦西

迪莫波利斯是汤比格比河边一个破落却美丽的城镇，有静谧的房子，几座可爱的宅子和大多空着的商店。我在那里遇到了福内尔·麦西，努力去理解他试图告诉我的东西。福内尔有着我在南方听到的最重的当地口音。他向我推荐了一家叫"红谷仓"的餐馆，但他发出的却是四个歪下巴的音，"红哦咯仓"。

他刚二十出头，上大学四年级，学的是会计。他是个小个子，友善又易激动，大眼镜后面的两只眼睛圆瞪着。

我向他夸赞迪莫波利斯的景色，他变得愤愤不平。

"我想离开这座城镇。"他生气地说。他的咆哮有些喜感，但也有一丝怅然。"我想离开这个州。"

"你想去哪儿？"

"到北方去，去纽约，或者某个地方，什么地方都行。我想离开这里。我想离开我的家庭。"

"去过北方吗？"

"我从来没有离开过亚拉巴马，"福内尔说，"所以我才想离开。我才不在乎未来会是什么样子，怎么样都比现在这样好。"

迪莫波利斯是一个孤立的地带，四周是旷野和小树林，自然风光迷人。在小棚屋或一排破旧的活动房屋前，到处可以看到女人在绳子上晾晒衣服，或是一个男人埋头在一个撑起的车前盖下，身体前倾打量着一个发动机组。方圆数英里，没有看到一丝现代化的迹象，你看不出这里到底处于哪个年份——这种破落与混乱、这些住处的简陋都表明这里处于较早的时期。这些更贫困的地方似乎存在于时间之外。怪不得福内尔想离开，但他似乎比其他人更迫切，甚至有些疯狂。

典当行

像南方许多类似的城镇一样，迪莫波利斯因几处南北战争前的宅邸而闻名——布拉夫大宅，一座十九世纪早期的棉花种植园主的巨大豪宅，这座北方风格建筑在 1840 年被改造为希腊风格。另一处是格恩斯伍德宅邸，一座白色灰泥建筑的低矮庄园，比布拉夫大宅晚建了十年，更为坚固，更具希腊风格，但与迪莫波利斯高中的现代红砖建筑过于接近，以至于现在看来缺少了些宏伟之感。还有一处是利昂大宅——有门廊、柱廊、四坡屋顶、阳台、观景楼和穹顶。至于它们是由奴隶建造的这一个令人不快的事实，你可以说金字塔也这样，但埃及人对于使用强制劳力有更好的借口。

这些面积很大的宅子，这些奴隶之州中的超级豪宅，被推崇为游客景点，有些已经被打扮一新，但也有许多宅子，或者更多，都化为废墟，让人想起丽贝卡·韦斯特①的话语："一栋极大极穷的屋子有着尤为吓人的地方……充满哀伤的大宅。"

不管怎么说，迪莫波利斯也有简陋平房、前后联排房②、盒式房屋和一片破败的棚屋，还有仅存的镇中心，那里有一家停业的影院，还有挣扎求生的商铺。这些汽车旅馆、餐馆、商业区、加油站和银行都分布在迂回公路的两侧，这条道路也是进入密西西比州的道路。

唯一的例外，也是迪莫波利斯最繁忙的商店——南方绝大多数社区在这种状况下也是如此，是"贸易与交通"典当行，就在镇中心，在华盛顿街和胡桃街的拐角。这家典当行很是热闹，里头有各色人等，充满了生机——顾客有买有卖。里面的货架上和展示柜里摆满了被典当的旧工具、居家用具、衣服、珠宝、硬币、内战和"二战"期间的物品、刺刀、头盔、饭盒和常见的纳粹纪念品。靠墙的是几个摆放武器的货架，一些来

---

① 丽贝卡·韦斯特（1892—1983），英国作家、记者、文学评论家及游记作家。她是位多产的作家，作品几乎涵盖所有的文学类型，还致力于女权和自由派运动，是 20 世纪首位公共知识分子。

② 即 Dogtrot，建筑形式可以追溯到早期农民或者渔民建设的小型房子，随着家庭成员的增加，再在原有房子的旁边建造另一座小型的屋子，先后两座房子共用一个屋顶。

复枪、手枪和匕首陈列其上，那是一个军火库，一些穿着蓝色牛仔服、帽檐低垂的热心浏览者正细细打量着。

与我在南方见过的大多数典当行一样，这里的气氛是热情好客、乐于相助的。十几个人在店里慢慢转悠，挑选着商品，还有一个快乐的男人正拿着一把旧链锯想当一笔钱。

一个留着络腮胡子、戴着猎人帽的男人侧身从绒毛鹿头和一把齿耙上落满灰尘的生锈犁耙间走过，向挡道的浏览者打着招呼，终于努力到了商店后部，那里的武器售卖区里坐着一个胖男人，正倾身看着一些左轮枪的展柜。前倾的这个人是一名职员，当时正是早上九点多钟，他心满意足地吃着一个外卖汉堡，包装纸塞住他的牙缝，而他正在嚼着纸片。

"怎么了，大壮？"

"我不知道哩。"这个男人嚼着东西说。

"如果你都不知道，那就没人知道了。"

"血流得像只猪。"

沿着乡间小路往下走，经过鲶鱼养殖场、牧场和旷野——那儿有一匹马，身旁是一头撑着四条细长腿挣扎着想站起身的小马驹，经过疯长的树篱，白花似锦的樱花树和簇簇粲然的桃花，再次来到紫荆绽放得更加绚烂的格林斯伯勒。

这个春日挺热的，在明晃晃的阳光照耀下，主街上停泊着的汽车的金属侧板和窗户都闪闪发亮。我坐到"馅饼实验室"餐馆附近街面阴凉一侧的一条长凳上，长凳另一头的男人冲我微笑。他年纪挺大，只有一只胳膊，另一只手肘以下都被截掉了。

他头上胡乱斜戴着一顶褐色的弯檐棒球帽。从他厚厚的镜片看得出他有白内障，尽管春天天气很暖和，他还穿着一件厚重的毛绒大衣。他的笑容很热情，他用仅有的那只手拍了拍长凳。我想他大概有八十岁了，他跟南部这一带一些黑人一样，有着比较模糊的美国土著居民的轮廓。他名叫弗洛伊德·泰勒。

"枪里装了子弹。"我们彼此打过招呼，我也问了显然要问的那个问题①，他回答道。"因为你永远不知道会发现什么，我们总是很饿，吃的是松鼠和类似的东西。我当时在找松鼠，枪就靠在我身边。击锤是在外部的——现在他们不再造这样的枪了。保险开关被我卸了，我握住枪膛和扳机拿起枪，结果枪走火就把我的胳膊轰掉了。我的血流得像只猪，走了四分之三英里②。但他们做了处理，将我的胳膊缝合起来，就剩下现在这样了。"

"只剩下一只完好的胳膊，找工作应该很成问题吧。"我说。

"我们是农民，"弗洛伊德说，"这不算多大问题。我在一个农场上开了一阵子车，然后在一家水泥厂造水泥，接着又去做公路维护，开着卡车往路上洒水——洒水车。"

"一只胳膊就可以吗？"

"全都是单手完成的，"他说，"迪莫波利斯和格林斯伯勒

---

① 指为什么他只剩一只胳膊。
② 合 1,200 多米。

三十年前就是这样的，现在想想，可能是四十多年前吧。"

"你在这儿附近长大吗？"

"我是格林斯伯勒人，不过是在城外的乡下长大的。"他把头向后一歪，冲着蓝天露出了笑脸。"这里的生活挺好的，但我们从来都找不到工作，即使是现在，我们正努力引进一些工业。他们已经在着手干了，但不能雇到以前那样便宜的劳动力。过去是可以的，廉价劳力，现在再也不行了。"

"可塔斯卡卢萨那边就有就业岗位。"我说。

"这里什么也没有啊。如果找不到工作，你就只能在家里待着。我们也不需要多少钱。"

这话让我笑了起来，记起了一句话。"我们并不贫困，"托马斯·哈特·本顿说起一个处境艰难的画家的生活时说，"我们只是没有钱。"

"我小时候，父母都是农民，"弗洛伊德继续说，"我们种玉米、棉花，在那些田地外，我们还种了一些能吃的东西。我们有西瓜，一大片西瓜田，不过从来不卖，都拿去送人了。我爸爸觉得卖东西不靠谱。我们种番薯自己吃，还自己做果汁和糖浆。"

"你们怎么做糖浆？"

"糖浆是用甘蔗和高粱做的，"他说，"细茎蔗是最好的。他们还有另一种叫 POJ 的。"

我发现 POJ 是印度尼西亚东爪哇岛出产的杂交甘蔗，是荷兰人在二十世纪二十年代开发出来的。POJ 的缩写代表的是荷兰语的"东爪哇农业实验站"。这些进口的抗腐烂杂交甘蔗在

"血流得像只猪。"　　**401**

二三十年代挽救了南方饱受病虫害的甘蔗地。

"拿了甘蔗，将其剥皮，然后运到糖浆厂去，那里有一台像碾压机一样的器械。你把甘蔗放进去，然后将骡子套到那个东西上。还有一口平底锅，叫糖浆锅，大概四英尺宽，碾出来的糖浆流到锅里，聚集在前部，那里是加热的地方，就像一个煮锅。将糖浆煮沸，用一支长柄勺将表层舀掉。糖浆的雏形就出来了。"

"听上去你们可以自给自足呢。"

"我们很穷，所以食物都是自制的，"他说，"杀猪，熏猪肉。先放血，然后将猪肉切成细块，烟熏两三天。一切都是我们自己动手。"

"你们有多少土地？"

"四十到五十英亩，是向一个白人租的。他的地很多。对这个白人我们没有什么可以抱怨的。不过他有一辆拖拉机，我们则只有两头骡子。"

"以骡子替代拖拉机。"

"那是自然。将它们套到犁耙上，但它们一次只能把一条犁沟，不像拖拉机，一次可以把两条或更多的沟。"

我们继续聊了不少，都是有关老式农场、棉花收割、打饲料和狩猎的事。

"我爸爸几乎每天都出去打猎，"弗洛伊德说，"他打兔子、松鼠和鹿——我们就吃这些东西。"他笑了，也许是想起了以前的饭菜，接着又说："那时不像今天，现在的人也挨饿，但他们只是干坐着，什么也不干。"

麻木的绝望

"当你再回来的时候……"兰德尔·科博曾以南方那种凡事不着急的语气说。他的意思是反正情况也不会有什么变化，因为过去的变化太少了。而且当时他没把话说完。

人们经常说"回来"——我以前觉得旅行是有终点的，就像以前我书里写过的那些旅行，结果他们这么一说，这旅行倒成了循环往复的季节性旅程，我不知道它将如何结束，又在何时结束。

兰德尔最终解释说，他的想法是我和他一起开车到佩里县的县治马里恩去，看看玛丽·沃德·布朗，那位下个月就满九十六岁的短篇小说作家。兰德尔满怀信心地说等我回来，玛丽·T——她的朋友都这么深情地称呼她，将会很盼望见到我。不止如此，她一定还活着，一如既往地敏锐、健谈、健康。

兰德尔跟我说起过玛丽·沃德·布朗的作品，在我看了的三本书之后——两部小说集和她的回忆录，我迫不及待地想见到她。她的作品很直率，自然真挚，不感情用事，而且因其朴实无华地揭露了亚拉巴马乡村的真实生活而颇具影响力。这些作品描写了乡村的日常、乡土民风和乡民的自以为傲，特别是种族和经济上的冲突。没有哥特式的文风、矮人、十二岁的童妻和傻子，没有栩栩如生的怪人怪事，没有任何可以称为变幻不定的写作手法。

从小时候起，玛丽·T就一心想成为一位作家，而且当时就开始写一些故事，但她后来丢下写作去养儿育女了。六十多岁的时候，她重拾写作，她的短篇故事在几家纽约杂志和大学季刊上发表，她声名鹊起，在八十年代甚至被邀请到苏联去讲学。她是为南方农村发声的人。但在兰德尔说起她之前，我从未听说过她的名字。她的小说确实让人惊喜，也给人启迪。

　　兰德尔同样是一个惊喜。在他满是书籍的房子里，他热情接待了我。他独居，还有些与世隔绝，但本性依然有着可爱的一面。他就在这里长大，城里有不少熟人和亲戚。他经历过这镇子种族隔离的年代，目睹了主街上的民权争斗，还把大多数冲突争斗记载了下来。他不止是我在南方遇到过的最博览群书的人，也是我这辈子遇到的最渊博的人之一。他以前是一名教师、评论家和杂志报纸的撰稿人。谈起自己的作品，他非常谦逊，至于阅读，他说自己每天都在书海中度过。

　　他现在失明了——是这些年中慢慢失去视力的，与盲人作家豪尔赫·路易斯·博尔赫斯 ① 对他自己逐渐失明的描述相似。"不是人们能想象到的完全失明。"博尔赫斯说——因为博尔赫斯还留存了些视力，和兰德尔一样。"我这种情况就像是慢慢的天黑，是慢慢地失去视力，从我开始能视物时起就这样了。从1899年开始一直持续，没有戏剧性的时刻，持续了四分之三个

---

① 豪尔赫·路易斯·博尔赫斯（1899—1986），阿根廷诗人、小说家、散文家兼翻译家，被誉为作家中的考古学家。

世纪，如夜幕慢慢降临……当我知道我完全失去了视力，失去我作为读者和作家的视力，悲惨的时刻就到来了。"

在我所引述的他的随笔《失明》一文中，博尔赫斯写道："失明也有些好处。我亏欠了黑暗几份礼物。"——他说起他如何发现失明所赋予他其他感知的方式，还说起许多失明的人（荷马、弥尔顿、乔伊斯和其他人），他们将生命奉献给了文学创作。在我眼中，兰德尔就是那些非比寻常、极具天赋的人当中的一位，一位杰出人士，独居在以贫穷和隔绝著称的亚拉巴马乡间小镇的郊外街上，与他浩瀚的书籍为伴。

我很高兴能故地重游。我第一次见到兰德尔的时候，他们向我介绍他是个快乐的本土历史学家。与很多倾心阅读、重视隐私的人一样，他在家里是最开心的。他很少有机会跟别人谈起他在阅读的书籍——确切地说是他这些日子在听的有声书籍。我离开他时，他正听着《重现的时光》，普鲁斯特长篇巨著《追忆似水年华》的第七卷，也是最后一卷。但他还是我所仰慕的作家们的热心读者，许多作家在今天并不受推崇，比如亨利·格林 ①、珍·斯塔福 ②、乔伊斯·卡里 ③ 和另一个伊丽莎白·泰勒 ④——英国短篇小说作家。他读过福克纳、伊夫

---

① 亨利·格林（1905—1973），英国小说家，是一位现代主义者和实验主义者，文风委婉含蓄。
② 珍·斯塔福（1915—1979），美国女作家，1970 年凭借《珍·斯塔福短篇小说集》获普利策奖。
③ 乔伊斯·卡里（1888—1957），英国小说家。
④ 伊丽莎白·泰勒（1912—1975），英国小说家。作者说"另一个"，以区别好莱坞影星伊丽莎白·泰勒。

林·沃 ①、亨利·詹姆斯和缪里尔·斯帕克 ② 的全部作品。在一个把书籍视为装饰品和战利品、用书籍来点缀房间的世界里，兰德尔读过他书架上的每一本书——另外还有更多的书。他非常优秀、谦逊又甘于寂寞，而且根本没有意识到，他这样的人在当下是多么不同寻常。

见到他，能够跟他聊聊书籍，听听他读完普鲁斯特作品之后的感受，跟他说说我对福克纳小说的困惑，这一切都让人深感慰藉。与我们第一次见面时我的感觉一样，我们有着共同语言，读书的体验也颇为一致。

"欢迎，欢迎。"他说，双手在空中摸索着，抓住我的手握了起来。"很高兴见到你。玛丽·T要中午才能见我们，进来喝一杯吧。"

我们坐在他的书架之间，收音机里传来肖邦一首夜曲的柔和乐音。我们谈起了书籍、天气和格林斯伯勒。他说起话来兴致勃勃，但是在话语之间，在休息或倾听的时候，他显得有些郁郁寡欢，甚至是很沮丧，时不时陷入沉默。

"我的身体一直不太好。"他在片刻沉默后说。

"但是你现在比之前好多了吧？"

"好一点。"他说，然后又安静下来，一边眨着眼睛，好像脑子里有好些话在奔腾。

随着这一阵沉默，房间立刻似乎暗淡了下去，那些书投下

---

① 伊夫林·沃（1903—1966），英国作家。
② 缪里尔·斯帕克（1918—2006），苏格兰女作家。

阴影——感觉如此怪异，在这个春日，他的草坪和前院的樱花树洒满了明媚的阳光。这种差别让我想起了花径那座房子里那个贫困阴暗的房间，一家人挤在里头盯着电视里的肥皂剧看个不停，墙上的煤气取暖器嘶嘶作响，而门外的泥坑在阳光下闪亮，树上的新叶随风摇曳。兰德尔则一直在思索。

"我得了抑郁症，"兰德尔最终说，"我这辈子一直都有这个病。"

"具体是什么症状？"

"是一种麻木的绝望。"他说，但声音里没有自艾自怜，而是纯粹陈述一种状况，就像说一种颜色名称一样。

"你最近也有这种感受吗？"

"是的，过去几周有。"

"就是丘吉尔所说的'黑狗'①。"

"就是那样。"兰德尔说着，露出一个苍白无力的微笑。

"你怎么应对呢？"

"无法应对。什么也做不了。我非常无助。"

"你不能自由活动吗？"

"我都没想要活动，"他说，"我躺在床上，下不了床。我看不到起床的意义。"

"持续多久了？"

"好几天了。我完全失去了意志。我躺在那里，心里想：'我能举起胳膊吗？'我躺着思考了一会儿，然后想：'也许

---

① 丘吉尔长期罹患忧郁症，他称忧郁症为"黑狗"。

不行。'"

他坐在那里，双手放在腿上，坦率地侃侃而谈，说他现在好些了，但那种抑郁随时会回来，将他紧紧攫住，让他窒息。我告诉他，威廉·斯泰伦跟我说起过抑郁症对身体的影响，那种剧烈单调的痛感，头疼，而且无法缓解。兰德尔说他看过斯泰伦的《看得见的黑暗》，他不但知道弥尔顿的诗句，还感觉到那些诗句充分反映了他自己的忧郁。

> 没有光，但有看得见的黑暗
> 只为让你看见悲哀的景象
> 悲痛的领域，阴沉的影子，
> 永无和平与休息，人人都有的希望在这里
> 永不来临，只有无穷的折磨……①

"让情况更糟的是，我这里没有人来照顾我，只有我母亲，祝福她，"他说，"而她都已经八十五岁了。"

兰德尔的失明使他的抑郁更为强烈，因为他变得更疏离、更孤独，也许失明时不时引发他的抑郁症。但他并不是在寻求同情，他只是在解释他的疲惫。

"咱们会好好开心一下的。"他稍微振作些，笑着对我说。"玛丽·T非常想见你。我在马里恩的洛蒂餐厅订了座——那家餐厅是你在这一带能找到的最好的南方风味餐厅。瞧瞧，今天

---

① 引自弥尔顿的《失乐园》。

又是这么美。"

"你需要的是边缘共振。"

来到马里恩镇的时候，我意识到格林斯伯勒有多么衰败没落。马里恩的商店依旧在营业，马里恩的法院也更宏伟，还有一座大型的军事学院以及杰德森学院①。玛丽·T（她坚持要我这么称呼她，说这是玛丽·托马斯的简称）就在这所学院上过学。马里恩有书店和著名的灵魂料理餐厅，洛蒂餐厅。马丁·路德·金的遗孀科雷塔·斯科特·金就是在马里恩长大的。主张投票权的活动家吉米·李·杰克逊曾于 1965 年在一次和平抗议中，在这里遭到亚拉巴马州一名骑警的枪击。这一事件使民权运动激化，触发了从塞尔玛到蒙哥马利的历史性抗议大游行。

"看看现在这里多荒凉。"我们开车穿过城外的农田时，兰德尔说。虽然他看不见，但他对这片平原有着清晰的记忆，那些长着残株短茬的田地，湿漉漉的陶土路，一片片的小树林，看不到任何房子，时不时出现一个交叉路口。"看到你就会知道了，那是这里唯一的房子。"

确实如此。在田地边上开了五英里之后他说："这里一定是汉堡了。"不到一分钟后，一座白色小屋出现在道路的右边，在

---

① 杰德森学院，一所四年制本科综合性私立大学，建于 1838 年，位于美国亚拉巴马州马里恩镇。

门廊上——我们来之前先打过电话的，站着玛丽·T和一个年轻许多的围着围裙的女士。

"奥泽拉跟她在一起吗？"兰德尔问，一边扭过头去，努力辨认。他解释说奥泽拉是前管家尤拉·梅·托马斯的女儿。奥泽拉紧紧站在玛丽·T身边，玛丽个子特别小巧，很警觉的样子，像一只栖息在树枝上的小鸟，脸上露出满心期待的笑容，人也显得很精神。年纪非常大而又站得笔直的人脸上总有一种蒙眬的光，使他们看上去像是能够永生似的。

兰德尔介绍我们认识。听到我称赞这房子，玛丽·T说："我父亲1927年建了这座房子。"

这座朴素的两层小屋低矮而坚固，前面有一个凸出的门廊，屋顶有个天窗，所以跟我们开车经过马里恩市郊看到的那些联排屋、矩形房子和造作的大宅不同。屋内的墙铺了深色木板，吊顶天花板，还有橡木地板。内部和楼上的房间里都有书柜，与兰德尔的屋子一样，这里的书柜上也堆满了书。我在一幅画前驻足欣赏，画中是坐在窗边的两位女士。

"那是克劳福德·吉利斯的作品。"

她拥有这位画家的三幅画作，都是二十世纪八十年代画的。这位画家的名字我还是第一次听说，但在南方大家都知道他是位社会现实主义者。他1914年出生于塞尔玛，在纽约上了学，一直专注于描绘乡村的贫苦农民，不管是黑人还是白人。他的画风简洁有力，微微有些变形以营造效果，像托马斯·哈特·本顿的风格，但颜色暗淡些。他是个地方主义艺术家与新南方派（这个词我是从一个画廊的广告上学来的），他在三十年代很是成功，但战后就成了一个兼职画家和实验者。和其作品让我读来很是享受的玛丽·T一样，他在南方之外的地方几乎籍籍无名——在亚拉巴马州以外显然几乎无人知晓，但依旧是一位极具天赋的画家，是她所认识的人。

我告诉玛丽·T遇到她我甚感荣幸。作为一位短篇小说作家，她是真正的大师，对今天的南方有着清晰的认知。她的作品描写了新的冲突、她的邻居和她的镇子，没有丝毫做作，文风干净利落。

这样一位人物是一位南方作家（而非北方作家），这一直让我颇觉奇怪，直到我在南方待了一段时间。南方的小说是学院派的风格，总是最拘束晦涩，其套路就是充满了奇异的人物，文风又如此隐晦迂回，就像是南方作家觉得有些事情让人如此痛苦或羞愧，以至于他/她不愿意直白地说出来。我想起康拉德笔下的马洛 ① 说过（这些话绝对是福克纳话语的回响）："这是一股心怀不可思议意图的不平静的力量所带来的静寂。"——像呓语一样含糊，因为他不想描写噬食人肉的恶习。

我长大之后一直在读南方小说——不只是福克纳和那些哥特式风格的小说，还有更为晦暗的作品、诗歌、剧本，解释者、辩护者和回忆者的著作。然而就算我看了这么多书，其中几乎没有可以让我对眼前南方的景象做好心理准备的作品：称得上是小农阶级的毫不抱怨的底层人民，新来的投机者——北方人和外国人，利用了南方好客的热情、助人的文化传统；有权势

---

① 康拉德《黑暗的心》的主人公。

的少数人，不管是黑人还是白人，自以为是，志得意满；而贫困，不是五彩缤纷的《鲶鱼街》和《烟草路》，而是刀锋路和三角洲乡村道路上阴郁、看似根深蒂固的艰难。在这个地区，除了《圣经》之外，书籍对大多数人几乎没有意义。他们又为何要在乎读书呢？他们可是每日都在挣扎求生的呀。疯子和傻子在南方小说里都被描写得很详细；而贫困的劳动者则较之不如。

玛丽·T开了一瓶哈珀斯维尔酿酒厂出产的蓝莓酒，虽然这是个温暖的中午，小小的餐厅里间热烘烘的白窗帘后面，有一只苍蝇在嗡嗡乱飞，我们站在那里，碰杯庆祝我们的相遇，杯子发出叮当之声。上了年纪的玛丽·T、几近失明的兰德尔和我这位茫然路过的旅人。这里的木饰板、窗帘的品质、房间的局促，在一个炎热的日子里，在乡村深处举着一杯酒——所有这一切都像是过去的俄国。我就这么对他们说了。

"这就是我喜欢契诃夫的原因，"玛丽·T说，"他笔下的地方就像这里，人物也像是这里的人——境况相同。"

契诃夫笔下的偏僻小镇，正如契诃夫的传记作家之一罗纳尔德·辛格雷曾说过的，"是浓缩的无聊场景，它们的居民为丰富自己'吃喝睡'的生活进行了可悲的尝试，结果这种无聊得到了强烈的缓和，那是最常见的契诃夫套路"。在佐治亚州长大的卡森·麦卡勒斯说过，南方的这些矛盾和怪诞——也是她小说的内容，与描写农耕时期的俄国小说非常相似。在她1941年的论文《俄国现实主义者和南方文学》中，她还特别提到了契诃夫和陀思妥耶夫斯基、托尔斯泰和果戈理。

"南方和以前的俄国在社会学上有很多共同之处，"她写道，

"南方一直是与美国其他地方不相同的一个部分，具有自己明显的特点和个性。在经济及其他方面，它被当作本国其他地方的殖民地加以利用。这里的贫困不像我国的其他地方。"她继续说到了南方的阶级系统、性格特点、农民阶层和类似过去俄国的更多特征——她说出了自己的观点，听起来就像是夸夸其谈，将这些田地和农场俄国化。了不起的是，她在大约七十五年前所描绘的景象，几乎与今天的南方乡村无异——然而这也是在这里旅行让人产生一种阴郁的愉悦的原因。

在这个晴朗的日子，乡村却显得有点阴暗，狭窄的道路上有一间古老的小屋，附近没有其他房子；泥泞土地的气息飘入房间——还有另一样东西，那种我感受得到但无法彻底了解的强烈悲伤。也许这就是兰德尔对我说过的那种影响吧，他用的是一个可怕的字眼："麻木的绝望"。

"还有伊萨克·巴别尔 ①，"玛丽说，"《我的鸽房的故事》。"

巴别尔写的也是小城镇、偏僻的街道和家庭生活，特别是在他自传式的故事中；在其他小说中写到了哥萨克定居点；在俄国小说中大量存在着与南方类似的城镇。

"吃一块奶油蛋糕，"兰德尔揭开一条厚重的黄色条状蛋糕外面的锡箔纸，对我们说，"这是我妈妈昨天做的。"

玛丽·T切了松松的一块，分给我们三个人吃。我一直在想：这景象在南方才会看到，但也是南方生活一个文明而特殊的场景，摆满书籍的一座屋子，色调暗淡的绘画作品，声音很

---

① 伊萨克·巴别尔（1894—1940），苏联籍犹太作家、短篇小说家。

大、嘀嗒作响的时钟，老式的家具，沉重的橡木桌，有些忧郁又坚不可摧，但看上去又有点被围困的感觉，还有管家营造出的那种不寻常、几乎是不自然的整洁——铅笔整齐排列，杂志和小册子方正堆叠，奥泽拉的手显然有一种用人的条理性，却又不该如此。

在《扇动火花》这本选择性的印象主义回忆录中，玛丽·T讲述了她自己的故事：她作为一名乡村商店店主的女儿的成长经历；她在晚年成为一名作家——出版第一篇短篇小说时，她已经六十三岁了。这是让人充满惊奇的一小段历史——惊奇于她经历这么长时间才成为一名作家，那是一段她称之为"二十五年的寂静"的时光；惊奇于她的小说深受欢迎；惊奇于她的小说还获了奖，笔会/海明威奖和福克纳奖，还有其他四个奖项。后来，因为她以南方乡村为背景的获奖小说《治愈》被收录在苏联和美国作品集《人类经历》中，她被选派于1990年随一个作家代表团去苏联访问，这是她文学生涯中最重要的事件之一。

她的婚姻很幸福，但很短暂，四十多岁就守了寡。她的儿子科特利参加过越战，后来回到亚拉巴马，在马里恩当了一名律师。他现在退休了，但在那座军事学院里教书。

她把酒杯放在厚厚的杯碟上，说："我好想吃鲶鱼啊！"——这些好胃口的话语从一个九十五岁的人口中说出来，让听者都觉得开心。

她戴上一顶有自行车车轮那么大的宽边黑色帽子，穿上了一件红色的像斗篷一样的大衣。我扶着她走下楼梯，发现她身体小巧而且虚弱，但思维活跃，表达清晰，记忆力也很好。我握住了她小小的像鸟爪子一样的手。

"紫荆开得不好，需要料理，"她说的是前院里的一棵树，"我们需要给它施点肥。"

去马里恩洛蒂餐厅的这一段乡村道路上，她谈到自己是如何成为一名作家的。

"对我而言写作并不容易，"她说，"我要养活家里人，而且我丈夫去世后，生活变得更加艰难，因为科特利那时还小。我想起了写作，看了很多书，但我没有写。我嫂子鼓励我。我想我还是有优势的。我能分辨文学和垃圾文字。我知道什么样的文字是好的。我知道我想写什么。当我着手开始的时候——那时我六十多岁了，我很努力地重新开始写作。我努力把这件事做对。"

我从汉堡理论上的社区里开出来——这里没有其他的房屋，沿着空旷的像跑道一样狭窄的公路往南开，一边愉快地倾听她的往事，偶尔询问一下遇到的十字路口该怎么走。在其中一个设有小小的绿色标志牌的交叉路口，我努力辨认着路的名字，问她这条路叫什么。

"他们重新命名了这条路，"玛丽·T还没开口，坐在后座的兰德尔就说，"以前叫2号公路，现在是J.J.霍华德博士公路。"

"那人是个骗子。"玛丽·T说。

我们现在开上了马里恩的主街华盛顿街，经过军事学院和法院，还经过格林街，之后是毕肯斯街，马科咖啡馆的所在

"你需要的是边缘共振。" 415

地——这些地方都和吉米·李·杰克逊遭枪击的事件有关。然后我们又来到黑人传统大道，那些有坚固的尖塔和拱门的教堂曾经是白人教堂；那时的黑人教堂都坐落在偏僻的小街里，更小，而且摇摇欲坠。我们来到了洛蒂餐厅。我将车停在门前，帮助玛丽·T从副驾驶座上下来，走进餐厅。

"我最近一直在看一本百岁以上老人访谈录。"玛丽·T说，也许是想起她从车上到餐厅门口这一路虚弱又颤颤巍巍的脚步。"这本书好像叫《百岁老人的忠告》。"

"什么样的忠告？"

"各种各样的。但给我的启示是，我觉得我不想活那么长。"

玛丽·T进门的时候，正在用餐的人们纷纷抬起了头，许多人认出她并跟她打招呼。虽然玛丽·T步履缓慢，还举手向大家问好，但还是一直在谈论写作。她说："你需要的是边缘共振……"

在这家简陋的餐厅里说这么复杂的词语，感觉有点怪异，也令人吃惊。我把这个词记了下来，后来发现它指的是"情绪的感染"，一种对别人情绪本能的理解，总之，就是共情。

玛丽·T和兰德尔落座了，正点着甜冰茶，接着是饥饿的用餐者看菜谱的静默时间。洛蒂餐厅有各式鸡肉，煎炸的、烧烤的，还有炸鲶鱼、烤鲶鱼、鲶鱼片、土豆泥、通心粉和奶酪，还有三种水煮青菜。餐厅还送每个人一份小点心。

"瞧瞧，这北方人点烤鲶鱼，"我们点完餐后兰德尔说，"我们只吃炸的。"

我向玛丽·T打听起她的童年。她小时候住在她父亲开在汉堡这个小社区的"蒙登沃德"杂货店的顶楼。她乐于回忆往事,缓缓地说着话,我真希望可以把它录下来,因为她用的是一百年前的口音。

"我妈妈就在商店里工作——她忙得没空照看我。"她说,每说一句话就停顿一会儿,有点气喘。"我是我们的黑人管家养大的。她也兼厨娘一职。我叫她'黑姆妈'①。我知道现在叫'黑姆妈'是不好的,但我是诚心诚意的,她对我来说就像是一位母亲。我很依赖她。"

"我不记得我的母亲在我小时候是否曾经坐下来抱过我,但我确实记得坐在黑姆妈腿上带给我的慰藉。"她在回忆录《扇动火花》中写道。"虽然她个子小巧,肤色较浅,和我们对黑人的印象相差甚远,但她的腿可以伸得很宽、很深,容得下任何伤痛,闻起来有一股方格花布和烟熏小屋的味道,在我涕泪涟涟的时候,还会轻轻地晃动。虽然它不会直接说出安慰的话,但只要我需要,它一直都在,让你的内心得到纯粹的平静。"

"你知道她可能还救过我的命。我当时患有结肠炎,还是个小孩子,又一直饿着,奄奄一息。姆妈能明白。她每天喂我一大汤匙的酸奶,然后喂更多。她又一点点地增加到每日半杯,再到一杯。黑人都很穷,没钱看医生。他们有自己的疗法。这个法子就是其中一个。酸奶救了我的命。"

我提到我听说过的另一个传统:所谓的热锅蔬菜汤,水煮

---

① 原词是 Mammy,对黑人保姆的一种不尊重的称呼。

青菜剩下的汤水一般是倒掉的，南方的穷人都会喝，而这些菜汤很有营养，能让他们保持健康，特别是预防糙皮病。

但兰德尔想到姆妈，说起了他所了解到的南方的变化。这激起了玛丽·T的愤怒。

"现在一切都不一样了，"玛丽·T说，"这里的黑人对我怀着愤恨。就因为肤色的差异，而不是因为我所做过的什么事情。那是一种怨恨。他们也是出于怨恨才投票给了阿尔伯特·特纳。"她说的是阿尔伯特·小特纳，佩里县的县长，他父亲是一位民权运动领袖和塞尔玛游行的领导者。

"他是怎么回事？"我问。

玛丽说："他是个种族主义者。他对人们说他们的贫穷源自奴隶制和使他们沉沦的白人。但确实是这样吗？想想那些在领救济的人。你会发现三代人都领慈善救济的家庭，他们从来不去工作，还要养孩子呢。"

"这里会何去何从呢？"我问。

"时间会帮上忙的。"玛丽·T说。时间会帮上忙的。

她说话的当下，人们纷纷走过来问候她，那种彬彬有礼的态度是玛丽·T曾经说过的亚拉巴马的特点之一。有一个人给了我一些小册子，还提到了吉米·李·杰克逊；另一个进行了自我介绍，说"嗨，你们好啊"，然后跟玛丽·T谈起了她认识的一个人（"他换了新膝盖"），然后说："你们都保重。"在她走到听不见我们说话的距离外之后，玛丽点头微笑说："她是马里恩的上层人。"但他们纷纷过来致敬的对象是玛丽：老居民玛丽，作家玛丽，目击者玛丽。

兰德尔听到"时间会帮上忙的"之后一直在皱眉头。他说："我还是抱着点希望的。我是说，我看到过民权斗争最残酷的一面——战斗、炸弹还有示威。"他将叉子放在盘中一条鲶鱼毫无生气的骨架旁边。"我想起我们以前的处境，看来进步还是不小的。"

"但分化一直都在——种族分裂。"玛丽·T 说。

她最好的小说中的其中一篇《超越新岔路》中，一位白人妇女开车将她上了年纪的黑人管家送回家，想起一些棘手的情况不断出现，并对白人和黑人的生活进行了对比。

突然之间，种族的潘多拉盒子就这么开启，让我们完全说不出话来。随之而来的是所有下意识的、甚至大家都不承认的轻蔑，黑人的地位权益被剥夺，包括那些那时我们从未想过、也远不如现在能理解的权利，都渗透在我们的生活和习惯当中。

像有些人说的，我们从未试着检验或用语言解释这样的现象。我们只是无助地看着彼此，之后总有一个人会转换话题，然后开始动身离开。

我提醒自己，玛丽·T 出生于 1917 年。大萧条的时候她二十多岁。她只比詹姆斯·艾吉小六岁，所以她知道当时的贫困，还有佃农、贫困白人、贫困黑人的生活，以及二十世纪三十年代在黑人地带盛行的私刑；一段悲惨的历史。沃克·埃文斯拍摄的店面、街道和黑尔县及佩里县白人的阴郁照片，构

"你需要的是边缘共振。"　　419

成了玛丽·T早年生活的画册。

"让我来跟你说说学校吧,"她说,"在我小时候,农场里的黑人上不了学。之后过了一些年,他们开始上学了,学校很糟糕,他们没能获得多少启蒙教育,于是严重落后。所以当情况改变了,我们大家都得支持才对。"

"有些人确实非常认真地对待教育。"兰德尔说,语气还是那么慷慨激昂。

"我认识一个女人,"玛丽·T说,"她是个好女人,但她丈夫很糟糕。她每天开车去迪莫波利斯的马伦戈车间干活。后来她上了学,拿到了学位。她成了护士。她工作、学习,付出那么大努力。她的丈夫什么事也不干。"

我说:"你的短篇小说里描写的就是类似的情况。"

"是的。"

"你的家人怎么看待你的写作?"我问。

这问题让她纵声大笑,笑得都咳嗽起来,她用一只鸟爪似的手掩住嘴巴,有点喘不过气来。

"据我所知,他们根本没看过我的小说!"她最后说,"从来没人提起我在写作。我觉得他们根本不在乎!"

她又开始大笑起来,倒不是我预料的苦涩笑声,而是真正的开怀大笑,就像在评说别人的极端愚蠢,当然她也是这么想的。我想这家人真是不知感恩又没有文化,竟然对这个女人作品中的天赋和证言故意视而不见。

"我尽力了,"她说,"我说出了真相。"

"阿门。"兰德尔说。

在回家的路上，她跟我讲了一个故事，是有关一家人渐渐疏远的事。她的讲述每一段都很生动，起初是不带感情色彩的，但接着是颤栗着声音。整个故事富有戏剧性，非常完整，使我不由得催促她写下来。她说她好几年没写小说了。我说这一篇一定很完美。我把她送到她那偏僻的住处后，太阳落到了地平线下，她站在门廊上向我挥手，奥泽拉就站在她身边。我又把兰德尔送到格林斯伯勒，然后再次出发。

第二周，玛丽·T给我发了邮件，评价了我所写的一些东西，说我的作品很对她的口味，获得她的赞许就像是戴上了一个花冠，"一两个句子就可以看清一个人，对吧？谢谢你送我的书。有你到我家来做客，我甚感荣幸。祝一切安好。玛丽。"我在回邮中提到了她曾跟我讲过的纪实描述，有关她亲身经历的家人的疏远，我说我觉得那会是一篇非常出色的短篇小说。

"我确实也写了，"她回邮说，"它现在正在我的潜意识里涌动，作为小说素材。我一直想写一篇短篇小说，这个素材应该就可以了。具有独特性又很冷漠，这段经历似乎应该单独写出来，就像一幅照片。确切地说此刻看起来是如此。"

之后的几天我又写了邮件，结果收到一封很短的邮件——"身体不太舒服"，然后再也没有回音了。兰德尔发邮件说玛丽·T病了，还住了院。接着，在我们见面大概一个月后，她去世了，死因据说是胰腺癌。

那时候我已经回到了家里，就像身处另一个国度，在通向南方的那条公路的另一头。

"你需要的是边缘共振。"　　421

第四部　夏天——阳光大道的芳香

千万不要将陌生人从你门前赶开，

他也许会是你最好的朋友，你也不知道……

——三角洲蓝调歌手萨姆·查特蒙

《让我做你的草垫子》

追逐夏天

在耀眼的太阳不偏不倚的光芒里，伴随着一声看得见的叹息，科德角夏末的枯竭开始到来。最后一波热浪把灌木丛烘烤得都褪了色，树木普遍都皱巴巴地枯萎了，深绿色的橡树叶子渐渐发白，海边湿地的萎靡的干盐草草丛深深浅浅地开始发黄，我家马路尽头那棵胡椒树平展的宽大树冠上的叶子也开始泛起一片殷红，一丛丛笔直的快要结籽的高高的梯牧草散发出一种让人鼻子发痒的芳香。

尽管夏天快要过去了，炎热却依旧像把锤子猛击着我们。

四处的凋敝显而易见。马利筋草那些像小小的脆玉米卷的豆荚剥落开来，吐出降落伞一样有着柔软光滑绒毛的种子。低垂的细长的野花，萎靡的牵牛花藤蔓，断了头的萱草花茎耷拉着，底下是腐烂的花瓣："烂百合花比野草更臭得难受。"①

菜园里的番茄植株发霉长了白斑，一派枯萎的景象，即使这是它们的果实最为饱满的时候，处于最佳的采摘期，拳头大小的白兰地番茄②把这些有气无力的植株扯到一边，它们瘦

---

① 出自莎士比亚《十四行诗94》。
② 番茄的一个品种。

弱的枝茎在重负之下都折断了。草坪被炙烤出一片片的黄褐色，而且面积一周周变大。褪色变硬的绣球花成了一团拳曲的褐色，那些叶子——多数灌木的叶子，被越来越多的尘灰弄得脏兮兮的，这些一年生的木本植物花都谢了，看上去没精打采的。

我喜欢这种炎热。但白天的温暖都是暂时的，就像呼出一阵潮湿的气流。八月的暑天渐渐变成了更为凉爽的夜晚和突变的天气——偶尔出现一场暴风雨或是突然降温的一天，就像在提醒大家，随后有什么会到来，会有秋天湿滑的双手，夏季的清新也会随之消失。草木最后的葳蕤，浇水、施肥或种植什么都没有意义了，因为这是一个开始失去生机的季节，一年一度的衰败，日照渐短的日子就像在昭告白天被人偷走，让你觉得自己拥有的光都被骗走了。

这是锁上家门、出发南行的最佳时机，那里的炎热还能再多流连几个月。上路去再次感受生机，为着那些依然灿烂的花朵、碧草和烟尘滚滚的道路，重新拥有好天气，再次探访熟悉的道路和朋友，也许还能找到一些新地方，我要追逐夏天。

穿越南方

从东北的高地出发，在低沉的泛着波纹的天空下，穿过像布里奇波特和布朗克斯这样丑陋的地方，就像在穿越隧道——途经很多桥梁斜坡，迂回曲折，上坡下坡，要找露天的空间，先得忍受密集的车流和令人窒息、满是尘灰的闷热臭气。我摁住鼻子穿行其中，去寻找南方更清新的空气。

说这像是穿行在隧道间不是天方夜谭：第 95 号州际公路坑坑洼洼的路面非常惊险，难以预料，又很荒凉，像个狭窄的大洞穴。开车行驶于其上，有时就像大炮里打出的一发炮弹。从我家到华盛顿的一路上都是真正的隧道，挖凿于铁路轨道、河流和港口下面的悠长隧道，愚蠢的汽车从旁边呼啸而过，我只好在一片可怕的橙色光芒中穿行。这段旅程确实够呛：五百英里的路程，没有任何可爱的景色，连树木都看不到，虽然在未来的某一天，当建筑施工完工后，纽约市也许会显示出某些对称美。这段旅程像在矿井里行进，而且因为浓重的污染，空气显得很浑浊，即使开在露天道路上也像在穿越隧道。

经历十一个小时的车程，我来到了弗吉尼亚州，第二天醒来查看地图的时候，我觉得应该走一条不同的路线前往佐治亚州，在那里的埃尔伯顿见一个人。

不知不觉我走出了隧道，又可以呼吸了，南方乡间的道路还弥漫着夏天的气息和被太阳炙烤得发软的柏油散发出来的甘草香气。

"他们拔掉了我的牙齿。"

在北卡罗来纳州亨德森附近小道的餐厅里，我遇到一些寻找补给或吃午餐的司机，其中一位叫罗伯·伯明翰。我跟他一起坐了一会儿。他年纪与我相仿，我们的生活是平行的，黑人和白人。他有着斗争的一生，曾经参过军，身体也不太好；我的生活则是躲在屋子里爬格子，时不时地消失一下。

"我曾经在军队服过役，肯定经历过一些事情，我可以跟你讲一些故事。"

我想起南方有很多来自小城镇和穷困家庭的军队老兵，服役是他们摆脱生活的一种途径，有时是他们的救赎，通常是他们的负担，时不时还是对他们的惩罚。

罗伯·伯明翰是个大个子，长着一张热情善良的脸。他戴着一顶华盛顿红皮队 ① 的棒球帽和一副厚厚的眼镜。他行动有些不便，身子奇怪地倾斜着，上下楼梯很困难。他休息的时候很安静——一直在倾听，他的举止温和，但一旦开口，他就变得很激动，好像说话让他兴奋，也让他记起很多往事。他说他受过不少委屈。

"请跟我说说当时的情形吧。"我说。

"1968 年和 1969 年我在越南，第 82 空降师。你随便找个人打听就知道，那是越战最糟糕的时候。在那里我们牺牲了百分之六十五的士兵。我当时在空中机动部队。"他双手捂着脸，叹息了一声，继续讲述着。"首先是橙剂 ②。我们以前喝的是炸弹弹坑里的水。我们往水中放药片，让水变得可饮用。但这些药片不是什么好东西，奶牛都不能吃。"

"害你生病了？"

"像条狗，"他说，"我退役的那一刻起就一直有问题。后来

①　橄榄球队。
②　一种含有大量有毒化学物质的除草剂，在越南战争中被用来使森林地区的树木落叶。

我去了沃尔特·里德全国军事医疗中心，治疗我的创伤后压力综合征，还有橙剂带给我的病痛。有时护士要五六个小时后才会来帮你换衣服。他们会拿走你的药剂，然后重新卖给你。还有你的鞋袜——他们也会拿走再拿回来卖给你。"

"这有什么意义呢？"

"这是数字游戏。"他阴沉着脸笑了一下说，不过我不知道这个笑容的含义。

"听起来像是惩罚。"

"还有我的牙齿。他们拔掉了我的牙齿，这样我就没法吃饭。我根本不知道他们为什么这样做，但我挣扎过，接着我就被关禁闭。他们做很多事情，就是为了激怒你。"

"你刚刚说橙剂。"

"橙剂影响了我的髋关节和肩膀，还影响到我的孩子们。我儿子莫里斯不得不搬到亚利桑那的图森市区。我的孙辈们也受到了影响——我也根本不知道是怎么回事。就因为橙剂，我置换了髋关节，背部做了手术，两个膝盖也换了。"

他从长凳上站起身来，叹了一口气。

"他们把我们当成小白鼠，然后听凭我们死去。"

我们静静地坐了一会儿，"死"这个字眼还在空气中回响、放大，就像一个正在变长的影子。他像是要改变这个气氛，就问我要往哪里去。我跟他说是佐治亚州。

"那你要特别小心。"他说。

我说在南部腹地的乡间公路上开车是一件愉快的事情，还补充说他经历了那么多事，忍受了这一切，他简直是个英雄。

"他们拔掉了我的牙齿。"   429

我们交换了电话号码。

四小时后，当我进入南卡罗来纳时，我的手机响了。

"我是罗伯。你还好吗，伙计？你还在路上吗？有需要的话给我打电话。"

末　日

另一个让我知道我身在南方的提示，是电台布道者的合唱，每一个电台，任何波段都在播放，他们高喊着谴责的话语，证明我们正处于世界末日。

"正如在《提摩太后书》中，"保罗对提摩太所说的，他们一个接一个地说，"'你该知道，末世必有危险的日子来到。因为那时人要专顾自己、贪爱钱财、自夸、狂傲、谤讟、违背父母、忘恩负义、心不圣洁、无亲情、不解怨、好说谗言、不能自约、性情凶暴、不爱良善、卖主卖友、任意妄为、自高自大、爱宴乐、不爱神，有敬虔的外貌，却背了敬虔的实意，这等人你要躲开。那偷进人家、牢笼无知妇女的，正是这等人。这些妇女担负罪恶，被各样地私欲引诱。常常学习，终究不能明白真道……'"

我一直听着，听到了布道者请大家捐款，请大家行善，请大家关爱他人，还有请大家继续收听这个节目。

音乐响起，我心想：这种阴暗沉郁的论调也是人之常情，所描述的既适用于今天，也适用于公元一世纪，写的人也许不是保罗，但也是与他关系密切的信徒；人类的软弱、贪婪、伪善和自我欺骗，是亘古不变的真相，任何年代都存在。

世界末日？他们难道不知道吗？这些特点存在于任何岁月、任何地方。

马索德："我是造路缘石的。"

在佐治亚州东北部，离南卡罗来纳州界不远的地方，我找到了埃尔伯顿这座采石城，还有一个很不像南方人的名叫马索德·比沙拉特的人。他辗转经过奥地利、法国和英格兰，从德黑兰来到了埃尔伯顿。有人向我推荐了他，说他是南方创业成功的外乡人。在南方，极少有外乡人能成功。

"你是做什么的？"我问。

他说："我造路缘石。"接着他大笑起来，但那不是开玩笑。

马索德的大宅坐落在这座小城的小街上，厨房墙上挂着南斯拉夫造的 AK-47，上边插着一个高容量的弧形弹匣。我对此感慨了几句，说不记得曾经见过在一间舒适的厨房里放着一把全自动杀伤性机枪，还有那个弹匣，里头装子弹了吗？

"当然装了！不装的话，这枪还有什么用？"

他将枪从墙上举了起来，拨弄着弹匣，又笑了起来。那是一种不快的充满嘲讽的伊朗式笑声，是从鼻腔里发出来的笑声。外国人也许能学着说完美的英语，但外国人的笑声必定带着本国的特点，通常是一种古老的带着威胁的声音。

马索德拥有几辆昂贵的摩托车，包括一辆哈雷戴维森出品的"滑翔"机车，他曾戴着时尚的"路易·威登"头盔，骑着这辆摩托车穿越佐治亚州。他在屋子后面用装饰性的石头造了一座人工假山，又在上面设了一道带开关的瀑布。瀑布开启的时候，轰然喷涌的声音让我几乎听不到马索德在说什么，我的听力并没有问题。

他把我安置到阁楼的空房间里，未来的三天我可以慢慢了解他。他富有，喜欢吹嘘，不轻易让步，信奉无政府主义，热爱艺术，专横，时髦，有心机，老谋深算，恃强凌弱，颐指气使，慷慨，爱算计，多疑。这些特点他通通都承认了，而且将这些都归结于他在伊朗长大的缘故，是伊朗人的魅力。但他又迅速补充了一句："我讨厌伊朗，讨厌伊朗人，所以逃走了，跑到伦敦，在一家炸鱼薯条店干得很开心。"

他说自己辍了学，但获得了一笔财富，而且学会了石料切割和钻石切割的技术，能够鉴赏当代美国和十九世纪法国的绘画作品，室内装饰方面很有品位，擅长推销高端房产，还带有一种真诚但让人疲惫的友善。在我看来，他就是另一个外来者——就像无处不在的帕特尔先生，在南方发现并抓住了机会；但马索德比多数外来者更有趣，也更有事业心。

虽然他肤色黝黑，长着鹰钩鼻，有着显著的异国特点，还喜欢大声表达自己的意见，在这座仅有五千居民的南部腹地乡村城镇里，他依然有许多朋友和祝福者。人们没有躲着他或嫌弃他，而是非常欢迎他，也许是因为他有着极端利己的自信、幽默感和许多钱；毫无疑问还因为他手下雇用了数百名当地人，是埃尔伯顿成功的一部分。他在大约一百英里外的亚特兰大还开了一家繁忙的艺术馆。他把印着艺术馆里展出的窈窕女士雕像照片的小册子给我看，还对我说："这些是我的前妻和女朋友们！"

我称赞了他房子里的绘画作品。

"这些没什么。你应该去巴黎找我，"他说，"我在巴比松①的一家酒店就要完工了。整个法国找不到一家那样的酒店。只有十二个套房，都是豪华套房，每一间都摆满了巴比松画派的绘画作品。你知道巴比松吗？"接着他开始高声叫起来："美丽的画家！米勒！科罗！菲利克斯·泽姆！我的酒店会像一个博物馆——已经像一个博物馆了！大厅里已经摆放展品了！"

他跟我说话的时候，手里正好拿着一把德国造的旧式鲁格手枪。他说："枪啊。我爱枪。"然后拿枪抵住自己的脸，就像小孩拿着奶嘴摩挲自己的脸颊。为这个画面增添这种感觉的还有马索德的眼镜，橙色镜框的眼镜。他说自己有五十副眼镜——颜色各不相同，但都是这种护目镜款式的。

埃尔伯顿镇主要因它的采石场而闻名。采石场坐落在一个三英里厚、三十英里长的坚固宽阔的地下蓝色花岗岩岩床上。第一个采石场是1882年开挖的，1889年开采，在一个叫彼得·波尔托尼的意大利石匠来到埃尔伯顿之后便繁盛起来。他买下了一座采石场，开始切割和雕刻花岗岩纪念碑。埃尔伯

———————

① 巴比松，巴黎南郊约50公里处的一个村落，巴比松画派诞生于此，这个艺术小镇也因此闻名于世。

顿自称垄断了美国的花岗岩墓碑生意；它还制造铺路圆石、路面石块、柜台石板台面、方尖石碑和高石柱。这个镇子及其周边现在有四十座采石场和两百多家石料公司。马索德拥有蓝天采石场，是这一带最大的采石场之一，在那里，埃尔伯顿的地下岩床被切割成石块，再分割为路缘石，然后用船运到全国各地去。

虽然他老是爱打趣、开玩笑，但他是一个很有创造性的人，对于利益的嗅觉十分灵敏，知道如何扩张业务。他有几百名雇员，有黑人也有白人，还有墨西哥移民，都在他的采石场里劳作。石头切割费时费力，需要复杂和专业的机器才能完成，有大型的钢铁起重机和飞轮电机装置。开始时用飞轮装置拉着一条金刚石绳锯穿过采石场的花岗岩墙面，同时用一道水流给绳锯降温，每天他们可开采一个巨石阵那么多的二十英尺高的石板。

"你能想象我们需要多少金刚石绳锯做这件事吗?"马索德说，"而且非常贵。我们以前都是从中国买的。"

"现在不再买了吗?"

他笑了起来，开心地咯咯笑，这个笑声加上他今天的红框眼镜，让他显得很滑稽。但他并不是傻瓜。

"我自己做金刚石绳锯啊！我在埃尔伯顿开了厂！我自己卖金刚石绳锯！我自己做买卖。"

后来他带我去看了埃马克斯，他开在一条偏僻小街上的工厂，一半是生产线，一半是高科技实验室，有大约三十个雇员在将金刚石片或金刚石珠电焊到一条坚固但有弹性的四分之一英寸粗的绳索上。做金刚石绳锯的工作也很缓慢，过程中有很多高精度的阶段，需要工艺技巧、昂贵的机器设备以及操作者极大的耐心，每个步骤都单调而精密。在附近的另一家工厂，一组男女工人负责制作带金刚石锯齿的轮锯——直径达到十英尺，是用来切割花岗岩的巨大轮盘。

"这个装置非常环保。我不喜欢其他人——他们使用的是热焰喷射钻孔法，用火焰加热岩石，钻出一条道来。我用金刚石绳锯来切割。废料更少，也不用点火。"

佐治亚州乡村的这个小镇因其采石场而闻名，但我从来没听说过它有技工学校、职业学院或制造业。所以看到这么多工人，置身于放着很多闪闪发亮的金刚石片的广口瓶之间，穿白色工作服、戴护目镜，弯腰在工作台前工作，还有在炽热的熔炉前锻造金刚石的其他工人，我不禁问道："这些人是从哪儿学到这门工艺的？"

"我啊！都是我教的！"马索德说，"还有毕坚。"

毕坚·阿米尼是他的表弟，也是伊朗来的难民，他是一位工程师和化学家，负责监管采石场的工作和金刚石绳锯的生产。

"最适合切割巨大的表面，"毕坚说，"开采大石块。更快，而且不浪费石材。"

"他是个天才！"马索德说，"现在我得走了。我今晚要上法语课。我在法国也有生意。我想学会这门语言。但你有什么需要？你想看什么？我的管家，你可以见见他。他是个大老粗！很喜欢枪！你想做什么？"

我说，我想跟他在采石场的一些雇员谈谈。在深深的方洞中，那些雇员看起来个子很小，像古埃及人那样有序地劳动着，就好像在切割建金字塔的大石块，然后将石块搬上三脚架和轮滑车上。

杰西："人人都知道那种刺痛感会消失。"

在迷蒙的烟雨中，在许多大水坑里，这个花岗岩采石场看起来像面积巨大的修补手术台，绿色的土地和森林都敞开着，石头内脏暴露在外，被切割并摘除。在这片八十英亩的区域挖掘了十个不同的深坑——现场工作有序开展，机器快速运转，金刚石绳锯高效切割。但奇怪的是，这样开采坚硬的石头，在曾经曲线玲珑的丘陵地带的表面挖开一个侧面平整的深坑，看上去很野蛮。说这些采石工人正对地球施加暴力似乎有些异想天开，但这个场景在我看来正是如此——像是在掠夺、侵犯，在对埃尔伯顿开膛破肚。我也不能否认这项工作的创造性，这些忙忙碌碌的人，这些轰鸣的机器，这些从坚硬的岩石中切割出来的巨大石块，还有地上开挖出来的岩壁光滑的深坑。

在采石场的门口，有些四面敞开、屋顶很高的工棚，一些花岗岩石板排列在这里，被轮锯切成路缘石，其他则是由巨型的宽刃闸刀切开。这些工作没有一项是简单的：每一块石板重达十吨，都必须被搬运并连接到一个滑轮滑车组。这项工作单调又吃力，切割、搬运这些沉重的花岗岩的工作让我印象深刻，与前一天在工厂里看到戴护目镜的技术工人制造长长的金刚石绳锯的感觉一样。

在其中一个石头切割工棚里，有个小伙子拿着锤子和凿子敲打着花岗岩石板的边缘，这块石板看起来像是一块路缘石。

我走过去的时候，那个小伙子转过身来，我正好看到了他脸上痛苦的表情和疼痛的双眼。我一直走着，但后来雨越下越大，我把这场暴风雨当作躲进工棚的借口，得以跟他交谈起来。

"不介意我进来吧？"

"来吧，地方多得是。"

他放下凿子，拿起了一把大锤，开始慢慢地从石板上凿下一些石块来。他中等身材，肌肉发达，整个肩膀和前臂布满文身，都是装饰性的，没有那些文身者有时文的吹嘘或传递信息的文字，不过其中许多还是笑嘻嘻的骷髅头。他的头发是淡棕黄色的，有着蓝色的眼睛，还有一种受过创伤的单纯。他看上去有些不自在——有些烦躁，躲躲闪闪。这是一个单独工作、不知道如何应付突然出现的陌生人的人才有的举止，尤其这个陌生人还在笔记本上匆匆记录着什么。

他名叫杰西·麦诺，三十五岁，出生在不到四十英里外的大得多的雅典镇。他毕业于沃特金斯维尔的奥克尼高中。"那是一个多数学生是白人的学校，"他解释道，"这座镇子真的挺小，而且多数是白人。"

"你的文身不少啊，杰西。"

"这些文身都是在亚利桑那州文的，是一个当文身师的朋友帮我弄的。我说'给我的胳膊文满骷髅头'——骷髅头很酷、很厉害。我脖子上的这个文着'丽巴'。那是我的女儿。说来话长。"

他手中的活计并没有放缓,一边说话一边捶打着,石屑飞溅。

"我以前从没在采石场工作过,"他抡着锤子说,"我在亚利桑那州做了八年建筑工——普雷斯科特是个好地方,就业岗位很多。但经济开始下滑,所以我就回家来了。"他停了一下,估量着石块的大小。"我到这里有十八个月了。我用这把大锤清理石块,平整它们。我想这叫作质量控制。"

"工资怎么样?"我问。

"一开始是每小时九美元,现在是十一美元。我一周工作六天,共计五十个小时。我不介意这份工作的粗重,但我在家里的日子不好过。"

"你介不介意我做些笔记?我很感兴趣。"

"没关系。"接着他放下了手中的锤子。"我现在正在分居中。就是这种情况。布朗迪是我太太,她说她出现了中年危机,真是挺奇怪的,因为她的年纪比我还小。"

"她的中年危机是什么样子的?"

"她断定自己想要跟一个更年轻的小伙子约会,就是那种危机。她变得很怪异。她对我说:'我爱你,但我现在没有爱着你。'这鬼话到底什么意思?"

"我不知道。你问过她了吗?"

"算问过吧。"他开始在工棚里踱起步来,外面的雨一直在下。"人人都知道几个月后那种刺痛感会消失,对吧?不过我想我该给她点空间。所以我搬了出来。"看到起重机吊着一块花岗石从旁边经过，他又抓起锤子，抡起来敲打着这石块，然后继续说："我搬出来不久，他搬进去了——那个年轻的家伙，在跟她约会的那个。"

"听起来不妙。"

"他连车都没有！"他又挥起了锤子，一块石屑"砰"的一声飞到了轮床上。"我对她说：'你别想得逞！'"

"她听了之后怎么说？"

但他没有听我说话。他自顾自大喊："我说：'我们在亚利桑那的时候就是一个团队！我们一起熬过许多艰难的时光，做得还不错。我们是一个团队！'"

他将大锤扔到一边，坐在一条长凳上，旁边是一块正在被嗡嗡作响的电锯切割成两块路缘石的花岗岩石板。他点了一支烟，扔掉火柴，吞云吐雾起来。

"我们回来的时候，住进了一个很贫困的区域——夏伍德，就在麦迪逊县丹尼斯维尔附近的夏伍德森林。那里主要居住着白人，一个毒品肆虐的活动房屋社区，有五六百名居民。我们的活动房屋就在社区的后部。"

"那里有多糟？"

"非常糟糕。隔壁邻居的女朋友死了，他也疯了。他让一个带孩子的女人搬进他的活动房屋。她神志不清，总是吵吵嚷嚷。因为大麻和冰毒，这简直成了一场疯狂的戏剧。他一直想赶她走。她吸毒成瘾。她有五个孩子，他们一起嗑药。"

"那儿是你家？"

"在我离开之前一直是，"他说，"现在那里是布朗迪的住处，跟那个小伙子一起。"他静静地坐了一会儿，吸着烟。"我很担心丽巴。她是我的一切，但我一周只能见她一次。我想保护她，但我太太非常不近人情。她对我说：'有人偷了你的工具'——电锯和其他的东西。怎么会有人想偷我的工具而不是其他东西呢？肯定是那个小子把它们卖掉的，我知道。然后就是'有人偷了婚戒'——那是我妈妈的戒指。我知道这婚戒出什么事了，这让我抓狂。"

"杰西，你介意我问一句吗——你有没有嗑过药？"

"有，但我意识到，我不想在女儿的眼里是我父亲在我眼里的样子，所以就戒了。不然她会觉得我很蠢。我知道，因为我十二岁的时候就跟我爸爸一起吸毒——大麻和可卡因。"

我的脑海里浮现出一个画面，就像那句"她有五个孩子，他们一起嗑药"在我脑海里触发的画面一样，一群食尸鬼聚在一起，举行一场吸毒仪式。但这更像是一个悲惨的家庭在一个活动房屋里吵吵闹闹抽着烟。

"那是在他离婚之后，"杰西说，"他在夜里吸可卡因。想到丽巴，我就想起我爸爸所做的事情——开车的时候在车里吸大麻。我则是在早上上学前吸上一支。"

"那时你多大？"

"十二三岁吧。而且我一直在吸。"他点点头，似乎猜到我想要问更多的细节。他说："我犯过几宗重罪。有种植大麻，只是几株。他们就想判我二十年徒刑。最后我在监狱蹲了十六个月。我当时二十岁。我爸爸五十三岁的时候死于癌症。"

"不容易。"

"这次分居更糟糕。我说：'我要杀了你，布朗迪。'——我其实没有那个意思。但我也是因此才没有在房子里放一把枪的，我以前一直有一把枪。她对我申请了禁止令，不许我接近她和那小子。真是难以置信。"

我说："我唯一的忠告是，努力克制想杀她的冲动。"

"是的。我不想做一些会毁掉我生活的事情，"他说，"我还爱着她。我爱我的女儿。我想生活重回正轨。"他想了一会儿，脸痛苦地皱了起来。"回到我们是一个团队的时候。"

"你现在住在哪儿？"

"我搬回雅典镇跟我妈妈一起住了。真是糟透了。我的东西都在活动房屋里。我去那里拿我的工具，布朗迪就说被偷走了。我想要回结婚戒指，因为她没有戴了。她也说被偷走了。只有三样东西被偷了，我的电钻、电锯和这枚戒指。钱和其他东西都没有被偷走。真是可疑。"

他拿起那把大锤。

"那小子还住在我的活动房屋里，跟我的妻子女儿住在一起。"

接着他抡起这把重重的锤子，转过身去。

"我只在乎我的女儿。我是为她而活的，所以我要努力做正确的事情，不去把布朗迪和那小子杀了。我不希望她像我看我父亲那样看我，我父亲可是给我毒品的人。"

接着他对着那块花岗石的边上锤下去，将一个不规则的角敲下来，打得它飞了出去。

巴迪·凯斯："你什么也不能说。"

巴迪,马索德口中的大老粗管家,是个身材颀长、温和、说话轻声细语的男人,他自称是一个乡下男孩。他六十出头,参加过越战。"管家"是典型的马索德式夸张用词。巴迪其实主要是个安排者、司机、杂役和跑腿。他支持着马索德,跟马索德也有某些共同的兴趣,比如枪。

在介绍给他认识之后,我很快提到了马索德挂在厨房里的AK-47,是跟锅碗瓢盆和调料瓶子架子放在一起的。我的话大概是:"我想你有一把枪吧。"

"'一把枪'?"他语带嘲讽地重复我的话,"我有四十五把枪。"

后来我们谈起越南。他1969年在那里打过仗,那是他离开埃尔伯顿最长的一段时间。他跟部队里的战友关系还很好。他说:"我们每两年就重聚一次,在皮金福奇。"

皮金福奇就在大烟山的那边,在田纳西州的诺克斯维尔附近。发现南方出了这么多老兵,镇子每年八月("庆祝自由月")开始举行庆祝活动。那个周末的主题是"皮金福奇庆祝自由——欢迎从越南回家"。其中一项活动是"他们没有参加的游行",有摩托车、游行乐队,还有一架UH-I飞过,就是休伊直升机,象征越南的战斗与撤军。还有音乐会,大烟山交响乐团的特别曲目《向爱国者致敬》。

简介上写着:"这场演出的主题是'铭记奉献者们的牺牲',

是为了纪念我们的英雄越战老兵，向他们欢呼致敬。这是各个家庭、朋友和市民们向他们致以崇高敬意的活动，是给一个满怀感激的国家说'谢谢'的机会。"

这些是巴迪告诉我的，他说他盼望能参加这场活动。他描述了游行队伍、音乐、号角、战友重聚、南方的美食和友谊。

"再见到那些人一定很开心吧。"

"感觉棒极了，"他点点头，"坐在一起喝着啤酒。我们一起在谷歌地图上寻找我们的空军基地，就在越南的一座山丘上。我们想看看它怎么样了。"

"那你在六十年代一定是埃尔伯顿的高中生吧？"我问，"那时的学校实行种族融合了吗？"

"他们努力在1967年进行融合了，"他说，"我那时是高二的学生。来了四个黑人学生，两男两女。"

"结果如何？"

他半眯着眼，似乎在回忆一段可怕的往事，然后说："有件事我记得特别清楚。我们每天早晨要在体育馆集合。但学生有几百名，所以座位不够每人一个。许多孩子只好坐在地板上。你知道孩子们坐在地板上的样子吗？"

巴迪将手里的烟放进烟灰缸，演示给我看，人向后仰，双手在身后张开。

"你这样支撑自己——双手放在后面，像是靠在手上。"

"明白了。"

"那四个黑人学生坐在地板上，双手被众人踩踏，四个人都被从他们身后经过的学生踩踏。"

我可以想象那个画面，白人学生从他们身边走过，踩在他们伸展的手指上。

"没人出声，"巴迪说，"我想，肯定有人替他们难过。但你什么话也不能说。他们受不了这个样子，还有骚扰。四个人最后都离开了。1968年的时候，来了更多黑人，但也出现了更多骚扰。然后1969年又有更多人来。不过那时我已经在越南了。"

当晚的晚些时候，在埃尔伯顿的一个酒吧里，我遇到了艾薇，当地的一名妇女，跟巴迪的年纪差不多。我问了她相同的问题。

"我没上高中，"她说，"去了塞缪尔·阿尔伯特学院，是一家私立学校，全都是白人，创办于六十年代，就是种族融合开始的时候。"

我努力思索着巴迪的话。"你什么话也不能说。"他的意思是：不可能公然对抗学校，在种族主义上选择正确的道德立场。所以才会有许多南方人说他们处于两难的道德境地。他们说起斯特罗姆·瑟蒙德时是这么说的：不是真正的种族主义者——毕竟，他与他的黑人女仆发生了关系，还送钱给他的黑人孩子。别揪住他不放——他拥护种族分子的观点，只不过是为了赢得选票。这于比尔·克林顿对罗伯特·伯德三K党员身份的评价如出一辙："他是来自西弗吉尼亚州山里的乡下小子。他只是努力想当选罢了。"

"你以为我焚烧这个十字架，不让你们在这里上学，还掩盖私刑——但是，我不是种族主义者，真的。我只是想当选罢了。"

许多年前巴迪努力要与他的朋友们合群的时候，他就已经深知这其中的错误。他还记得那些种族迫害和伤痛。他复述起三十七年前那痛苦的一天，四位黑人学生的手指在学校里遭到踩踏，而他又是如何保持缄默，这让我深感震撼。"只要我想，我本来可以留下来的，"这是哈克·费恩在歇朋上校痛斥私刑团伙时说的话，"可我不想留下来。"

比尔·克林顿需要负更大的责任——他还在重复那些扭曲的南方政治逻辑，说什么因为选择了一个道德立场，与种族分子唱对台戏，就会妨碍他们当选，你必须装作是种族主义者。他说：我们必须踩他们的手指，我们必须说这是正当的行为。我们需要选票。你必须当选，无论付出多大的道德代价。

说出真理、符合道德经常使人们无法获得政治权力；但毫无例外地，做正确的事情从长远看是最要紧的，最终也是最有力的。所以民权斗争真正的英雄们从来都不是政客。他们是身负使命的普通人，进行静坐示威，组织游行和辩论。当他们开始成功时，那些看到机会的政客就开始追随他们。

也正是因此，罗莎·帕克斯最终被奉为女英雄，今天还受到那些懊悔什么都没有做过、想请求一位小巧的老妇人原谅的人的爱戴。她远比他们勇敢。她顽强的勇气、拒绝为一位白人男士让座的行为，体现了她的道德信仰和她对真理的坚持。这些是南方任何一位政客都不敢展示出来的勇气，因为——正如克林顿对伯德恬不知耻的辩解，他们要冒着选举失败的风险。

对于许多南方白人来说，假装种族主义者是可以容许的，也许在政治选举中是必要的，也是可以原谅的。你必须是一个南方人才能理解其中的道理；这是一种文化现象，对于南方政客来说是一种前进的路径，他们与巴迪一样，相信"你什么话也不能说"，不然你的朋友们会不喜欢你。他们和许多道德混乱的愚蠢的青少年有着共同的信念，他们只渴望受欢迎。

亚拉巴马传统：种族隔离妇女联谊会

驶过亚特兰大和州界之后穿越佐治亚州，我又走上了之前的旅途，离开高大上的州际公路，走过亚拉巴马州的乡间道路，来到塔拉迪加和柴尔德斯堡、哥伦比亚纳和卡莱拉，从蒙特瓦洛到西布洛克顿，再到卡顿代尔。我开得不快——在这样的乡间道路上，没人能开快车。我的愉悦有一些正源于此，另一些则来自犁耕过的土地、树林，还有热烘烘的公路散发出的味道，就像工业诅咒，黑得发亮的柏油路面汩汩地冒泡，特别是被太阳炙烤的乡道上新补的一块块路面，有着热沥青浓郁的香气和我童年夏日的气息。

最终，我又来到塔斯卡卢萨，还有那座大学①，它一直在一个有争议的话题上跟自己过不去。民权运动都过去五十年了，

---

① 指亚拉巴马大学。

这里的白人女生联谊会却上了新闻，因为她们拒绝接纳表示愿意加入的黑人女生。

"这种事不新鲜。"我第二天去拜访辛西娅·伯顿的时候，她对我说。

再见到她真是令人愉快，但她的身体状况不佳：她两个月前遇到了车祸，正在接受定期的理疗。除此之外，她还有其他状况：糖尿病、高血压和坏死的膝盖。她依然拄着助步架。她还是整日工作，为黑人地带的穷人寻找住房，监管着那些出现在她办公室、在"来访事由"一栏下面写下"食物"或"日常物品"的人。

"你应该去查查麦露迪·特威利这个名字。"她说，把我需要知道的都告诉了我。"应该是在十年或十二年前……"

麦露迪·特威利来自黑人地带的亚拉巴马小城、威尔科克斯县的卡姆登。"威尔科克斯是亚拉巴马最贫困的乡村。"辛西娅补充道。而卡姆登就在塞尔玛以南约三十英里的地方。麦露迪的父亲是一个成功的商人，做木材贸易。她上学不久就显示出极高的天赋，于是被送到了莫比尔县，上了亚拉巴马数学与科学学院，那里的学生绝大多数是白人——然后以荣誉生的身份毕了业。

她在 2001 年被亚拉巴马大学录取。她的科学课成绩突出，还参加了学校合唱团，分数很高。她非常盼望能加入女生联谊会，不是为了表达政治主张——虽然在亚拉巴马大学的任何白人女生联谊会里都没有黑人女生，而是因为她说她想拥有完整的大学体验。当一位记者询问她为什么会有这种理想时，她解释道："我觉得，如果她们了解了我，会喜欢我的。"

亚拉巴马大学是唯一存在这种不接纳黑人学生的传统纯白人男生或女生联谊会的大学，也是南部最后一所会排斥黑人学生加入联谊会的大学。麦露迪拜访了——努力争取了十几个女生联谊会，但只有阿尔法三角洲派联谊会邀请她回去进行最终面试。

麦露迪满怀希望，但最终还是被拒绝了。种族不是问题，那个联谊会说。她只是没有被姐妹们选中。直到毕业，她也没加入任何联谊会——她本来可以加入一个黑人的联谊会，但她没有。

"在这所大学里，有一个叫'机器'的团体，"辛西娅说，"一个秘密团体，里面都是一些保守派，希望事物维持原状——这就意味着有些地方仍然保留着种族隔离。可怜的麦露迪·特威利。她尽力了——上帝，她尽力了。"

种族隔离的女生联谊会一直存在，说来也巧，直到我去亚拉巴马的这个月才结束。当时有十一个非裔女生想加入女生联谊会，与麦露迪·特威利2001年想做的差不多——她们辗转于各个联谊会，希望能被接纳。那时是九月中旬，学生校报《深红与白》刚刚刊登了一篇文章，说那些男生女生联谊会（总数是五十六）在种族上基本都是泾渭分明的，大学社团是"校园种族隔离的最后一个堡垒"。

虽然有两位黑人女生成功地获得女生联谊会的初步认可，她们最终还是被拒绝了。这一次引发了大家的高声抗议。受到来自愤慨的学生包括许多联谊会女生的压力，该大学的校长朱迪·博纳尔博士，关起门来和她的董事会及联谊会顾问一起开了一个紧急会议。第二天，校长宣布"我们的大学社团依旧存在隔离状态"，但她请求各方保持克制。

值得称道的是，几天以后，几百名学生和教职员工（包括博纳尔博士）聚集在大学的戈加斯图书馆前，举着标语一起游行到罗斯行政大楼。

有些标语提到了五十年前的对抗，当时乔治·华莱士州长冲到大学，亲自站在礼堂门口，阻止两位黑人学生进入礼堂与其他学生一起报到。

"这或多或少是一场政治作秀。"查尔斯·波蒂斯在 2001 年的一次采访（见 2012 年再版的《逃逸速度》）中评价华莱士的公然挑衅。事件发生时，波蒂斯是塔斯卡卢萨的一名记者。他继续说："结果是毫无疑问的。那些黑人学生会被亚拉巴马大学录取。华莱士已经与罗伯特·肯尼迪和尼古拉斯·卡岑巴赫[1]交涉过，他希望他发表抵制演讲的时候能有大动静，让联邦军队也出动，现场出现许多军警。这让我想起了路易斯安那州普拉克明斯的利安德·佩雷斯，当地的种族隔离分子的首脑。厄尔·隆格[2]对他说：'你打算怎么做，利安德？联邦政府可是有氢弹的。'对亚拉巴马的对抗，波蒂斯辛辣地评价道：'有些是美国内战闹剧式的重演。'"

---

[1] 当时的司法部副部长，支持学生进入学校。
[2] 路易斯安那州第 45 任州长。

与华莱士的固执（或是哗众取宠）不同，现任的亚拉巴马州长罗伯特·本特利（也是该大学的校友）发表了一份声明回应女生联谊会的种族隔离，他敦促各方保持克制态度。然而他的声明如泥牛入海，传递出来的是"咱们就不能好好相处吗"的软弱信息。大学的管理者和亚拉巴马州的政客都没有明确的道德立场。促使改变的力量是学生。他们组织示威，写请愿信，游行，演讲，举出标语。显而易见，大多数学生并非种族主义者，他们想看到更多的公平。虽然杰西·杰克逊也出现在现场，发表了华而不实的演说，但推动问题得到解决、解释其重要性的其实都是学生。在一座有着全国顶尖的法学院和商学院的大学里，大学生活的某些重要方面存在恶意的种族隔离，这看起来是一种奇怪的倒退与不公。

"你应该亲眼看看，"辛西娅说，"到那里去吧。"

于是我去了校园，四处走走，与学生们交谈。体育馆附近正好有一个女生联谊会的庆典仪式——几百个联谊会女生一群群聚集在一起，又跑又笑。作为游戏的一部分，看样子像是寻宝游戏，她们轮流爬上十五英尺高的橄榄球教练尼克·萨宾铜像。这部分游戏是一个比赛，看看一次能有多少人坚持爬到铜像顶上——似乎八或九是最多了。他们爬到他头上，坐在他脖子上或肩膀上，挂在他的胳膊上荡秋千，抱住他的大腿，坐在底座上尖叫着：嬉闹的姑娘，膝盖微凹，因为费力，脸也红扑扑、湿漉漉的。全部都是白人姑娘。

她们很高兴跟我交谈，那十几个跟我聊天的女生说她们支持联谊会的种族融合。她们说，她们也有些黑人朋友。她们希望那些朋友能成为她们的联谊会节目，她们讨厌那些不当的宣传。

"我加入了一个联谊会，但我选择亚拉巴马大学不是为了这个。我来这里是因为橄榄球。"其中一个说。

"橄榄球带给我们友情。"她的一个联谊会姐妹说。

"也许喝酒、搞破坏也可以？"我说。

"是啊，通通都可以！"

"我们对黑人女生加入我们的联谊会没有意见。"另一个直接回应我的问题。

"那她们为什么还是被隔离？"

"校友会不希望。"有几个人大声说，七嘴八舌地想说服我。

"校友会反对，他们还给我们施压，"有个女生说，"就是那些为学校、为我们捐款的人，所以他们很有权力。"

"'机器'组织呢？"

"那可都是秘密的。"有个学生笑着说。

那个星期，《深红与白》刊登了一篇题为《在女生联谊会里种族融合依旧前途未卜》的社评——其实不是前途未卜，而是完全没有。然而学生们有心改变，这一点值得赞许。她们对抗校友会的意见，说有一个"分会要求推荐信，造成她们拒收潜在新成员"。有一次，在阿尔玛伽马德耳塔联谊会①的会议上，"活跃的联谊会成员……开始挺身表明对招募（黑人）成员的支持，挑战校友会的决定"。

---

① 美国的学生联谊会名称多用希腊字母组合。

"我们都希望这个姑娘能加入联谊会,"阿尔法伽马德耳塔联谊会的一个女生说,"只是我们无力对抗校友会。"

这个问题受到了质疑,也被讨论过,但没有得到解决。这种古老的南方黑白隔绝的传统依旧存在,但是我看到学生们想自己做决定,招募她们想要的成员,包括黑人学生。报纸标题让她们很尴尬,我的问题也让她们激动。对于我那个直白的问题:为什么会有学生想加入一个并不欢迎她们的联谊会?她们的回答是:她们是受欢迎的。

但在我看来,整件事本质上很滑稽。一个有着那样愚蠢氛围和规定的女生或男生联谊会,对我来说像是一种衡量耐受力的荒唐方式,因为这些所谓的学生社团是出了名地势利和放纵,考验人的交际力,混杂着马戏团小丑式的道德标准,还有那些得到许可的秘密社团的愚蠢活动,连价值观都经常跟《动物屋》①里的社团一致。在一个年度美国女生联谊会排名活动中,这些联谊会是按以下项目排名的:颜值、受欢迎度、时髦程度、活动参与度、社交生活和姐妹情谊。这是一个不怀好意、爱窥探隐私的世界,学业成绩显然已经不值一提了。

然而,作为一种姿态,哪怕是一种错综复杂的游戏,加入一个女生联谊会在亚拉巴马大学的校园里有着某种意义。塔斯卡卢萨的历史上有着根深蒂固的种族偏见。在我之前的旅行中,

---

① 1978 年的喜剧电影,描述两个经常聚会、喝酒、抽大麻、泡妞、打架的学生社团。

恩内斯特·帕尔默主教曾带我看过联合大道上的三 K 党总部，亚拉巴马的三 K 党就算不是现状，至少也是并非久远的记忆，另外还有许多活跃的仇视黑人团体。

正是这所大学，五十年前在联邦政府的命令下进行融合，然而依然需要国民警卫队来保护黑人学生。这也难怪一个理智的人会觉得校友会热切地想抹杀那段种族歧视的过去，还会鼓吹即使在过时的不时摇摆的联谊会政治中，他们也能学到宽容与忍耐。但情况正好相反。校友会不遗余力地向大家展示，他们是如何在全国人民的众目睽睽之下，以传统为借口，坚持怀有恶意的愚蠢想法。

桑德拉·费尔："一年年每况愈下。"

"我儿子的朋友有黑人也有白人，"桑德拉·费尔告诉我，"这和我小时候太不相同了。我 1968 年高中毕业，当时只有一个黑人同学——我真为她难过。"

桑德拉是个乐天又坦率的很有商业头脑的女士，住在皮肯斯县的乡下小镇戈多，离塔斯卡卢萨大概十五英里。她的丈夫是一个奶农。她是西亚拉巴马社区服务项目组织（CSP）的财务总监——这个组织是一个非营利的社区行动机构，其执行总裁正是辛西娅·伯顿。

我去见桑德拉·费尔是因为我向辛西娅·伯顿打听过他们的财务状况。我习惯了在非洲和亚洲旅行，那里能得到数以亿计的援助，用于改善教育、发展能源、提供医疗，甚至是帮助发展旅游业（七亿美元拨给了坦桑尼亚，三亿五千万给了赞比亚，诸如此类）。我想知道这个亚拉巴马组织的预算，他们可是为该州西部黑人地带的八个县提供服务的。

"我们的运营预算大概是一千五百万。"桑德拉·费尔说。

她又说将近一半是用于给教师、顾问、建筑工人、维修工人和职员发工资的。

"民众申请贷款或资金，或者需要钱缴供暖费、水电费。他们需要食物，也需要一些建议。这些一般要花费大约三百万。"

"你们把钱给这些人去缴供暖费？"

"不是的，如果他们符合资格，我们就直接向公司缴纳费用。这些都是以收入为基础的。我们有贫困线标准。"

收入的标准似乎相当严苛。贫困线的标准是，一口之家的家庭年收入少于一万一千四百九十美元，两口之家的家庭年收入少于一万五千五百一十美元，等等——维持生活的收入都达不到。四口之家的贫困线是一万九千美元。这些数字非常低，然而在黑人地带有百分之二十多的人——这困顿的百分之二十生活在贫困线下，符合领取援助的资格（密西西比州则是百分之二十五）。

按照社区发展的标准，CSP 的预算很少，但这些项目却是雄心勃勃的。这个组织资助的项目有住房、教育和"支持型服务"，最后一项包括能源援助、紧急食品和庇护所。少年司法援助项目则是为"第一次被塔斯卡卢萨县少年法庭审判的少年"提供"常规的定期心理咨询"——向初犯者传授一些避免暴力行为的技巧，通过提供教育机会和技术，使这些少年犯不再惹是生非。

在"教育"一项中，有"早期的干预"——领先启蒙项目，为小孩年纪尚小又上不起幼儿园的贫困父母提供帮助。除此之外，组织认识到，暂时没有子女的家庭也是需要鼓励的对象。为此，他们设立了一个"初为人父"项目。

"低收入且具有高危背景的父亲总是缺席小孩的养育，这是错误的。"他们的项目说明书里写道。"先人一步的'初为人父'项目鼓励有益于父子关系的理念和活动。'初为人父'支持并强化父亲在家庭中的角色。"

那也是要花钱的。桑德拉·费尔说效果让人振奋：越来越多的父亲加入了这个项目。

"我们还为一些家庭提供改善住房的机会。"她说。他们建造新的独户房屋，翻新现有的房屋，还建造和维修多户住宅和公寓综合体。

"我们预算中一大笔钱用在低收入人群的住房上，"桑德拉说，"多户住宅和出租屋，其他则是租赁或购买。"

"这些举措有用吗?"

她苦笑了一下。"问题越来越大。穷人越来越多，有困难的人也更多。我觉得情况是变糟了。每年我们都会见到之前从未见过的委托人。在我们所有的办公室里，天天都有新面孔出现。我们在帮忙，也在尽力，但情况并没有好转。"

兰德尔·科博："我的翅膀都被剪断了。"

去往格林斯伯勒、进入塔斯卡卢萨南部乡村的路对我来说再不是《让我们来歌颂那些著名的人》中的风景了，也不是书里描述的假象。这本书和里面化石般的家庭已经被我旅行中所看到的现实和现在所认识的人取代，他们中有好些人已经成为我的朋友。辛西娅·伯顿的组织正在为黑尔县的穷人建造或维修房屋，帕姆·杜尔的"英雄"另外还发展了六个商业项目来协助提供住房资金——山核桃、竹单车、"馅饼实验室"餐厅、一个廉价商店、一个日托中心和意大利松捻毛纱项链"私语者"（"优雅的缎带项链和围巾"，一个零售商广告说，"亚拉巴马的格林斯伯勒荣耀制造，出自妇女之手，特别适用于妇女，同时可以帮助亚拉巴马黑人地带的妇女，对抗那一带的乡村贫困"）。

约翰尼·B.华盛顿还是市长，依然盼着能有一家像"凯马特"那样的大超市进驻本市，珍妮特·梅还在"蓝色阴影"为住宿的客人做早餐的水煮蛋，路易斯还在镇子边上的艾尔特纳帕餐厅卖玉米粉蒸肉。雷夫·莱尔斯还在理发和布道。我跟他坐了几个小时，一起怀旧，我离开的时候，他说："保罗，你是北方来的。你应该认识些有钱人。如果认识，你得跟他们说说格林斯伯勒——请他们到这里来。我们需要的是投资。"

雷夫·莱尔斯说他为古老的罗森瓦尔德学校的变化而骄傲，它被修缮后成了一个热闹的社区中心。奥本乡村工作坊还在建造具有创造性的低成本房屋。这不再是艾吉和埃文斯当年的那个镇子了。它还在挣扎求存，但也在进步，而且充满希望。

只来一次的话，我是看不到这些的，但在一年的时间里，在四个季节中，这个城镇的真实状况显而易见。这段旅程不关乎我所吃的一餐饭是否美味，或是我以旧式游记的方式艰难地朝目的地行进。也许对我遇到的一些人来说，我是在朝某处行进，但我还是在愉快地兜着大圈，在乡村道路上，遇见一些人，再访一些朋友。

我最后一次在格林斯伯勒见到兰德尔·科博的时候，他对我说他患有抑郁症。这不是随口一说，而是经过深思后对自己严重疾病的公布。我们最后见面是与玛丽·沃德·布朗共进午餐，愉快的回忆，但是结果却令人伤心：不久之后，兰德尔就将她去世的消息告诉了我。

我在"馅饼实验室"跟他一起吃午餐。他其实已经失明了，但他其他的感觉都非常敏锐，他能注意到也明白很多东西。他看到我就笑了，摸索着我。我们拥抱了一下，谈起了玛丽·T。

"我收到她的一封邮件——有关写作，还有她的打算。"我说。"不到两个星期后，她就去世了。我非常感激你把她介绍给我认识。我立刻就喜欢上了她。"

"她也喜欢你。但之后她就病了，而且迅速恶化。她不想受苦，或是慢慢拖着。"兰德尔说。"我想她意识到自己的情况很不好，她拒绝挣扎着对抗病魔。她不吃东西，只是躺在床上，由着自己死去。"

"还记得她说起那本讲百岁老人的书吗？她说：'我可不想活那么久。'"

"她差点就到九十六岁了，"他说，"相当了不起。"

"我父亲去世的时候，我的一个朋友说：'平均寿命'其实并非那么长。'确实如此。七十岁、八十岁或是九十岁又如何呢？"

兰德尔陷入了回忆。他是个大块头，有着出色的思维能力。他的沉思和沉默与他的大块头一对比，显得更突出。他这么一个大个子坐在桌旁，竟然一言不发。

"我一直在想玛丽·T说起马里恩的黑人，'他们满心愤恨地看着我'，"我说，"我想多跟她打听这方面的情况。我几乎不认识她，但我真的很想她。她是一个我盼着再见一面的人。"

拉德尔点了点头，但没有说话。在午饭时候谈论死亡，还有他的沉默，让我想起了他的抑郁。突然转换话题太明显，所以我冒险问了这个问题：他近来好吗？

"不太好，"他说，"今年夏初，我去了伦敦，然后我回到这里，陷入了抑郁。是因为格林斯伯勒，我想，因为回到家乡，见到这个地方，还有它带来的回忆。"

"'家是那样悲伤，'就像拉金①说的，'它仍是被遗弃时的模样。'"

兰德尔点点头。"但还不只是这样。旅行之后，我觉得自己在这里动弹不得。我觉得我的翅膀都被剪断了。"

"但我觉得在格林斯伯勒还是发生了许多令人乐观的事情。"

"人们到这里来，喜欢上这座镇子，想着让它变得更好。"

---

① 菲利普·拉金（1922—1985），英国诗人。主要作品有《北方船》《少受欺骗者》《降灵节婚礼》等。

他疑虑地说。

"那有问题吗?"

兰德尔托着头沉思着,他的头发湿漉漉、乱蓬蓬的,脸颊也因为炎热的天气而绯红起来。他跟我说过好几次,说他如何痛恨亚拉巴马的夏天,潮湿炎热的几个月让人们都躲在了屋子里。我并不介意这种天气,但我只是在南方旅行,是一名匆匆过客。我几天后就要走了。

"我成长于民权运动的年代,"他最后说,"格林斯伯勒是个如火如荼的地方。"

"那你看到这座镇子,也许笼统说来是整个南方正在慢慢好转,难道这没有给你希望吗?"我不太肯定变化有多大,但任何人都看得到这里是有了些进展的。

"在那个时代,人们从北方来推进民权。他们被称为煽动者。他们就是这么看待外乡人的,即使今天依然如此。觉得他们就是来搅局的人。"

这话在我听来并非新鲜。帕姆跟我说过人们是如何反对、欺负她的。"他们辱骂我,"她笑着说,"时不时有从我身边经过的人向我吐口水。"

"我不知道,"当我问兰德尔,帕姆是否也被看作一名煽动者时,兰德尔说,"但种族歧视的问题已经被完全颠倒过来了。现在的种族分裂更严重,因为黑人当权。"

"关键不就在这里吗?"我问,"毕竟在亚拉巴马的这一带黑人占大多数。"

"白人觉得自己的权益被剥夺了,"他说,"我们有黑人市长、黑人律师、黑人法官。还有更多黑人。白人觉得自己被遗弃了。他们想重新掌握政治权力。"

"那可能吗?"

"保罗,你得明白。"他说,不知怎的,有些生气。"白人民主人士已经消亡了。百分之九十的人按种族来投票。黑人投黑人,白人选白人。就是这么回事。"

"若是出现正确的候选人,也许会不一样?"

"这种情况不可能很快出现的。"

午饭后,我们在并未消散的暑气中走过主街,经过废弃了的商店、正在维修的商店和大楼,还有一些在营业中的。我开车送他回家。"早点回来。"他说。我们拥抱了彼此,他站在门廊的阴凉处,挥手向我告别,然后走到屋里去,回归孤独,回到他的几千本书当中。

布鲁克黑文——居家者的天堂

因为要再次前往三角洲,我第二天早上起了个大早,驱车越过州界来到密西西比州的默里迪恩,然后南行来到罗瑞尔,接着走乡村道路向西穿越松树林。我在柯林斯过了夜,第二天早上——让人修了个轮胎,去见汽修工和建筑工大威廉、小威廉和雷。他们说他们曾经远赴北方,到过宾夕法尼亚州。"我们当时是去建一个沃尔玛商场。"接着我沿着第84号高速公路向西,经过普兰蒂斯、蒙蒂塞洛,来到布鲁克黑文——另一个被时光扭曲的镇子。在主街上有一块破旧的招牌:布鲁克黑文——居家者的天堂。

也许布鲁克黑文曾经是"居家者的天堂"，就像生于布鲁克黑人的作家吉米·米斯·穆默 ① 在她的回忆录《南方风味小孩》中写的："我永远都不敢肯定我本来会是谁、会做什么，或者如果我生在康涅狄格州或底特律又会如何，但我现在确定，在很大程度上，我就是我，因为我生在'居家者的天堂'，有着南方风味的童年，有马、巫医、异教徒和妓女，还有都太爱我又不够爱我的不完美的父母。"

但在我看来现在几乎没有什么居家者来到布鲁克黑文——即使吉米·穆默女士自己也走了，现在住在佐治亚州。这座镇子自从十九世纪七十年代以来，就一直是重要的铁路枢纽，位于芝加哥到新奥尔良的伊利诺伊中心干道上。美铁快车"新奥尔良市"依旧一天两次经过这里，中午是南下的列车，下午四点是北上的那一列，沿路经过我们熟悉的城市，如坎卡基、森特勒利亚、孟菲斯和杰克逊。那座很有情调的古老火车站就在镇中心，横跨主街，朴实的新车站则在北面几个街区外。

换作以前——也不是那么久之前，我会很渴望买上一张车票，坐着那些火车去任何地方，抛下我的车，跳上中午的那列快车向南去往麦库姆和新奥尔良，或者等待下午北上的火车，去往亚祖城和格林伍德。不管往哪个方向，对我来说都会是非常快乐的旅程。但我也会错过很多，而且我已经习惯了开车自

---

① 吉米·米斯·穆默，生于 20 世纪 30 年代，在大学任教 40 年后退休成为作家和公共演说家。

由自在的状态，很方便就能找到一条公路，想停就停，经常将自己融进这片土地的生活中。

我现在所做的事情，完全不同于乘坐火车当一名外来的观察者，像我在许多其他国家旅行时的样子。但总体来说，那些国家（中国、印度、俄罗斯、越南、埃及、阿根廷和巴西）的火车还是很便利的，而公路就不怎么样了。美国南部有路况良好的公路，但火车旅行则很不顺畅。曾经南方的铁路也是纵横交错的。传统上，南方的这些火车提供了一种便宜的出行方式和一条路线，帮助黑人逃离南方，特别是在二十世纪二十年代的黑人大迁徙时，铁路的终点也给了他们具体的目的地，尤其是芝加哥和纽约。结果，这些火车和沿途的车站也为蓝调音乐和许多描写北上火车的歌曲提供了歌词，一整本歌本里都是地名和离开南方的铁路旅程。

于是我在火车站逗留了一下，只是看看，又在布鲁克黑文的街上转了转。我发现了那个法院，在 1955 年 5 月，有个布鲁克黑文的居民，六十三岁的拉马尔·史密斯，"二战"老兵和"投票权"的支持者，在其他布鲁克黑文人包括市镇治安官的眼皮底下遭到枪击，而其他人并没有伸出援手。史密斯先生是个黑人，他在当地的一次选举中投票，触犯了当地的习俗，触动了他们敏感的神经。

我在一家小餐馆吃午餐，之后一直在散步，我在"莉莎白华服"里逗留了一会儿，那是一家出租晚礼服的商店，是布鲁克黑文最热闹的商店之一，也是一个南方的社会机构。

"租一件两百，买一件五百。"职员金对我说，还回答了我的下一个问题："生意非常好。"

"都有谁来租这些晚礼服？"

"所有人。为了参加舞会和派对、返校宫廷舞会和选美比赛。"

返校宫廷舞会，这对我来说是个新名词，像是在学校里选出舞王舞后的样子，一个讲究阶层等级、充满自负的地区的另一个传统。至于选美比赛，单是那一个月，在密西西比就有十场。其中就包括道格伍德县小姐、兰金县小姐、乌木甜心小姐、西南甜心小姐、迪克西甜心小姐、莫瑞迪安小姐、三县小姐、深南小姐，等等。"零到十一岁"和"十二岁或以上"是两个让我特别纳闷的组别。

租赁费用里也包括了闪闪发亮的廉价珠宝，还有搭配的鞋子。"小女孩"礼服非常受欢迎，店里还展示了穿着"莉莎白"服装的获胜者的照片——六到八岁，早熟，化妆成十岁的模样，矫揉造作得像是十二岁的姑娘，穿着亮片衣服，涂着睫毛膏，摆出一副诱惑的姿势。她们有着年纪更大的女人身上才看得到的存心挑逗的目光，还有些看起来根本不像孩子，而是选美皇后的矮个子版本，像俗气的扭着屁股的芒奇金人①。怪异的地方在于，儿童选美赛没有强调参赛者的天真无邪，而是将她们性感化，给她们穿上成人的衣服，画上浓妆，给她们一副红唇烈焰的大娃娃和老练的风尘女的形象，而不是她们这个年纪独有的清新、简单与纯真。

---

① 《绿野仙踪》第二章里多萝西遇到的矮人。

"穿上我们专门定制的比赛泳衣，你的小姑娘会在演出上大放光彩"——一块标语牌，上面有许多涂了唇膏、穿着粉红泳衣的早熟女孩的搔首弄姿照（双手捂着臀部），发型也是精心设计过的，她们向上绾的发髻上还戴着头冠，还有些（不可思议地）绾着高高的发髻，身高增加了十英寸。小姑娘选美比赛是南方乡村的一个特色，《选美小天后》是一出成功的电视真人秀。我注意到我描述这种文化的奇特之处的时候，听起来是相当反感的——但请别在意我的说教，我强烈怀疑如果一个年纪大些的男人下载了任何这种刺激性的照片，然后在电脑维修店被典型的密探探查到他们的硬盘，他也许就会被逮捕，或者至少被严厉地盘问，他的房子可能还会被搜查，因为他拥有未成年女孩的不雅照。

走过几家店面，我在看样子并不景气的布鲁克黑文台球馆驻足，跟台球桌边无所事事的几个人聊天。不过那里没人在打球，球馆老板比利·谭波尔正在考虑搬掉几张台球桌。

"之前我还以为赶上了一门好生意——小城里的台球馆，人们可以在这里见见面，打打球，"他说，"可是生意惨淡。我要把这个地方关了，继续做别的营生。有时我在想，我们是不是赶上这个国家没人就业的时代了。我两年前盘下了这间台球馆。当时这里一塌糊涂。我将它清理干净，买了一些新球桌和设备。你可以在这里买球杆、汽水和糖果，但没有酒。按理说应该行得通。"

"像这样的一座城镇，开台球馆似乎是很正常的——有个可以见面的地方。"我说。

"有一段时间，我们的生意不错。有些老人五点钟就来了，然后坐等有人来一起打球。这里总有人在打——主要是白人。时不时会有六十个黑人出现。一开始我以为来者不善，不过我们从来没有任何冲突。他们挺好的——只是喜欢成群结队地来而已。"

"也许一群人一起来让他们觉得更安全。"

"也许吧。但他们来得还不够频繁。生意越来越差。没人打球了。看到这些空荡荡的球桌了吗？"

比利年纪四十上下，肌肉发达，穿着黑色 T 恤衫和牛仔裤。我们谈话的当儿，他将一辆带轮子的小推车推到一张球桌底下，然后将球桌托高。这些活儿他一个人就做完了，自己用力托球桌。我犹豫了一下，又问了他一声。

"你有什么打算？"

"我不干了，"他在桌子底下嘟哝着说，"也许另外找个城镇开一家台球馆——不跟人竞争，只是养家糊口。"

"这是你的主业吗？"

"不是。我是个消防员，但在这镇子里当消防员很艰难。工资不高。咳，那是年轻人干的。你在消防站里睡得正香，警报响了，你就得立马狗熊变英雄。"

"灭火也是挺危险的，对吧？命悬一线。"我问。他还在把球桌往手推车上推，不过还是回答了我的问题，扭头对着我喊。

"想象肩上扛着一个两百五十磅重 ① 的人。该死的，五十磅都够呛了——一个五十磅重的沙包已经很重了。但乘以五，你

---

① 250 磅约合 227 斤，下文的 50 磅约合 45 斤。

就知道有多累。再说现场烟雾滚滚，热浪袭人。你穿着七十五磅重的带装备的消防服。像我这样四十岁的人就吃不消了——而且我还是很壮的呢！"

我说："布鲁克黑文似乎是非常友好的地方。"

"是挺友好，但这镇子就快不行了。政客们要把我们卖了——一切都关了门。东西都是中国和印度造的。我们的就业岗位都跑到那边去了。而且印度人还跑到这里来。他们经营加油站和汽车旅馆。你觉得还能怎么样呢？"

"无处不在的帕特尔先生。"我说。

"我老是听到这个名字。就像是某一个古老大家族，哪里都是他们的人。"

我跟随他走出台球馆，帮他将台球桌沿着他事先摆好的斜坡推上他的皮卡车厢。

"谢谢你帮我做这件事，"他说，"你要往哪里去？"

"去三角洲。但我想走那条风景宜人的路线。"

"再往前几个街区，左转，然后一直沿 55 号公路开就行。真的很美。"

生活就像一条大道

是的，真的很美，南部腹地另一条美丽的乡村公路——穿过松树林和沼泽地的狭长公路，斜坡上的草甸上一丛丛高高的绿草，在炎热的夏天里有些发黄。公路的远处还有几个整齐有序的农场，但多数住处都是小房屋或平房，外面围着一些篱笆，里面有一条昏昏欲睡的狗。还有些活动房屋静静地散布在橡胶树下。还有些小棚屋，那种我只在这样的公路边上见过的摇摇欲坠的房子。每隔几英里就可以见到一间教堂，只有一座单间的校舍那么大，外观也差不多，能见到一个十字架，在耸立的屋顶或尖塔的顶端，草地上还有一块布告牌，宣传着当周布道的文段。

　　生活就像一条大道（《以赛亚书》第三十五章第八节）
　　耶稣有着你旅程的指南（《路加福音》第二十四章第十三至二十四节）

　　一座大型的学校映入眼帘，有些复合结构的平顶灰砖楼房，前面是一杆高高的旗杆，一面邦联旗在微风中轻轻摆动。至少是我坐在时速四十英里的车里看到的感觉。当然那是一面州旗，只是结合了邦联旗的圣安德鲁十字（或者说是 × 形十字），这是南方唯一会在州旗上保留这个图案的州，不知怎的，在南部腹地密西西比州这条乡村公路上看来，还挺切合的。这公路似乎让我回到了十九世纪九十年代，那面旗子被设计出来的时候（新的设计是用星星取代邦联图案，在 2001 年的投票公决中被彻底否定）。
　　我开车行驶在这条起伏的公路上，跟以往在南部开车时一样开心。在阳光下的乡村公路上，人似乎会产生一种被净化的感觉，头顶上掠过的枝条投下的闪亮光影，热辣辣的柏油路面泛起的光斑，看着头上的蓝天和两边屹立的树木，在有些山谷里像一堵堵墙似的松树和巨大的白栎木，还有另一些山谷里高大的桧树，空气里芳香弥漫，是被炙烤得微微有些腐烂的落叶散发出的那种黄油烤面包的香气。公路两边绵延数英里都是橡树和松树，让道路变得狭窄，仿佛儿童故事里的魔法道路，引诱旅行者向前走入光线更柔和、更令人愉快的地方。我非常享受这段旅程。

就在这时，不祥的标志开始出现了，钉在树上的真正布告牌。好几英里，路边粗壮的树干上都钉着一些大字标牌，又大又吓人的布告牌。白色背景上写着大大的黑字或红字。

你当预备迎见你的神（《阿摩司书》第四章第十二节）

耶和华的眼目，无处不在。恶人善人，他都鉴察。（《箴言书》第十三章第三节）

信心没有行为也是死的。（《雅各书》第二章第二十六节）

努力进窄门。（《路加福音》第十三章第二十四节）

唯有忍耐到底的，必然得救。（《马可福音》第十三章第十三节）

悔改（《马可福音》第六章第十二节）

在一个坐满信徒的教堂里，这些话由一位牧师和善地娓娓道来，让人颇觉安慰；但在密西西比散落着小棚屋的偏僻树林里，钉在树上漆着黑红大字的布告牌，看起来就像是死亡威胁。

三角洲的夏天

这个季节我从北方启程，自称是在追逐夏天，寻找阳光的慰藉，将好天气带来的好心情再保持得久一些。穿过佐治亚和亚拉巴马的旅途中，日子一直都令人愉快，云淡风轻，果树大多数都采摘完毕了，一簇簇的棉花绽放着，等待着采棉人。地里有些农场工人在扒着干草，将它们捆成大大的干草卷或干草块。但密西西比州令人窒息的炎热又是另一回事了，一股沙尘的味道，还夹杂着人的气味，或是一片被太阳烤成棕褐色的草地，上面是饥饿痛苦的牛群，正摆着尾巴，驱赶着嘤嘤嗡嗡的苍蝇。

三角洲是懒洋洋的，艰辛而抑郁。不时有人警告我说那里很危险，但这种警告赋予它一种本不该有的戏剧性。我在三角洲从来没有遇到危险，那里贫穷又困顿。在三角洲更为深入的地方，我遇到一个密西西比人，他有个表哥住在纳齐兹，而且每个月都要去一次孟菲斯。他自己已经出人头地，经营着一家成功的公司，但没有忘记他小时候在杰克逊的黑人社区所过的贫困生活。

"他所见到的情况让他感觉很糟糕，他去孟菲斯的杂货店装满一箱箱的食品。在回家的路上，在 61 号高速公路上，他不时停下车，看到穷人就把箱子扔下来给他们。"

那是你会在非洲或印度听到的冲动型慈善。

穿越三角洲的笔直的公路两侧，并非所有废弃的平整田地上都种有棉花，那些偶尔有不流动的池水和溪水灌溉、看上去不太贫瘠的土地，上面则是一群群昆虫——因为背光，看上去都金光闪闪；还有绿色黏稠的死水池塘。

恰似非洲，我停车在一棵树边小解的时候在笔记本里匆匆写下。游客总把非洲想象成一块光明的土地，有大型野生动物和长满林木的山丘，但在大草原上，动物活动的水坑边，空气中都是会咬人的密密匝匝的苍蝇，还有一种淤泥的臭气，就像三角洲沼泽里散发出来的那种气味。与平原的辽阔相比，人类的住处——那些错落的棚屋，都是简陋且质量低劣的临时搭建物。

沿着烟尘滚滚的道路向西是一些低洼地，远处有高高的乔木和低矮的灌木，我知道那个地方有水，因为在太阳的照耀下那里浮光跃金，树干底部一片片的阴暗处也有耀眼的光芒在闪动。

我在这里找到了我一直追逐的夏天，但不是我想象中或是想要的那样，不是溪流中冒着泡泡的腐坏物质的热气蒸腾，不是穷困的镇子之间的公路边散布着的破落棚屋和废弃房子。然而我没有受到我看过的书的迷惑，没有寻找福克纳笔下的三角洲，或是威利·莫里斯描写的亚祖城，甚至不是伟大的蓝调歌唱家所歌唱的三角洲。书和音乐也许给了我一些启迪，但我的了解更为深入，知道现在的情况不是那样。福克纳有关三角洲的定论，似乎就反映在艾克·麦卡斯林 [1] 对老年的断言，他说

---

[1] 福克纳的小说《熊》中所塑造的一位具备"福克纳式传统美德"的理想人物。

年纪大了就是退缩、消失、让位给现代作派和金钱意识。

是的，它是在退缩，但它还在衰败，在失去它的居民；这里看不到现代世界，我看到的人也都没有钱。三角洲看来一片颓败，比起在公路空旷、田地寒冷荒芜的苍凉冬天，在虫子成灾、热得致命的夏天，这种景象显得更糟糕。一整片农田笼罩着一种死寂的抑郁，在沼泽和河口的那一头，在视线之外的河流上升腾起绿色的薄雾。

然而，这极度的荒凉也是一种吸引和释放，苍穹之下贫瘠的土地，给人带来平静的笔直的公路，还有我之前探访三角洲时了解到的情况——这里的人不但平易可近，而且对陌生人谦逊友好，乐意交谈，特别是畅谈过去，因为他们对于未来是那么迷茫。在这样开放的空间，我感受到了自由。只有在突然看到一座城镇、居民区、路边的活动房屋营地或是一条满是房屋的街道的时候，这种情绪才会彻底转变。

我说的是"房屋"，虽然这是一个错误的用词。我以前见过它们，但心里希望那只是一种错觉，不代表一切，希望还有更多的房屋，某些有益健康、充满希望的，可以作为榜样的。这也是我回来的另一个原因。我开车穿过雷德伍德、罗灵福克和安圭拉。它们还是我之前几个季节来访时的样子，阴郁破落，那些房屋只能说是近似房屋，活动房屋凹凸不平，边缘凸起生锈；棚屋则极其破旧——虽然到处都可以看到一些雅致的尝试：门上挂一个旧花环，一个开裂的鸟池①，还有石头庭院里的一个

---

① 供小鸟喝水洗浴的盆子。

塑料许愿井。

追逐夏天，我离开了夏末耀眼的骄阳，那片土地被炎热炙烤得精疲力竭、渐渐发黄枯萎，芳香的植物结出了种子，荚果也空了，浆果开始成熟发硬，瓜蔓干枯泛红，到处是凋零景象。我在这里看到的也是如此。三角洲一直都是夏末的景象。

霍兰代尔的蓝调

就在我开始对一切产生绝望的时候，我经过了霍兰代尔，那里与高速公路边上和远处的其他居民点一样，也很荒凉，很多店铺都关门大吉。但我听到了音乐，走进镇子的时候，音乐更响亮了。那是一个炎热的傍晚，阿肯色州的烟尘在阳光下斜斜地飘逸出来，破旧的街道上挨挨挤挤的满是人，附近某个地方有个人，我看不见他，但能听到他在唱歌，拨动着吉他，歌声悠长，还有敲鼓的声音和萨克斯管的呜咽：出现在蓝调公路上的蓝调。

我正犹豫着，一个穿着卡其制服的大块头警官挥手示意我离开公路，其他车都停在那里。我下了车，朝着一个舞台走过去，那个舞台设在一丛树木旁边——这是镇子的尽头，一个声若洪钟的壮硕男人正在唱歌，伴奏的是一支规模庞大的乐队。

"那是波比·拉什。"我从警官身边走过时，他对我说。

舞台顶上的横幅写着"纪念萨姆·查特蒙 ① 的霍兰代尔蓝

① 萨姆·查特蒙（1897—1983），三角洲蓝调吉他手及歌手。

调音乐节"，附近的摊子卖着烤鸡和玉米、冰激凌和软饮料，以及"蓝调音乐节"T恤衫。波比·拉什现在是在尖叫了，但节奏缓慢，这是他的最后一首，也是他的成名曲之一，《笨蛋》。

爱那姑娘

也爱那些笨蛋

接着是乐队的一阵哐当砰嘭之音。他深鞠一躬，然后挥挥手——在这座老城的偏僻街道上，夕阳在他身后高高的树木间闪耀，这一幕让人震惊。波比·拉什在雷鸣般的掌声中离开舞台——大概有两百名观众站在尘土中——另一个组合走上舞台开始唱起来。

"他有亲人在这里。"我隔壁的一个男人对我说。

一群穿皮衣的黑人摩托车手站在人群中鼓着掌，坐在折叠椅上的老妇人边拍手边唱和，小孩在观众中间跑来跑去，年轻人穿得像饶舌歌手，穿着低腰裤，帽子反着戴——他们也在拍手，其中还有又瘦又小的十六岁的舒奇塔·德莱克斯——她半边头剃光了，另半边留着几根紫色的辫子。她有一张甜美的脸，不到五英尺高，怀里还抱着她的小男孩，一个襁褓中的一个月大的婴儿。她给他起名叫迪沃塔·奈特。还有罗宾·麦克莱尔，一位来自亚特兰大的身材苗条的舞者，她有家人在霍兰代尔。她说："这真是太妙了。"

但乐声大而有力，将空气劈裂，使地面颤抖。要谈话是不可能的，于是我退回到人群中，行走中发现有一只手搭在了我的胳膊上。

是一个穿着一件被晒得褪色的衬衫、戴着一顶棒球帽的老人。

"欢迎来到霍兰代尔。"他说。在我游历更广阔世界的过程中，这种事情很少发生，但在南部腹地这就像是一种幸运——一个陌生人靠近我，安抚了我。

"谢谢，先生，"我说，"我叫保罗，来自北方。"

"我是这个镇的镇长，"他说，"马尔文·L.威利斯。你有何贵干？"

这时，我当然也意识到了，虽然观众里也有几个白人，但我看起来一定像是来自三角洲以外的地方。也许是因为我拿着打开的笔记本，正奋笔疾书，还努力想看清舒奇塔草草写下的"迪沃塔"几个字。或者也许是因为他只是一个想把事情做好、想管理这群人的镇长。不管原因是什么，彼时彼地我觉得那是一个我想更加了解的地方。

马尔文·威利斯1948年出生在霍兰代尔，小时候在三角洲种族隔离学校念书。但他一直很努力，上了大学，在亚拉巴马的约克找到了一份教职，那是萨姆特县黑人地带的一个小镇，就在密西西比州界附近——我从迪莫波利斯开车前往默里迪恩时曾经过那里。他升了职，成为约克的一名高中校长。

"我在约克工作了四十年，2005年退休后回到家乡霍兰代尔。"他说。"我有一种感觉，觉得自己可以在这里干一番事业，把这镇子变得更好。我在2009年参加镇长竞选并获胜。我刚刚连任。这个音乐节是这座镇子精神的写照。"

我问他萨姆·查特蒙与这座镇子的关系。

"查特蒙并非出生在这里，但他一生的大部分时间都在这里度过，在他的弦乐队里演奏音乐，在种植园里劳作，"威利斯镇长说，"现在每个人都知道他。你看到我们请来了波比·拉什了吧？这一天棒极了。这是一座伟大的城镇，霍兰代尔——一个非常宜居的地方。"

萨姆·查特蒙的其中一首曲子，他和他的乐队"密西西比酋长"一起演出过，是《霍兰代尔蓝调》（"我的女人说'回家来吧，萨姆'"），其他有《上帝不喜欢丑八怪》《坐在世界之巅》《（当上帝赋予你自由）你会自由的》，或《黑人就是黑人》。我最喜欢的是（1978 年由阿兰·洛马克斯①录制的）《让我做你的草垫子》，查特蒙说这首歌是他四岁时听过后一辈子忘不了的歌曲。

> 千万不要将陌生人从你门前赶走，
> 他也许会是你最好的朋友，你也不知道……

从老照片看，萨姆是个个头不大但胡子浓密的人，父亲叫亨德森·查特蒙，是来自密西西比州特利镇的一位曾经的奴隶，活到了一百零五岁。1983 年萨姆在他住了大半辈子的霍兰代尔去世，享年八十六岁。他就埋葬在附近的墓地里。

---

① 阿兰·洛马克斯（1915—2002），民俗音乐学者、作家、外景录音师、电台 DJ、民俗音乐出版家、美国国会图书馆民歌档案馆馆长。

这音乐，这人群，还有树下停着的那许多的车、食品摊档和这种节日气氛——没有一样能掩盖一个事实，那就是与三角洲的城镇罗灵福克、安圭拉和阿科拉一样，这地方也是百业凋敝，看上去就像破产了似的。我尽可能委婉地向威利斯镇长说起这一点，向他打听有关三角洲的艰难时势。

"我们很穷，"他说，"我不否认这一点。我们的税基非常低。"

"有多低？"

"三十万。"

"要维护整个镇子的运作？"

"整个镇子，是的，"他说，"我们靠拨款来维系。有联邦拨款四十五万。听起来很多，其实不然。"

深知政府或个人出资的投在非洲的数以亿计的援助款，我觉得这些钱确实不多。在我居住的马萨诸塞州，这就是一栋平均水准以上的房屋的价格。

"这些钱我们得发工资，教师、消防员、警察、公务员和其他很多人员。基础设施需要维护，那是需要钱的。我们的人口数据说有两千七百，但其实多达大概三千五百人。没人有钱，这座镇子里谁也没有钱。我们的税收那么少，但还得维持运转。"他叹了一口气，抬起他的棒球帽，挠了挠脑袋。

"不容易啊。"我说。

"上帝，是一点也不容易。棉花行业雇用不了多少人。这里本来还有家鲶鱼加工厂，也倒闭了。种子和作物公司倒闭。医院二十年前就关门了。我们还有三角洲松树公司，他们加工种子。大概就这样了。这一带没有任何就业岗位。"

一位白人走近我们，伸出胳膊揽住了威利斯镇长，深情地拥抱了他。"嗨，我叫雷·斯其林。看到这个人了？他以前在我爸爸的杂货店里打工。"

　　这家杂货店是霍兰代尔中部的向日葵食品店，是为数不多尚在经营的商店之一。我在罗灵福克见过另一家向日葵商店。雷像威利斯镇长，也是一个热心维护霍兰代尔的人，现在依然住在这附近。

　　"在演奏音乐的那一带？"雷说，"那是塞蒙斯街，以'蓝调前线'而闻名于世，那里曾经有各种各样的俱乐部，所有种类的蓝调。我告诉你，那是周六夜晚唯一还有生气的地方。"

　　"是最棒的地方之一。"威利斯镇长说。

　　"私卖烈酒，还有打架斗殴。"雷说。

　　但"蓝调前线"在二十世纪六十年代末期已经安静下来了，音乐在七十年代初也停了。

　　"人们都走了，商品化。工作几乎没有。不过我们还在营业。"雷说。

　　更多的人加入了我们的谈话——景色很美，落日余晖，尘烟袅袅，垂在头上的树木，玩耍的小孩，音乐，还有舞台上的乐手们演奏出来的铿锵与哀吟的蓝调。

　　"我父亲曾经在那里经营一家药房，'城市药店'。"一个男人说。这位叫金·格拉布斯，他的兄弟叫德莱斯·格拉布斯·蒙诺蒂，他在之前的演出中演唱过。金和德莱斯都是在霍兰代尔长大的。

　　德莱斯是一个娇小的金发女郎，声音强而有力，她在声音沙哑的蓝调歌手中保持着自己的特色。她自己写的一首歌是

《密西西比河三角洲》：

> 哦，密西西比河三角洲，这里的平原是我的家，
>
> 棉花、大豆、水稻和玉米长在黄棕色的沃土上，
>
> 这里还有伴我成长的湖泊森林，
>
> 我小时候常去捉鲶鱼、鲤鱼，追猎野生动物。

"我们有一家电影院，"金说，"我们有音乐。是的，六十年代在我的成长过程中，这里种族隔离的情况非常严重，但我们还是很友好的，黑人与白人。每个人我们都认识。"

威利斯镇长点着头说："没错，还真是如此。"

"这里曾是一个天堂，"金说，"我们该怎么把它带回来？我们能做什么？"

音乐、食品摊、在跳舞的小孩，这一切在落日余晖下旋转着，我说："这是一个良好的开局。"

威利斯镇长将一只手搭在我肩上，热切地对我说："我们可以东山再起的，你会回来的，走着瞧。"①

多伊食肆

我在格林维尔沿道路行进，想找一个吃饭的地方，有人向

---

① 我急着想回去，再看看这位亲切乐观的人。但一个月后，马尔文·威利斯镇长在常规问诊的时候，被诊断出患有癌症。不久后他就去世了，在 2013 年 11 月，终年 65 岁。——原注

我推荐了"多伊食肆"，我是从一篇讽刺性文章知道这个奇特的名字 ① 的。那篇文章是亨特·汤普森 ② 1992 年总统选举期间为《滚石》杂志写的。当时他采访了比尔·克林顿，他建议他们在这家餐厅见面：在"一家叫'多伊食肆'的地方。"

"我温顺地点点头，"汤普森以惯常的嘲讽语气写道，"坐在要么是桌首要么是桌尾的一张锡椅上，心里以为那位候选人（克林顿）自然会坐在另一头，离我远远的。但他没有那么做。那个吓人的混蛋很快地坐在我身边，离我大概两英尺，睡眼惺忪地看着我，让我非常不自在。他的眼睛眯成了一条缝，一开始我还以为他在打瞌睡。"

亨特·汤普森恼火地叹了一口气，克林顿解释说在小石城市中心的这家"多伊食肆"是"密西西比三角洲一家卖牛排和海鲜的棚屋餐馆的翻版"。虽然由于经营特许权的缘故，它与密西西比州格林维尔原来的那一家看上去没有什么相似之处。

其实"多伊"不是一家咖啡馆，也不是餐车饭店，不是任何种类的餐厅。它是一间大型的旧厨房，有着油腻的墙和更油腻的天花板，还有许多称赞餐厅的泛黄的剪报，墙上贴着满是油污的照片。这间厨房和一些厢房在一间普通的木屋中，木屋位于一条偏僻的街道上布满破败房屋的居民区中。因为这一点，这个地方很难找，没有地标，没有其他商店或餐馆。我从格林

---

① 原文为 Doe's Eat Place，也有无名氏的意思。
② 亨特·汤普森（1937—2005），美国传奇作家，"刚左"新闻开创者，被《纽约时报》称为"博客精神教父"。

维尔市中心开过来，按照非常详尽的指导驶过一条条街道，最后在一个街角找到了"多伊食肆"。

就算以南方的标准来看，这个地方的发展历程还是有些奇特的。这栋小楼房始建于1903年，一开始是一家家庭杂货店，叫"爸爸的商店"，经营者是席格纳一家（显然是意大利移民——席格纳是托斯卡纳^①的一个区，面积约为格林维尔的一半）。最初创业的席格纳家族人员有多米尼克（"大多伊"）、他太太玛米和兄弟弗兰克（"笨蛋"），但因为1927年的密西西比洪水，杂货店的生意失败了。这场洪水是美国历史上最严重的自然灾害之一，冲垮了大堤，使格林维尔和三角洲的其他镇子都被淹没，一千人因此丧生，三角洲的经济好几年无法振作。

酿私酒是南方的另一个传统，接着也成为席格纳的家族生意，就像他们在官方网站上解释的那样："大多伊席格纳开始酿制私酒，帮助家庭渡过难关。几年之后，四十升一桶的酒售价依然是三百美元。"

大多伊将自己定位为经理人，于1941年将店面改造为一个低级酒吧（"只接纳黑人"），与此同时，玛米·席格纳完善了这家酒吧里出售的墨西哥粽的配方。（格林维尔自称是"美国的墨西哥粽之都"。）格林维尔的白人听说了这里的食物，非常想吃这些墨西哥粽和牛排，但又不能从前门（黑人专用）进去，于是就从"多伊"的后门溜进去。结果大楼的后堂就成了（仅供

---

① 托斯卡纳，意大利西北部一地区，位于亚平宁山脉北部、利古里亚海和第勒尼安海之间。

白人的）"食肆"，与外面的"音乐酒吧"（仅供黑人出入）很不相同。网站还殷勤地解释说："就像情况颠倒的种族隔离。"

大多伊"最终关闭了低级酒吧，专心经营食肆"。他在二十世纪七十年代退休，食肆现在由他的儿子查尔斯和小多伊经营（"笨蛋"的太太弗洛伦斯偶尔回来探访），热烘烘的厨房和临近的房间里还有一群忙忙碌碌的女人和汗涔涔的煎炸师傅在帮忙，食肆卖大块牛排和一盘盘的煎炸食物。这里是我在南方所见过的最嘈杂、最友善的食肆之一。

吃了几只烤虾、半只辣椒、一盘薯条和三杯啤酒之后，我脚步踉跄地走在"多伊食肆"外面的黑夜中，格林维尔似乎成了一座更柔美的城镇。

蒙蒂塞洛的周日上午：教堂、鲶鱼、橄榄球

离开格林维尔向西，驶过横跨密西西比河的新桥，进入阿肯色州的平原，我沿着密西西比河的河岸走了一阵，走内地公路去马吉，穿过松树林去蒙蒂塞洛。我在那里过了一天，先是去了莎迪·格罗夫阿比西尼亚卫理公会教堂——牧师雷夫·塞尔玛·汉普顿在那里策划了一个"挤满教堂长凳"的活动。接着我听从莎迪·格罗夫教区的一个教友的建议，去了"雷伊鲶鱼烧烤店"：1964 年起成为蒙蒂塞洛的一项传统。

蒙蒂塞洛是阿肯色州绿色的东南部一个灰色的镇子，有树林和农耕乡村，附近没有任何州际公路。这里曾经很繁华，工业发达——造船业和纺织业，但现在绝大多数都消失了。与南方乡村许多这样的城镇一样，这里的老店都开在年代久远、规划良好的市中心，药店、杂货店、传统的银行和干货店已经变成了廉价商品店和二手商店。郊区还有几家货源充足、生意兴隆的典当行。

蒙蒂塞洛居民周日必行的仪式就是去教堂——卡瓦利浸信会教堂、第一联合卫理公会教堂、圣保罗浸信会教堂、信念浸信会教堂、锡安山教堂、玫瑰山自由意志教堂、莎迪·格罗夫阿比西尼亚卫理公会教堂，还有六个从城镇的主广场步行就能到达的教堂；去完教堂之后就去吃午餐，在牛仔餐厅或马泽奥餐厅，或是周日最忙碌的地方——雷伊餐厅吃鲶鱼。

每一张桌子都坐了人，许多人还是一大家子挤在一桌上的，从祖父祖母到孙子孙女，其他所有人坐在他们之间，有些桌子坐了十几个人。

虽然建议我去那里的人是个黑人——他说他自己也要到那里去，在雷伊餐厅吃饭的全都是白人，有一百多人。

在一张拥挤的餐桌边吃着一盘鲶鱼的祖父停下来，举起叉子，用洪亮又自信的声音说："我想每个年过十八岁的人离开屋子外出时都该带枪。我就是这么想的。"

"听到了吗，爸爸？"一个女人对一个男人说，对方显然是她的丈夫，穿着一件斜纹棉布夹克，戴着一顶"约翰·迪尔"①帽。

"想冲谁开枪都行。"祖父说。

---

① 世界领先的农业和林业领域先进产品和服务供应商。

没人反驳他，虽然不是每个人都在听他说话——大多数还在吃饭。祖父对这阵沉默很满意，抬起手肘，拿刀叉吃着剩下的鲶鱼。

"只要有道理就行。"祖父拉长声音下了个定论。

在挂着"这里点菜"告示牌的窗口——没有服务员，雷伊餐厅是自助的，汉纳说："时不时会有黑人到这里来，但不是经常。他们主要还是点外卖。黑人算是住在镇子的一头，白人在另一头。"

雷伊餐厅的每个人都穿着他们去教堂的衣服，颜色鲜艳的衬衣、涤纶裤，有些人还穿着白鞋子或靴子。他们狼吞虎咽，来回大喊着，那是南方白人在公众场合表现出受委屈的可笑方式。我之所以能清楚地听到祖父的话语（"而且弹药很快就会非常短缺，我告诉你们"），是因为他们一家人就坐在我隔壁桌。小孩在桌子间跑来跑去，在餐厅里互相追逐，单亲妈妈和女儿们坐在某些桌子边，在房间那一头，我看到一个孤独的黑白混血的男孩子坐在一大家子白人中间，在交谈过程中时不时插一下话。

正如他保证的那样，我在莎迪·格罗夫教堂遇到的那个人从侧门进入了雷伊餐厅，在一片白人人海中唯一的黑人。我走过去跟他搭讪，他正说着："带走。"

他叫马尔文·霍伯森，六十二岁。马尔文出生在蒙蒂塞洛以西大概十英里的威尔玛小镇。威尔玛的居民主要是黑人和穷人，即使是现在，这个镇子依然有三分之一的人口生活在贫困线下。

"我小时候生活非常艰难，"马尔文说，"我是说，民权运动那些事。总是有冲突——残酷暴力的冲突，有人伤，有人死。"

　　"你的家庭怎么样？"

　　"我父亲是个农民，我说他是农民，是指他有一架马拉的犁，租种着田。"他回忆起往事，露出钦佩的笑意。"那人成功了！我们家在收获季节要采摘两百英亩地的棉花，一次两排，身后拖着一个九英尺长的袋子，在地里干上一整天。"

　　他是另一个小时候摘过棉花的南方人，能够分辨出"摘"（掐下松散的棉花）和"扯"（猛拉长得紧的棉荚）。他还向我描述了狭长的平纹细布采棉袋，说起午饭时间躺在柔软的采棉袋上，心满意足地对着高高的棉花垛——有时有六英尺高，还有劳作了一天之后在日落时分清点采棉袋。我遇到过许多像他一样的男男女女，我还会遇到更多这样的人，黑人或白人；极少数人会把摘棉花描述为一件悲惨的事或是强制劳动。我所听到的——从马尔文·霍伯森的语气可以清楚地知道，他们如何一天之内摘下两三百磅棉花，谈起往事时又带着怎样的怀念与自豪。

　　"我父亲种棉花、玉米、花生和西瓜，"马尔文说，"那架马拉犁他用了好多年。最后他给自己买了一辆小型拖拉机，一辆老式的福特 8N 型拖拉机。那也是他仅有的一辆。"

　　从种族隔离的学校、不合格的医院和广泛的被排斥中自我解放的南方传统做法，也是马尔文离开威尔玛的方式，就是去参军，并以此作为事业。

　　"我在军中干了二十六年才退役——第 82 空降师，在肯塔基的坎贝尔堡，"马尔文说，"我所见证的最后一次行动是第一次海湾战争。我现在回家了——很高兴能回家来。"

"但这里的情况似乎并不景气。"

"这里曾经是座很繁忙的城镇，"马尔文说，"我们有三家地毯厂。伯灵顿地毯厂非常大。还有汽车排气管车间、造船厂和其他一些工厂。它们都搬走了——也许是去了墨西哥或中国。我们现在只剩下米德威那边的木材厂。"

伯灵顿工业公司制造垫子和地毯（"簇绒浴室垫子和脚踏垫"），在蒙蒂塞洛有间制造车间，占地一百万平方英尺①。它在2005年倒闭，两百名雇员也因此失业。制造汽车排气系统的阿尔文公司也关门大吉。造船厂"大海方舟"公司，在蒙蒂塞洛曾经雇用两百二十人，开办五十二年后于2011年关闭了他们的车间，虽然他们的竞争对手，制造猎鸭和垂钓的铝制小船的"战鹰"造船公司还在经营中。

说起伯灵顿将其地毯产业转移到中国去，马尔文也许说对了。至于曾经是蒙蒂塞洛的排气系统制造商的阿尔文工业公司，汽车工业网站"沃兹汽车"在2000年3月从上海发出了一篇注明日期的报道，说阿尔文工业已经获得"一家合资企业上海华文（音）排气系统有限公司的主要股份"，要让中国的汽车制造商都来用他们生产的排气管。

我们的谈话进行到这里，排在雷伊餐厅的外卖候客队伍里的马尔文拿到了他的那份鲶鱼，装在一个发泡饭盒里，我们于

---

① 约合 90,000 平方米。

是互相道了别。

"当然了，这是蒙蒂塞洛的周日传统，"他说，"教堂、鲶鱼，然后去看橄榄球赛。"

"每个人都这样吗？黑人白人都是？"

"不，先生。白人在周日会外出吃饭，"他说，"大多数黑人自己做饭。"

那是另一个传统，原因是白人家庭的黑人厨师周日放假，要去教堂或是为自己家人做饭，而白人家庭就去像"雷伊"这样的餐馆。

温泉城——喜乐与悲惨

从蒙蒂塞洛到温泉城的这个下午，是一段漫长的全景画面，看到的都是悲伤的城镇和破旧的村庄，从沃伦到爱丁堡。爱丁堡是个贫穷且了无生气的小镇。还有福代斯，我在亚拉巴马大学听说那是深受他们爱戴的"大熊"布莱恩特教练的出生地。那个镇子每家商店都或关门或废弃，或变成了廉价商店。在主街的十字路口，褪色的招牌和空荡荡的房屋说明本顿五金店、农具店、一家服装店和沃尔玛时代的冷饮柜都不再有必要了。还有小郁金香镇和莫尔文镇，它们感染了公路沿线更远处的温泉城的些许活力。

突然之间，沃希托山脉多石而深邃的深谷出现在眼前。同时映入眼帘的还有两栋苏联式的高楼，一家是荣军医院，另一家是阿灵顿酒店。温泉城是一个让人惊喜的地方，一个据称有着宏伟建筑和一家古老竞技场强悍气息的温泉城镇。那些排列在巴斯大道两侧的温泉水疗大楼是装饰艺术风格的建筑奇观，至今保存完好。山崖边上险峻的斜坡街道两边是一些窄窄的大楼。这地方有一半楼房是粉刷装饰过的，然而还残存着一些邪恶的影子；另一半则是舒适柔和的住宅。这座镇子看起来像是从山谷的岩石上开凿出来的，是南方城镇中最引人注目的自然环境之一。

主街上的许多标志牌赞颂着这座镇子艳俗放荡的氛围和它的罪恶历史——暗指那些黑帮分子的到访，沾沾自喜地提到了各种犯罪、妓院和轰动一时的凶杀。"很难想象这座城市会是黑帮犯罪、卖淫嫖娼和贩卖私酒的温床。"温泉城的宣传小册子上夸张地写道（副题是"过去正是其有趣之处"）。"但从十九世纪末期到二十世纪中期，特别是二十世纪三十年代，温泉城是阿尔·卡彭①、弗兰克·科斯特洛②、巴格斯·莫兰③、"福星"卢西安诺④和其他不甚知名的黑帮分子所喜欢的住处。温泉城的安全、隐逸与秀丽风景使其成为他们理想的藏匿点。

许多妓院之中，最热闹的要数"大宅邸"了。老板是温泉城一位知名的女士玛克辛·谭波尔·乔纳斯，她对有钱有势者、

---

① 阿尔·卡彭（1899—1947），1925年至1931年掌权芝加哥黑手党。
② 弗兰克·科斯特洛（1891—1973），擅长拉拢政府官员、法官和工会、被称作"黑手党总理"。
③ 巴格斯·莫兰（1893—1957），芝加哥爱尔兰帮派老大。
④ 即查理·卢西安诺（1898—1962），美国知名罪犯、黑帮大哥，被称为"美国黑帮犯罪之父""娱乐界大亨"。阿尔·卡彭的表哥。

罪犯和政客百般逢迎，但几十年一直抵抗着黑帮，最后还告发他们以换得免罪。她的妓院一直营业到二十世纪六十年代中期，后来她还写了一本有关她的生活和那个年代的书。黑帮时代终结于六十年代末，这一段历史在温泉城中央大道上的美国黑帮博物馆里有非常骇人的描述（"在这里你赌不到好结局，而是必定会走上绝路！"）。因为怡人的气候和污秽的风气，这座镇子一直是北方棒球队的春训所在地——从十九世纪八十年代到二十世纪四十年代，那也是个狂野的时代，球员经常狂欢作乐、嫖娼召妓。

那就是温泉城色彩斑斓，但也不是很久远的过去。你可能会说，这里无处可以养育孩子——危险、野蛮，充斥着不良影响，到处是机会主义者、职业罪犯、妓女、骗子、趋炎附势之徒与阴谋家。然而新婚的维吉尼亚·克林顿就这么做了，她陪第二任丈夫罗杰带着七岁的儿子比利去了那里。

比尔·克林顿1946年生于阿肯色州西南的可爱小镇霍普，在讲述他的神话的各种文章里经常都是这么说的。但陈腐的真相却是他成长（三观形成、受教育和成年）在霍普以北一百英里、贫困与辉煌并存、猥琐无耻的温泉城。克林顿出生前，他的父亲威廉·布莱思就在一次车祸中丧生。他的母亲学了护理，这样可以养育这个孩子。1950年，他的母亲遇到罗杰·克林顿并嫁给了他，三年后，他们从霍普搬到了罗杰的家乡温泉城。

"虽然比尔·克林顿写到二十世纪四十年代末期他在霍普所度过的童年时，承认那座七千五百人口的镇子存在种族隔离现象，他的回忆还是失真与怀旧的，就像他的'木瓜杂货店'。"来自阿肯色州的作家杰伊·詹宁斯[1] 在《搬动岩石》中解释道。"但在二十世纪的最初二十年，棉花还是主要产业，黑人隔离法还是不成文的法律，霍普发生了那么多种族歧视谋杀，以致有时被称为南部私刑之都。"

在温泉城，大家都知道罗杰·克林顿是一个懒惰无能的酒鬼。在满是堕落者的城镇里，做一名酒鬼并没有什么丢脸的。但罗杰还被证实经常打老婆，又是一个疯狂的酗酒者。等到小克林顿足够大的时候（他自称是十五岁时），他开始对抗继父的暴怒，保护母亲。这段婚姻也走到了尽头。维吉尼亚继续当一名麻醉护士，但是希望战胜了经验，她一年后又与这个可悲的家伙复婚了。

与此同时，年轻的比尔上了学，学习如何吹高音萨克斯管，在温泉城高中拿到了出类拔萃的成绩，去帕克浸信会教堂，买极地酒吧（即现在的贝利奶品店）的辣椒芝士汉堡、麦克克拉德烧烤店的牛排、俱乐部咖啡店的苹果派、库克奶品店的冰激凌，在派拉蒙和马尔科电影院看电影（猫王的电影和《圣经》史诗电影）。这些都是他在自传《我的生活》中告诉我们的，这部自传展示了他对这座城镇深厚的感情和对细节非凡的记忆力。

但他没有说电影院的露台和后门是留给黑人的，没说汽车旅馆和餐馆是种族隔离的，没说温泉镇的黑人街区极度贫困衰

---

① 杰伊·詹宁斯（1965— ），美国独立电影制片人和作家。

败。说起福伯斯州长①毫不妥协的种族主义态度和联邦军警强迫小石城中央高中实施种族融合的事件，他只是说："我的大多数朋友要么反对融合，要么漠不关心。我对此也没有发表太多的看法，因为我的家庭不是特别关心政治，但我讨厌福伯斯的所作所为。"说起温泉城的种族隔离，他也是一副超然的态度："温泉城的学校没有实施种族融合，这让我有些困扰。黑人小孩还是去朗斯顿高中上学。"

在温泉城的一天下午，我觉得一定要开车去朗斯顿看看，这个街区远离克林顿以前所住的社区，在镇子的另一头。我看到的是破烂的街道、糟糕的房屋、学校附近的纯黑人区域以及南方的贫困。克林顿居住于此的五十年后，这里依旧是一个耻辱，还是那么贫困，明显也没人重视，看起来就像是南非的黑人"聚居点"，等待着非营利性组织来改善状况——虽然这里看不到任何非营利性组织。这地方本来正应该成为克林顿全球倡议组织②的改造目标，然而并没有。

克林顿十几岁的时候（从他的叙述看，他经常自由漫步于这座镇子），赌博现象很普遍，凶杀也很常见，黑帮分子无处不在，玛克辛·乔纳斯的妓院和其他许多妓院都生意兴隆，这座

---

① 奥瓦尔·福伯斯（1910—1994），1957 年在任的阿肯色州州长，曾迫于选举压力，禁止黑人学生进入小石城中央高中，引发严重骚乱。小石城事件也成为黑人民权运动的标志性事件。

② 原文为 Clinton Global Initiative，简称 CGI，由克林顿于 2005 年创立，是独立于克林顿基金会的非政府组织，致力于推动人们探讨世界性问题，促进世界各地共同承担责任，应对一系列全球化挑战，解决全球性的问题。

镇子到处是撒酒疯的、卖淫的和挥金如土的人。管理镇子的是一架腐败的政治机器。你必定会纳闷，这种根深蒂固的色情文化对一个敏感的中学生会有什么样的影响?

想想温泉城的情况，对一位总统来说，没有比这更糟的成长环境了，这种环境很可能扭曲一个人的思想，腐化他的灵魂。然而一位总统最根本的特点就是应有入世之心和过人的手段。世界以一种奇特的形式映照在温泉镇上，克林顿在其中如鱼得水。这座镇子明显反映了克林顿的成长。在《我的生活》中，克林顿重复了温泉城对那些具有传奇色彩的来访者单调乏味的吹嘘——"逃犯、黑帮分子、军队英雄、演员和许多棒球明星"。他还描述了自己的成长过程，爱虐待人的继父，勤奋工作、充满爱心的母亲（她也是酒徒、赌徒、烟鬼和爱无伤大雅地卖弄风情的人——一位"欢乐梅姑"①式的人物，深受儿子的爱戴），还有他对高音萨克斯管的热爱、对亲戚的探访、放学后在一家小杂货店打工的事、他作为数学天才所上的那些课、他对学生政治的涉足、他成功掩盖烦心的家庭生活的热切姿态。

在这样一个浮华又随心所欲的地方，过着缺钱的简朴生活是很痛苦的。成功的必要性、出人头地、离开这里、证明自己不负母亲的希望、挽回她对他的信心——这种种因素成就了他。这是一个美国故事，但在温泉城，这比什么都要媚俗。克林顿

---

① 出自电影《欢乐梅姑》，这部喜剧片的主角是一位以享乐为人生目标的中年妇女梅姑。

的成长过程改变了他，然而他与许多南方白人一样，很迟才开始转变，发出要求种族融合的声音。在《我的生活》中，他称赞了温泉城人口的多样性——犹太人、希腊人、阿拉伯人、意大利人，却没有提及城里的黑人社区朗斯顿街区。黑人的生活对他来说是不存在的，他显然也没有黑人朋友。

在自传中，克林顿一直在强调他是不能保守秘密的人，过着双重生活，从来不在学校提起家里的混乱。他所居住的那一带（现在都是私人房屋，不欢迎外人）是简朴但受到尊重的白人社区。但到城里去看一看，你就能确定在他生活的早年，在他小时候和上中学的时候，克林顿一直都小心翼翼地维持平衡，一边昂起头，一边踮起脚尖走过一片满布人性弱点的坑坑洼洼的泥泞（这也是许多政客的生存之道），其中有贪婪、欺诈和淫荡。

离开温泉城，他如释重负，这在他的讲述中也是显而易见的。他选择了乔治敦大学，因为"我想去华盛顿"。然而在乔治敦念完大学、拿到"罗德学者奖学金"上了牛津和耶鲁法学院之后，他做了一件许多人会觉得不可思议的事情：他回到了阿肯色。这是老谋深算的一步棋。他当时才二十几岁，对这个州又非常了解，去其他地方是难以想象的。也许他有一个长期的计划——他在书里并没有说，但你可以看到他是有动机的：一个绝望的无名小卒为了获胜不择手段的心态，他似乎隐瞒着一些事情（伤痛、憧憬、越界和家庭的秘密）。他在费耶特维尔教了一年书，然后在1974年竞选国会议员并败选，在1976年当上了州总检察长，1978年当上州长，时年三十二岁，被称为

"男孩州长"。

对他的支持者来说，他是一个魅力无穷的男人。他改善了阿肯色州的医疗与教育，掌握了树立口碑的技巧，同时保持了多情的作风。对他的敌人来说，他是一个爱弄虚作假、谎话连篇的人，将州长宅邸变成了一个蚂蚁窝。他担任了多届州长，总计达十二年，却在四十六岁时就当上了总统。

这是一次让人喘不过气的竞选，然后又竞选连任。他从来没有淡出过公众的视线，明显讨厌孤独，一直在寻求关注——后来又扮演了世界领袖、全球人道主义者、改革家，还是幕后策划者、计划的制定者、爱说空话的家伙。梭罗在一篇质疑文章中曾对这种情况进行过描述："如果有人得病了，以致不能做他的事……如果他犯下了深重的罪孽且多少有些后悔，他要怎么办？他就着手改良这个世界。"

温泉城有着截然不同的两面，克林顿的家庭是如此，克林顿本人显然也是如此。这种冲突本来可能会让他变成一个罪犯，或是让他希望幻灭，变得愤世嫉俗；可是，这却使他野心勃勃，很能适应环境，急切地想取悦他人，迷人且具有号召力，讨人喜欢，勤奋刻苦，但这也使他变得躲躲闪闪，擅长于角色扮演，惺惺作态，对每一件自己提议的事情都会强买强卖，说话半真半假，很多事情秘而不宣。克林顿对于成功的欲望是不可遏止的，而且继续滋长，他想成为领袖，想主事，想减轻这个星球的罪恶，想成为诠释者，想取悦众人、成为伟人和圣人（纳尔逊·曼德拉）的朋友，在情感方面又还不成熟，他渴望世界的爱戴——"他似乎是我所见过的最渴望得到认同的人"，一位在

1992年竞选中陪同过这位候选人的作家朋友对我说。在自传里，克林顿不停中断对早年生活的回忆，闪进以后的生活，说自己如何得到了一次教训或是修正一个错误。美国人都觉得他是个经常收拾烂摊子、经常折衷的人。一个爱勾三搭四的男人当然也会是早餐祈祷会上最热切的说教者。

温泉城努力将自己改造为一个适合全家度假的城镇或举行会议的绝佳地点。这个地方看上去隐逸，有着一种罪恶的优雅，像一个人口密集又阴郁的大城市，这种特质在南方城镇是很罕见的——这个地方有着幽暗的氛围，出现过很多戏剧性场面，历史上发生过不少冲突，政府也花了不少钱吸引游客到这里来放松旅行。

赛马和一些低端的赌博业保留了下来，作为消遣项目而不是犯罪途径，但现在情况还是不怎么好，大学生出入酒吧，夏末的游客在街上闲逛，在礼品店和酒馆里进进出出，衣衫破旧，推着婴儿车，冲自己的孩子尖叫，在一个看上去寒冷破败的地方寻欢作乐。烧烤店以及偶尔的游行或节日完全不能与昔日的枪战和狂欢相比。

现在的温泉城具有自己的独特之处：主要街道上古老破败的废弃大楼和空荡荡的酒店，恐怖的汽车旅馆，俗气的商店，郊区也有一些潮湿的汽车旅馆——南方的漫不经心加上南方的随意和粗俗，被好客与自嘲所弥补。它的好运气有一部分来自它的地形，它处在多石山崖下的山谷里，离幽深的森林和可爱的山丘仅有几分钟的路程。

一个吹嘘自己很快乐的地方肯定有着不快乐的一面，这种大肆宣传中带有一些绝望的成分。消逝的繁华，褪色的希望，逝去的欢乐，奇怪的廉价品商店，绝望的气氛，类似于酒鬼呼出的气息或嘉年华杂耍的味道，世界上每一座赌城都会有的浅薄和明显的诡计多端。还有，像其他每一座新兴都市一样，注定要衰败。

但温泉城曾经是一个能量漩涡，这样的地方的威力能让它的居民对道德视而不见——你可以说白宫也是如此。温泉城——谋杀犯、骗子和娼妓的终极目的地，出了一位古怪的总统，他在很多情况下对道德视而不见，比如 1992 年克林顿州长匆匆飞回阿肯色州，签署满口胡话的智障罪犯里奇·雷·雷克的死刑令，糊里糊涂地将他送上了电椅，这样一来，候选人克林顿就可以作为抗击犯罪的斗士赢得选票。这个公众人物复杂而又矛盾，一边寻求救赎，装出一副谦卑的样子，同时又急切地想成为英雄，悉心招募大公司帮他拓展影响，克林顿是南方政治贩子的精英，根本不知道何时应该罢手。他是这座腐化堕落的城镇志向远大的孩子，这镇子宣传自己的道德沦丧，这一点本身就非常具有克林顿特色。

迪克西咖啡馆的旅途糖果

"贫穷是一位伟大的教育者。那些从不识穷滋味的人则有所缺失。"英裔爱尔兰作家杰拉尔德·布雷南 ① 在《旱季断想》中

---

① 杰拉尔德·布雷南（1894—1987），英国作家、西班牙语学者，长期生活在西班牙安达卢西亚地区，著有自传体小说《格拉纳达以南》。

评述说。布雷南大半辈子都在西班牙的农民中度过，但这么睿智的话是对那些本身就是农民的南方人的歌颂。穿越南方的旅行见证了这种洞察反复得到验证。南方人，特别是上了年纪的人，不管是黑人还是白人，经常骄傲地回忆起他们的苦中作乐。

我想起布雷南的这些话是在一个夏天的下午，当时我驱车走在一条可爱的公路上，从温泉城沿着简陋的 7 号公路向北行进，穿越农田和森林，经过杰西维尔、奥拉和达达尼尔，跨过江水滔滔的深褐色的阿肯色河，到达拉塞尔维尔。

在那里的迪克西咖啡馆，我遇到了帕特里西娅·阿特金森。她出身于一个有着十五个孩子的贫困家庭，十个男孩和五个女孩。她排行第十二，现在将近六十岁。她的长兄最近刚去世，享年八十九岁。这家人住在阿肯色州东北三角洲地带的休斯镇。她父亲吉米·肖特是个佃农，主要种植棉花。他们是在乡村镇子郊外务农的一大家子穷人，但他们挣扎奋斗，最终成功了，而且全家人没有分离。后来，帕特上了大学，在一家住房开发机构找到了一份秘书工作，熟悉了业务，不离不弃地经历了这个机构的过渡转变——"这是自助住房"，现在她是执行总裁。

我们坐在迪克西咖啡馆里，面前是吃剩的鲶鱼、炖鸡肉和包子、炸番茄、炸洋葱、炸玉米棒——玉米棒蘸上面粉蛋液后油炸。

"我父亲以前经常切下玉米粒，然后油炸，"帕特轻轻拨弄着她的玉米棒说，"好吃极了。但我们什么都吃。想想，我们有十五个孩子。只有五个高中毕业。如果你去种田，就不能上学。

我有一个兄弟从来没有上过学——我爸爸不让他去。"

"因为他需要他去种田吗？"我问。

"不。我爸以为他会被欺负。我爸爸对霍珀特别保护，"她说，"霍珀是'乡巴佬'的简称——他总是在地里跑来跑去。"

"十五个孩子——你们的房子有多大？"

"这么说吧，每个房间里有两三张床。毫无隐私可言。我们共用一个房间，共享一张床。"

"莱斯特一家一直睡那三张床，"欧斯金·考德威尔在《烟草路》中写道，"即使有时候他们家里多达八九个人……"

"我想你们所有人都得合作。"

"我们过得很艰难，"她说，"我六七岁的时候就开始去摘棉花了，用一个开口枕套。后来我用拖布袋——有饲料袋那么大。再后来我用上了标准的采棉袋，九英尺长。男孩们总爱踩住袋尾，这样我就拖不动了。他们觉得那样很好玩。"

"但你还一直上学？"

"是的。我们周六采摘的棉花可以自己留着——我是说，钱可以自己留着。"

"什么钱？"

"二十世纪六十年代摘一百磅棉花可以得到一块半。我的兄弟们每个人都能轻松摘个三百磅。"

"似乎也不是很多钱。"我说。

"是不多，但我们必须做呀。想想要养活一家子十五个孩子，从来都不省心的。我们总是在劳动，互相帮助。我们吃的肉都是自己养的——猪肉和鸡肉，我们还去猎鹿和松鼠。我们还诱捕浣熊、貂、野山猫，把它们的皮拿去卖。抓一只大浣熊，就可以卖皮吃肉了。"

"浣熊啊——我也设陷阱捉过，"我说，"在它们很讨人嫌的时候，沿着烟囱往下爬，把屋顶的瓦片都扒拉掉了。它们还很臭——老是在垃圾堆里觅食。"

"烤浣熊肉可是一道美味，"帕特说，"这里许多人都吃这个。烤浣熊肉和番薯。剥了皮，把肉剁碎，撒上盐和胡椒，烤一会儿。将一些番薯切成大块，放在浣熊肉周围，一起再烤一会儿。"

"严寒的冬天它们可以一直睡觉，"我说，"所以肯定有很多脂肪。"

"浣熊身上有好多脂肪，烤的时候会渗出来，风味更好。"

"你还说有松鼠？"

"大松鼠，"她说，"松鼠季节就要来了。"

"你是怎么煮的？"

"拿松鼠肉做早饭——一般是焖炸，"她说，"切下前肩和后腿，还有胸骨。还可以把头也煮来吃。把这些部位在面粉里打个滚，然后放到煮锅里。松鼠肉很快会熟。等松鼠肉有些焦黄的时候，往煮锅里注水。面粉就成了面糊。盖上盖子，焖炖一会儿。早上这第一餐美味极了。"

"我想你上学之前还要去农场里做点杂活吧？"

"我们的房子里许多年不通自来水——我们有一口井。我们用泵把水汲上来。休斯的冬天有时真的非常冷。我记得小时候有个冬天的早晨我去外面提水，雪都及腰了。"帕特将椅子往后挪了挪，注视着不远处，回忆着她童年的这幕场景。"因为要去启动水泵，所以我们总是留着一些水。那天我们不得不将水泵周围的雪挖出来，然后才能泵水。"

"我觉得三角洲挺温暖的呢，"我说，"我冬天去的时候没那么冷。"

"夏天非常热——但夏天让我们很开心。我们会将一个六十五加仑的水桶灌满，把它放在太阳底下，等它升温，然后在里头玩。如果你没有钱，就自己想些找乐的法子。大多数时候我们都光着脚，穿着哥哥姐姐传下来的衣服，跟其他所有人一样。"

"你说的'其他所有人'是指黑人吗？"

"黑人是我们的邻居。我们跟他们肩并肩在田里劳动。"

"但五六十年代的三角洲是种族隔离的呀。"

"我们一起劳作，我没有觉得有任何偏见。"她想了一会儿。"我爸爸是图珀洛来的，他很传统。他觉得黑人该待在自己的地盘上。"她摇了摇头补充说："他一生坎坷，父母 1915 年去世了，他当时十二岁。他被认定'年纪太大'不能跟他的两个弟弟和两个妹妹一起去孤儿院。所以他与他们分开了，被送到一个他称之为'奶奶'的人的家里抚养——可是她并非他奶奶。她只是一个叫'乔纳斯姑姑'的远房亲戚。"

"他后来跟他的弟弟妹妹重新联系上了吗？"

"他想联系。后来他一直努力想找到他们，但一直没找到，"帕特说，"我也竭尽全力尝试过，搜索了所有数据库，联系了所有熟人，但没能成功，这是他一生的遗憾。"

"你的成长真了不起。"我说。

"那样的成长经历是我从事现在这份工作的原因。"

她现在的工作是为阿肯色中西部九个县的穷人改善住房条件。她这么轻描淡写地说起她在三角洲地区的贫困的成长经历，正是她丰富人生的例证。与她一起坐在迪克西咖啡馆，这些故事对我来说就像旅途糖果，是我在南方度过的季节中最快乐的元素。

住房共建项目："有些人自己都懒得动手，居然也想要别人帮忙。"

在拉塞尔维尔接下来的几天，我更了解帕特了。她把我介绍给她的团队认识——组织者、承包商和一些职员，还有一些她的客户。她跟我谈到了自己加入这个住房项目的经过。

1981 年从商学院毕业后，帕特加入了一个叫"ARVAC"的半自助住房机构，担任秘书，然后一路不断升职，承担越来越多的责任。她在房屋开发这一行中学习了很久，三十多年后她成了拉塞尔维尔共同住房开发公司的执行总裁，公司业务包括房屋翻新、房屋建造和维修。正如她所说的，在三角洲地区一个贫困的佃农家庭里成长是一种很好的历练。

任何申请房屋援助获批的人都要参与房屋修缮工作——贡献"人力资本"。预算是二千五百万——许多来自联邦政府拨款，大多数都用在了项目而不是工资上。我们当时在波普县，它是"住房共建项目"所服务的九县之一，绝大多数居民是白人（92%），而且都很贫困（贫困线下那百分之二十的人的聚居地）。三角洲和一些城市地区——比如小石城，黑人居民的比例更高，贫困的比例也相同，甚至更高。共同住房项目平均每年建造三十间新房屋，翻新的数量大概是五十。这是阿肯色州最大的自助房屋项目，也是最成功的，虽然也有一些规模很小、预算相对更少的机构在做这件事。

"我们的客户都是低薪阶层，"帕特说，"在这里，大概就是一家四口年收入三万两千元。"

"就是一辆车的价格。"我说。

"一辆好车，"帕特说，"如果他们的收入高于这个，他们就没有申请资格了。拿着那样的收入，他们能做的就只是挣扎求存。我们的申请名单很长，主要都是白人。这里的人口结构就是如此。"

"许多西班牙裔吗？"

"西班牙裔归为白人，"她说，"他们中有些人来这里请求帮助。我们说要看证件——身份证、社保卡、税单，什么都行。他们总会说：'一定要我的证件吗？能不能拿别人的？'你知道吗？他们说这话的时候是认真的！"

"申请名单有多长？"

"此刻大概是四百。有些人等的时间太长了，结果都没等到那一刻——他们没能住进房子就去世了。我们这个项目有些人都等了十几年。"

在阿肯色，保险公司会定期检查投保人的房屋。在许多情况下，客户的房屋破旧得不成样子，以致保险公司取消了他们的保单。房屋的主人失去了保险，住在屋顶漏水、窗户破烂的房子里，又没办法修葺。

"你可以看到透过屋顶射进来的阳光，"帕特说，"这些人打电话给我们，让我们帮他们补一补或换掉屋顶。但我们希望人们都来干活帮忙。我们提供建议，帮助他们做规划、订购材料，房主们自己完成大部分工作——全家齐上阵，请朋友、邻居或任何愿意帮忙的人来搭把手。"

"人们一般都会出力吗？"

"有些人自己都懒得动手，居然也想要别人帮忙，"帕特说，"有各种各样的问题。我无法理解那些想要你帮助却没想到可以自助的人。还有些人要求很少，他们不想承认自己很穷。"

"因为自尊心吧。"

"寒鸦山上有个小个子的老妇人多萝丝·梅尔顿，非常娇小的女士，体重大概不到一百磅，有点爱唠叨。她来找我们帮忙，想要我们接一条水管。"

"她没水喝吗？"

"没有自来水。她住在一间小小的旧仓库里，就是一间八英尺乘以十英尺的小屋①。没有水管和下水道——她用的是夜壶。她说她太老了没法提水。她也许有八十岁了。"

"你们给她架水管了吗？"

"我们最终给她建了一间屋子，"帕特说，"还有一个客户，

---

① 约合 8 平方米。

母女二人和女儿的两个孩子住在两间仓库里，也没有下水道，条件非常恶劣。我们给她们建了间屋子。"

"我想见见你们帮助过的一些人。"

"我来看看能否安排，"她说，"你过去拜访他们，我要先得到他们的允许。我来打几个电话。"

"比尔·盖茨、克林顿和其他慈善组织呢——你们得到过它们的帮助吗？"

"我们从来没见过他们，什么也没有得到过，他们想帮助非洲，"她说，"克林顿在这里没做过什么事，这真让我不好受。我希望他能帮助我们。他在非洲和印度，其他人正在帮助第三世界国家。我们没有看到他们的钱。难道他们没有意识到我们的国人需要帮助吗？"

奎克斯迪尔小径上的小屋

多佛是欧扎克山区绿色的乡间丘陵边上的一座美丽小城，大概在拉塞尔维尔以北十二英里。炎炎夏日，天气晴朗，此处却因为 1987 年的灭门惨案而声名狼藉。四十七岁的罗纳德·基恩·塞蒙斯将他的一家人都杀了——十四个人，包括他的孩子们及他们的配偶，还有他的孙辈，其中最让人难过的被害者是一个七岁的女孩，是他跟他的一个女儿乱伦之后生下来的。在这之后，依然暴怒的他开车来到拉塞尔维尔，又杀了两个人。然后，一脸胡须、浑身邋遢的罗纳德·基恩·塞蒙斯乖乖缴械了。

"但他是从芝加哥来的。"多佛人对我说。确实如此。他在美国空军服役二十二年，在越南打过仗，退役去了新墨西哥州，在他的女儿告他强奸乱伦之后，他逃往阿肯色州。他住在多佛北部，与许多家庭成员一起住在篱笆围着的五英亩地里，住在两间连在一起的活动房屋中，没有自来水。胡须浓密，秃头斜眼，他这样子看上去似乎刚刚开始适应这个社会。

一个酒鬼和离群索居者，没有朋友，他试过在拉塞尔维尔做店员，但最终因为行径古怪又爱骚扰女人而被解雇。有一个曾经拒绝过他的女人，成了这次屠杀唯一的非家庭成员的受害者。他选择圣诞节前的日子实施凶杀，而且精心策划过。他用沃尔玛购买到的点二二口径手枪杀了一些人，又徒手掐死了一些，最小的几个孩子被他摁到一个雨水收集桶里淹死。他所有的杀人行径都是在活动房屋的里面和附近完成的，房屋里散落着还没有打开的圣诞节礼物。

他显然是对小孩子们说："到这里来，我有件礼物要给你。"然后一个接一个地杀死了他们。其他人是来过节的，结果被枪杀了。在这些尸体边上过了一夜之后，他第二天开车去了拉塞尔维尔，在一个酒吧里喝了一杯啤酒后，又枪杀了两个人，因为他觉得那两人对他不友好，他另外还伤了五个人。他缴械投降的时候，对一个旁观者说："现在全都结束了。每个人都想伤害我。"他自求死刑，愿望最终得以实现：两年多后他被处死。

除了发生过这起屠杀，多佛的历史从来都是温和的，它一直是个安静的小城，大多数居民是白人，而且就算以阿肯色的标准来看也相当贫困。在多佛城外十英里的地方，离屠杀发生地点不远，在一条叫奎克斯迪尔小径的土路尽头，在欧扎克山脉脚下的丘陵起伏的乡间，我遇到了范妮·德阿尔巴，一个六十六岁、声音颤抖的小个子女人。她见到我的第一句话就是气咻咻的抱怨："都没什么人来看我。"

"那可真是奇怪了。"我语带嘲讽地说。

但她尖刻地说："没什么人来看我，是因为我讨人嫌又爱唠叨。"

"你看来挺讨人喜欢的呀。"我说。

"胡说。"她说，接着笑了起来，似乎想用她的暴躁来考验我。

她个子矮胖，脸色温和，带着顽童式的傻笑。后来她变得友好一些，拿出自己的来复枪，怂恿我进行射击比赛——打啤酒罐。我注意到她将枪抱在怀里，靠在她胖乎乎的肚子上，既将枪搁了下来，又可以随时拿到它。枪竖在地上，枪托着地，范妮·德阿尔巴看上去不比枪口高多少。

"再说了，这里只是贫困乡村。"她说，意思是"哪有人在意呢"。说着，她冲着那条土路、垃圾堆、那堆废弃车胎、几块花圃，还有北面绵延六十英里的密林和车迹罕至的深绿色的欧扎克山区深处歪了歪头发灰白的脑袋。

她的原名叫范妮·坎贝尔，生于仲马一个佃农家庭，说起这个地名，她又说："你肯定不知道那地方在哪儿。"

"在蒙蒂塞洛附近。"我说。

"还真是聪明呢，"她开玩笑地说，"我们的养育方式都是很老套的。棉花和大豆。家里没有下水道。我小时候从来没吃过一块牛排。长在农场上，家里又穷，只吃猪肉和鸡肉。我在加州第一次吃到虾——跟我的第二任丈夫在一起。我看着虾心想：'这到底是什么玩意儿？'"

这位第二任丈夫姓德阿尔巴，虽然她后来又结了一次婚又离了，她还是保留了德阿尔巴这个姓。"他的家人都是西班牙人。他们到加州来探险。有些人还有皇室血统。"

至于她如何来到奎克斯迪尔小径上的这间小屋——"这条小径要么就是以奎克先生的名字来命名的，要么就是因为他的安静①。没人知道。"——那就说来话长了，她说，也根本不值一提。但我鼓励她详细说出来。明摆着的事实是她在摩根公路边树林中的一间活动房屋里住了好多年。摩根公路是多佛南部一条笔直悠长的乡村公路。"那间活动房屋破烂透顶。着过四五次火。它是我前夫的。"她说的是她的第三任丈夫。大概十二年前，她搬了出来，在奎克斯迪尔小径上买了一间活动房屋。接着这屋子又着了火。"煤气失火，整间房子都烧毁了。我们没法生活下去。"

她就是在那个时候联系上"住房共建项目"的。帕特·阿特金森派了建筑顾问肖恩来看她，他对房子进行了评估，觉得修缮花费很大。于是只剩下骨架的房子被改建成了小屋，材料费是四千六百七十四美元。范妮签了一份合同和契约，拿到了贷款。她承诺在施工结束后会还清贷款：新的金属屋

---

① 斯迪尔在英语中也有"安静"之意。

顶、新的洗手间、新门廊，里面是石板墙，还有瓷砖铺成的新地板。

"那是个自助项目。不同的朋友都来帮忙。这家机构的肖恩指导我们该做些什么和怎么做。而且我把贷款都付了，付清了每一分钱。"

她一边赶猫——她有十一只猫，一边带我在屋里转悠，厨房连着客厅，洗手间在后墙的后面，她坚持要我去看一看。

"这是我自己安上去的。看到那个天使了吗？"那是一个面容甜美的长翅膀的天使，"我自己画的。我一直画些油画和素描。"

这是一间简陋的平顶小屋，有点杂乱，但很安全——这与"住房共建项目"帮助她之前，她在摩根公路边上的破烂活动房屋或之前那间被烧剩骨架的屋子相比，简直有着天壤之别。

"在猎鹿季节之后，我们会把门廊余下的部分也建起来，"她说，"现在你没法找人来帮忙。他们都在打猎，不是用弓箭，就是用黑火药或现代猎枪。狩猎季的第一天他们就把学校关闭了。不管怎么说，没人会来的。"

"你打猎吗，范妮？"

"不是这样打，"她说，"我讨厌负鼠和浣熊。我的狗把它们赶上树，然后我开枪杀死它们。它们咬死了我的鸡。前段时间我杀了一条七英尺长的锦蛇。蛇喜欢吃鸡蛋，可以闻到鸡蛋在哪儿。到处都是蛇，草丛里也有。它们还进了我的马槽。我不能冲马槽开枪，把它打出洞来，所以我就拿了一把铲子，把蛇铲成一段段的。"她看着我，像个孩子似地冲我调皮地笑，并眨眨眼。"我可不是真的爱蛇。"

"我想你一定是个好枪手。"

"中等水平吧。也许比你强些。"

说到这个，她把她的来复枪和一盒子弹从柜子里拿出来，让我跟着她。她又把来复枪靠在肚子上，然后在三十英尺开外的一个树桩上放了一个啤酒罐。

"你先来。"她说。

"你先吧。枪在你手里。"

她举起枪开了火，打得啤酒罐飞了起来。她开怀大笑——这是我第一次听到那样女巫式的咯咯笑声。然后就轮到我了。我开了枪，打偏了，又开了一枪，打中了树桩，我忍不住咒骂起来。

"你这是要把树桩毁了呀，先生。"

又多打了几枪，我终于把啤酒罐打飞了，但气势就比范妮弱多了。

"你要知道如何保护自己，"她说，"就拿我继孙女来说吧。她来自威斯康星州，从来没接触过枪。她到这里来的时候焦虑发作，我马上处理了。我觉得谁都不该被威胁。没人能威胁我。我想你应该可以说出心里话，做你想做的事。"

"你是这么跟她说的？"

"是的，不过她有点害怕。"

"她怎么回应你？"

"我教她如何射击，这就是回应。先是我的点三八，然后是点二二。我们把靶子挂起来，我示范给她看。有只苍鹰从头上飞过，我打不中那该死的苍鹰，但我们努力了。我们打垃圾桶，打靶子和啤酒罐。现在你猜猜怎么着？"她调皮地笑了一下，脸都绷紧了，然后又摇了摇头。"她的焦虑不再发作了。"

"人人都有一把枪。"

"人人都有很多枪，"范妮说，"这其中有个原因。我记得有一次我车里进了几个小孩，很小的孩子。其他孩子追着我跑，有些想骚扰我。我一拿出枪，他们全跑光了。我有可能会冲他们开枪的。居然有小孩上了我的车！"

"我想他们一定吸取教训了。"

范妮大汗淋漓，讲这个千钧一发的故事让她很兴奋。她喘着气说："我还有一把十字弓。任何愚蠢的混蛋要是敢进我家，身上就会插上一支箭。"她气喘吁吁的，接着使劲地大喊一声："我会把你钉到墙上去！"

她放下来复枪，坐到一张低矮的长凳上歇口气，低垂着头，气息不稳。

"我曾遇到过十四起意外，"她说，"那些人是碰巧遇到了我。"

她还是垂着头，前臂撑在膝盖上，缓着气。那是傍晚时分，一股凉意开始漫过奎克斯迪尔山谷，阳光缠绕在树林间。

"我有乔克托族和切罗基族的血统。我爸爸是印第安人，曾祖母据说是'荷兰黑人'——她的名字叫'雪花'。"

"荷兰黑人"这个词有着很复杂的词源和许多矛盾的定义，取决于这个词在哪个地区使用。在阿肯色州，这暗示着一个为了拥有土地、拒绝被迫离开保留地而被误认为是白人的美国土著。这场谈话似乎让范妮很难过，她呼哧地喘着粗气。

"你还好吧，范妮？"

"有些上气不接下气。我有高血压。因为我讨人嫌嘛，我就生气了。"

"因为什么生气呢？"

"这里曾经是切罗基人的保留地。然后他们分开了——血泪之路①。达达尼尔曾经也是个保留地，"她悲痛地说，语气里满是愤懑，"印第安人无权投票，也不能拥有土地。"

"太糟糕了。"

"你也这么说。黑人们也抱怨，但我生气的是，黑人一抱怨就有了工作，就渡过难关了。"

"从这里看过去，你的房子非常美。"我说，想转换话题，希望能安抚她，因为她大口地喘着气，脸上因为不停冒汗而呈现出粉红色。

"我为我们所做的事情感到高兴。"她说，抬起了头，拿起来复枪，看着树木的掩映下的小屋，被小小的花圃围绕着，它的周围还有猫咪在废旧轮胎堆上慢慢走动。她轻拍着自己湿漉漉的脸颊。"它只需要能挨上二十年。"

"是吗？为什么？"

"因为我不想活得比那还长。"她说。

---

① 指被称为灾难的"血泪之路"的美国逼迫印第安人西迁的过程。

通往上帝国度的乡村道路

　　一直走的是狭窄的乡村道路，开车穿越多佛西北的乡野，朝拉马尔行进，我想知道在阿肯色有多少这样的公路。这些编了号的县道，铺了沙砾的土路，像极了第三世界的道路，路边是第三世界的小棚屋。"他们难道没有注意到自己的国人需要帮助吗？"帕特·阿特金森几天前说到那些亿万富豪对非洲的捐款时对我说。是她带我来到这里，来到这个风景无比秀丽却又极其贫困的地区，来见她的几个客户，切斯特·斯卡格斯和他的太太罗斯。帕特经常谈起罗斯，用南方非常正式的方式称呼她为"罗斯小姐"。

　　"这是上帝的国度——美不胜收。"切斯特·斯卡格斯说着，带我走过炎热的布满车辙的长长车道，朝他重建过的小屋走去。他的狗斯比迪轻咬着我的脚。"有十几户人家"———一户也见不到：面前是开阔的乡村，欧扎克山脉耸立在远处。"有人管这里叫霍尔曼社区，或希崎。投票站在卢瑟维尔。"

　　我附和他说这里真的很漂亮，眺望着北方牧场以外的群山，我看到有个山谷的峪口，就像地平线边缘的一个口子。

　　"这个社区大多数居民都是低收入阶层。"他说，一副就事论事的口吻，没有抱怨。如果他想起这个词，一定会说：我们是农民。他跟我一起看了一会儿远处一个谷仓生锈的屋顶，又说："全都处在贫困线下。"

　　切斯特·斯卡格斯五十五岁，但看上去年纪要大得多，因为他从小就在他父亲的农场和锯木厂干重活，最终在一个钻塔上伤到了背部，才减少了工作量。他工作了四十五年或更长时间，没有上过一天学，没有见过一个老师。罗斯年纪跟他一样大，但同样显老，头发白了，背也驼了，有些虚弱。切斯特瘦瘦的，语带嘲讽，烟抽得很厉害，有抽烟者常见的气喘，咳嗽带痰。他戴着一顶棒球帽，帽舌上绣着"切利"两个字。

开车前往斯卡格斯住处，对我来说又是一次时间扭曲的经历，像是进入了更早期的美国，一个生活更简朴的时代，极端贫困被如画的风景所冲淡。我同意切斯特·斯卡格斯的说法，这里真的美不胜收，大树环绕的草地，欧扎克山脉绵延起伏的丘陵，在夏日午间，这里的一切都是深绿色的。

"我没有看到任何农场，一路过来一个也没有看到。"

"有一些的。各式各样的。还有一户黑人家庭——泰隆·威廉斯。我们相处得很好，"他大笑起来，又点着了一支烟，"事实上，约翰逊县的人口越来越多。"

"你是这一带的人吗？"

"我在这附近出生，在家里的农场上，那里只有我们十一个小孩，五个男孩，六个女孩。除了农场，我父亲还开了家锯木厂。我们有牛、羊和鸡，还有好多木材。"

他注意到他的狗轻咬着我的脚，就把它轻轻推开了。狗翻倒在地，我看到它的腹部有一片痂。

"斯比迪很遭罪。一条铜头蝮蛇咬了它的一个乳头，皮肤都溃烂了。"

"在阿肯色我经常听到蛇的事情。"我说，想起范妮说她在马槽里发现一条锦蛇，用铲把它铲成了几截。

"我们这里有很多蛇，有些有毒，有些没毒，"切斯特说，"斯比迪发现那条铜头蝮蛇，就去招惹它，结果被它咬了。之后它倒在地上，舌头都伸出来了。它是我见过的最接近死亡的动物，连乳头都烂掉了。"

"它看上去不太糟呢。"这条狗在狂吠跳跃。

"我喂它吃了药，又给它喷了一些喷在奶牛身上赶苍蝇的东西。它好多了，四处跑。"

我们还在车道上走着，这条路更像是一条乡间道路而不是私人车道，跟灌木丛那头没有铺沥青的乡间道路状况差不多。

"现在遭罪的是我，"切斯特说，"我在农场里干过，在我爸的锯木厂里做过，年轻时还在韦恩镇的鞋厂上过班。后来，我在俄克拉荷马的油田上工作，做管道安装。"

"经常旅行吗？"

"几年前我们在德克萨斯做过几份工作。我的背伤挺严重的，什么也举不了，最后连站都站不起来。"

我们现在来到了房子前。这里其实更像是一个小木屋，或是一座原始的农舍，一棵巨大的枝叶茂盛的悬铃木下的一间低矮小屋。

"这房子以前叫'老梅茨格之屋'，"他说，"有一百五十年的历史。"

"看来你确实做了不少修缮。"

"从'住房共建项目'的帕特·阿特金森那里得到了不少帮助和建议，"他说，"木瓦是旧的，来自这里的树。胡桃树、悬铃木和橡树。'住房共建项目'提供了屋面材料。"屋顶是金属的,很重的金属板,三点八毫米厚,就盖在木瓦搭成的屋子上。"现在不漏水了。"

"一定做了不少工作吧。"

"还有门窗呢。这个地方以前就是个废墟。所有的维修都是我们自己做的,朋友们和志愿者。他们都是好人,干活勤快。我可付不起他们的工资。"

罗斯·斯卡格斯一直在听着。她说:"我的继女瑞秋十二岁左右的时候,她在拉马尔的朋友到这边来,都是同学。后来,"罗斯开始大笑起来,需要先平复一下才能继续说下去,"后来,他们说:'瑞秋住在谷仓里!'"

切斯特也笑了。"当时的状况很糟糕。"他说,似乎也同意那些嘲笑他们的女生。

现在屋顶是新的,门窗也是新的,外头的贴面都漆成了白色,镶上了木瓦。这是一间小屋,但已经焕然一新。而且因为坐落在这片树林中,从远处看上去它非常具有田园气息。它是两位健康状况不佳的人简朴的居所,他们靠什么为生呢?我没敢问。也许是残疾补助吧。

我夸这间屋子的手工很好,切斯特就顺着我的话说他在生活中学到的这一切都很实用,是工作教给他的,不是学校。

"学校没什么用,"他说,主动表达自己的观点,"只是对学习的指导,但并不能让人真正学到什么。他们可以教你代词,但又如何呢?你还是得自学。那是每个人的责任。你要在学校外学习技能。"

"我同意。"我说，想起了"愤怒的猛虎比训导过的马聪明"这句话。

"我在克拉克斯维尔干过制鞋，"罗斯说，"那是1978年的事了。我想那边现在还有些鞋厂，但也许要关闭了，搬到海外去，就像其他所有人一样。"

罗斯跟在我们后面，切斯特领着我走进屋子。我进过的每间屋子都有它独特的气味。这一间夹杂着冷汤、潮湿床褥和斯比迪的味道。两把来复枪平放在卧室墙上的枪架上，一把是三十年式步枪，一把是点二二口径，坐在床上就能拿到任何一把。在切斯特的枪箱里还竖着更多枪。我评论了几句。

"反枪支人士把子弹都买光了——政府也是如此，"切斯特说，"我知道他们将弹药囤积在哪里。松树崖军火库。"

"真的吗?"我问，"我知道目前弹药紧缺，但没想到这是有预谋的。"

"是的。我是听我的一个朋友说的。"

斯比迪还在屋外的阳光下撕咬着我的鞋跟，风吹动着悬铃木的树枝，这里的生活看起来如此简单——鸡都关在笼子里，一头山羊绑在木杆上，喜欢汪汪乱叫的狗，叼着一支烟吞云吐雾的切斯特在谈论他做过的工作，还有他和他的朋友以及志愿者们如何翻新了他的房屋，将它从一间小棚屋改造为能挡风遮雨的房子。

在房子里切斯特的举止似乎更加蹑手蹑脚，说话轻声细语，就像处在包围之中。这是一个需要来复枪的人，他相信某些黑暗的机构在囤积弹药使之短缺。房子里的散乱也是我在别处见过的——绒毛玩具、纪念品、装裱在墙上的《圣经》箴言、几个大钟，一张沙发对面有一台旧电视机。这个小客厅的基调之一就是沙发和所有的椅子都遮着带金色镶边和流苏的布套，图案有虎皮纹、斑马纹或是豹子斑点。

罗斯一直都跟在我们后面。

"我们的卧室也装修过。"她说，示意我进去，而切斯特则躲到外面去抽烟。床罩是另一种鲜艳的动物皮毛图案——宽条纹。

"我真同情想闯进来的人，"我拍着那些来复枪说，"你的枪法好吗?"

"说来话长，"罗斯放低了声音说，"有一天我从教堂回来，切斯特和他的朋友们在这里想把树上的胡桃打下来。他们什么也没打中，都打偏了，但还是在开枪。我看了一会儿，然后说：'我来试试。'"

"切斯特说：'你什么也打不中的，罗斯。'"

接着她点了点头。她歪着身子看了一下，发现切斯特听不见我们说话。

"我拿起枪，"她说，"瞄准了。那时上帝对我说：'别多想，扣动扳机就好'——于是我就开枪了。"

她开始哈哈大笑，就像之前在外面说起瑞秋的同学时一样——笑得都说不了话。

"然后呢?"

"那些胡桃到处乱飞!"她最后说，"切斯特一个星期不跟我说话，因为我当着他的面把他比了下去，在上帝的帮助下!"

待在房子里也给了她更大的信心，就像切斯特一样。我看到床头柜上有一本《圣经》，注意到它翻开的是《启示录》。

"我看到你在读《启示录》。"

"我在研究神秘的巴比伦。"罗斯举起她的《圣经》说，带着一种天真的学究语气。她吧嗒了一下嘴唇，然后小心翼翼、稳稳当当地读了起来："我就看见一个女人骑在朱红色的兽上。那兽有七头十角，遍体有亵渎的名号。那女人穿着紫色和朱红色的衣服，用金子、宝石、珍珠为妆饰；手拿金杯，杯中盛满了可憎之物，就是她淫乱的污秽。在她额上有名写着说：'奥秘哉，大巴比伦，作世上的淫妇和一切可憎之物的母。'我又看见那女人喝醉了圣徒的血和为耶稣作见证之人的血。我看见她，就大大地稀奇。"

她把书放在床头柜上，还是打开着，就在来复枪下面。

"强有力的文字。"我结结巴巴地说，一时找不到什么话，而是想起切斯特说过的"上帝的国度"——这个词突然有了一个新的含义。

"我想就此写一本书，"罗斯说，"我们就像索多玛①和蛾摩拉②，它们都被上帝毁灭了。同性恋现在占了上风。他们都当上了政府官员呢。他们还能结婚。但他们不该如此。《圣经》里也说了，他们不能有孩子，这全都是一个征兆。"

---

① 索多玛，这个地名首次出现在《圣经·旧约》的记载当中，这座城市位于死海的东南方，如今已沉没在水底。据记载，索多玛是一个耽溺男色而淫乱、不忌讳同性性行为的性开放城市。
② 蛾摩拉，《圣经》中的淫城与邪城之一，象征神对罪恶的愤怒和刑罚。

"那你觉得是什么呢？什么的征兆？"但我知道她要说什么。

"我们处在末日时代，"罗斯·斯卡格斯说，"我相信这是主要征兆之一。"

"保罗写给提摩太的信。"我说。

"你对《圣经》也很了解嘛。"

"几周前我在收音机里听过。"我说。你该知道，末世必有危险的日子来到……

我急着想离开这座房子，它的天花板那么低，还有令人窒息的狗味和房主对《圣经》这种奇怪的笃信。我走出房子，太阳又一次在我头顶照耀，我和切斯特坐在胡桃树下，只是闲聊。他用一只手挠着斯比迪的头，另一只手抽着烟。

看到这间修葺一新的房子让他很安心，我从他随意的几句话可以看出他爱这个地方，他生于斯长于斯，就在这条土路的那一头，他现在别无他求。他爱罗斯，对她很是照顾。他爱他的狗斯比迪，非常疼爱。有了这间整修过的房子，想办法勤俭度日，虽然是粗茶淡饭——"都在贫困线下"，他是这么说的，他们并不惧怕老去。

油炸巧克力

避开小石城——我想回头再去，我开车穿过阿肯色州来到布林克利，到的时候已经很晚，以为这座城镇的店铺只是夜里都关了门。但第二天，大白天里我看到整座城镇的商店似乎是永久关闭的，主街上什么人也没有，商店都封闭了，房子破旧，而且这里还不是乡村腹地，而是距离州际公路不远的一个相当大的城镇。

我寻找一个吃饭的地方，找到了许多夫妻小店、灵魂料理餐厅，一间叫"布林克利乡村厨房"。在"市场和运动用品店"我看到一块写着"午餐特价"的招牌，就走了进去。在一张长桌边上，坐着十四个穿工装的白人男士，他们吃着午餐。听到门铃的叮当声，他们从放着炸牛排和土豆泥的盘子上抬起头，一副质疑和不满的表情，二十八只不停打量的眼睛就这么瞪着我，一声问候也没有——我在南方已经习惯彼此见面打招呼的氛围，这情形让我觉得很奇怪。他们一手拿叉一手拿刀，满脸狐疑。

"只要一罐汽水，谢谢。"我对一个围着围裙的女人说，一边挤到后面的冰柜前，拿出一罐，付了钱立刻离开了。我觉得有些害怕，就像刚刚冒冒失失地闯入了一个私人派对，从某种程度上说，也确是如此。

在布林克利的另一家餐馆是"妈妈餐厅"，路边一间小小的单间农舍，让我想起纳尔逊·艾格林①在他的小说《走在狂野的一边》里清楚阐述的三个原则中的警告："千万别在叫'妈妈手艺'的餐馆用餐""千万别跟医生玩牌"和"千万别跟麻烦比你还多的女人上床"。

我开车回到"基恩烧烤店"，吃了一堆炸鲶鱼和豇豆，之后

---

① 纳尔逊·艾格林（1909—1981），美国小说家，主人公通常是遭到社会遗弃或不适应社会环境的人。

他们问我要不要甜点。

"要油炸馅饼吗?"

"从来没吃过。"

"你会喜欢的。巧克力馅饼,用面糊裹巧克力,炸得酥脆。你笑什么呢,先生?"

要非常努力才能出人头地

2005 年,布林克利一度出现游客井喷,因为据当时报道,在其城外的低洼地带的沼泽密林中发现了一只现在已经灭绝的象牙喙啄木鸟。观鸟者从各地纷至沓来,想核实这则出人意料的新闻,但没人再见到过这只翅膀张开有三十英寸长的巨大黄眼鸟儿,于是这座倒霉的城镇又陷入沉寂。所谓的发现让这个地方繁华了三年,但现在它与南部其他城镇一样:主街破落,充斥着廉价商店,工厂关门大吉。

我到布林克利来,是想见来自三角洲利县奥博利(人口:221)的卡尔文·金博士。他在阿肯色州出生、长大,在当地受教育,然后致力于(据他自己说)扭转这一带黑人失去土地的情况。三角洲许多黑人都是农民。他们因为各种各样的原因失去了自己的土地,也失去了自己的生计。金博士想看到黑人们回到田地上。

金博士自己就来自一个农民家庭,是我所见过的可敬的人之一,有着贫困的童年,但致力于用他们克服时艰的经验来帮助他人。与帕特·阿特金森一样,金博士也来自一个贫苦的大家庭。

"我在十一个孩子中排行老幺。"他说。他的办公室在布林克利城外公路边一个叫法戈的村庄里的一栋砖楼内。他六十岁，一副学者模样，穿着很正式，大衣加领带，留着胡髭，很有自信，有一股安静的力量。"那么多孩子——你要非常努力才能出人头地。四个男孩和七个女孩，我们有九个人上了大学，现在他们是教师、护士和大学教授。"

"这样的教育真是令人叹服。"我说。

"我爸爸对教育的态度是非常认真的，"他说，"我的哥哥姐姐们一回来，我就像是在上学，从他们身上学到很多东西。"

"奥博利当年的学校是什么样的？"

"不够好，"他说，"为了上学，上那些好学校，必须去远一点的地方。我在玛丽安娜上的高中，离我家十三英里。我住到一个亲戚家里去——那是五六十年代的事。我们的学校是在1971年才实施种族融合的。小石城的融合则更早些。"

"种族隔离的学校啊？"

"从种族的角度看，是泾渭分明的隔离。"

"在那样的环境中，你是怎么做到的？"

"'谁也别怕，'我爸说的，'只须敬畏上帝。'他的信心很强，这帮到了我们。"

"他得养育十一个小孩呢。"我说。

"食物啊！"这个念头让他笑出声来，"我们有很多吃的——我跟哥哥姐姐们相聚时总说起我们有多幸运。我们不知道自己很穷，根本没有意识到。"

"农场有多大?"

"我爸爸一开始是租地来耕种的,最后终于买了地——在七八十年代达到了大概一百英亩。但第一个把农产品拿去卖的是我们家。我们总是有很多收成。"

想想卡尔文·金博士出生在 1953 年,他的哥哥姐姐则生于那一年之前,他父亲斯德尔林·金似乎在租来的田地里耕种了很长时间,然后才得以买下一些土地。在租来的田地里,他种经济作物和棉花大豆,还有供自家人吃的蔬菜,但他的存款极少。

"我们有牛、羊、猪、鹅、珍珠鸡和一块我们称之为'交易地'的土地。我们在上面种各种东西——我们所有的蔬菜、豆子、玉米、豌豆、甜菜和西瓜。"

"你母亲也参与了所有的耕种吧,我想。"

"我妈妈是一个非常出色的主妇,"他说,语气里带着自豪,"她总是腌制东西再装进罐子里——桃子、梨、苹果,应有尽有。我爸爸还有一间烟熏室。我们吃自己加工的东西。他熏肉块和火腿。我们总有很多肉吃。"

"你怎么做到一边学习一边在农场上劳动的?"

"我们每个人都有一个任务,"他说,"现在在三角洲也有些人这么做,也许不是很多。我永远都不用打暑期工。农场上总有活要干。我们吃自己做的糖浆。我们要给甜高粱剥皮,用来榨糖浆。不只是我们家,其他很多人也这么做。"

"你们把自己做的东西和糖浆卖了挣钱吗?"

"我们创建了一个物物交换的体系。我妈妈会对某个人说:

'我想要一床被子。'过一阵子又会说：'我有一头猪。'我们杀那头猪的时候，社区里的其他人就会来帮忙，我们就分一些猪肉给他们。"

格林斯伯勒的雷夫·莱尔斯跟我说起过他小时候在亚拉巴马类似的故事，带一只鸡或一些鸡蛋去给医生当诊金。弗洛伊德·泰勒的家也做糖浆。这是南方农耕文化的共同之处。

"打猎呢？"我问，"我不时会见到一些还以打猎为生的人。"

"我爸爸以前打兔子和松鼠。我们晚餐会吃焖炸松鼠，淋上酱汁加上土豆。晚餐很丰盛，大概有七道菜。有时我们吃珍珠鸡。"

"那又是怎么做的？"

"有填料的珍珠鸡，"他咽了一下口水说，就像那些说起自己最爱的一道菜的人，"我记得是，先煮一下珍珠鸡，煮出汤汁。做玉米面包。拿起珍珠鸡，往里头填一些填料，然后连同填料一起烤，非常美味。"

"浣熊呢？你们吃吗？"

"有时也吃，"他说，"我爸爸很喜欢松鼠。但它们很小，一餐要三四只才够。松鼠肉包，跟鸡肉包是一个做法。"

"我在阿肯色州各地都听到过这种说法——烤浣熊、焖炸松鼠。就像是另一个时代的食谱。"

"这里的人还吃这些东西，"他说，"但我们有很多其他的食物。我们有奶牛，所以当然有许多黄油。我和我的姐姐总回忆起我们以前从学校回家，晚餐总是有鸡肉或火腿。"

"请跟我说说你的妈妈。"我说。

"我妈妈叫杰西·希尔，出生在三角洲的菲利普斯县。她有一部分切罗基血统。"金博士的轮廓有着他妈妈的影子，棱角分明的下颌和内双的眼睛。"她在咖啡溪镇长大。我妈妈做的午餐是最好吃的，我所有的朋友总是赞不绝口。她在芝加哥有亲戚。我们以前会给他们寄食物，腌制的或罐头的水果和熏火腿。"

这些是关于一个完整家庭的回忆，他们性格温和，勤奋工作，自给自足。这些回忆中有美味的食物，还有寄给芝加哥饥饿思乡的亲戚们的食物。

与我所遇到的其他人一样，金博士的成长历程决定了他的人生道路。从琼斯伯勒的阿肯色州立大学毕业之后，他又在小石城的菲兰德史密斯学院修了一个高级学位。他当时已经有了要帮助改善农民生活的计划，之后于1980年在布林克利成立了阿肯色州土地和农场开发公司。他在农场长大，学到的都是他父母坚定的价值观；他食物富足，学到的是自尊和敬业。他的使命具有浓重的个人意识。

"这个机构的目标是转变农民失去土地和家庭农场衰败的局面，"他说，"住房是我们的另一个关注点。还有年轻人的服务。"

"你们的客户是什么样的?"

"低薪阶层。我们有些客户打两份工，但还是没钱，生活不稳定，没有房产。"

等待租房的人非常多，有两百多人的房子需要修缮或重建。

"我们建设了我们称之为'安全社区'的地方，"他说，"你必须符合资格。我们有一些规定和要求，要核查背景，然后才能接纳你。整个流程就像买房或办信用卡一样。"

布林克利正在衰落，他说。失业率是全国平均值的两倍。所有的"基础设施"一应俱全——道路、供水、铁路，都是过去建造的，但是就是没有就业机会。三洋公司来这里办过厂，从1977年开始制造老式的显像管电视机，但已经关闭了，现在也不再生产。他们没有升级附近的福利斯特城车间，制造更新型号的平板电视机，而是将生产外包到墨西哥边境的提华纳市——廉价劳力、免税、没有工会，进口到美国也很便捷。

"你们那边的人来这里教书，"金博士说，"他们说：'我不敢相信这里的情况居然还是这样！'"

"我在这里看到的很多情况是第三世界才有的，"我说，"但我也遇到很多很不错的人，他们中许多人就做着你现在在做的事情。有进步了——也许是一小步一小步的，却是能改变生活的。"

"要想有进步，我们必须有共同的愿景——有集体意识，"金博士说，"我们需要坐下来一起讨论。坦白说，有些白人说：'有什么问题吗？'我们有学校，是私立学校，玛丽安娜镇的李氏高中，还有菲利普斯县的奇才高中。他们没有意识到我们这些人所面对的情况。也并非所有的白人都这样，是那些有钱的白人，没有共同的愿景。"

"克林顿基金会有几十亿的资金，他们拨款到世界各地去。"我对他说，就像我对拉塞尔维尔的帕特·阿特金森说的那样。这似乎是个明显的问题。这个基金会非常富有，而且时不时地——如果你去看看它的网站，你就会读到前总统许诺将钱拨给非洲或印度的项目，或是："切尔西·克林顿在她十天的非洲人道主义之旅中拨冗会见受益于她的艾滋病工作的孩子们……"我问："你看到过他们的任何拨款吗？"

"没有，"金博士阴郁地说，"我们没有收到克林顿基金会或全球倡议组织的任何援款。"

"你想要吗？"

"是的，"他点头说，"我们非常欢迎这样的援助款项。"他又补充说："我们有许多在家庭农场上辛勤劳作的人。整个三角洲都有。"

"我想见一见一些人。"我说。

"我正盼着你这么说呢。"

低薪阶层

阿肯色州有着美丽怡人的自然风光：蜿蜒起伏的花岗岩山丘、绿柳婆娑的潮湿河畔、粗糙的石墙围住的草地和耕地。但这是一个贫困、饥饿、缺乏思考且住房破旧的州，乡村地区更是出了名地艰苦——在某些县，几乎有百分之三十的人生活在贫困线下；阿肯色州的儿童，四个中就有一个处于饥饿状态，即"缺乏食物"。

根据我看过的一份刚刚发布的美国农业部报告，这个州"缺乏食品保障"的人口总数惊人。"根据报告，"阿肯色州事务网站上（2013年9月5日）说，"在阿肯色，有百分之十九点七的人，差不多就是五个人中有一个，不知道他们的下一餐在哪里。"这是你在斯里兰卡才会看到的数据——其实，我也核查过了，阿肯色州缺乏食品保障的人数基本上与斯里兰卡一样。而斯里兰卡是一个岛国，正努力想要克服最近和长期的种族战争带来的负面影响。

阿肯色州许多失业问题——还有饥饿，与它制造业的衰败有关。在与金博士的三角洲农民见面之前，我还有些时间，于是我就去寻找因为产品外包而失去工作的人。有一个是个自称"迪"的乐呵呵的女人——"其实本来也不叫迪的。我改了名字是因为日本人发不出奥德莉雅这个音。"她现在六十九岁，在离布林克利不远的福利斯特城的电子厂工作了四十二年。就像我在阿肯色州遇到的大多数低薪阶层一样，她没有抱怨，但很有见识。

"一开始不是三洋公司，"她说，"是西尔斯属下的华威电子厂。那是好多年前的事了。我们主要生产电视机，但公司破产了。那是七十年代末。三洋公司买下了工厂，投进了许多钱，扭亏为盈。真是一间非常大的工厂。"

三洋搬到了福利斯特城，他们接手了电视机的生产，为四千人创造了就业机会，成为八十年代初期全国报纸商业版最重要的报道之一。《日本人在阿肯色州的工厂扭亏为盈》是1983年《纽约时报》的新闻标题。他们跟工会达成协议，升级了工厂，投资一千四百四十万，新的电视机是升级产品，他们还引进了质量监控体制——西尔斯管理的时候，残次品率达到了百分之十。当时大多数新工人都是黑人，虽然迪是个白人。

"人们在乎你，"迪的一个同事1983年接受《纽约时报》采访时说，"质量监控方面有了更多努力，更好地坚持了标准。他们更关心工人。管理层愿意下基层听取工人的意见，看看如何让他们更多产，更能把工作做好，看看他们能如何让工人工作得更轻松。"

福利斯特城的经济得到了拯救，日本经理们成为当地高尔夫俱乐部的会员——虽然那时依旧没有黑人会员。大概有十年，一切都是美好的。接着，到了1994年，随着电视机技术的升级换代，他们需要更多投资和设备更新，而且北美自由贸易协议也签署并实施了。

"我们有机会重建世界，"1994年11月在签署条约的时候克林顿总统说，"再过一会儿，我就要签署北美自由贸易协议，使其成为法律。这个协议将会摧毁我们三国①之间的壁垒，将创造世界上最大的贸易区，单是1995一年就能为这个国家创造二十万个就业机会。"

但那是福利斯特城终结的开端。从那一天起，在克林顿的家乡州，三洋公司开始缩小其在福利斯特城的工厂规模，将它的制造业搬到墨西哥去。福利斯特城变成另一副鬼城的样子，高失业率，店门禁闭的商店，除了一家沃尔玛和一些快餐店几乎没有其他了。

"我们的经理很好奇，就去了提华纳，"迪对我说，"现在是免税的了，没有工会。他说那里的工人非常年轻。他们的手很

---

① 指美国、加拿大和墨西哥。

小巧，可以灵巧地安装零件。他们饱受饥饿，工资也很低。"

迪现在在一家汽车旅馆兼职。朱莉也是，我大概同一时间在西边更远的一座镇子里见到了她。朱莉很瘦，六十多岁，是个汽车旅馆的职员，烟瘾很重，没有牙齿，很吓人的义膜性咳嗽，乐呵呵的，但人很憔悴又病快快的，就像帕特尔开的这家汽车旅馆。我的房间味道很难闻——床铺肮脏，地毯残破。破烂地毯强烈的臭气让我睡不着觉。即使是大堂，朱莉的烟头都悄悄扔到后门外头去了，还是其臭无比。

"这里没有什么工作可做，只有六七个墨西哥人住在一个房间里，也不用交税。"朱莉说。她跟我说了她的故事，但事先警告我说那是个失败的故事。"在一家衬衣厂工作了许多年。我们做法兰绒衬衣、州警的制服和高品质的服装。现在都转移到海外去了——中国、多米尼加共和国，上帝知道都去哪儿了。"

"你当时做的是什么工作？"

"问题就在这里。说起我的工作，那就是拆掉'洪都拉斯制造'的标签，再缝上'美国制造'的标签。当时是八十年代末期到九十年代早期。我说：'这不行啊。'然后就不干了。过了不久，整家工厂都倒闭了。现在什么也没有了。四个红灯，一个沃尔玛，就跟其他多数地方差不多。"

"然后你就到这汽车旅馆来了？"

"不是，"她说，然后抽了一口烟，"在伯里斯找了份工作，造橡木抽屉和柜门的。"朱莉又长长地吐了一口烟，把烟都吹到门外去，用她瘦骨嶙峋的手将烟雾拨走。"它们被买光了。然后我们就用了非常廉价的沼泽地橡木，很多木疙瘩的那种，什么也造不了。2000年我失业了，本来理应有养老金的，但他们没有给我。"她又抽了一口烟。"还在仲裁中，他们是这么说的。于是我就到这里来了。"她把闪着火花的烟头弹到停车场里去了。

在沉默中——我不知道该说什么，她陷入了回忆。

"我所做的只是开车到下一个出口。我回到家里，放出狗，穿上睡袍，看电视。"她耸了耸肩，从皱巴巴的烟盒里拿出另一支烟。"我几年前离婚了。孩子们走了，前夫也走了。我在这里工作，如果你觉得这也叫工作的话。就是这样了。"

路上被轧死的动物

在阿肯色，你可以在最漂亮的山谷和河谷中看到最穷的城镇和最潦倒的居民，低级丑陋的小房子和简陋的活动房屋掩映在美丽如画的风景里——柔软翠绿、林木茂密、绵延起伏的山峦，缓缓流淌的混浊河溪。我绕开小石城，离开州际公路向西驶往阿特尔斯、奥扎克和穆尔贝里等几个小村庄——每一个都像它们的名字那么吸引人，"阿肯色葡萄酒乡村"，一百三十年前来种植葡萄的德国人和瑞士人就定居在其中一些村落。对那些酿酒厂和餐馆的评价不一，甚至可以说有些对立，但蜿蜒的公路却是非常怡人，绿树成荫，两旁是一些牧场，马儿和牛羊在上面悠闲地吃着草。放缓车速，欣赏风景，凝视着金色的夕阳斜晖中一团团嗡嗡乱飞的小昆虫，就已经让人身心愉悦了。

"听说了暴风雨要来吗？"在阿特尔斯一个加油站，一个摩托车手问我。他刚刚从孟菲斯过来：他骑摩托车在这个国家南北来回跑。"龙卷风要来了。我要去史密斯堡避一避，等它过去。"

也许是因为道路急剧起伏，靠近野兽窝和养殖场，还有那些矮树丛和夜间动物的巢穴，但我在这段四十英里的乡村公路上看到比之前几百里的高速公路上更多的被汽车轧死的动物。

一副疲态的河边小镇奥扎克中，引起我注意的是它那个安静的广场，周围是一座样子还挺舒适的监狱和一个禁止进入的法院。镇子边缘一家叫"江城烧烤"的店铺笼罩着一股香喷喷的烤肉味。与这个州这一带的大多数城镇一样，这里的居民主要是白人。我看到一块招牌在广告城外的巴特波尔 [①] 火鸡：奥扎克最重要的收入来源，它的巴特波尔火鸡加工厂——附近的九十个火鸡农场供应火鸡，几年前经常在新闻中被提起。当时善待动物组织（PETA）发布了一份卧底调查报告，标题是《巴特波尔恐怖屋》。这份报告详细描述了其屠宰场的残酷，有些是故意要寻找刺激的，余下的一些步骤则是工业化的杀鸡和装袋方法——一天要屠宰和装袋的火鸡达到五万只，临近感恩节时则更多。农业部对此进行了调查（详见2011年11月23日的《纽约时报》），这种虐待动物的做法得到了纠正。奥扎克没有因那些咯咯叫的注定死亡的绝望火鸡而繁荣起来，但还是幸存了下来。

在"江城烧烤"外面，我对一个骑车人说："我听说暴风雨

---

① 美国最大的火鸡供应商。

要来了。”

"龙卷风,"他说,"待着别动就好。它会过去的。"

他推荐了"江城"的排骨,菜谱上有裹面包屑油炸的腌制芦笋、炸绿番茄、淋上浣熊油酱汁的负鼠肉包,还有洒了著名香料的奶油负鼠肉。我吃了鸡肉沙拉,配菜是炸秋葵,然后继续在这条可爱的公路上驱车前进。

在穆尔贝里这座空旷无人、穷困潦倒的乡下城镇里,男孩和男人、黑人和白人都一头扎进破烂的垃圾堆里,翻找还能用的废品。在他们附近的公路上,一群乌鸦好像是在模仿人们的行为,正忙着啄食路上被轧死的动物那些红色的肉块。

磨洋工的小伙子:"就是一间小得不行的破旧冰毒实验室。"

第二天,在阿尔玛城外,我打算把整一天都用来参加两项南方的周日活动,教堂布道和一场广而告之的枪展——总是能见到友好的居民,倾听到他们强烈的观点,吃到很多食物。但两个活动都因为可怕的天气预报而被取消了。

"龙卷风就在俄克拉荷马城外。"在一家便利店的停车场,一位熟知天气的女士对我说。她行色匆匆。"我要回家去了。"

天色阴沉得像黄昏,但还是没有暴风雨的迹象。我开车离开主干道 71 号高速公路,开上了一条土路,沿着一道斜坡开进了树林,经过一些小屋和活动房屋。在斜坡顶上,道路变成了泥泞的小路,我来到了一间摇摇欲坠的房子面前——小屋位于一块废弃土地的边上,那里丢弃着许多旧鞋、破衣服、旧轮胎,轮毂盖插在土里，被扭断的小孩破玩具、挂在灌木上乱糟糟的塑料袋，散落着瓶瓶罐罐和碎玻璃片——一间破烂小屋，旁边堆满垃圾。

这是深南腹地山里潮湿的一天，阴云低垂，然而院子里那个年轻人还是光着脚，穿着人字拖，在碎玻璃上走着，他后面的女人穿着破烂的短裤和一件卫衣，还有一双牛仔靴——奥扎克的工作服。他们杵在高高的杂草附近，弯腰扒拉着，带着食腐动物的专注，一边往一个塑料油桶里装废弃的瓶子和啤酒罐。一个光脚的小孩和一条狗跟在他们身后，碍手碍脚的。

我把车停在路边，打量着他们的房子，他们也没有抬起头来，锡板屋顶有一部分被撤掉了，门廊也歪到一边，窗户裂开了缝隙。他们就像发现了这间废弃房屋的陌生人，在院子里的碎石间拨弄着，翻看着那里的垃圾，将房子据为己有，这件事情做完之后，他们就要进入屋子了。

但他们就住在这里，山上这个简陋的地方就是他们的家，那个光脚的小孩是他们的孩子，那条流着口水的狗也是他们自己的。两人都是三十出头，听到我说迷路了想问路，他们都笑了。其实那只是我想让他们卸下防备的一个小伎俩。

他们也提到了即将到来的暴风雨，说那又是一件要担心的事，就像这萧条的经济和失业问题，这两个问题也成了我们交谈的话题。

"但我是有工作的，搬车库门。"那个小伙子说。他又开心地说："我上周工作了五十二个小时，我还在等待更多的工作。"

磨洋工的小伙子："就是一间小得不行的破旧冰毒实验室。"　　533

那间车库门工作坊就在公路往南去的芒廷堡镇郊。

"那座镇子什么也不是，从来都很糟糕，"他说，"这里没有工作。我们都在艰难度日。"

他太太正把啤酒罐和塑料瓶扔进油桶里，从力度看，她似乎想说点什么，那就是：我在干活，而你居然穿着人字拖站在那里聊天。但我想：这家人就是低薪阶层的准确写照——干的是钟点活，搬车库门，跟他们光着脚的孩子住在这么一间废墟一样的房子里。

我是多么幸运啊，作为一个陌生人来到奥扎克的这条乡间道路上，这个快乐的小伙子还欢迎我，乐意回答我冒昧的问题。这种友好是阿肯色讨人喜欢的特点之一，另一个则是碧绿迷人的风景。

"这附近有什么黑人家庭吗？"我问。

他笑了，缅因州巴港或南塔基特岛上的白人听到同样的问题也会这么哈哈大笑的，因为他们觉得这问题很荒唐。

"这里没有黑人——一个也没有，"他说，"芒廷堡从来就没有住过黑人，我怀疑他们永远也不会住到这儿来。"

"但阿肯色州半数人口是黑人。"我说。

"没有的事，"他说，"连百分之二十都不到。"

他说得对，数据是百分之十五。

"要等你越过州界，比如在康威附近，才会看到黑人，"他说，"这里全是白人，那里全是黑人——就是这样。"

"我还没好好了解过康威。"

"我定期去那里，"他哈哈大笑起来，在湿漉漉的草丛里晃动着，"去给我老爸探监。他现在在哈里森——布恩县监狱。那地方也不太糟糕，但伙计，他在一间正规的老监狱里服刑好多年了。"

"好多年？"我问。

"他被判二十年，但要坐牢十一年——我想那就是很多了，"这个小伙子说，然后点点头补充道，"他一个月后就出狱啦！"

"你一直去监狱里看望他？"

"几乎每周都去，"他说，"他被定罪的时候我二十一岁。我现在三十二了。我还是定期去看他。"

"我可以问问他犯了什么事吗？"

"是毒品，"他说，"他在这里制毒。"他指的是一间比近处的屋子更摇摇欲坠的小棚屋。"嗨，他不是毒贩。他只是制毒自己用。"

"可那是一间毒品实验室啊。"我说。

"就是一间小得不行的破旧冰毒实验室，一个房间里摆着几个罐子！那算什么啊。但有人举报了他——一个对他心怀怨恨的人，也许是一个想要那些货的人。"他摇了摇头，又微笑了起来。"这是他第一次犯罪！结果被判了十一年！"

看到妻子在瞪着他，这小伙子捡起几个罐子，将它们扔进桶里，发出丁零当啷的声音，但他依旧说着。

"他进去的时候是个披着长发的瘦子，现在都成了胖乎乎的老人，因为整天都坐着呗。头发也剪短了。"

"他出来后会怎样？"

"不怎么样。他可以帮我修修房子，但就这样了。他不会找

磨洋工的小伙子："就是一间小得不行的破旧冰毒实验室。"

到什么像样的工作。坐过牢的人是没什么前途的。"

"在那间旧棚屋里制毒自用,判得似乎是久了点。"

"是的。那么多年,人生全废了。似乎不公平,"他踢着草,小心翼翼地回头看了看他的妻子,弯腰捡起一些罐子,"但他不得不付出代价。"

我还想多谈谈,想多了解一些情况,但是我又觉得遇到这么坦率、开心、克制的小伙子非常幸运。我是一个开车从潮湿的低云里冒出来的陌生人,在他的屋子边停下车;十五分钟不到,他就跟我说了这么多他生活的细节。

"我太太觉得我在这里磨洋工了,"他说,"我得回去工作。你保重。"

我回到德里克·沃尔科特①唤起人们回忆的长诗提到过的高速公路上。《阿肯色的誓约》是他最好的诗歌之一,说的是南方的种族和历史。

薄暮

沿着 71 号公路

渐渐弥散

散入慢慢下沉的太阳

金属般的闪光中

漫过布告板、店面和标志牌……

---

① 德里克·沃尔科特(1930—2017),生于圣卢西亚,诗人、剧作家及画家,出版过戏剧集和多种诗集,1992 年获诺贝尔文学奖。

《旧约》天气：棒球大小的冰雹

我在一家汽车旅馆醒过来的时候，发现人们说了好几天的暴风雨最终成为早上六点的新闻快报"严重暴风雨警告"。这家旅馆在阿肯色西部的阿尔玛镇，就在俄克拉荷马边界上，南部腹地的西端。这里的暴风雨相当频繁，特别是龙卷风，经常呼啸着掠过那一片被称为"龙卷风走廊"①的平原地带。龙卷风因为没有受到任何山脉的阻挡，所以速度会更快，所到之处草倾苗催，玉米秆被拔起，一切东西都被撕成碎片，活动房屋变成废墟，树木倒伏。天气预报说还有更多的龙卷风和疾风暴雨，还有一个词引起了我的注意："棒球和高尔夫球大小的冰雹。"

"我想问题是美国碰巧有夸张和无常的天气。"我的朋友乔纳森·拉班曾经在信里对我说，当时我跟他说起美国游记作者爱在书里写一些夸张的虚假磨难。他还说："我从来没有见过我在蒙大拿所见到的与《圣经》中描述那么像的雷暴——它们就像是《旧约》中风暴的再现。龙卷风走廊。极端干旱。1993年的密西西比洪水。或是1820年左右的新马德里地震，据说当时密西西比河的河水倒流了一周。"

也许是《圣经》里所描述的雷暴引发了南方那些末日主题

---

① 龙卷风走廊地带从落基山脉延伸到阿巴拉契亚山脉，平均每年这里会形成1,000次龙卷风，风速高达到400公里/小时，沿途经过的农田、房屋、人和牲畜都被摧毁殆尽。俄克拉荷马城和塔尔萨之间44号州际公路沿线被称为"I-44龙卷风走廊"。

的布道，这种天气满是世界末日的气氛：一切都预示着末日就要到来。

发布了"龙卷风预警"。"棒球大小的"冰雹听上去很要命，就像从愤怒的天空倾泻而下的白色岩石雨，穿破屋顶，砸烂窗户，砸碎你的头盖骨，让你断掉几根骨头。《旧约》中描述的天气，似乎也是盛怒的上帝的审判，另一个例证就是纷纷落在你头顶的冰块。

我一直觉得意外，甚至震惊于南方这种剧烈的天气——极端的高温、猛烈的风暴。但就算如此，这个警报似乎也有些过度戏剧化了。接着，在我这种将信将疑之中，让我吃惊的是，几个小时后第一场雨落在了阿尔玛。铺天盖地的暴雨，模糊人的视线，引发了突如其来的洪水。我上车的时候，雨已经开始下了，就好像在洗车：我坐在车中，与世隔绝，车子湿透，前方完全看不见，道路被大雨冲刷着，风越刮越猛，拍打着树木，刮得小树东倒西歪，我觉得它们会被拦腰折断；但它们摇摇摆摆又挺直了树干，然后又向混凝土地面弯下腰去，猛烈地点着头。

我无法适应这种路况，只好将车停在路旁等了一个小时，雨像小瀑布一样顺着车窗哗哗往下淌，一道道闪电把近处的小屋映得惨白，一声声炸雷将屋子的木板墙震得直晃。倾盆大雨将我团团裹住，雨水拍打着我的车顶，发出很大的噪声，还有一条洪涛滚滚的溪流出现在之前还是红土沟和人行步道的地方。这一切将我与这个世界阻隔开来。雷声轰鸣，就像一个有着饱满音节的洪亮而含糊的长单词，在一道绿色和金色的闪电闪过之后，从一个巨人的口中喊出来。我的天哪，我在公路上开车旅行了这么久，终于出现了一次痛苦的考验。

但这是一次虚假磨难。雨停了，留下一洼洼的水，草地全被水浸没了，树枝低垂——还有蒸汽，像是暴风雨呼出的气息。还有寂静，我刚刚避雨的路边小村子突然陷入了宁静。我觉得这一切应该是过去了，暴风雨离去了。

空气还是很闷，天空黑沉沉的，潮湿停滞的空气让人觉得非常压抑。我下了车，站在湿漉漉的草地上盘算着该往哪儿去，或是到底该不该去。

"你好啊。"

一个披着塑料雨披、大步流星的男人向我挥了挥手，他身后还拖着一条狗。

"它吓坏了，"这个男人说，"我们刚刚被困在路上。现在要回家。"

"大风暴啊。"我说。

"这还不是风暴，只是下雨罢了。更糟的还在后头。"

"你是说龙卷风预警吗?"

"龙卷风警报。"

"有什么不同呢?"

"已经有人目睹过一个了。也许还不止一个。往这边来的。应该今晚就到。"

这么说，现在仅仅是个间歇。我又沿着 71 号公路往北开，然后回到州际公路上，雨又下了起来，这次更柔和些。我在康威镇里转悠，但因为风暴警告，大多数的商家都关门了，街上也看不到人。我买了一个三明治，坐在车里把它吃了。在小石城那边，雨更大些，风也猛烈起来，我觉得不能再上路了，于是找了家汽车旅馆住了下来。

"我告诉你，我们这里有龙卷风预警。"前台的女人说。她一脸严肃和平静，一边说话一边用一根手指不断捻弄着一缕黑头发。她的工牌上写着"杰米"。"拿着这个。"

她递给我的是放在柜台上的一堆印刷品中的一张。上面的标题是《龙卷风须知》，列出了很多项目进行解释（"龙卷风预警"是指天气条件适合生成龙卷风），还有庇护和疏散指南。

"如果情况紧急，我会打电话到你房间去，"杰米说，"你可以跟其他住客躲在楼梯底下，或是躲到浴盆里去。"

这种可怕的警告加上具体的指令（"躲到浴盆里去"），说明第二天早上之前肯定会发生某件会载入史册的重大事件。游记作家总是很喜欢普通人宣告的坏消息，想着寻找写作素材。狂暴的天气听起来富有戏剧性，最糟糕的天气能够折磨一片土地，让它显得轮廓分明，给予它一副脸孔和一种情绪。

在大雨滂沱的公路上开车让我非常疲惫。我上了床，睡得很沉。电话没有响。第二天上午七点我下楼的时候，发现那里有三个激动不安的年轻人，一男两女，正把一堆乱七八糟的随身用品搬上车——不是传统的行李，而是一些黑箱子，装技术设备的那种。

"出什么事了？"我问。

"你没听新闻吗？"

"我睡着了。"

"我们一晚没睡。真是棒极了，"那个小伙子说着，将系在一根长棍上的麦克风扔进车里，"有八个龙卷风。"

龙卷风昨天夜里已经刮过了，将我曾经过的小石城的两个郊区都夷平了。龙卷风正在寻找，但没有找到歇息的地方。维洛尼亚和五月花镇受到了正面袭击。

"我们到过五月花镇距离龙卷风不到两英里的地方，那里一片狼藉。"这个小伙子说，因兴奋而提高了调门。

很奇怪，他听上去很开心，甚至有些莫名其妙的狂热。我问他为什么这么开心。

"我们是风暴猎人！"他喊道。

他叫斯蒂芬·乔纳斯，是位于诺曼的俄克拉荷马大学气象学院的学生。他追踪龙卷风进入阿肯色，遭遇了狂风暴雨，拍到了风暴气旋和旋转的碎片残骸，录下了暴风的呼啸。拍摄闪电是乔纳斯的特长之一：因为大雷雨有助于龙卷风的形成，他已经拍摄了许多划破长空的霹雳照片。

"我想我们是疯了。"他说，但不是那个意思。他是说他们充满了热情。他还在匆忙地往车上装东西。"我们要到密西西比去，也许再多拍些照片。龙卷风今天会袭击那里。"

"如果龙卷风来袭，而我当时正在车里，我该怎么办？"

"别停到高架桥或矮桥底下。风会汇集成漏斗状——那会让你送命的。最安全的地方嘛，信不信由你，是洗车店。"

然后这些风暴猎人就驱车离开了，朝着密西西比州和龙卷风行进。

那天灾后，小石城的《阿肯色民主公报》头条就是"龙卷风致死人数已达十五人"，还描述了贯穿小石城和阿肯色州中部三个县的"长达四十英里的受灾带"（我正好去过那里，但躲过了变化无常、不断前行的暴风雨），"然后龙卷风又回到了云层中"。所有的预报都是准确的，这场暴风雨如预测的一样致命，也许还更致命。它曲折向北行进，越过了州际公路，"损坏了许多休闲车，掀翻了超过八万磅重的各种活动房屋"。

它绕过了康威，但在更靠近小石城的地方，它将维洛尼亚和五月花两个镇子夷为平地，现在那里夜里七点就实行宵禁，到处是一堆堆的碎屑、一棵棵倒伏的树木，房屋成了碎片和木架。报纸上是各种有关不幸者的报道，有被困地下室的、被掀到窗外的、被压在塌墙底下奄奄一息的。几百个人去庇护所避难，现在依旧待在那里。

《龙卷风沿线三千住所被夷平》是风暴发生两天后的标题。这些受灾地区被宣布为"重灾区"。这是阿肯色历史上威力最大的风暴之一，在阿肯色中部有些地方，三个小时的降水量达到八英寸①。洪灾是很普遍的，道路变成了河流，房屋浸水，很多人溺水。目击者说龙卷风经过他们的房屋时发出"货运火车的轰隆声"，而他们都躲在地下室或安全房间里。我在几英里之外沉睡的时候发生的这次暴风雨已经导致三十五人丧生，包括亚拉巴马和密西西比州的居民。在密西西比，龙卷风在图珀洛造成的损失最大，风暴经过的林带树木被连根拔起，外围的都被剥了皮。

---

① 约 203 毫米。

第三天，小石城的报纸上出现了更具体的情况总结。以增强藤田分级 ① 来计——这是龙卷风的科学等级划分，这个风暴达到了 EF4 级，风速每小时两百英里。这样的风力能导致一列火车脱轨，摧毁一整座房子，将树木拔起，把卡车像攻城撞槌一样吹得飞起。这是自 1929 年被 EF5 级的龙卷风席卷以来阿肯色州所遭遇的最严重的风暴，当时那场龙卷风导致了二十三人死亡，将斯尼德镇夷为平地：这个地方因此被废弃，再也没有重建。

在这场奇怪的有选择性的暴风雨发生好些天后，当地的医院还是无法处理所有的伤者和情况危殆的人，严重外伤、骨折、皮开肉绽和肺衰竭的人不断拥入——一家医院收治一百五十个受害者。在这次被当地媒体广泛报道的灾难中，还有一种经常出现的报道，就是长篇累牍的"被风刮走的宠物"，比如一条拉布拉多犬被发现挂在树上——继而获救。

这一切发生时，我一直在睡觉。在这起横扫三州、摧毁一切、引人注目的天气事件中，这是我觉得最不可思议的一点。我只是淋湿了双脚，但除此之外，这场暴风雨基本上对我没有什么影响，也几乎没有给我的旅行造成不便。一两天的预警，一两天的报道，再一两天后就没有人再谈起了。这场可怕的风暴来了又走了，只是阿肯色州的一起突发事件，虽然在一整个新闻周期里被广泛报道，但在美国的其他地方并非焦点新闻。

---

① 龙卷风按它的破坏程度不同，分为 0—5 增强藤田级数，简单来说就称为 EF 级，由 1971 年芝加哥大学的藤田哲也博士所提出。

"这是一个天气之州，"过后在小石城有个人对我说，"人们对天气状况非常狂热——总是讨论个不停。也许是因为我们是农业州，需要了解天气吧。我们确实也有着很奇特的天气。"

有个教会利用此次龙卷风发布了一则公告：难道异常的天气不是在告诉我们，耶稣很快就要回来了吗？《路加福音》第二十一章第二十五节至二十八节——"日、月、星辰要显出异兆，地上的邦国也有困苦；因海中波浪的响声，就慌慌不定。天势都要震动，人想起那将要临到世界的事，就都吓得魂不附体。那时，他们要看见人子有能力，有大荣耀驾云降临。"

但如果你不在龙卷风的路径范围内，那就只会经历奥扎克的一个雨天，平淡无奇，除了远处传来的雷声。对于遭到旋转的狂风袭击的人来说，这场风暴是极具破坏性的，是连续的葬礼日、繁重的清理工作以及突然无家可归的悲伤故事的开始。

但这是一段遥远的插曲，是当地的一起事件，在南方还有更多悲惨的情况，在美国大多数地方，带来严重破坏和伤亡的这场风暴受到的关注极少，给人的感觉就像是发生在外国一样。

阿肯色文学节

在暴风雨交加的日子里，我开车穿越阿肯色州中部，在小石城碰巧遇到了一个为期四天的文学节，有一些讲座和与书籍相关的活动。文学节关注了许多作家，大多数都是阿肯色州人。阿肯色州小说家查尔斯·波蒂斯寄住在小石城，我希望——因为我也是他的读者，他会去发表演讲。但波蒂斯的名字没有出现在会来参加文学节的八十位作家名单上。

大多数文学节都有留着乱蓬蓬的胡子、戴着奇怪帽子的来自我推广的作家，急切的媒体宣传人员，喧闹的签名活动和免费的 T 恤衫，跟一场乱哄哄的滑稽表演差不多。但这个文学节的宗旨是（它的宣传广告上是这么写的）"鼓励民众更多地阅读"。在这样一个州，培养更多有文化的民众确实是一个很有价值的目标。这里的某些乡村县的成年文盲率达到了百分之二十五，整个州不能读写的人口占了百分之十四，差不多百分之二十的阿肯色人没有高中文凭。任何时候只要拿出这些可怕的数据，得到的回应通常是："但密西西比的情况还更糟呢。"不幸的是，这也是事实。然而阿肯色的文化贫瘠状态是明摆着的，而且如此激烈地想否定它，则使它越发明显。

阿肯色州作家艾伦·吉尔克里斯特①被作为此次文学节一位重要的演讲者出现在广告中。我看过她的几本小说集，希望能聆听她的演讲。她的短篇小说许多都是有关联的，有不断重复出现的角色，关注学者、中产阶级和南方白人妇女的磨难。这些小说不是很对我的脾胃，但那并不重要：吉尔克里斯特小姐慢悠悠的散漫文风很有启发性。对于像我这样的外乡人，这种絮絮叨叨比炉火纯青的写作技巧更能带给我启迪与帮助。吉尔克里斯特小姐总是不厌其烦地描写女人的衣着，每一种颜色、每一种款式，还有鞋子——特别是鞋子，还有女人的妆容和发

---

① 艾伦·吉尔克里斯特（1935— ），著有小说集《打败日本》等。

型。男性作家通常会对这些形象的细节视而不见或将其淡忘。从文学的角度看，她的作品没有什么分量——至少对我来说如此，但我看过的那些小说清晰地反映了南方女性的爱情、工作、婚姻和交往习惯，她对这些情况的描写是非常有说服力的。

吉尔克里斯特小姐的小说几乎不涉及种族问题，虽然有一套相关联的小说的叙述者是翠丝琳，一位黑人女仆，在吉尔克里斯特小姐的另一个小说人物家中工作。那个人是一个昏头昏脑、爱酗酒的南方美妇，名叫克里斯托·曼宁·马里森·韦思。翠丝琳清醒、可靠、勤奋，在一个故事中——她只是想帮助别人，接手去开一辆昂贵的梅赛德斯奔驰，不可避免地把它撞坏了，导致车子的（男）主人评论说："老天啊，克里斯托，你竟然让那个黑鬼女仆开我的车？"

我一直盼着就收录在她的获奖小说集《打败日本》中的这个故事向艾伦·吉尔克里斯特提问。为什么黑人叙事者的语气是一成不变且不动声色的？这起撞车引发的可笑情景又是哪里来的？特别是为什么翠丝琳似乎可以接受这种语言上的欺侮，或者至少她为什么对这些我看起来觉得很激烈的言辞无动于衷？还有，吉尔克里斯特小姐是否曾因使用这个词而被大肆议论或投诉？

但暴风雨将艾伦·吉尔克里斯困在了费耶特维尔，她的演讲也被取消了。这还是我去坐落在第二街的综合图书馆时才发现的。在这个奇怪的有些突兀的图书馆和样子像悬臂式上翻的大卡车拖车的博物馆不远处，是威廉·杰斐逊·克林顿总统中心，就在混浊的阿肯色河南岸。

小石城综合图书馆的建筑更为传统，它的前台就设在入口一段优雅的楼梯顶部，坐在后面的女人像舰船驾驶台上的船长，即席回答问题，指引人们去找书、进入一些房间和参加各种活动。

"很了不起。"我翻看着她递给我的活动安排说，赞叹这个节日活动众多，还请到了许多作家。"我想见见组织者。"

"那应该是布拉德。不过他忙着接待那些作家。"

"也许我可以给他留张纸条？"

我从小石城图书馆的一本信笺上撕了一块纸片，把我的名字和号码写在上面。

"有什么事呢，呃，索鲁先生？"

"关于阿肯色州的文学。"我说。她抓挠着她的金发，一双蓝色的眼睛直盯着我，我又补充道："我自己也是作家。"

"你的作品都是用原名发表的吗？"

"一般是的。"

"你写什么样的书呢，索鲁先生？"

虽然我努力不去得罪人，但感觉就像在对牛弹琴。

"你会喜欢这个文学节的。"她说。就是在这个时候，当她听到我说盼着聆听艾伦·吉尔克里斯特的讲座，她告诉我讲座因为天气不好而取消了。

但我看到一小时内有约翰·路易斯议员的讲座，他会去镇子另一头第九街的摩西圣殿骑士文化中心谈他的新书。我上了车，开车到那里去听他的演讲。

约翰·路易斯是来自佐治亚州的资深政治家，是民权运动的坚定斗士之一，年轻时曾受到马丁·路德·金演说的鼓舞，他十八岁的时候遇到了金博士本人，自己也成为一个很有影响力的演说家。那是他活动家生涯的开端，他参加了二十世纪六十年代许多静坐活动、游行示威和选民登记活动。因为他的非暴力且自我牺牲式的努力，路易斯在很多场合遭到了暴力殴打，在塞尔玛游行的血腥周日，他的头骨被州警的警棍敲裂了。

路易斯出身于亚拉巴马州蒙哥马利县东南四十五英里外的特洛伊小镇上一户佃农家庭。他上的是派克县的种族隔离学校，后来则是费斯克大学，拿到了宗教和哲学学位，然后是神学的学位。神学的学术背景强化了他的牧师角色，他的演讲铿锵有力而不虚张声势，很有布道的感觉。他的派克县口音让他的牧师般的演讲更具说服力。

1986 年，路易斯当选了议员，代表佐治亚州第五选区（亚特兰大的大部分区域），二十八年后他在这位子上还是坐得稳稳的。他获得了许多奖章和奖项，还有五十个荣誉学位，他的议员官网是这样描述他的："经常被称为民权运动中曾经诞生的最具勇气的人之一。"约翰·路易斯的一生致力于保护人权，确保公民的自由，在美国构建他所说的"受爱戴的社区"。

这种由纳税人出资的网站上类似于圣徒传的滔滔不绝的描述，发生在一个曾经拿生命冒险的人身上倒是可以原谅的。他在民权运动中遭过不少罪，在运动中理性发声，成为一个能干的立法者。他是依旧健在的历史目击者，是政府的良心担当。他在国会中坚持按道德标准行事，显得与众不同——这是一个艰难的任务，想想政府这个大染缸里有那么多的骗子、告密者、尸位素餐者、机会主义者、撒谎者、偷税漏税者、通奸者、性骚扰者、给陌生人发隐私部位自拍者和恬不知耻的恶棍。

路易斯议员只比我大一岁。我被他吸引，是为了反思我们平行的人生——他在南部腹地那么忙碌地参与政治，不断地发表演说，积极推行运动。我的人生则是一辈子埋头写作、旅行，作为"索鲁先生"来去无踪。路易斯一直是一个活动家和立法者，我则是一个旁观者和窃听者。我在非洲和东南亚偏僻的学校里任教时，他在南部腹地挺身反抗种族隔离。他是一个公众人物，是我一直不想成为的一种人。

路易斯现在是个知名人物了，戴着荣耀的光环，有着一张饱经风霜却有远见卓识的脸和很明显的跛脚，他被视为一位政治家、一个标志、一个穿细条纹西装的充满勇气的人。现在我们见面了，而我——怎么样呢？一个穿着皱巴巴衣服的流浪者，坐在一个主要是黑人的集会现场，那些专注虔诚的听众给我的感觉似乎就是如此。但我们俩都是作家——路易斯的《征途：第一卷》刚刚出版，他要在文学节上进行推广。

他的这部作品并非一本严格意义上的书，而是一本漫画。我发现书也不是他写的。故事讲的是约翰·路易斯，但写书的是他在国会的助手安德鲁·艾丁，插画则来自漫画家内特·鲍威尔（著有《整个吞下我》《小巨人》和其他许多作品）。说得好听点，这就是一本绘本小说。小时候我就喜欢拿着这样的漫画书，沉迷于它们的简单易读。想到摩西圣殿骑士中心的会堂里坐满来参加文学节的人，聚在一起聆听约翰·路易斯高谈阔论一本漫画书，我心里不禁直打鼓。

但这不只是一本漫画书，它有着一段严肃的历史和重要的先例。

在演讲中，路易斯谈到了他十几岁的时候看过的一本漫画书，书名是《马丁·路德·金和蒙哥马利的故事》。那本书只有十六页，定价十美分。它写的是那些导致了1955年蒙哥马利公车抵制运动的事件，主题是罗莎·帕克斯、金博士和其他五万人凭借非暴力运动的力量，结束了城市公车的种族隔离。

"这本书成了我们的《圣经》。"路易斯对那些多少了解《圣经》的听众说。

那本漫画书不是马丁·路德·金写的，而是1956年一个叫阿尔弗雷德·哈斯勒的和平主义记者在看到非暴力运动在蒙哥马利取得的效果之后，受到启发而创作的。他的想法是记录抗议的过程，提供给南方地区未来的活动家们作为参考。马丁·路德·金向哈斯勒口述了一些文章和相关的对话，之后他看到这本漫画书，对它赞不绝口。金写道："你很好地抓住这场运动的精髓和价值体系。我很肯定这本漫画书会受到美国公众的欢迎。"

1957年，致力于解决世界范围内人为争端的和睦团契组织印刷和发行了将近二十五万本《马丁·路德·金和蒙哥马利的故事》。书的封面是金的画像——他二十八岁时陷入沉思的自负表情。画像旁边是一句话：五万黑人如何寻找到结束种族歧视的方法。人们悄悄地议论着、传看着、赞美着这本书。书全部售罄，成了一大成功。在南部的一些地方，这本漫画书被视为极具煽动性的读物，所以人们都是秘密传阅，书中向民权活动家们解释了非暴力抗议示威的理念。

有一本书落到了亚拉巴马州特洛伊镇十七岁的约翰·路易斯手上，使这位少年萌生了一种使命感。许多年后，他回忆起这个情节简单的故事如何影响了他的人生。听到这个，他的助手安德鲁·艾丁对它进行了研究，使它成为他的老板在乔治敦大学的论文题目。艾丁决定做一件类似的事情，创作一本有关约翰·路易斯生平的绘本，描述他的成长、种族隔离的文化和塞尔玛的游行。艾丁找到了插画师内特·鲍威尔，这是他们通力合作的效果，三个人成就了这本《征途：第一卷》，这将是路易斯自传三部曲的第一部。

艾丁和鲍威尔与路易斯一同登上文学节的舞台。后者讲述了自己如何受到早前那本漫画书的影响。他称赞内特·鲍威尔的漫画真实而简洁。

路易斯没有提到阿尔弗雷德·哈斯勒，金博士的漫画书的背后推手。我后来听说哈斯勒（1910—1991）是一位很有胆识而不张扬的人。"二战"的时候，他是一位有良知的反对者，因为拒服兵役而在 1944 年被判了六个月徒刑，后来他就这段经历写了一本书《自找罪受者的日记》。在加入和睦团契之后，他负责编辑团体的杂志，在另外的一项运动中，他呼吁向二十世纪五十年代中期 ① 处于饥荒的中国送去粮食。哈斯勒变成一个活跃的反战分子，1966 年跟随一个和平代表团参观了越南，渐渐开始信仰佛教，跟一位很有影响力的僧人大德

---

① 原文如此。应是 20 世纪 50 年代末至 60 年代初。

一行禅师 ① 交上了朋友，并将他带到美国。一行禅师在美国生活了三十九年，成立了许多佛寺，还教授禅学。是哈斯勒说服金博士表明立场，公开抨击越南战争的。就因为这种对抗，他遭到许多人的污蔑和联邦调查局的骚扰。

（阅读了充满敬意的《大师》一书中记载的大德一行禅师的生平，我发现了一个很有意思的故事。一个阔绰的美国名流邀请他去她的豪宅，提出要捐一大笔钱，条件是他得保证她能转世，保证她不会恐惧死亡，而且在她去世后，她还可以重生。大师说："如果没有自我，重生又有何意义？"说完之后空手而去。）

在拥挤的中心礼堂中，路易斯发表了一场热情洋溢的演讲，指出这是民权运动五十周年纪念活动——还是公车抵制运动将近六十周年的纪念，他站在合作者中间谈到了这本绘本。

"这比单纯的文字更有力也更好，"他细致地阐述了一本绘本的图画所带来的效果，"人们说音乐是全世界通用的语音，但当目光落在某种东西、某个人物、某个鲜活的个体上，那是真实的，是无法否认的。当你在这里或那里看到或听到一个词或一个短语，它可以被解读为这样或那样的意思，但当你看到真正的绘画，它传递的意义则更为丰富。"

听众几乎都是黑人，主要还是老年人，女人比男人多。她们的衣着都很光鲜，有些还挺华丽——缀满花朵的宽边帽子、

---

① 一行禅师，1926 年出生于越南中部，俗姓阮，在汉传佛教传统中，出家人都以"释"为姓，"一行"是他的法号，因此人们直接称呼他为"一行禅师"。1967 年被马丁·路德·金提名为诺贝尔和平奖候选人。

带泡泡袖的绸衬衣、紫色的长外衣、丝经毛纬的斜纹布衣服和系带软帽，许多人胸口或领子上还佩戴着珠宝饰品：这些都是去教堂礼拜时穿的衣服。这样的着装也很合适，因为路易斯用的正是牧师的演讲风格，演讲的主题则是宽恕。他自知是一位历史人物、一个健在的目击者——他的名字经常和"象征"这个词联系在一起。发现自己是某种象征，是一件多么让人高兴的事啊！但路易斯是一个肥胖、身体不佳、身经百战又很耐心的人物。

在浓重的感伤附和的氛围中，路易斯接受了大家对他的这种情绪——不是温暖与满足，而是一种淡然的接受，就像一个王子回应民众的欢呼，带着谦逊的目光随意地与大家握手。他有着与他的身形不匹配的威严，吸引着大家的注意力，也展示出那场战争的影响，他是那场战争功勋卓著的老兵。他的脸饱经沧桑，有些呆滞，其他也没有什么特点了，跟一个肥胖而又疲惫的男孩一样耷拉着脸颊——多数时候面无表情。今天他等待掌声弱下去的时候，也没有流露太多的情绪，他似乎注意到了自己的象征意义，全是一个毕生斗士的善良形象。他时不时伸出手去，拥抱几位老妇人，或是握着别人的手，不过对我则没有什么表示。

他的演讲完毕之后，紧接着是签名仪式。路易斯、艾丁和鲍威尔三个人并肩坐在台上的一张长桌边。右边排起了长队，有一百人，因为在楼下的问讯处整批一百本的《征途：第一部》已经卖光了。鲍威尔先签，然后是艾丁，最后是路易斯。每一次路易斯在封面上用签字笔写下他的名字，这本书的购买者就会站到他身边去，跟这位议员一起拍照。一百本书，一百张照片。瘦弱的七十岁老人威利·乔纳斯和他的太太米尔德丽德从韦恩镇驱车来回两百零八公里，就是为了买到一本《征途：第一部》和一张纪念照片。米尔德丽德戴着一顶紫色的大礼帽，穿着一件带褶边的淡紫色衬衣。"她是我的女王。"威利看着她跟约翰·路易斯一起拍照时对我说。这位议员看上去筋疲力尽，但他意志坚定，一直待到最后一本漫画书被签上名字为止。

我站在台下看着这一切，台上站着一群人，议员的随从，还有他的朋友和支持者们，冲着议员或对着彼此眉开眼笑。他们的穿着非常时髦——没有系带软帽、丝经毛纬的斜纹布衣服，没有多余的饰品。他们都穿着裁剪得体的黑色西装和别致的专业设计的裙子，有个男人梳着一头发亮起伏的硬发。这些都是黑人中的精英。

"你们好。"我说。

我的问候把他们吓了一跳，就像一群强悍的鲨鱼看到了一个脸色苍白的潜水员，然后他们的反应都是默不作声。但我坚持着，自我介绍是来自北方的外地人，没有恶意。回应我的是浅浅的笑容或是遗憾的注视。有些人显得非常客气，甚至分辨不出是友好还是粗鲁。其他人则不是很礼貌，一副打量的深色。他们根本不是欢迎我，而是不知怎的，对我有些警惕。

"我看到你们还有一些议员的书。"

一摞十二本漫画书就放在一个身着优雅长裙的女人的椅子边上。

"楼下的书都卖完了，"我说，"我可以跟你们买一本吗？"

"不行，"她说着转过头去，"这些是留给别人的。"

这群不太友好的人是我这次南方之行基本上见不到的城市黑人，混杂着阿肯色人本能的戒备——多疑、冷淡，问候中带着些自大，就像是还在学习如何与白人打交道。而我又算什么呢？一身普通的衣服还在旅行中弄得皱巴巴的，鞋子也因为暴风雨而湿透了。

不必介意约翰·路易斯在台上所描绘的一切——他的双亲受到种族隔离的折磨，他与警察和三K党人的斗争，他的伤口和破裂的头盖骨，最终演变成一场血腥战斗的示威，等等。对路易斯来说，那是遥远的过去，没有辛酸，只有许多伪善。对他们而言，这只是昨天——又或是今天。

"你是谁嘛？"他们斜眼看着我，不安地笑笑，几近嘲讽，似乎是在暗示我。也许我看上去有点放肆了？我想他们应该是小石城的当权派吧，带着一副特权阶级的样子，并不欢迎我接近他们。台上的他们是笼罩在议员的慈光下、光鲜亮丽、关系密切的一群人：英俊、衣着时髦、自顾自说着话、惺惺作态——这群人与台下排着长队慢慢挪动、等着签名拍照的人截然不同，那些黑人衣着寒酸或是像去做礼拜似的过分打扮，他们是一群上了年纪的乡下人、穷人、农民。

我对这群衣着靓丽的人所说的话是：我是来深南腹地旅行的，我是个作家、外来者。你们觉得《征途：第一部》怎么样？在听吗？

他们将信将疑，一副茫然和不自在的样子，没有回应我，我感觉到一种排斥，好像他们要是跟我交谈会有很糟糕的下场似的，因为毕竟我还是个白人，他们不敢肯定自己想要什么样的反应或能得到什么样的回应。他们的不信任也许是有原因的，因为这里是小石城，而他们又是黑人。拒绝和排斥，我想，是他们非常熟知的反应，特别是当他们遇到一个自信随和的白人。

但我的衣着很糟糕，因此我看起来有些突兀。在那样一群人中，像一个闯入者一样接近他们，在他们眼里我也许是个刺客。这毕竟是个注重外表的城市。然后我又想起，穿戴成我这样的——棒球帽、被太阳晒得褪了色的棉夹克、蓝色牛仔裤，鞋子因为走过下雨的街道被打湿了——很有可能是一个"碾子"。我年纪也挺大。当然了，我也有可能是一个"啄木鸟"①。

"但作家就是这个样子的，"我想说，"不是穿政客那样的细条纹西装！我们也不带随从！我们之中没有一个人是一种什么象征！我们看上去危险又精神错乱！是的，我们当中是有些人看着像'啄木鸟'，但我们是无害的。"

身处这群不友好而且很威风的黑人之中几分钟，我脑子里灵光一闪，就像是透过碎木板上的节孔看到了阿肯色州一个穷困的白人老头——吓人的索鲁先生，一个惹人心烦的"老不死"。

也许这些都是我自己疑神疑鬼了，他们的傲慢也是我的误会。也许他们只是冷漠，或忙碌或疲惫罢了——毕竟到了傍晚时分。也许作为城里人——从他们时髦的衣服来看，他们似乎

---

① "啄木鸟"和前面的"碾子"都是对美国南部贫苦白人农民的贬称。

是城里人，他们对陌生人更有戒备心，微笑也没那么容易安抚他们，他们避免对乡下人太友好，也不会说出我已经习惯了的问候语。

不管怎么说，他们冲着我扭过头去，微笑着伸出他们的手。疲惫的路易斯议员放松了下来，正跛着脚走下舞台的楼梯。他们密切合作，聚集在他周围，护送他慢慢地威严地走出会堂，似乎是提防着我，而我，就这么看着。

巴 迪

如果你像南方人那样转悠，而不是匆忙离开，事情就会有出乎意料的结果。我在小石城很开心地意外遇到了查尔斯·波蒂斯。我本来就盼着能见到他。他是目前仍健在的且作品为我所喜欢的为数不多的作家之一。我所推崇的，不只是《大地惊雷》这样一部因为被拍成两部很受欢迎的电影而为人广知的小说，还有他的其他四部小说。《诺伍德》和《南方之犬》特别引起了我的共鸣，因为都是公路游记。还有他写了六十年、收录在《逃逸速度》中的随笔，说明他一辈子都在细致地观察人性的弱点。他的一篇详细分析廉价汽车旅馆的随笔是我看过的最好的一篇。从他的公路旅行报告来看，我们似乎都喜欢投宿（有时是展示）破旧的旅店。

波蒂斯是一位旅行者，经常描述美国的种种不和谐以及自己醉心调研的结果。他才情横溢，不但叙述流畅，笔触轻松，还是个冷笑话大师。波蒂斯有些怪异，但天才总是怪异的——

他简直是纳博科夫笔下的尼古拉·果戈理的翻版。"伟大的文学作品都是不理智的。"波蒂斯在"非理性的洞察力"方面与果戈理非常相似。他书里的"启示"(其实根本就不是启示)与纳博科夫对果戈理的总结也很相似:"有些事情很不对劲,所有人都是轻度的疯子,忙着追求一些在他们看来很重要、但其实微不足道的事情,而有一股荒唐却合理的力量使他们执着于自己的追求。"

波蒂斯名气不大,但小石城的许多朋友和餐馆都能证明他的社交活跃度和智慧。他报道过民权运动和土耳其入侵塞浦路斯的战争,在伦敦居住过,在墨西哥各地旅行过,还能背诵托马斯·布朗爵士①的《瓮葬》——是我很喜欢的那种酒友。

然而在他的作品中,他没有显示出一丝的自负。有一次,在小石城的"消逝的玫瑰"酒吧里,一个充满敬畏的书迷称赞他为伟大的作家。他说:"我甚至连这个酒吧里最好的作家都谈不上。"

他的朋友和家人称他为巴迪或查理,都说他生活随性。他曾经应聘纽约的一家杂志社,被要求去进行初步面试。坐在桌子对面的一个高级编辑问他:"你为什么想要这份工作?"波蒂斯对这个问题及其含意深入思考了大概一分钟,抽了一支烟,然后回答说:"其实,我不想要这份工作。"说完,他离开

---

① 托马斯·布朗爵士(1605—1682),英国医生和作家,常有新奇的想象,代表作《医生的宗教》《瓮葬》等。

了这个房间，没有再多说一个字。他善于倾听，并不健谈，是个寡言鲜语之人，但写起书来却洋洋洒洒，语言生动且意味深长。

我们相遇的那个上午，他碰巧坐在一张摇椅里沉思，看上去心满意足，但抬头的时候显得有点谨慎。他跟一些人一样，年纪大了倒像是个狡猾的孩子，一样的温顺，但总爱说些让人困惑的建议，这些应该源自他的警惕性和也许是无可厚非的自我保护。

我向他问了好。

他做了个很随和的手势，然后身子前倾，从摇椅上站起身来。他个子瘦弱，四肢修长，腰身笔直，身体看起来就像他在海军陆战队时那么好。他人挺高的，因为以前抽烟而显得脸色发黄——他十年前刚满七十岁的时候戒了烟。他带着我穿过一扇门，走进朝向花园的一个露台。

这是阿肯色州一个可爱的早晨，蔚蓝的天空，娇俏甜蜜的花朵，热烘烘的沙砾散发着一种带着粉尘的香味，就像空气中飘散着一层花粉，还有刚割过的草坪那种像健康沙拉的四溢香气。

我很清楚他对访谈的厌恶，所以只是告诉他我多么喜欢他的作品——他的一气呵成、他睿智的即时评论、他对抑扬顿挫的南方演讲敏锐的辨析力、他对路上发生的倒霉事的泰然处之。

他露出一个狡黠的小男孩般的笑容，对我表示感谢，但即使到了八十岁，他对赞美和奉承他的人还是挺抗拒的。我说话的时候，他悄悄翻起袖口，偷看了一眼手表。接着他挥手赶走一个想给他拍照的人，有点紧张地又看了一下手表。他有事要做——我知道这种感觉，很不耐烦地想离开。

我知道我打扰他了。我对他挤出几分钟时间听我说话表示了感谢，然后说："我要走了——去欧扎克山、布法罗河，接着也许还要去埃尔多拉多和斯马科弗，再绕过布林克利。"

他点点头，用两只大拇指勾住皮带，向后靠着打量了我一下，然后以一种祝福的口吻说："保重。"

老人家

在一个下着雨的温暖下午，我在布林克利的基恩烧烤店遇到两个六十多或七十出头的大块头白人女人。她们粗壮的手臂搁在桌上，看着报纸。一个年纪更大的男人靠近她们的卡座时，她们低下头嘀嘀了几句。

"你们好吗？女士们？"

"杰夫·法恩。"一个坐直了身子说，另一个则把头扭开。

"下雨了。"这个年纪大点的男人说。他很结实，穿着吊带裤，戴着棒球帽。

"会放晴的。"还是那个女人说。另一个没有说话，但看起来很平静。"希望你不介意。塞尔比怎么样了？"

"还在受罪。"接着他转过身，以一种饥饿又让人安心的语气自言自语说："给我一些馅饼。"

他拖着一双旧鞋子走开了，走向点心柜台，听不到这边的对话。那个一直没说话的老妇人说："我上二年级的时候，他上三年级。他管我叫肥妞。"

她们又开始看起报纸、吃起烧烤来。

我把这话记了下来，发生在六十年前的一次被人冷落和委屈的经历，她竟然还能回忆起来，实在令我震惊，这是另一段奇怪的插曲。

一个个子很高、年纪很大——八十多岁吧，衣着正式的白人男性进入了基恩烧烤店。他穿着一件运动夹克，胸前的口袋上有个金色徽章，还系着一条领带。他一只手拄着拐杖，另一只手扶着一位年纪差不多大、头发灰白的穿工装裤的黑人男性，那个人的动作几乎一样虚弱无力。黑人搀扶着白人，慢腾腾地向一张桌子走去，然后两人相对而坐。

"雨还在下啊。"那个白人说。

"是的。"

他们向侍者点了鲶鱼。那位侍者是个年轻人，一边下单一边用抹布擦着他们的桌子。他们等鲶鱼上桌的时候，谈起了自己的祖父母。

"我爷爷啊……"白人深情地回忆道。

"我的奶奶啊……"黑人也说起了自己的回忆。

他们把自己祖父母的故事说给对方听，一些细节惹得他们哈哈大笑。"老人家啊……"一个人说，我都不知道他指的是谁。

"他们有钱，"白人老头说，"还有土地。他们有两个谷仓，还骑马。"

"可真够厉害的。嗯。"

"进城的时候总是穿一套西装。"

他们点的菜上桌后，他们就开始吃饭，一边依旧谈论着旧日时光，安详地低声细语，互相欣赏。

雨天的农民

在布林克利北部的法戈小镇的一个下雨天，我在灰沉沉的天色中开车经过泥泞的田地——其中有些地里的水洼亮闪闪的，其他则轻微浸水，经过那条通向荒芜的棉花镇的岔路，再次与卡尔文·金博士见面。正如之前承诺的，金博士邀请了几位黑人农民来跟我见面——他们都是早起的人，到得比我早，有些为了这次会面赶了好多里路。在金博士的阿肯色州土地与农场开发公司的一间房间里，我们围坐在一张桌子旁。这家公司的大楼是坐落在法戈镇一条土路上的一幢低矮的砖楼——道路延伸到一块围了篱笆的土地那里就戛然而止，地里有一些安格斯牛在悠闲地吃着草。它们被放牧在这个实验性的牧场上，吃着一捆捆潮湿发黑的青草。

这几位农夫都是男性，穿着工装裤，戴着卡车帽，年纪最大的已经快八十岁了，最小的二十三岁。一个女人坐在墙边的一张桌子前，像是在做笔记。其他两个女人都是农民，也受到了邀请，但最后一刻有其他事要忙，就走了。这几位都是沉默、警惕也很耐心的男士，但坐在会议室空荡荡的桌子和多余的椅子之中，显得有些局促。农夫都不是经常久坐的人，这些人看起来有些坐不住和不自在。

"我是个外乡人，"我自我介绍说，"去过也写过很多其他国家，但我意识到我在南方各州所待的时间还不够，这里许多问题和所谓的第三世界国家无异。"

我以这种基调继续着，解释我正进行穿越南部腹地的旅行，努力去理解我目睹的现实。我感谢金博士安排了这次会面，我说我很感激这些工人愿意在非周末的早晨跟我见面，这对我很有帮助。

"是因为这天气，"其中一个人说，"雨水太多，没法在农场上干农活。如果今天天气晴朗，你也不可能见到我们中的任何一个人。我们的地现在都被水淹了。"

"而且我们今天早上的杂活已经做完了。"另一个说着，跟其他人一起笑了起来。

他们顺应大自然母亲和人性的现实，但一点也不消极，不讲宿命。我后来发现，他们乐意工作、种植、收获、还清贷款，这些使他们能自给自足，也给了他们尊严。

他们又笑了起来，做了自我介绍。刚刚说话的第一个人叫安德烈·皮尔，四十二岁，耕种了十二年。他现在耕种的土地有四千英亩，就在他的住处附近，大概在菲利普斯县莱克萨城外四十英里处。他是中等身高、体格健硕结实的男人，动作和语言都非常坦白直率，直视着我说出自己的想法。他在这群人当中受教育程度最高，1995 年在阿肯色大学派恩布拉夫学院获得了一个农业学位。他种植小麦、玉米、粒用高粱和大豆。我后来得知他的农场极为成功，他与他的太太和儿子也因此被授予了 2013 年"菲利普斯县年度年轻农耕家庭"的称号,《海伦娜世界报》对他们有过介绍。

"但我们总是在挣扎求生。"安德烈说,他那双肌肉发达的农夫手掌捧住头,用力地揉搓着。"你真得听听银行业的事。"

"那是非常大的话题。"欧内斯特·科克斯说。他个子瘦高结实,举止温和,将近七十岁,但一生务农显得很沧桑——他从小就在他父亲的田地里劳作。即使说的是负债、资金障碍或贷款不顺利这样不愉快的事情,他还是点头微笑着,这是一个能消除别人戒备心的讨人喜欢的习惯。他跟赫斯切尔和伊尔默两个兄弟一起,管理着家族经营了三代的五千英亩地的农耕生意。这个家庭农场主要种植大豆、小麦和糖高粱,就在菲利普斯县的马维尔小镇郊外。

所有的这些人——世代农民,在阿肯色三角洲地区居住并耕种着庄稼,他们的社区都在离密西西比河十英里的范围内,靠近沿河城镇海伦娜。他们的谷物在那里装船,然后沿河而下。与他们交谈让我想起了亚拉巴马的雷夫·莱尔斯的话,他说有个白人建议他父亲别把土地卖给白人。"要卖给黑人。"他说,因为那是黑人得以在乡村地区立足的唯一方法。

"我对银行业是有些看法的。"塞缪尔·罗斯说。他近八十岁,是这群人中年纪最大的。"但我已经退休了,还是让其他人说好了。"一个小时他就只说过这句话,不过还是一直专注地倾听着。

"我,算是刚开始吧。"罗杰·史密斯说。他二十三岁,这是他投身种植的第四个年头。他十九岁时一开始是个小自耕农,后来逐年增加租地几百英亩,现在他种着七百英亩地,种的是水稻、糖高粱和粒用高粱。他轻声细语，有些羞涩，说话的时候爱拖音，说话时脸还喜欢侧到一边去，我好多次不得不请他重复说过的话，甚至得对他的话进行翻译。

"这位是里奇·伯恩，"金博士介绍了另一个年纪大点的男士，"他是这里唯一没有种植中耕作物①的。"

"我和我太太种水果蔬菜，"伯恩先生说，"她才是应该到这里来的人。玛丽就像一团火。"

"对这些人来说，获得资金是最大的难题。"金博士说。他自己也是个农民，这一点他以前告诉过我。虽然他说话很有权威，也很有学者气，他列举问题时还是非常流畅的。他管理着这个组织，习惯了会议、工作坊和委员会的生活。"很不均衡，"他继续说，"还有贫困的扩大化。听着，我有个朋友说她要去南非。我问她为什么。她说要去帮助有需要的人。我对她说：'要找有需要的人你不必去南非。'她是小石城人。我说：'我们的需要又如何？'她说：'那不一样。在南非还有水质问题呢。'我说：'我可以跟你谈谈这里的水质问题！'"

我说："我开始在南方旅行正是出于这个原因——我看到这么多局外人致力于解决非洲的问题。而这里有同样的问题：糟糕的住房条件，医疗和教育水平也很低。孩子在挨饿。还有文盲问题。"

"还有银行业。"安德烈说，粗壮的手指敲打着桌面。他不

---

① 中耕是指对土壤进行浅层翻倒，凡是在作物生长过程中需要进行铲趟等作业管理的农作物，都可称为中耕作物。

停地敲打着，还睁大眼睛表达他的不耐烦。

"银行业在阿肯色是白人垄断业——都由白人控制着，"金博士说，"传统的银行贷款是基于百分之一百二十的信用担保。想想吧。农业部也有严重的不均衡问题。"

"我们需要运作资金贷款，"欧内斯特·科克斯说，"每年我们都不得不去银行。我们做得挺好——我跟我的兄弟们一起耕种，但我们都任由那些商人摆布。"

"你得明白这件事，"安德烈·皮尔说，又思考了片刻才继续说，"银行家们给其他农民更多贷款。"

"其他哪些农民？"我问。

安德烈睁大了眼睛，鼓着腮帮子，但没有说话。

"跟保罗先生你可以直说。"金博士说。

"我说的'其他人'是指白人。"安德烈说。他说了自己申请的一笔贷款的事。

这时我才意识到这些人所面对的问题。用于购买机械、种子和基础建设的贷款是相当大的，动辄几十万。

"她贷给我四十四万二千元，"安德烈说，"那年光景不好，很多灾害。2006年跨2007年——干旱和极端高温。我的收成很少。我请求她不要把我报告给农业部，提出损失索赔。我不想拖欠贷款。我知道我能偿还——我的农活技术好。我想偿还贷款，但需要时间。我确实付清了每一块钱。"他思索片刻后说："白人说我们懒惰——我们想要的只是机会。我们非常愿意劳动。"

"这些人千辛万苦地生存了下来。"金博士说。

"如果你有了麻烦——严重拖欠贷款，白人农民就想买你的地，"安德烈说，"他们只是等着看你失败。他们在一边，银行家们在另一边。负责我贷款的银行人员还好，但我不得不向他们做出许多解释，他们才明白了我的处境。银行里没有黑人信贷员。这事谈不得，写不得，什么都不行。"

"信贷员。"欧内斯特·科克斯心照不宣地说了一句，微笑着点点头，调整了一下他的帽子。

"另一个信贷员，"安德烈说，"我们只是聊天，聊着那些人。我说：'你能给那人一笔贷款吗？'他说：'不能。'我说：'但你又不认识他。'他说：'他怎么能买到那些设备呢？他一定是贩毒的。'他想的是：'他如何能做到呢，因为黑人一般是做不到的。'持有这样论调的人就是银行董事会的人。"

"阿肯色不像其他地方。"罗杰·史密斯拉长声调说，然后把脸别开，就像说出的观点让自己很意外似的。他很羞涩，闪烁其词，但并不怯懦。

"三K党现在不蒙着床单了，"安德烈环视着他的同行们说，"他们就坐在银行的桌子后面。哈哈！"

"南部就是恐惧黑人的。我说的不是生理上的恐惧，"弗兰克·坦南鲍姆九十年前在《南方更黑暗的时期》中写道，"这是某种更深层、更本质的东西。这是一种害怕失去对世界的掌控的恐惧。这是一种对地位变化的下意识的恐惧。"

罗杰说："哈里森。那个镇子就是三K党的温床。"

他的这些话不是无意中出现在对话中的。我发现这里的人在谈话中会提及三K党、过去的历史和南方尤其是乡村地区的黑人所面临的不安全感，因为三 K 党就是历史的噩梦，是主要的破坏者，他们无情而且不计后果，在高层中又很有人脉。哈里森是欧扎克山区的一个镇子，是布恩县的县治所在地，在这个州北部边缘的中心，临近密苏里州。镇里正派的市民应该有很多，也没有闹出什么轰动的事情，但它的种族狂热分子却是人尽皆知的。

罗杰说："哈里森有一块大布告牌，宣传三 K 党。"

"上帝啊，哈里森。"房间里一片喃喃声。

他们泛泛地谈到了哈里森发生的一些惨剧和虐待事件，然后欧内斯特说："这种情况，你不用一路跑到哈里森去也能看到。摩洛镇就一户黑人也没有。"

摩洛是利县附近的一个乡村社区，人口不到三百。

"几年前有一户黑人搬到镇上，"安德烈说，"但他们把他赶了出来。"

"在这里发生过这么多不公平的事情。"说话的是那个在做笔记的人，拉莫娜·安德森，我一直以为她是会议的记录员。但她其实是阿肯色州土地与农场开发公司的成员，在此之前，她一直安静地坐着记笔记。

她说起布林克利北部棉花镇奇怪的历史。"二十世纪六十年代有个人来到这里，看到一只鸟——不是大家都在谈的那只象牙喙啄木鸟，是另一种稀有品种。他是唯一一见过它的人。结果，镇政府为那只鸟设立了一大片保护区。他们动用征地权把黑人农民赶出了棉花镇附近的田地。"

"这是早有预谋的，"金博士说，"在这里没人愿意谈论种族不公。布林克利的人口主要是黑人，但从来没有黑人市长。对这件事大家也都噤若寒蝉。"

"棉花镇曾经是个很重要的城镇，"拉莫娜说，"现在却又小又穷。"

"大地主们不想要学校和医院，"金博士说，"玛丽安娜医院1980年关闭，至今不曾再开放过。德威特镇规模差不多，但它有一家医院。德威特的主要人口是白人。他们不希望黑人受教育，只希望黑人开着他们的拖拉机。"

这让我想起詹姆斯·艾吉在他的调研报告《棉花佃农》中提到一个地主的观念："我不反对办黑人教育，也许上到四年级或五年级吧，但不能再升级了。"利县是金博士居住和务农的地方，是阿肯色州（也是全国）文盲比率最高的乡村县之一，百分之二十五的成年人既不能读也不会写。

"公共教育持续恶化。"金博士说。

"经济发展前景黯淡，"拉莫娜说，"但他们控制着少数族群。他们不做全三角洲范围的规划，而是通过分而治之来控制各个区域。真正的社区发展计划应该是能惠及穷人的，但他们不想要这样。"

"'他们'是谁?"我问。

"有权有势的人，"她说，"他们不建大医院，而是建了小诊所。你觉得没问题吧? 但在真正的社区发展计划中，应该建一座大医院，而不是这里一个小诊所那里一个小诊所。"

"人们把农民给遗忘了，"安德烈说，"我们为人们提供食品。我们创造了出口。水稻如何? 我们的水稻是出口的。一蒲

式耳 ① 卖七块钱——价格上涨了。我们的产量也上涨了。"他
说的都是实话：全国农民工会的报告中说，在美国水稻种植出
现了大面积增长，产品出口到中国、非洲和中东。安德烈继续
说："但我们一直挣扎求存——我们要跟政府对着干。"他又抓
住自己的脑袋说："记住皮格弗德和集体诉讼。"

　　我从其他农民嘴里也听过"皮格弗德"这个词。这是一场
诉讼的简称，那场诉讼是关于这些人之前告诉我的农业方面的
种族不公。"皮格弗德状告格里克曼"一案是1997年的一次黑
人农民的集体诉讼，被告是美国农业部（其时部长是丹·格里
克曼）。诉讼是有关黑人农民受到农业部的歧视，贷款申请长期
遭到拒绝，导致他们申请到的贷款金额急剧下降。

　　虽然案子在1999年得到和解，政府（在布什和奥巴马的任
期内）迄今为止付出了超过十亿 ② 的和解费，但也有人指出其中
有严重欺诈的成分，还有不当牟利的律师、政客、诈骗犯和种
族投机分子共谋推波助澜的证据。仔细看看这起错综复杂的诉
讼案的细节，不难发现许多符合条件的农民是得到了赔偿（胜
诉的原告每一个能拿到五万），但同时许多机会主义者也相应受
益。不过黑人失去土地的状况得到改善，经过许多年的下降之
后，黑人农民和黑人地主的人数在南方和其他地方都有了增长。

　　"但我们还在与银行作斗争，"安德烈说，"还在跟政府官员
们作斗争。经历了这么多年，我们还是不得不证明自己。"

────────────

① 相当于27.216公斤。
② 在经历了长达10年的诉讼后，美国黑人农场主协会从美国农业部手
　中赢得了12.5亿美元的和解协议。

我说："比尔·克林顿在非洲和印度倾注了许多时间。他难道就不能在这里采取些措施来帮忙吗？"

"如果克林顿来到这里，"安德烈说，"政府官员们就会说：'你干吗要到这里来？为什么要改变现状呢？'"他环顾四周，希望得到大家的支持，大伙儿都点着头表示同意。"所以他才没有这么做。"

在这些谈话中，我一直能感受到这些人的坐立不安。他们是一些农民，习惯了挖土、搬抬东西、往卡车上装货、修理机器、走过田埂，他们不习惯在室内坐这么长时间。他们太讲礼貌，没有提出异议，但看样子还是很不自在，有人身子前倾，有人紧握双手，在塑料椅子上不安地扭动着。

我继续询问他们有关农耕的事情，直到最后终于有一个人——也许是安德烈，因为他是这一群人中最坦率的一个，站起身来说："你跟我们谈话也了解不了多少。我们得带你去看，如果你有时间的话。"

我说："我有的是时间，很乐意去看看你们的农场。"

"我正盼着你这么说呢。"金博士说，他之前也这么跟我说过。然后他把我拉到一旁说："你看三角洲，看到过黑人开办的、经营的公司吗？制造业的？零售业的？"他笑了，因为答案明显是极少。他继续说："拿那个与这里的黑人农民比较一下吧，他们个个经营的都是几十亿的生意呢。"

"食品沙漠"

耕种时间最短、耕地面积最小的一位农民是里奇·伯恩，他和他的妻子玛丽——大家都称她为"玛丽·A"，一直在法戈的阿肯色州土地和农场开发公司附近的一块地里种植蔬菜。伯恩夫妇种了大概十亩地，一家商品蔬菜农场。他们种植的都是要出售的作物——人们想要的新鲜的东西：秋葵、小南瓜、西瓜、紫豌豆和大南瓜。

"去年，我们的秋葵长到六英尺高。"里奇·伯恩说。

里奇六十岁，生长在小石城，毕业于中央高中，那里1957年发生过种族对峙，联邦国民警卫队保护九个黑人学生免受一位愤怒的白人黑帮分子和奥尔弗·法柏斯州长挑衅的伤害。"小石城九人"从侧门溜进去，融入学校，创造了历史。

"你肯定听说过那些故事，"里奇·伯恩说，"我那时还只是个孩子。"

"当时我在马萨诸塞州上高中——那新闻很轰动。"我说。对面尖叫的白人，十五岁的黑人女生伊丽莎白·埃克福德惊恐又隐忍的样子。这些表现黑人受迫害——还有他们的勇敢的照片对我来说都是鲜活的，因为被歧视的学生当年正好跟我一般年纪。现在，几乎五十年过去了，中央高中不再是一个战场，而是一个纪念碑。

"伙计，在小石城有许多比中央高中更好的事物，"他说，"但我记得当时的艰难。"他笑着说，像是在说一件荒唐透顶的事情。"黑人学校用的课本是白人学校用过的。"

他清晰记得自己上过的第一个种族融合的学校——他在小石城的七年级班级。

"我听说了那些白人有多坏，"他说，"我妈妈是克里奥尔

人 ①，来自北卡罗来纳州，她对我说我跟任何人一样好。第一天我在想，他们的样子也不是都相同的——我发现那些话都是胡说。我想，他们也不坏，他们都是不同的，他们的样子都不一样。我们一起踢足球。那些小孩并没有他们的父母那样的仇恨。"

我们走在他家一块地的田埂上，一条狭窄的小道，因为两边都是深深的淤泥，小道本身也很黏腻。

"可是老师们就不好了，"他想起往事，咯咯地笑起来，"他们将我安排到一个补习班，跟一些小丑在一起。"

"你怎么应对这种情况呢？"

"我想这是不行的。我找我的英语老师谈，他也听进去了。他们将我转了出来。"里奇回忆起更多往事，一边走过湿漉漉的小道。"想法的差异并不使你与众不同。"他似乎是在回忆他母亲给过的睿智忠告。"给我一个机会，我可以完成任何事。"我们继续走着，突然，他笑着说："你知道吗？我现在拥有了我曾经想要的一切。"

毕业之后，他在市里一家超市的肉类部当了一名屠宰员。接着他参军服役两年——新泽西的迪克斯堡，算是接触到了北方。他一回到阿肯色，回归平民的生活，就加入了小石城消防局，在那里干了三十年扑灭火灾的工作。现在过着退休生活，但不是传统意义的退休，而是做了更多的工作，这些都源于他

① 在美国路易斯安那州的某些地区，是指早期法国及西班牙移民的讲法语的白人后裔；而在另一些地区，则指讲法语与西班牙语混合语的黑白混血儿。

太太玛丽·A 的鼓励。

玛丽·A. 瓦伦丁·伯恩五十九岁，出生于欧扎克山区的雷克维镇。雷克维距离冲突不断的哈里森镇和它的种族狂热分子、惹是生非者以及正派的市民，只有大约三十英里。从人口比例上讲，雷克维也是一个白人城镇，但它更怡人，处在布尔肖尔斯湖的南边角落。玛丽·A 之前在小石城当教师，现在刚刚退休，想回到她熟悉的生活中，她小时候在她父母的几亩地里劳动过。经营一家农场是她一辈子的梦想——不是指挥农场帮工，而是播种，除草，用自己的双手去收割，种出食物。

"玛丽·A 想要一辆拖拉机，"里奇说，"她对此热情高涨。"

他说，这个农场全都是玛丽·A 在打理，她主事，他只是个初级合伙人。对于两个孩子已经长大的退休老人来说——他们有四个女儿——我觉得这是一种很有雄心的做法，就算有里奇弟弟唐纳德的帮忙。

"你们到哪里去卖菜呢？"

"许多去了小石城的农产品摊档，它们——你听说过'食品沙漠'吗？金博士向我解释过。贫困地区，没有杂货店，没有新鲜蔬菜，连商店都没有——因为暴力冲突而关闭了。黑帮。"

也许确实如此。小石城中部和更近的一些市区物质匮乏，在那些悲苦的编了号的公路上，特别是 630 州际公路威尔伯·D. 米尔斯高速路以南地区，可以看到关门大吉的商店、脏乱不堪的房屋。那条公路将这座城市分为两半，"一条边界……一个地理标志，就像一条河或是一个溪谷那样真实"。这是小石城作家杰伊·詹宁斯的话。就连 30 号州际公路附近的威廉·J.

克林顿总统图书馆一带的沿河街区都非常荒凉，除了那个复兴的河畔市场。但这座城市有更多值得领略的，如果你有一辆车和半个小时可以去观察那些差异，结果是会让你大吃一惊。

离开东马克姆的克林顿图书馆，在嘎斯炸鸡店右转，沿10号公路拉哈珀大道一直开，直到道路变宽，路名变为肯特利尔路。经过高地区和山顶区，走十英里——你还是在小石城范围内，房屋变得豪华起来，掩映在繁花似锦的树木中。还能看到里福克里夫山顶上的高塔和艾奇山上的大宅，许多是新建的豪华宅邸，门前是宽阔的草地。那里的超市和购物中心没有黑帮活动或食品沙漠的迹象。我向一个在小石城长大的人提到了这座城市里这片区域的现代化、美景和明显的阔绰，他用四个字定义了这种情况："白人群飞。"

里奇和玛丽·A还住在小石城更简陋的街区。但在他们务农的地方，小石城以东一小时车程的法戈镇上，他们有一辆全新的约翰迪尔85马力拖拉机、一台播种机、一辆冷冻货车、一个用于冬天种植的拱形温室和更多其他的设备工具。这些东西都是他们用退休金、银行贷款和农业部的拨款买的。他们面临的是小农困境，这个词我经常在南部听到，各种各样的难处。

"美国农业部在黑曾市农业办的一位女士说'得有百分之一百五十的担保才能拿到贷款'，"里奇说，"那让我很苦恼。为什么不是百分之百呢？我们要抵押一些土地，才能拿到十三万七千元的贷款。不过不管怎么说，我们拿到了。我们一年还贷一次，在收成之后。"

"基金会呢？慈善机构呢？那些援助机构呢？"我问，"从他们那里拿到过援助款吗？克林顿那些机构的人呢？"

"我昨天在那里听到你谈起他。"里奇说。

"他曾是州长和总统。他的慈善机构有几亿资金。我不明白他为什么不把一些钱用来援助阿肯色州。"

里奇·伯恩又冲我笑了笑。我们穿过一扇门帘进入他的拱形温室，他给我看了他种植的草莓。

"克林顿可真是复杂。"我说。

"我们不都是这样嘛。"里奇说着笑了起来，递给我一颗草莓。

日落镇

有关哈里森和三K党的谈话促使我绕道前进。阿肯色的面积不大，只需要半天车程就能从三角洲开到欧扎克山区的腹地。哈里森的自我宣传是适宜退休人士的城镇，是"美国最佳小镇"之一。它是一座白人城镇，在种族隔离时代，它被称为"日落镇"（"伙计，别让太阳落到你身上……"）。为了去那里，我选择了一条全程两天的环形线路，走这个州的西北端，去看看沃尔玛的发祥地本顿维尔的破落乡村、泰森鸡肉①的总部斯普林代尔，还有被一些购物广场围绕着的清新的费耶特维尔州立大学。然后我置身于穷乡僻壤，穿过战鹰溪、洋葱溪和干杈镇，还有

---

① 全球最大鸡肉工厂。

老亚拉巴姆小村，这里欧扎克山脉开始耸立于树林和草原间。

欧扎克山是具有南部腹地特色的山脉，不是金字塔式的高峰或滑雪山坡，或高山峭壁，而是一片不规则的高地，绵延的深绿色低矮山脊，是地平线上隆起的一片绵长美丽的山丘。山丘的中间是一道清晰可见的日落地平线的景色，这让欧扎克山脉显得尤为与众不同：能够见到炫目耀眼的日落美景的山脉。欧扎克山脉从地形学上来说并没有什么明显的特点，但整座山脉——蜿蜒起伏的山丘形成多变的狭长而宽阔的景观带，看起来就像被平整了的林木茂密的平顶山。这里的景色尤为动人的原因是，它似乎荒无人烟，独立的社区都掩映在山谷里或斜坡后，有些则在古老繁盛的大树下，依旧远离人烟，非常美丽。

"而且很少有人来。"我在破旧的莱斯利镇一间旧货店里对一位老人说，这座镇子曾经因橡木桶制造而繁荣。他回答说："我希望它能一直这样。"

这个穿工装裤和靴子、戴着一顶褪色帽子的人，有着二十世纪二十年代托马斯·哈特·本顿在欧扎克山区的速写中频繁出现的乡村人的相貌特点，有些肖像画法在他的一套壁画《今日美国》的"南部腹地"和"中东部"两幅中均有体现。任何一个早晨，在欧扎克山区的小城餐厅里——浮现在脑海中的有哈里森、马歇尔、圣乔伊、贝尔丰特和耶尔维尔——这样的老人都具有本顿壁画的特点。在这个饱经风霜的偏远落后地区，本顿所描绘的劳动和消遣方式依旧没有变化：家庭农场，养猪和火鸡，挖白菜地，吐烟液，等等。

"欢迎来到山里地方。"在阿尔皮纳一条小街上,一个男人对我说,他的语气里带着阿肯色州常见的自轻语气。他后来说:"这里的人都很穷,但这对他们是好事。今天的经济状况对他们没有影响。不管经济上行或者下滑,他们的生活还是那样。"

这个人还提到他刚从不远的地方搬到这座镇上时,三K党的大巫师还从哈里森驱车过来拜访他,鼓动他加入三K党。

我问他对这次可疑的邀约是如何回复的。

"我说:'你我的共同之处还不够多,我没法加入。'"他用力往街上吐了一口烟液,停顿了一下,然后补充说:"他很坦然地接受了,然后就离开了。"

我开车在哈里森镇上兜着,这似乎是一个繁华的农业社区,有着一万二千人口——这个周末特别繁忙,因为有阿肯色西北地区展销会。我没有看到三角洲的人跟我说起过的三K党的布告牌。我发现另一块后来被广泛报道的布告牌,因为这个州一直努力想摆脱自己的种族歧视史。这块黄色的牌子上用大字写着:反种族主义就是反白人的暗语。

本地也有人抗议,要求拆除这块很具攻击性的标语牌。一个住在哈里森附近的男人后来对我说:"我看过那块标语二十次,可我还是不明白它在说什么。"

哈里森确实存在着三K党,虽然没人知道活跃的三K党分子有多少,除了隐秘的三K党自己。就像安德烈曾对我说的那样,他们不再蒙着床单。他们的辛克小村(人口103)距离哈里森几英里,是托马斯·罗布的家乡。他以前是三K党的大巫师,但现在自称是三K党分裂出来的小集团三K党骑士团的全国领袖。在三 K 党集会上，罗布（出生于密歇根，在亚利桑那长大）通常都会抨击黑人和犹太人。

憎恨犹太人也是哈里森另一个组织"天国认同布道团"的信条和修行要求。麦克·哈利摩尔（从加州移居到此地），是这个古怪的基督教团体的首脑，他称自己的使命是"政治错误的基督教认同运动 ① 的延伸组织，吸纳的是为上帝选定的种族：真正的以色列、白种人和欧洲人。"他们的另一则信条是偶像崇拜者、同性恋、渎神者和堕胎者均应被处死。

"天国认同布道团"推崇种族歧视和反犹太主义，因为（他们自己解释道）"种族融合在全能的主眼中是非常可憎的，是一种意图毁掉被上帝选中的那一支血统"。犹太人是夏娃和"魔鬼撒旦的毒蛇"交配的产物 ②，他们的后代就是"今天被称为犹太人的一族"。这些基督教认同运动的主张都有《旧约》经文作为依据，他们对此也提供了一些章节和文本。这一点再次证明了，正如我在许多地方所见到的那样，《圣经》简直成了神经错乱之人的天堂。

想想《哥林多前书》（第十一章第六节）的这些话吧："女人若不蒙着头，就该见了头发；女人若以剪发、剃头为羞愧，就该蒙着头。"

---

① 白人至上分子组成，从事"革命"反抗美国政府。该运动包含美国极右翼新纳粹分子的一大部分。
② 基督教认同运动更极端的成员提倡"双种系说"，认为在亚当夏娃以前已经存在与动物同级的低劣民族，例如黑人。后来夏娃被蛇诱奸，同时与人类始祖亚当交配，生下同母异父的孪生子该隐与亚伯，而该隐与非亚当族类交配的结果就是犹太人。

一个理智的人也许会质疑《圣经》中这种刻板的选择：披着头巾还是要秃头？但在城外阿肯色州西北地区展销会的一个帐篷里，在哈林森的露天市场里，两个年轻女人在派发爆米花以吸引顾客到她们丈夫的摊位来——他们提供的是铺设屋顶及房屋修缮的服务。她们衣着朴素，穿着老式的长袖棉罩衫，两个人都围着明亮的头巾，一条简化版的穆斯林头巾。她们自称是门诺派教徒①。

"我们管这个叫'面纱'，"其中一个解释道，"我们从来不把它摘下，不管是在家里还是外头。"

我没有提及《圣经》，只是问她们这个头巾是否有什么特殊的重要性。

两个人中个子较高的那个铲着爆米花说："它的意思是我们要忠于信仰，忠于自己的丈夫。"

我说："这么说你们的丈夫叫你们做什么，你们就都做了？"

"没错。"

这再次向我证明了，在美国偏远地区的旅行与到世界更广阔的地方旅行非常相似，到哪里都能听到轻信易上当的乡民虔诚而不理智的愚蠢想法。

这两位女士一直在忙着将爆米花装袋，把它们递给经过的人，这不是我探究哈里森的种族政治这个话题的最佳时刻。

当我绕着圈子坚持问我的问题时，那个更年轻、个子更小

---

① 16世纪起源于荷兰的基督教新派，反对婴儿洗礼、服兵役等，主张生活俭朴。

的女士说:"以前比现在糟多了。现在越来越好了。"

"那些老人依然相信种族歧视。"高个子说着,平整了一下面纱。

在地区展销会上没有见到黑人,整个镇子的人似乎都被这个展销会召唤着走出了家门,来参加狂欢活动和骑术表演。这是个非常适合一家大小活动的周末,不过牛羊饲养者中有一场非常严肃的赛事,分为三个组别——美国品种、英国品种和外国品种,有些重达半吨,有可爱的眼睛和长长的睫毛,在拴牛枷里哞哞叫着,等待着裁判。还有些养殖户则希望他们的鸡、鸭、山羊、猪和绵羊能赢下一等奖。对于水果种植户、果冻制造者和采蜜者,还有缝被子的、做雕刻的、织布的工匠和农场主来说,这些都是乡里人最爱的活动,他们都是"世上的盐"①(《马太福音》第五章第十三节)。

但在那天晚上,在哈里森城外的一家汽车旅馆,一个女人对我说:"如果一个黑人来到这里,他们会伤害他。他们会烧了他的房子。"

在银山镇,我遇到一个和妻子在那里歇息的男人。他们从哈林森过来,要去附近欣赏布法罗河的美景。

"没人说哈林森一句好话,"我说,"这公平吗?"

"是个好地方,但我们依然有……"他做了个鬼脸说,"那些人。"

---

① 指社会精英。出自耶稣在福音结尾时所说的话,他把门徒比作"世上的盐",足见此种称赞高乎寻常。

"三 K 党。"他的太太半张着嘴,眼睛睁得大大的,像是在耳语。

"我是个医生,"那个人说,"我治疗过一个住在这附近的人,在马歇尔镇。"他随便指了指路的那头。"那边有许多那样的人。"

我决定在马歇尔镇用午餐,那里有一个和善的中年女侍者对我说:"这里没有黑人。老人不接受他们。"

马歇尔是一个年代久远、了无生气的镇子,有一个主广场,还有一家令人印象深刻的像洞穴一般的五金店和一家药店——但这家药店除了卖药、香波和阿司匹林之外,还卖步枪、手枪,货架上摆放着许多弹药,各种口径的都有。

药店的后面是一栋三层楼的古老方形大楼,整栋建筑物都是用砂岩砌成的,窗户上都安装了密集的栅栏。这是县监狱。现在是空的,但是在这条小街上显出一种阴郁的气势。这栋楼始建于 1902 年,据说是仿照古罗马建筑设计的,对这座小镇来说特别浮华。看到我在打量这栋楼,一个人走过来跟我打招呼。

"你好啊。"我说。

"好得不得了,"他眨巴着眼睛说,"好极了。哈!"[①]

这是当地的一个象征,他说,来往的游客都很欣赏。

"小时候我经常经过监狱这里,"他说,"那些囚犯会从上面的窗户边垂下一根绳子,给我们扔一个五分钱的镍币。我们就会去那边的药店买一根糖果棒,将它绑在绳子的一端。他们将

---

① 原文用的是山里人的土话。

绳子拉上去。那是五十年代的事。"

尽管人们经常谈论这个镇子及其周边的种族歧视，但唯一可以住宿的、提供马歇尔镇最佳的家庭风味食物的，是中国人经营的马歇尔汽车旅馆与餐馆。这家人姓冯，安齐和盖伊，他们在马歇尔住了二十八年，很受当地人欢迎，过得也开心。大家都特别喜欢盖伊·李·冯太太做的鲶鱼宴。

"欧扎克山区这里的白人其实对黑人没什么意见，"在马歇尔西面一个小镇的一家旧货店里，一个穿工装裤、脾气暴躁的老人对我说，"想知道为什么吗？"

"是的，请讲。"

"这里的人成长的过程中，身边根本没有黑人，"他说，"从来就不认识他们。他们也从未离开过这里。你生在圣乔伊，就一直待在圣乔伊，其他地方也是如此。所以他们只了解他们在电视上看到的情况。"

"那就足够了，不是吗？"我说。

"根本不一样，"他说，"你在电视上看到的，只是一个聪明的黑人和一个愚蠢的白人。"

他当时正在将蒙着灰尘的旧瓶子分类，那些瓶子看起来像刚刚出土的双耳细颈椭圆土罐①。

"整个世界都堕进地狱了，越来越糟，"他说，"但将要发生什么并不要紧了。我今年七十七，我想应该还能再活十年。让别人去弄明白吧。"他还在处理着那些当当作响的瓶瓶罐罐。"小

----

① 古希腊容器。

心这里有些糟糕的白人。"

"这些糟糕的白人做什么事呢？"

"等着看吧。"他说着，举起一个瓶子，对着光检查着它的标记。"整个国家都以为我们这里的人是白痴。我没意见。他们可以远离我们嘛。"

他又检查着另一个瓶子底部的字。

他说："为什么你从来没有看到过任何上面写着'非洲制造'的东西呢？从来没有过，对吧？"

我说："那也要看情况。"心里纳闷他说这些到底是什么意思。

"别让我开口谈该死的黑鬼。"他说。

我清了清嗓子，说："有些人反对使用这个词。"

"这里不会，这里的人不反对，"他开心地咯咯笑着说，然后将一个脏瓶子放下，凑到我眼前来，"还有我，我是非常保守的。"

"我是很守旧的，"在希伯斯普林斯，有个中年男人对我说，"我的意思是，我当着他们的面喊他们'黑鬼'。他们不介意，管我叫'红脖子'。"

"他们不反对吗？"

他很遗憾地看着我，就像我根本不了解这门语言似的。"'黑鬼'并非种族歧视，你可以去查查。'黑鬼'只是说明你很糟糕。其实还有'白鬼'和'黄鬼'呢，都很糟糕。有些垃圾白人比'黑鬼'还糟糕。他们嗑药——冰毒什么的，我见他们都怕。"

布法罗河

这样兴致勃勃但没有意义的来回奔波也挺累的，我决定休息一下，有一天租了一天的独木舟和船桨，沿布法罗河顺流而下。布法罗河——非常美丽的纯天然无堤坝河流——由西向东流经这个州。它是阿肯色州重要的水路通道，奔流过欧扎克山区的腹地。一本完整的传统游记应该写一写在阿肯色州野外的河流上泛舟、在河边露营的情景：打湿双足，看到许多野生动植物，有潜在的危险，还有"就在前面，激流恶魔般的咆哮就像灾难发出的邀约"……

在九月初这个温暖的早晨，我还有其他打算。我在银山镇一个旅行用品店找了一条船，一整天划着它，从贝克福特到吉尔伯特。有时停下来呼吸一下芬芳的空气，看看阳光在湍流间闪耀，还有浅水上款款飞行的点水昆虫。在水流更舒缓的水潭中，淡绿的河水泛着金光，两头鹿逆风奔跑着，一头母鹿和它的小鹿，在我前面渡了河，偶尔停下来啃啃东西喝喝水。我看见了一些苍鹭、一只鸬鹚，一只啄木鸟啄木的声音回荡在山崖间。陡峭的岩壁使这条河看起来像是流经了一个河谷似的。在这种寂静的独处中，我有一种安心的感觉——因为河流的斜面清晰可见。我知道我在慢慢往山下漂流，在一些地方的激流之中会冒出一个河岬、一块宽阔的河滩，上面的石头被水流冲刷得直翻滚。

欧扎克山里宁静可爱的一天：没人再谈种族、冲突、贫困；看不到外面的世界；没有其他人，只有潺潺汩汩的流水，一路通畅。我一个人在一块温暖的大石头上野餐了一顿，看着一些库特龟像我一样，爬上其他的大石头，张开下颚晒着太阳。

接着我归还了船，开车南行，然后向东再次进入三角洲，顺道参观了杰克逊维尔的一个枪展。杰克逊维尔距离小石城大概十英里。跟我所去过的其他枪展相似，这个也有通常的摊位和展台，卖新枪、旧枪、匕首、泰瑟枪、梅西辣椒喷雾枪、挑衅的保险杠贴纸、纳粹的军需纪念品、内战文物和弹药。但这里是阿肯色州，我看到一家来参观的人——有五个人，都光着脚（"我们刚从利托纳过来。"一家之主对我说），而这个枪展的食品区提供油炸馅饼。

"我陷得太深，没法放弃了。"

格雷特格罗夫，那个年轻的农夫罗杰·史密斯指点我去的地方，既不是城镇也不是村庄。只是几间房子，是简陋的只安葬黑人的圣保罗墓地的一部分。墓地有大概四十个小墓碑，许多墓碑上的出生日期都是十九世纪，名字一般都是帕西尼亚和潘琪。其中有四块无字碑——无人知晓或无人铭记。

这三间房子都是小小的白色木质平房，朝向犁耙过的田地，坐落在一条土路边上一些高高的山核桃树下。土路是一条狭窄的高速路岔道，旁边是一个叫作小松溪的水潭，里头有蝌蚪在畅游。其中一间房子属于奥西·特莱斯，一个七十四岁的男人，爱开玩笑，他年轻时离开这条土路去芝加哥住了五十一年。2000 年，他回到这里，那时他和他的哥哥继承了家庭的财产和四百亩地。这里有些地他们租给了罗杰·史密斯。奥西的哥哥叫奥伊思·奥里·特莱斯。奥西笑着说他解释不了这些名字——也许是来自《圣经》吧。但是厚厚的《圣经》人名索引里全都找不到这些名字。奥西开始拿单身的罗杰开玩笑，说他很有可能娶错老婆。

"她一开始挺好的，但也许婚姻走到半途就变坏了。"奥西说。他刚修理完他的汽车生锈的引擎，正坐在房子后面的一棵树下歇息。他继承了那么多土地，然而没有太高的地位，在他的小房子里，他给我的感觉就是一个有钱的农民，在俄罗斯这种人叫库拉克（富农），意思是"拳头"。

"没时间结婚，"罗杰说，"连个女朋友都没有。"

"去找一个啊。"奥西说着，又大笑起来。

罗杰开着他那辆旧皮卡带我到他的一块甜高粱地里去。在"美国未来农民"项目中学习和服务之后，他十九岁开始办农场。他还在附近的福利斯特城上过社区大学。他一共耕种了七百亩地——全都是租来的。他的叔叔拉里·特里来给他当帮手。他叔叔是个老人，胡子乱蓬蓬的，掉了几颗牙，但出乎意料的，他对于农业问题能侃侃而谈，对于其他话题则开明达观。拉里也跟我们一起坐上了卡车。

罗杰和拉里犁地，种植，给田里喷除草药，给粒用高粱和糖高粱施肥。糖高粱跟玉米的性质差不多，一般是卖给养殖户去喂牛、喂猪和喂鸡。

"你可以将它们磨成高粱粉。"罗杰说。

罗杰对于他购买的机械很是自豪——他的拖拉机、收割机、"用来耙土垄"并可以堆起水稻田田埂的土垄犁耙；还有大轮子的笨重尖角车辆，非常昂贵，用贷款买的。

"我今年贷款二十万。我本来可以多贷些的——我真的需要二十四万。"

"是从银行贷的吗？"我问。

"我去农业服务局央求他们的。"

"你的收益如何？"

"就天气来说，我没有见过一个丰收年，"他说，"我办农场的第一年，天气热死了。去年我收割完还完贷款之后，口袋里有两万八。但我挣到的钱都投到农场里去了。我必须雇人，雇一辆半拖货运车把产品运到海伦娜去。"

"为什么是海伦娜？"

"因为有河啊。用卡车运到河边，然后放到驳船上。"

我想看看他的稻田。在我的旅途中，在乌干达、马来西亚、印度、中国和菲律宾，我经常看到水稻生长，在美丽的梯田和水塘里抽着穗。那些稻田独特的轮廓给人一种赏心悦目的美感，而标准的水稻种植者总是戴着一顶宽边草帽，站在齐膝的水里劳作着，将秧苗插进脚下的泥里，让它生根。稻子长到一半的时候，它就成了你可以想象到的最吸引人的庄稼，水田里一片绿油油、亮闪闪的稻子。待到收获季节，绿色褪去，稻子变成了黄褐色，稻穗优雅地垂着头，每一个稻穗都沉甸甸地长满了稻谷。

在三角洲笔直的公路上平平稳稳地开了几英里之后，在临近稻田的地方，罗杰将他的皮卡开上了路肩，开过一片崎岖的开阔地，来到了一块稻田旁。几英尺高的歪歪扭扭的田埂围着田地，里面全是一片片的水稻。这个景象真是非常可爱。

"这是罗伊-J水稻。"罗杰说。这是一种新的高产品种，是几年前位于费耶特维尔的阿肯色大学研发的。这种水稻很壮实——起风的时候，"像草那么坚韧"就很重要了，他解释道。

　　"还有这么多的土垄，"我说，"看来工作量很大。"

　　"这好办，有一台土垄犁耙，"他说，"我们拢起土垄，再下点雨，用一台播种机一次可以种二十英尺长呢。"——用播种机而不是农民弯腰手工播种。

　　"这些稻谷也送到河边去吗？"

　　"沿河而下。出口的。"

　　"利润大吧？"

　　"顺利的话有利润。如果我们一亩地能收一百五十蒲式耳，那一英亩地就可以挣两三百块钱。算是不错了。"

　　他种了八十四英亩水稻，不是很多，而且收益之后还要减掉种子、肥料和人工成本，卡车租金和农场贷款的利息。他说过上一年他所有的收成一共挣了两万八。他每天都在劳动，不只是处理他的农场——以三角洲的标准看，比起大型的公司农场，他的农场挺小的，但还是很费力。罗杰还得管理其他的事情，销售、跟奥西·特莱斯谈判、机械的保养和维修，所有机械他买的都是二手货。还有天气，阿肯色的天气变化无常，经常还极具破坏性。

　　坐在皮卡里，在回格雷特格罗夫的路上，我们三个肩并肩坐在一起，拉里·特里坐在中间。我说："许多人也许会说，费这么大力气挣两万八不值得。"

　　"很值得，"罗杰说，他的声音很干脆，深信不疑，"等我把钱还清了，我就可以做得很好了——也许要四五年。我陷得太深，没法放弃了。"

我们一路无言地驶过摩洛——正如他们所说，因整个社区都是白人而闻名，驶过那里的中心区、教堂、学校、车站、棚屋、并肩停放着的农场机器、干净的小平房。

"摩洛。"我看着路边的标志牌说。

"有些东西就是这样。"拉里说着，继续向前开去，没有左顾右盼。

"你需要一副更强韧的外壳。"

我到了安德烈·皮尔的屋子里，那是一间翻修过的一层楼牧场房屋，不大，但是很坚固，维护得很好，像是当地的律师或保险员会住的房子，就在三角洲莱克萨镇一条乡村小径的尽头。这个镇子人口不到三百，其中有大约一百个黑人。安德烈指着窗外不远处的一块田地说："那可是有故事的。"

"说来听听。"

安德烈有个白人邻居，对他很不友好，他在隔壁地里开垦了一个菜园子，但那块地不是他的。菜园里有些地被挖起来，挖到了安德烈的地里。这个人未经允许，二话不说就挖了他的地，这让安德烈很心烦，而且这人也没有主动提出给他一些蔬菜作为补偿。所以安德烈就去找了这块小菜地的主人，提出要买下它。那个主人住在另一个州，跟安德烈协商好了价格。在适当的时间，安德烈打电话给邻居，告诉他现在那块地是他的，请他停止在那里种菜。

那个邻居第一次变得非常客气，还给了安德烈一袋自家菜园产的蔬菜。

"我不想要你的蔬菜，"安德烈说，"我只是希望你停止在我的地里种菜。"

我喜欢这个故事，因为它很形象，说的是权力和土地，以及毗邻的乡村人士，就是人们常说的契诃夫风格的故事。

虽然安德烈四十二岁，但他有更为年长的人的经验和成熟，也有冒险的能力。他耕种的田地有四千英亩，大多数田地是租的，但他的理想是多买些自己的土地。他的职业道德、他的坦率给我留下了深刻印象，还有一点是他不让任何人阻止他的农耕追求——不管是银行、农业部（因为官僚作风、繁文缛节和反复无常而备受讨厌），还是白人农民，他说其中很多人就是见不得他好。

我们离开了他的房子，沿着他的一块玉米地行驶着。这块地非常齐整，一排排玉米非常均匀。在更远处，我们又经过他的小麦地。安德烈跟其他人一样的对自己工作的自豪感，也让人印象深刻。

"人们都泄气了，"他说，"许多黑人农民去了北方，离开了这些田地。他们再也不想务农了。但如果你投入的话，这是很好的生活。其他人就等着看你失败。他们说'你会搞砸的'，就那样。"他叹了一口气又说："你需要一副更强韧的外壳。"

"我的感觉是你就有一副很强韧的外壳，安德烈，"我说，"我想换作我也许已经泄气了。你要对抗的是那些想蚕食你们的大型农业公司。"

"他们别指望能蚕食我们，"他说，"不过这很有意思。我太太在琼斯伯勒。一个女人问她：'你的先生是做什么的?'

"艾普丽尔说：'种田的。'

"那人问：'是白人吗?'

"艾普丽尔说：'不是。'

"那女人说：'从没听说过有黑人靠种田为生的。'"安德烈向我转过头来，瞪大了双眼，目光里充满讽刺地说："没错!"

那就是琼斯伯勒和三角洲这个小小的农耕社区的区别。前者是这个州东北部一座大学城，居民主要是白人。这个女人也是个白人，一辈子都住在琼斯伯勒。一个黑人农民对她来说简直就是不可能存在的，太新鲜了。

"许多人以为我们不知道怎么耕田，"他说，"但是，你知道——"他又一次睁大了眼睛点着头。"我识字啊!"

"如果你能区分白人农场和黑人农场，那你就有麻烦了。"

六十九岁的欧内斯特·科克斯坐在他的四面敞开的工棚里一辆拖拉机的车轴上，这个工棚位于马歇尔他们的家庭农场。他话说得很慢。这次是安德烈开车送我过来的，因为这个农场在城外很远的地方，也很难找。我们全都坐在凉爽的高顶工棚里，避开阳光。

"我们祖上来自帕尔金。"欧内斯特说。他在克罗斯县那个小镇的郊外长大。那里距这里一个小时或多一点的车程，更靠近孟菲斯而不是小石城，地势也太高了，很难被认定为三角洲地区。他的父亲（老伊尔默）在1950年突然举家迁徙到三角洲的马歇尔镇来。

"他离开的原因是当时住在一个种植园里。"欧内斯特说。帕尔金是另外一个小地方，只有几条寒酸的街道，几乎全部房屋都属于白人。镇子就在圣弗朗西斯河畔，被田地包围着。"那些田地的主人是一个白人，名叫霍瑟尔。事情是这样的。我哥哥赫尔切尔和一个邻居负责看牛。那些牛跑到了他们不该去的地方。霍瑟尔把他们打了一顿。他也没有多为难赫尔切尔，但我爸爸看到了经过，他说：'是时候离开了。'我们就搬到马歇尔来了。他租了一些地，买了几头骡子，耕种了九十英亩地。"

九十英亩地，一个家庭小农场，有一台骡子拉的犁耙，还有骡车，那是二十世纪五十年代，但可以从设备上一窥遥远的过去。从阿肯色来看，那个时代很久远了。1950年任何的种族冲突，特别是在一个白人小镇里，都可以演变成严重的问题。老伊尔默自尊心很强，也很有远见，他在帕尔金感觉不好，于是采取了行动。

"那时都种棉花，"欧内斯特说，"我们小孩子就砍棉花。"他解释说"砍"就是清除棉花植株，用一把锄头在周围开垦土地。"之后就用手摘棉花。那可是很艰苦的农活。第一次砍棉花的时候，我九岁。我帮邻居砍棉花。他是个黑人。他对我说：'我喜欢你的工作。明天回来，我会付你钱的。'哈！"

欧内斯特长大了，农场也变大了，他的哥哥们每个人都在地里建了一间房子，他们一起耕种，现在轮到他们的儿子，一个典型的家庭农场——一个大家族，住在一起，在他们自己的

"如果你能区分白人农场和黑人农场，那你就有麻烦了。" 593

社区里，住在一层楼高的砖房和高棚屋里，那些黄绿色的拖拉机和收割机现在一台值一百万元或更多。这家人二十年前就不再种植棉花了，现在与其他农民一样，专心种粒用高粱、糖高粱和水稻。

"我相信农民应该阻止他们的儿子们离开，"欧内斯特说，"我们知道父母为什么叫我们离开，因为当时的生活非常艰难。"

欧内斯特的哥哥小伊尔默看到我们，就走了过来。他打了声招呼，找了个座位坐下。他戴着一顶旧的宽边帽子，穿着一身褪色的工作服，年纪应该快八十岁了，繁重的劳动已经拖垮了他的身体，他的手青筋暴起，还有关节炎。他坐到一张凳子上，便放松下来，然后叹了一口气说："那是当然了。"

"但我们不再遭受身体上的虐待，"欧内斯特说，"现在更多的是精神上和经济上的。"

小伊尔默点点头，看着满是尘灰的旧鞋子。他倾身伸手去绑一只鞋的鞋带，手看起来跟鞋子一样。

"但也有好处，"欧内斯特说，"你可以过上好生活。任何有价值的事情都值得为之奋斗。我们还在努力证明自己。许多年前，我们还很穷。那时生活艰难。七十年代农业服务局的信贷员常说：'我不打算给你贷款。你们明年全都不能耕种了。'"

"你怎么回应那些话？"我问。

"我们没有放弃。"欧内斯特说。

小伊尔默哑着嗓子毫不犹豫地说："那人对我说：'黑人是种不了田的。'"

"七十年代吗？"

"去年。"

"那人跟石头一样又臭又硬,"安德烈说着,生气地鼓起了腮帮子,"黑人农民要忍受的抵触比其他人都多。这些都没有明写出来,但真相确实如此。我们可以感受到其他人的敌意。"

太阳渐渐沉下去,微风吹得遮蔽着这些房子的橡树叶子沙沙作响。我们走过棚屋和谷仓,走在机器中间,然后我上了欧内斯特的皮卡,车从他的一些田地边上驶过。

"许多白人帮助过我们,"欧内斯特说,"但如果你能区分白人农场和黑人农场,那你就有麻烦了。"

柏树角的煽动者

在三角洲旅行的那些日子里,某个时候,我又在开着车,这次是和罗杰·史密斯、拉里·特里一起,我们停车在"柏树角烧烤店"用午餐。这家餐馆在 1 号高速公路边上,就在玛丽安娜城外。这家餐车饭店很受农夫们喜欢,就坐落在犁过的田地中央,原来是一家旧商店,附近没有其他建筑。点餐台上一个禁止使用手机的语气严厉的布告牌边挂着菜单:烤猪肉和牛排、鲶鱼和汉堡,还有常见的配菜,如豆子、油炸玉米饼、青菜沙拉和炸薯条。

我进了门,玻璃门在我身后"砰"的一声关上了。这个地方都是白人农夫,我感觉自己闯入了一家男性俱乐部,满满一房间肌肉发达、常在户外生活的人,他们都很健硕,见识相同,正坐在一起交谈着。我和罗杰、拉里走进去的时候,他们放低了声音——我们穿着旧衣服，看起来也很像农夫。我们在房间中央唯一的空桌边落座，没人跟我们打招呼，但也没有什么敌意。有些别的反应，一种无声的默契——大家都别过脸去，还有奇怪的目光，其中有两束来自一个戴棒球帽、下颚粗壮得像火腿的男人。我们坐在那张桌边显得与众不同，本来气氛友好的房间里的这群人明显在刻意无视我们。

你是陌生人啊，我想。在小石城的摩西圣殿骑士文化中心遇到约翰·路易斯时，在一个会堂的专心听讲的黑人当中，我试过跟路易斯衣着光鲜的随行人员和本地粉丝们交谈。我失败了，被直截了当地回绝——这种情况在我的南部之旅中很罕见。我当时闪过一丝念头，他们应该是对我很不以为然，觉得我是一个"啄木鸟"或"白鬼"①。

在柏树角这里，我又一次成了陌生人，这次是不一样的背景。我坐在三十个脏兮兮的白人农夫当中，跟两个黑人农夫一起吃着烧烤，他们是这个地方仅有的黑人，而我的样子看上去还不够穷苦。我感受到的无声的信息则是，我是一个危险得多的外乡人，也许是个北方佬，毫无疑问是一个危险分子，绝对是个煽动者。

丰 收

安德烈·皮尔站在一块满是沉甸甸的稻穗的田地边，稻穗

---

① 原文为 cracka，也是对白人的污辱性称呼。

里是中等颗粒的稻谷——"我们称它为'朱庇特水稻',出口到喜欢吃中等颗粒大米的国家去,像中国和日本"。他说他今年是大丰收。他拔起一根稻秆,在空中挥舞了一下它沉甸甸的稻穗,就像是在祝福祈祷。他希望能有三万蒲式耳的收成,一蒲式耳大概卖六点五美元,过几天他将会用他收割大豆的联合收割机来收割水稻。

"这里水稻涨价是因为今年加州的洪水,"安德烈说,"他们的水稻种不了。但即使如此,我还是一个小农民。我的邻居种了三千五百英亩的水稻。"他拔起一个稻穗递给我。"我没有像他那样继承任何土地。他已经在进行第四十三次收割了。"

我提起我所听到的话——卡尔文·金博士和其他人都说过——说许多非裔美国人拥有土地,但他们并不耕种;更有甚者,一些大地主出现在救济食品站;还有很多人是把继承的土地卖了。

"许多非裔美国人不想使用他们的土地,"安德烈说,"那也被称作懒惰。"

"我记下你的话,不介意吧?"

他举起双手大声说:"没关系!嗨,他们不种田了。谁喜欢早上四点起床来干这些活呢?"

耕种的复杂性使人望而却步。他的农场贷款差不多是五十万美元。他的设备和劳动力成本也非常高——他的二手联合收割机价值二十七万美元。他还得买种子,租田地,还有两个大谷仓(最近新建的,造价二十一万二千美元)的欠款要还——也是向银行贷的。"他们不想黑人拥有这些,"他说,"因为这会让我们独立起来。"每个谷仓可以装三万二千蒲式耳，一个已经装满了价值十二万八千元的黄色玉米粒。所有的这些细节听得我头都大了，我很容易就理解了那些觉得农耕非常复杂的人。

"这就像是存在银行里的钱，"我们站在一个谷仓上面的一架梯子上，俯瞰着堆得满满的玉米粒时，安德烈说，"如果我需要钱，就卖掉一些。"

但他坚持说自己只是个小农民，整整一年每天工作，努力争取贷款，担心着变化无常的天气，操心种植、除草、施肥、雇工和维护机器设备，他的希望是挣到十万美元。

"也许更多，这要看价格了。"

罗杰·史密斯说有了好收成，科克斯兄弟也是。里奇·伯恩则有坏消息：虽然他的庄稼只在北面三十英里以外的地方，他却遭遇了暴雨，田地受浸，除了南瓜，其他庄稼都颗粒无收。

山核桃树下的午餐

三角洲很炎热的一天，我走过一片刚刚收割过的田地。地里是草秆一样的大豆短茬。我走上前，正好遇到塞缪尔·罗斯从安德烈的联合收割机上走下来，上次我们见面还是在法戈的一张桌子旁。这次见面则是在玛丽安娜城外这块平整的满是尘土的地里。

"这块地是我的，我将它租给了安德烈，"塞缪尔·罗斯大笑着说，"我开联合收割机，将大豆装上卡车，应该能从他这里挣到钱。"

但其实他与其说是个地主，还不如说是个好邻居，在这个农忙季节来帮忙。这辆卡车就像一辆坦克，几乎装满了，里头是那天早上刚收的一千蒲式耳大豆。价值一万美元的大豆当天晚些时候会被运到海伦娜，称重后装上一艘驳船。

其他两个人，沃恩和罗伊，正穿过田地向一间废弃的棚屋的院子走去，走到附近花园里一棵山核桃树的树荫下。地上散落着满是尘灰的拇指大小的核桃。花园里都是番茄藤架和四季豆丛，花园的一边是乱蓬蓬的黄色西瓜藤，几个饱满的大西瓜散落在高高的草丛里。一个年轻人，我没有听到他的名字，怀里抱着一个西瓜，将它放在安德烈皮卡的后厢上，然后用一把劈刀将它劈开，给我们这些人递了几块。

为了谢谢这些人的帮助，我刚刚从玛丽安娜带着他们所说的午餐赶了过来，两桶炸鸡，还有几盒土豆泥和肉汁。当时是晌午，气温是九十华氏度①，我们所有人都坐在山核桃树的树荫下。这些人天一亮就起床，这是他们这一天的第一餐饭。他们的衬衣都被汗水浸湿了，靴子满是尘土。备受尊重的上了年纪的塞缪尔·罗斯，他们都叫他"罗斯先生"，戴着一顶草帽，帽子也是汗涔涔的。

我们安静地坐了一会儿，然后我问沃恩他在哪里出生。

"在这附近，没什么有意思的，"他说，手里拿着一块鸡块，"问问罗斯先生——他有很多故事。"

---

① 约 32 摄氏度。

"罗斯先生?"

"我出生在密西西比州的印第安诺拉,"罗斯先生说,"1946年,我爸爸是一个白人佃农——种的是棉花,大概十二英亩地,也许更小。那是个小地方。"

"当时的生活是什么样的?"

"佃农总是负债,"他说,"你种庄稼,辛苦劳作,到商店去总是赊账。但等到收获之后,你挣的钱还不够还商店的欠款或还地主的租金。所以那些债就累积到下一年,欠账则越来越多。你一直都欠着钱,永远也还不清账。"

他所描述的是包身工制度,或叫债务奴隶制,佃农因为永远无法彻底偿还债务而不能摆脱地主。

"我们五个孩子,还有爸爸妈妈,"罗斯先生说,"我们都要劳动。徒手摘棉花,砍棉花。我当年还只是个孩子,但也要到地里去干活。"

他边说边吃,又抹了抹眉毛,在山核桃树枝丫斑驳的树影中娓娓道来。

"然后呢?"

"我们来到了玛丽安娜——其实是奥布里,就在附近,我妈妈有个婶婶住在那里。"他慢慢地咀嚼着。

"我明白了。"我说,但从密西西比的印第安诺拉突然搬到河对面阿肯色州的这个小镇来,听起来似乎很反常。

"情况就是这样,"罗斯先生说,"很危险。"

"什么很危险?"

他将鸡骨头扔进垃圾袋里,用手帕擦了擦嘴,又拿起一杯汽水，然后说："夜里离开很危险，还因为我们又欠着钱。我们七个人坐在一辆车里，必须非常小心。我们这些佃农是没有权利的。如果被他们抓到了，不用说你也知道他们会怎么做。"

"你们是不得已逃走了吗？"我说。

"没错，在夜里。我们七个人乘坐一辆车。也许是凌晨两点吧，我爸爸把我们叫醒。我们不知道他打算逃走。因为离开得很匆忙，所有的东西都没有带上——坛坛罐罐、锅、椅子、衣服，等等。我们只带了身上穿的衣服。"

"太突然了——也很可怕。"

"非常可怕，"罗斯先生说，"我们在黑暗中上了车。那是一辆雪佛兰。当时是 1953 年，我爸爸担心他会被捉住并被拖回去。我们一路开车来到密西西比河边，然后等着来海伦娜的渡船。"

后来我在地图上看了他们这次绝望而危险的出逃路线，发现他们开了很长一段路程，也许都是乡间道路，往北开到了德鲁或克利夫兰，接着去了克拉克斯代尔，在黑暗中开着一辆旧车赶了七十英里路，然后又开了三十英里来到渡口，总路程超过一百英里。一路上担惊受怕，怕自己会被愤怒的地主追上，被捉回去受惩罚。他们要离开的是密西西比州勒弗洛尔县附近的一个县。而一年后在勒弗洛尔县，爱默特·提尔因为对一个白人农民无礼（他们说他很"傲慢"）而被判死刑处死。

"那时没有桥，只能坐渡船，"罗斯先生说，"我当年才六七岁，但全都记得。我们过了河，穿过海伦娜，来到奥布里，婶婶收留了我们。接着情况就改变了。我们还是租种棉花，但在这里能挣到钱，因为地主是黑人。他叫罗伯特·麦克科伊，跟密西西比那个人的态度截然不同。我们种了高粱、棉花，自己养猪。我十三岁的时候就开拖拉机了。当时是 1958 年或 1959年。我每天能挣五块钱。"

"不再负债了。"我说。

"那次之后我们就没再负过债。"

罗斯先生的爸爸用他攒下的钱买了些地，后来，罗斯先生本人也买了些，扩大了规模。他现在拥有的田地非常多，足以租一些给安德烈，而且在一年的这个时候，他还帮他收割庄稼。

我们依旧站在树下吃东西。之后其他人都走了，去把大豆装上车，树荫下只剩下我、安德烈和罗斯先生。

"罗斯先生有故事。"安德烈说。

"那是个好故事，"我说，"我还有一个问题——私人问题。"

"问吧。"安德烈说。

"我只是在想，是不是有人当面喊过你们那个 n 开头的词①？"

"没人那么叫过我，"他说，"我没有碰到过。"

"让我多少有些意外。"

"那个词指的并不是黑人，你知道，"安德烈说，"那是一个骂人的词。你去词典里查查。"

"我查过了，"我说，"意思就是一个黑人。"

"但它就是在骂人。"他说，一边将鸡骨头、汽水罐和西瓜皮收拾起来，装进垃圾袋里。"有一件有意思的事。我们当时在玛丽安娜的一家汽修店里，有两个白人在后边修一个引擎。他

---

① 指"黑鬼"。

们没看见我们，但我们可以听到他们的说话声。一个人说：'你吓到我了，你这该死的黑鬼'——那是对一个白人说的！"

"你怎么说呢？"

"没说什么。我们只是站在角落里，他们看不见。但说这话的人走出来，看到了我们。他说：'我很抱歉，我不知道你们在这里。'"

"你们没觉得受到侮辱吗？"

安德烈叹了一口气，瞪大了眼睛，他觉得我傻傻的或很迟钝的时候，就经常那样。"他当时是对一个白人说的！"

罗斯先生说："没人对我说过那个词。也许他们在别的地方那么说过我，背着我这么喊过，但我没听见过。"

他伸了个懒腰，打了个呵欠，准备走回联合收割机，完成这一天的收割工作。他看到我还在往袖珍笔记本里记着安德烈在汽修店的经历。

"去问问老人们吧，"罗斯先生说，"他们也许有不同的说法。"

"世界是一家！"

我在阿肯色三角洲一带转悠，不停赶路，很少接连两晚住在同一家汽车旅馆里。有一天下午，在福利斯特城的一家汽车旅馆附近，停车场里一个人从他的车上拖下一个旅行箱，对我说："你会喜欢这个地方的。"

我不知道该说什么，所以只是笑了笑。

"这里很干净，跟其他的不一样，"他凑近说，"没有印度人。"

虽然没有指名道姓，但他指的是无处不在的帕特尔先生。

这家汽车旅馆还真不错，干净，清扫得挺彻底，还有通常免费赠送的早餐："酷爱"橙汁、有褐点的香蕉和装在泡沫塑料碗里的水果麦圈。职员是上了年纪的白人妇女，清洁工是西班牙裔的。

走过大堂的时候，有个笑眯眯的印度人跟我打招呼，他自称是老板兼经理。

"你可以叫我比伊，"他说，"算是一个简称。"

"是什么的简称？"

"波尔特，"他说，"波尔特·帕特尔。"

我不禁莞尔。我说："我觉得你的本名更特别呢。"

现在轮到他笑了。"巴克提。"他说。比伊或波尔特都是普通名字，但巴克提在印度语中是"奉献"的意思。

他的经历还是那个故事：生于古吉拉特邦的艾哈迈达巴德，几十年前以学生的身份来到这里，学机械。他留了下来。他的婚姻是在印度就安排好的。就像数以千计的以前是学生、新近才过来的其他帕特尔一样，他成为南部一家汽车旅馆的老板。

"暖和的天气是一个因素。"说起他为什么选择这个地区，他解释道。至于为什么选择汽车旅馆业，他说："印度人开不了餐馆，因为我们信奉印度教，卖肉是一个问题。"

"为什么是个问题？"我追问他说。

"你开餐馆怎么能不尝菜呢？"

"而你又不能吃肉。"

"不能吃肉。"

"阿肯色的生活怎么样?"

"生活很好。"

我小心翼翼地问了下一个问题:"那些哈布舍呢?"

哈布舍(有时候是哈布什)在印度语中是"黑人"的意思,词源很有意思,来自"阿比西尼亚人"一词(在阿拉伯语中是"阿巴什")。这是一个更为礼貌的字眼。在东非,古吉拉特邦人,那些姓帕特尔、德赛、沙阿的人,有时会称非洲人为"卡利亚"——黑人(我则是"都里奥"——白人)。巴克提·帕特尔知道我说的"哈布舍"是什么意思。

"我知道哈布舍的意思。在艾哈迈达巴德,我们也有哈布舍。他们是穆斯林。"

"你是说西迪吗?"那是非裔印度人,是被卖到印度的非洲奴隶的后代,他们生活在这块次大陆不同的地方,没有融入当地环境,住在边缘地带,外貌上看还是非洲人。

"西迪、哈布舍都是一样的。我在阿肯色跟哈布舍没有什么麻烦。自己活,也让别人活嘛,"他接着又滔滔不绝地说,"对哈布舍,还有其他人,还有你,我的朋友,我要说'世界是一家'①!"

他又大声说了一次,像是在呐喊,吓到了大堂里的其他人,把前台的老妇人吓得往后一缩。他这句话来自古老的吠陀占星

---

① 这是一句著名格言,出现在《摩诃帕尼沙德》(为《沙摩吠陀》的一部分,约公元前1700年)、《庞查拉特拉》(约公元前300年)等奥义书及其他印度经典中。

卜文的梵文经《摩诃帕尼沙德》。

"世界是一家!"他喊道,抓住我的手握了起来。

"没问题了吧?你满意了吗?"

他笑着指了指前门,马路对面有一家新的汽车旅馆,比他的稍微大一点。

"只有那个。"他的笑容阴沉了下来。

"谁开的?"

"帕特尔啊,"他说,"小石城来的帕特尔。我的主要竞争对手。"

锁链囚队

1936 年,在佐治亚州的胡德兹小教堂,开着旧福特车的欧斯金·考德威尔和玛格丽特·伯克·怀特遇到了一队锁链囚徒 ①——十五或二十个黑人,穿着黑白条纹的囚服,双腿被镣铐串在一起,正在挖着一条壕沟。监工是一位穿工装裤的肥胖白人,肩上挎着一把枪。

"这一队囚徒早出晚归,"《你已经看见过他们的脸孔》中的图片配文写道,"同时挥洒着汗水。"

另一张图片拍的是这些人在一棵树下休息,配文是:"你从哪里来、要到哪里去已经不重要,因为一旦你在这支囚队里,就得待上一段很长的时间。"

---

① 一群被链子拴在一起服劳役的囚犯。

那些配文和令人痛苦的照片一直在我的脑海中挥之不去。所以当我开车穿过阿肯色三角洲的玛丽安娜镇，看到五个穿着橙色连衣裤、明显是囚徒的人在南部自由街上扫地割杂草时，我把车停在了主广场（宫廷广场），然后向他们走去。

这些黑人由一个黑人女警官看管着，警官体型庞大，名牌上写着威廉斯。虽然她皮带上的枪套里佩着一把手枪、一把警棍和梅斯毒气①，但她只是站在那里，平静地看着这些人。她的眉毛染成了金色，身上穿着紧巴巴的警服、蓝色衬衫和黑色长裤，双手叉腰、两脚分开地站着，她看起来就像是一个蓝色的大水桶在两根黑色柱子上面晃动。

"你好吗？"

"还行，"她说，"你呢？"

那些人一直忙着，没有看我，径自擦着扫着，一个人将碎屑铲进一个桶里。

"我是路过的，"我说，"这些人都是囚犯吗？"

"是的，没错，但他们都是好工人。"威廉斯警官说。她怕我以为那些人都是重罪犯，于是补充说："他们犯的都是轻罪，不是重罪。"

醉驾、妨碍治安、非法闯入、蓄意破坏、扒窃、闯个小祸，稍微有些绝望或倒霉的人。

"你还把他们铐在一起？"

"只是要他们放尊重些。"她靠近他们说。

---

① 一种暂时伤害性压缩液态毒气。

威廉斯警官和这些穿亮橙色囚服的所谓的轻罪犯在玛丽安娜镇明媚的阳光下，在炎热中行走着，从自由街走到宫廷街。囚犯们推着扫把，看上去还是绝望又倒霉，但比起考德威尔描述过、伯克·怀特拍摄过的那些穿条纹衫的被压迫的囚徒已经好很多了。

巴勒斯坦镇上勇敢的女人

一个一周前没能与我见面的女人，在三角洲的小镇巴勒斯坦以北几英里外的地方饲养禽畜。她叫德洛丽丝·沃克尔·罗宾逊，四十二岁，是一位单亲妈妈，养育了三个儿子，分别是二十二岁的马克、十八岁的马尔科姆和十二岁的富兰克林。二十年来，德洛丽丝经历了旅行（跟她的军人丈夫一起）、工作、养育孩子、突然离婚，之后回到了她出生和上学的地方，为自己和儿子们讨一份生活。我想起了"才德的妇人"①。

"我不希望我的儿子们在城市里过着不自在的生活。"我们走过她的牧场时，她对我说。她作为军人妻子所居住过的大多数地方都是城市，或是大城市附近的军营。"我觉得我会在城市里失去他们——毁于犯罪和你躲也躲不掉的问题。"

她说起话来轻声细语，举止轻柔，脸上光滑没有皱纹，眼睑有些厚，轮廓看起来隐约像个亚洲人，但她的举动——特别是提着一个水桶、喂着她的动物或是将农场大门的吊钩拿开并

---

① 出自《圣经·旧约·箴言》第 31 章第 10 节到第 31 节。

推开大门——显示了她的力量与意志。她的身体似乎很不错，虽然穿着务农的衣服，但很有气质，黄色的靴子、皮手套，头上还扎着一条红手绢。她身上有着明显的母性，这不只是表现在她跟我说的搬回到巴勒斯坦镇、希望保护孩子们安全的事情上，还有她务农、养禽畜和饲养的本能。

她的房子和一半的土地都在一块高地上，我想起《尤利西斯》中的话："在世界上引起的革命运动，原是在山麓间，在一个庄稼汉的梦境和幻象中产生的。对他们来说，大地不是可供开拓的土壤，而是一位活生生的母亲。"

她当过持证的助理护士，用攒下来的工资，在巴勒斯坦镇买了四十二英亩没人打理的土地。地里的小屋无法住人，已经都垮塌了。在她的朋友和儿子们自愿的帮助下，她给这块地围起了篱笆，建了一间小房子，开始养山羊。四年过去了。她听说小石城有一家叫"母牛犊国际"的机构，是一个致力于消灭饥饿、缓解贫困的慈善组织，他们有一个简单可行的项目叫"传递礼物"："这意味着各个家庭要分享他们所受到的训练（任务要求上说），将所养的禽畜生下的第一只雌性幼崽或幼禽作为礼物送给另一个家庭。这样就能扩大最初的礼物的影响力。"

德洛丽丝加入了这个项目，参加了许多会议和培训活动，她收到了两头母牛犊。现在她有了十头奶牛——她遵守了慈善机构的规定，将一些奶牛分给了其他有需要的农民。

"我想要一些我可以拥有的东西。"她说。她小时候在这附近的一个农场里长大。"我想让我的儿子们体验我所熟悉的生活。"

除了奶牛和山羊，她还养了绵羊和鸡鸭鹅。她卖掉一些家禽，蛋出售或自己吃，还鼓励家禽去孵蛋。她种玉米来喂牛。因为养禽畜的收入只是勉强维持收支平衡，她还在东阿肯色地区老人院里上班，一周六天，做护理员和助理护士。她的两个年纪小点的儿子还在上学，最大的那个在上大学。钱总是不够用。

大清早和从老人院下班之后，她就做农场里的杂活，喂食和冲洗禽畜，修篱笆，收鸡蛋。有些日子她会去上禽畜管理课程——她最近在密西西比州格林维尔的一个班上上课。"我在那里认识了很多朋友。我们都在努力完成同样的事情。"

个性随和，毫无怨言，但非常顽强，德洛丽丝·沃克·罗宾逊有着一位成功农民的所有特点——有职业道德，有坚强的意志，热爱土地，善于饲养动物，不惧怕跟银行打交道，有远见卓识，还很愿意自力更生。

"我在做未来十年的规划，"我们踏上斜坡小径时她说，"我想把禽畜的数量扩大些，做全职。"

她的土地相对较小，禽畜的数量也不多，但这些都不要紧，跟她在一起，我觉得很振奋，充满了希望，心情舒畅，我非常佩服她勇敢的精神。

我见到过的许多南方人断言——带着阴郁的骄傲或悲戚，或引述着福克纳的话，说南方没有变化。其实不然。在许多地方，主要是城市里，南方已经发生了翻天覆地的变化。在乡下，变化来得缓慢，虽然很小，却很明确。诗人布莱克曾写道："行善总是具体的、特定的。"我所拜访的三角洲的农民,特别是德洛丽丝·罗宾逊,就是那种精神最好的体现。她摆脱了以前的生活,跟孩子们回到家乡,在她的农场上很勇敢,自己谋生,照顾孩子。

毋庸置疑,南方的生命力就在这些深深扎根于此的人的自觉中。南方给像我这样的旅行者带来了启迪,使我们对交谈更感兴趣而不是观光。这一切都在于它的家庭叙事的核心与灵魂——它的人力财富。

老人河

过去这几天,我一个人在三角洲瞎转,从一个农场到另一个农场,观察着人们的生活。我其实一直在追逐着这条大河的流向。即使我早前旅行时远离这条河流,作为南方的象征和慰藉,它也一直浮现在我的脑海里。

在三角洲的一些日子里,这条河是这片土地上唯一生动的元素,若没有它,这里将毫无生机——没有翻滚的叶子,没有行走的人,牛羊都像剪纸,天空中的苍鹰则像标点符号。南方乡村炎热的中午有着极端的寂静,一切像一幅亚光的被太阳晒得褪了色的杰作、一幅旧画。

然而这条河流从这片土地上咆哮而过,在堤坝、绿树成荫的低岸和河口之间无尽流淌。这股洪流经久不息,永恒地流经这片稍有变化的土地,这不被看好的、被人遗忘的、予人失望的南方。怪不得这么多的传奇和誓言在滔滔江水中奔涌。这条河依旧是船运货物和农作物的主干道。正如我遇到过的一位三角洲的农夫曾说的："将它们运到河边去。"因为这条河通向整个世界。

密西西比河，南方民间传说中的"老人河"，是福克纳同名小说①的中心意象和情节推手。在那部两个故事的小说里，《老人河》是《野棕榈》的对位部分（福克纳曾进行过详尽的描述）。这是他最有影响力的小说之一，讲的是一个无名的囚犯撑着一条船，受命在1927年的大洪水中救人。从大坝附近的营地出发，囚犯听到了一个不熟悉、不间断的声音。他从来没有见过这条河，空中"低沉深邃的沙沙声"让他非常困惑。

"是什么声音？"囚犯问。蹲在最近的一个火堆面前的黑人回答说：

"就是他。就是那个老人。"

"老人？"囚犯问。

后来，在河里的一条小船上，囚犯从一棵树上救下了一位孕妇，把她接到船上。故事的过程就是他们坐着船在密西西比河上随波逐流，囚犯讨厌自己看到的一切，那个奇怪的女人也厌恶他，他一心盼着重回监狱农场去，也许是帕尔希曼监狱。福克纳的小说中有关南方的那一句"过去永远不会死去，过去

---

① 《老人河》为福克纳1939年创作的小说《野棕榈》中的其中一篇，《野棕榈》由《野棕榈》和《老人河》两个独立的故事以"对位法"的方式交织而成。

甚至不曾过去"的真相，就是他小说中的囚犯口中的"帕尔希曼"，今天依然是一座监狱。密西西比州立监狱在克拉克斯代尔南边过去一点点，就在河对岸，离我现在所在的阿肯色州的海伦娜很近。这座监狱还叫帕尔希曼，是那座被它取而代之的古老种植园的原名。帕尔希曼也是许多蓝调歌曲的主题，其中著名的有莫斯·艾利森（出生在附近的蒂波镇）的歌曲，结尾部分的歌词是这样的：

啊，我的余生都要在这里度过了呀
因为我的妻子丧生在我的枪下

之前在纳齐兹旅行时，我曾想过为什么密西西比河是南方不可改变的最好象征之一。它是怀旧的，在阳光中闪烁着漩涡，多数河道没有疏浚过，不同的季节给人不一样的感觉，迟滞缓慢地流淌着，不然就是暴涨咆哮，冲击着堤坝，淹没河边的冲积平原，使它们变得更加肥沃。河道交通清闲了下来，河岸贸易也减少了，河边的城镇和村庄处境艰难，流动赌场代表着最后一丝商业气息，那些船建有假烟囱和奇特的船尾舵，就像我在纳齐兹和维克斯堡及其他地方看到的，船本身是不能出海的，只能作为赌坊，停泊在淤泥里，充斥着老虎机的嘈杂声。三角洲的象征弱化了，它的过去却在这种庸俗的河上赌坊中复活，如浮萍一样短暂。

但海伦娜依然重要。在我旅途的最后几天里，我从莱克萨、马维尔、利克克里克来来回回地渡河，又过桥去卢拉和月亮湖，这些都是河湾或长沼边上的城镇和村庄。我在古老空寥的海伦娜车站逗留了一会儿。在《密西西比河上的生活》①中，马克·吐温写道："海伦娜拥有密西西比河上最美丽的景色之一。它就在一个人站在那一侧河岸边能看到的最南端的群山之中。"镇上了无生气的主街现在是一处需要修缮的建筑遗迹，像南部许多其他的主街一样：华丽的店面，纺织品店、银行和剧院屋顶的招牌，生铁柱子和剩下个空壳的克利本酒店，这些全都是十九世纪末到二十世纪初的建筑，那是海伦娜最繁华的时候。"这里曾经是个很繁荣的镇子。"是南方人经常挂在嘴边的哀叹。特别是在海伦娜，可以看到这条大河——混浊，带着泥沙，淤泥沉积，漩流涌动，河面宽阔但没有船只，犹如一条褐色的巨蟒滑过海伦娜镇，又蜿蜒流过荒野的河口、芦苇丛和沼泽地。

我在南方乡村经常看到的是平坦的土地，很少有例外，林木被砍伐光的平整的农田，植株丛生、如雪一般的大片棉花地，顶多还有低矮的丘陵和一些小树林。野火鸡的爪子踩在落叶上，发出沙沙的响声。要不就是碎石路边掩映在一排排山胡桃树和多花紫树后的草地。那些路看上去就像一路通向十九世纪，许多也确实如此：通向一个破落、衰败、封闭的农村。

但在这片看上去饱受摧残，被砍伐、挖掘和践踏的土地上，这条河算得上是一件美好的事物，是唯一称得上宏伟壮阔的事物。怪不得南方的作家、歌手和诗人们经常赞颂它。它是南方

---

① 马克·吐温于1883年发表的自传体游记。该作品表达了作者对底层人物苦难生活的同情及对其命运的深切关注。

的中心要道，多数的小溪、小河都汇入这条大河，使它变得壮阔又充满生气。记起它传统的别称，我不禁莞尔一笑。

在南方与某个人交谈——年轻的农夫、十五岁的母亲、大汗淋漓大腹便便的警察、义愤填膺的枪械狂、豁牙的牧师、无所事事的大学生、文质彬彬的银行职员、疲惫的社区志愿者或是一个无礼的市民，他们的反应经常让我觉得，我像是在说外语，他们听完总是茫然地张开口，斜着眼睛看着我。起初我以为是因为我的举止带着北方人的特点，他们把我当成流浪者、爱问些出其不意的问题的陌生人、需要满足和慰藉的人。

不，其实另有原因。这几个月来我慢慢明白了，对他们来说，我是一个老人，一个微不足道却需要他们迁就和勉强尊重的人。这种反应让我摇头嘟哝起来，因为我并不觉得自己老。我觉得——现在依然觉得，我正值盛年。但大声说出这话或反对他们的想法是不行的。抗议是一个阴郁的老傻瓜的标准反应。对于任何健康的人来说，最难以接受的就是年纪渐长。然而如果你并不虚弱，为什么还会觉得老呢？我身体很好，能够整天开车，开几百英里，能完成这趟旅行，走错路之后还能回到正确的方向，能时不时吃点苦，能承受旅途的挫折和沿路遇到的怀疑与敌意。也许他们有些人会拱着手在我背后悄声说："这个老家伙。"

我在汽车收音机里听到的本地电台的一则新闻报道给了我一些启发。播音员说："一位老人和一个小孩昨天傍晚遭遇车祸，他们当时正在塔特怀勒的 49 号高速公路附近穿越马布里路。"这种细节使人们形成的事后印象就是他们有些笨拙。黄昏时分，一个倒霉的男人牵着一个小孩的手，走在炎热的路上——因为这个人又老又穷。然后是更多的情况："沃伦·B.比伯，七十二岁，还有他的孙女……"

我大笑起来，把收音机关了。老人！

老人河蜿蜒流淌，古老、永恒且不可遏止：对它习以为常，它会欺骗你；诅咒它吧，它会泛滥开来把你淹没；泛舟河上则要留心它的变化不定的浮力；要带着智慧去研究它，不要错以为它的表面——不管是平静还是咆哮的——能够反映它深邃的内心。一年过去，老的仍旧老，难以界定，但渐渐老去也意味着一种内心的力量和经验的积累。所以对于老年人来说，没有什么是让人震惊的，除了显然不断重现的人类的愚蠢；对他们来说，很少有事物是新鲜的。你所有的电子产品都是玩具。但让你觉得衰老的不止是那些吹嘘着自己的玩具、说自己如何自如地操控它们的年轻人，有些老人对此一味笃信，就像是听天由命，不懂的也由着它去，躲避着内心的恐惧和自己的弱点。

一直以来，旅行都是我排遣这种低落情绪的方法，一部分原因是旅行是一种逃脱，而旅行本身——这种彻底的告别则成了新生活的短暂憧憬；而且，旅行给人以希望。我二十二岁的时候在非洲旅行，开始了我真正的人生，我充满热情、孤独与新发现的人生，而后我又去了其他地方，世界各地。这种生活使我成为一名作家，对每一个声音、每一种气味和空气的脉动都有着敏锐的感受。最后，年纪大了，我回到了这里。

我有时候总在想，我在南方到底看到了什么，又错过了什么。我们所看到的那么多情况都是不为人知的。你即使不年轻也能敏锐地感受到肉欲。但在南方乡村，我从来没有发现存在着那样的纵欲，虽然在各个地方有时也会遇到明确的暗示。这片没有诱惑、耽误梦想的土地被现实所湮没，现实就是衰败和死亡。一个人人都挣扎求生的世界不会有肉欲的立足之地，如果有的话，则也会成为另外一条死路。从来都看不到诱惑、调情、风流韵事，没有另一种生活的希望，真的是太怪异了。勇敢的德洛丽丝·罗宾逊甜美而期待的笑容代表着解放与自由，而不是激情。而她的生活，像我在南部所遇到的许多其他人一样，也是满满的伤痛，也有很多我不能解答的问题。

也许那就是一个老人对一段漫长旅途的回应，但那又如何呢？这次的旅行主题不是我，不是一次去了又回的旅程，不是在糟糕的道路上克服旅途障碍的旅程，这不是描述我自己的情绪和小小成功的自传式的消遣。从来没有人非常了解我，几乎没有人问过我任何事情。"你写什么样的书，索鲁先生？"我将这个问题视为我成功地隐瞒了身份。我遇到过的几百个人当中只有两个人看过我写的书。我觉得没问题。其实作为一个没有过去的陌生人更好，太出名反而是一种累赘，很没意思。名气是负累，无名才是幸福。黑人把我当成一个白穷鬼，白人把我看作一个煽动者，而且在任何一种情况下，我都是个好争论的人。我真的不在意他们这么看我，因为这些错误的定位可以帮助我理解那个如此看待我的人的想法，还能帮助我，哪怕只是短暂地，融入到当时当地的场景中。

但在这本记录奋斗与挣扎的游记中，我并不是个奋斗者。

我只是旁观者、倾听者，记录下他人的痛苦与欢乐。一路上我极少遇到过不舒适的情况，也从来没有感觉处在危险中。没有痛苦的考验，也谈不上有任何突发事件。我几乎总是感觉身处一群朋友之中。

穿州过县，我一路飞驰，这个过程中我知道了自己有多幸运，因为南方人所感受到的压抑、他们对自己刻板印象的认知——文学作品和生活中的乡下人与庄稼汉，都是很容易感觉到的。怪不得南方小说有那种隐晦（小说是了解一个地方的方式之一）——闪烁其词、玩笑、浮华的文学象征。怪不得哥特式风格和那些怪人会奇怪地占据上风——现实太残酷了，不能坦然直陈，让人不堪忍受。

评论界和文学界盛赞南方丰富的文学财富，这个地区有着很好的讲述故事的传统。但这种盛赞在我看来简直是胡说八道，而且事实正好相反，其实反映南方生活的文学作品还远远不够。现有的作品，除了有限的几部，是不足以说清南方的情况的——至少缺乏能向外来者条理清晰地介绍南方的作品，介绍我所看到的南方。大多数南方的小说把这里描绘成一个破败的地方，但这些并没有什么新奇的。任何在那里找人搭讪或四处转悠的人都能感受到那条贯穿南方的裂痕，这条裂痕缘起于遥远过去一条细小的裂缝，却伴随了整个的南方历史，继而裂变为一个深渊。南方人至今仍在努力清算这种分裂的、也许是不可修补的文化。这种文化让一些人迷失了方向而变得顽固，也使其他许多人更温和。这种文化需要更多的记录者。

南方异常消极，好像是在内战遭遇了致命的伤害，一直没能繁荣起来，也几乎没有力量对整个国家施加影响，所以它一直被禁锢在自己的区域中，特别是乡村地区，与世界隔绝。我在那里旅行了一段时间后才意识到，这么多美国公司逃离南方前往他国，带走了就业机会，这种做法是多么残忍。我才意识到。美国的慈善家和慈善团体充满仁爱地关心其他地方的贫困与匮乏，走遍大半个世界去献爱心（是沽名钓誉，还是为了与众不同？还是为了避税，或是为了拍照宣传？），把教师们带到非洲去，把食品送到印度，把药品送到其他地方，却任由南方的穷人、日渐扩大的农民阶层死于医疗短缺，听任许多其他人继续当着文盲，住着破旧的房屋，有些人还忍饥挨饿。虽然美国的伟大使之显得独一无二，但它的衰败与世界上的其他地方无异。

一个老人喋喋不休地说着另一种语言，我就是那个典型的陌生人，但确实是一个受欢迎的陌生人。我交到了很多朋友。偶然遇到的人对我和蔼相待，很少有例外。"需要我帮忙吗……随便说？"就是基本原则。我珍视这些经历。在我的生活中，这样的体验越来越少，因为我就像老人河一样慢慢流过这片土地，在大海中结束我的岁月，我的骨灰融入全然相同的泥泞中。

我慢悠悠地开着车，时不时地停下来到处闲逛，拖拖拉拉，我不希望这段旅程结束。这片土地与我想象中的许多画面非常吻合，我理解了丽贝卡·韦斯特笔下二十世纪三十年代的马其顿，那与乱糟糟的梦境是多么相似啊。南部腹地于我也是如此：是一个梦，有着所有梦境中的扭曲与满足，"我总在半梦半醒间所看到的乡村"。

在漫长的旅行生涯中，我总是依赖公共交通，那咔哒作响的火车、慢吞吞的船、"突突"车①和电动三轮车、总是挤满了人的"鸡公车"②，还有在东非开得挺快的、名叫"马塔图"的小型货车以及穿梭渡轮。独自开车走完全程，这是我的第一次。这段经历之所以一直都让人开心，是因为在我车里。我从来不知道一班航班的最终登机时间，也不用在机场被人呼来喝去，不用经历飞机起飞时胃里那阵翻江倒海，也不用忍受火车的摇摇晃晃。我只听到轮胎的摩擦声，看到电线杆或树木向后飞驰，轻松出逃，慢慢体验，漫长的公路没有多少起伏，舒缓得像一条河流，就像这条老人河。

桥下一艘汽笛声尖锐的平底小船在水流中侧滑着，就像一个肥皂盒滑过一个浑浊的洗涤槽。除此之外，我站在瓦尔登斯码头的停车场，在海伦娜大桥阿肯色州这一端往下望，没有看到今天的河道有任何交通。桥底下，一辆停在一条传送带旁边的卡车向传送带打开它的车厢门，正往一个固定的谷仓倾倒安德烈·皮尔和他的农民伙伴们收获的大豆，价值六十万美元的豆子。与附近河岸边上犁过的土地的几何图形形成鲜明对比的，是曲线玲珑、没精打采地缓缓向南流去的密西西比河，那样的棕褐色，看上去就像是一片液体做的固体地面。一个"唤起/人们但愿忘怀的过去的提示者"，这是那位来自圣路易斯的诗人③笔下的老人河，它奔流向前，拍打着河岸，有些地方的

---

① 泰国常见的交通公路，是一种非封闭的三轮车。
② 拉丁美洲国家常见的车身像公鸡羽毛一样七彩斑斓的公共汽车。
③ 指 T. S. 艾略特，诗句出自他的《四首四重奏》。

河岸如蛋糕一样松软又酥脆。它触及人们的生活，它的漩涡搅动着、探寻着这块土地的边缘。它缓缓流过穷乡僻壤，来到平顶小屋的面前，在棉花田边窃窃私语，然后继续向前流淌。我，就是这条河。

我是什么时候开始有这种感觉的呢？不情愿回到自己的书桌前，不希望这趟旅程结束。即使在公路旅行的一年半之后，在旅途之初露希尔那句"祝福你"的南方式问候和最后查尔斯·波蒂斯道别时的一句"保重"之间的这段时光，我还是有这种想要拖延的感觉，希望能一直旅行。圣路易斯的那位诗人还写过"老年人应该是探险家"。我本来可以轻易地继续旅程，这是一次非同寻常的旅行，能治愈乡愁，因为这次旅程的矛盾之处在于，虽然我走了这么长的路程——比我在非洲和中国所走过的路要长得多，但我，从未离开过家。